集人文社科之思　刊专业学术之声

集 刊 名：北大新闻与传播评论
主　　编：师曾志
主办单位：北京大学新闻与传播学院

Journalism and Communication Review (PKU)

第十六辑

集刊序列号：PIJ-2023-490

中国集刊网：www.jikan.com.cn/ 北大新闻与传播评论

集刊投约稿平台：www.iedol.cn

北大新闻与传播评论

JOURNALISM AND COMMUNICATION REVIEW (PKU)

（第十六辑）

传播与社会
技术、治理与心智

师曾志／主编

社会科学文献出版社
SOCIAL SCIENCES ACADEMIC PRESS (CHINA)

北大新闻与传播评论　（第十六辑）　2025 年 5 月出版

网络空间治理的属性认知与体系建构

刘金河　崔保国*

摘　要　网络空间治理是一个全球治理体系与国家治理体系同构的过程。网络空间治理活动具有嵌套性、层级性、实践性，兼具开放性和排他性。本文基于这五种属性提炼出的"双重范围、分层架构、议题导向、多元主体、两种模式"网络空间治理认识论总体框架，形成了网络空间治理分析的四梁八柱。弥合网络空间全球冲突、遏制内在分离主义趋势的一种可能是主张以正义为价值基础的新公共性治理。由此，一个能容纳多种治理主张的合理有效的包容性网络空间治理体系才得以建立。

关键词　互联网；网络空间治理；国家治理；全球治理；公共性

网络空间治理是一个全球治理体系与国家治理体系同构的过程，网络空间治理体系建构事关数字时代全球发展秩序。无论从 50 多年的互联网发展史还是从世界范围内正在发生的变局来看，网络空间及其治理的现实意义和理论价值越发凸显。网络空间不只是一个重要概念，更是一种重要的研究视角，也是一种具有现实意义的实践范式。网络空间治理体系是由多种主体、多种力量、多种议题等多个维度组成的复杂体系，也是一个全球范畴的动态开放的生态系统。理解这个复杂的网络空间治理生态需要一套有效的认识论，建构一个公平合理的网络空间秩序需要一套有共识的价值论，建构一个有实践价值的网络治理体系需要一套切近现实的实践论。本文希望从认识论、价值论、实践论的角度出发，建构一个总体性的网络空

---

*　刘金河，系北京大学新闻与传播学院助理教授、研究员、博士生导师；崔保国，系清华大学新闻与传播学院教授、博士生导师。本文系教育部哲学社会科学研究重大课题攻关项目"构建全球化互联网治理体系研究"（项目编号：17JZD032）、国家社会科学基金后期资助项目"网络空间中的平台治理问题研究"（项目编号：23FXWB016）的研究成果。

间治理方法论体系。

一 网络空间发展的全球挑战

在社会网络化的逻辑下，网络空间成为人类社会组织新形态，是一个由互联网应用、各种媒体内容和数据、全球舆论场以及消费生活等方方面面组成的大集合体。网络空间命运共同体的理念最能恰当地描述这种社会形态。有治理才有秩序，治理的过程就是治理对象熵减的过程。就如同工业革命和工业社会发展带来的关税壁垒、全球变暖、核武器扩散等问题需要全球治理，互联网的发展比工业社会更快速更迅猛，其带来更多的问题需要全球治理，而人类社会的全球治理体系尚在建构，应对措施还很不完善。

从目前来看，以技术组织互联网名称与数字地址分配机构（ICANN）为核心的互联网社群体系和以国际电信联盟（ITU）为核心的联合国框架体系勉强能拼成一个网络空间治理的总体体系，但这两大体系平行运行，互不交叉。互联网社群体系缺乏公正性，联合国体系缺乏有效性，二者都存在着不完善、不周全、不兼容的问题，再加上各国网络空间之间的矛盾冲突和大国博弈，两大体系之间充满了复杂的竞合张力。

互联网在全球普及过程中展开了技术互联、产业互联、政治互联、文化互联四个维度的互联进程，技术和产业的互联相对顺利，但是政治和文化的互联推进阻碍重重，甚至开始反弹，进而影响了技术和产业的互联，呈现出一种互联进程的"反弹效应"。[1] 当前网络空间秩序的现实也正是当前世界秩序的映照，而"当前的世界秩序就是主权国家合作与美国霸权治理的混合体"[2]。在全球层面上，探索如何治理互联网的过程充满了冲突和变数，各国在网络空间治理模式、治理平台及治理路径上存在重大分歧，网络空间全球治理面临网络空间失序的困境。这种困境的根源在于：不同国家对于网络空间如何治理持有的认识论和价值主张产生了从产业到政治、文化的冲突，导致网络空间全球治理失灵，呈现出现有网络空间全球治理体系的结构性矛盾。

网络空间全球治理正处于重构的十字路口，东西方关于网络空间治理模式的争论在今天已经转化成各自的行动，技术治理的意识形态化和阵营化趋势令人不安。这种分裂是网络空间全球治理体系难以建立的根本障碍。因此，现有的网络空间全球治理体系在面对越来越深刻的政治文化冲突问题时显得脆弱和无力，推进网络空间全球治理体系变革迫在眉睫。

二　网络空间治理的属性认识

网络空间治理处于动态发展之中，需要有一个简明的定义能够抓住其本质。各国专家对网络空间治理有过各种定义，但是能达成广泛共识的不多。2005 年联合国互联网治理工作组（WGIG）曾提出一个工作定义，即互联网治理是政府、私营部门和民间社会根据各自的作用制定和实施旨在规范互联网发展和使用的共同原则、准则、规则、决策程序和方案。[3]4 从全球范围来看，这个定义被使用得最为广泛，也最能代表互联网治理的实践和传统。我们抽取了其最重要的治理精神，同时考虑从互联网治理到网络空间治理的转变，强调了社会与政治属性，侧重于对规则的博弈和合作，由此形成了更明确的治理视角。由此，网络空间治理是指公私等多元主体围绕互联网发展和使用问题，为各自的利益就规则制定展开博弈和合作的过程。

网络空间治理实践经过半个世纪的沉淀，形成了其内在的鲜明属性。网络空间治理包括侧重技术的互联网和侧重经济社会的网络空间，同时又在国家治理基础上形成了全球治理，具有双重嵌套性。这是理解网络空间治理体系的关键前提。网络空间的内在基础是互联网的层级架构，由此形成在不同层次上的不同治理活动，具有层级性。同时，网络空间治理往往是由具体事件、议题所驱动的，具有实践性。参与网络空间治理的主体不仅有政府，还包含了私营企业、技术社群等主导性力量的非政府行为体，具有开放性。但是，网络空间治理面临多边模式和多利益相关方模式的对立，乃至二者意识形态化的冲突，因此其又具有排他性。

（一）嵌套性：治理活动的双重范围

网络空间的基础是互联网，其治理既是国家治理也是全球治理，关联要素极其多样复杂且具有动态性。理解网络空间治理的前提是理解网络空间的"技术—社会"和"区域—全球"的双重嵌套属性，即深刻认知互联网与网络空间演变关系的发展和国家治理与全球治理的辩证关系。

1. 互联网与网络空间

互联网（Internet）是指以 TCP/IP 协议为核心的全球信息通信技术设施，基于互联网技术设施所形成的人类行为空间被称为网络空间（cyberspace）。当代的互联网概念已经转向更为复杂的社会想象[4]，用网络空间的概念便于描述现实的状态。网络空间是互联网发展到高度普及阶段后出现的人类社会现象和人类新空间。在这个阶段，互联网已经不仅仅是信息传输的工具，而是把世界范围的信息传输系统、信息内容、经济与生活、国家与个人等各方面要素都关联起来，连接着地球上绝大部分的信息终端，由此形成的一个实时互动的全球性信息沟通与实物交易巨型系统。网络空间是在互联网中展开的人类行为空间，是与现实物理空间相对应的虚拟世界，同时互联网为大众自传播提供了基础[5]51-57，让网络空间成为一个充满博弈的权力场。从技术属性来说，互联网具有全球性和无边界的特性，但是网络空间作为行为空间，具有可比拟现实领土的管辖范围和国家属性，即具有主权的基本属性。

最初互联网治理主要为解决技术层面的网络基础设施管理问题，例如域名系统、IP 地址和根服务器等管理权属争议，但是在 2003 年信息社会世界峰会（WSIS）之后，国际社会更偏向于将政治、经济、社会的发展问题，特别是社会文化领域的公共政策制定问题也纳入互联网治理的范畴，互联网治理的概念逐渐转向了网络空间治理。随着数字经济的发展和社会数字化转型的深入，"互联网治理"一词所指涉的内涵更适合用"网络空间治理"所指代。互联网治理已经形成的一些特定模式、理念，是网络空间治理的底层特性和历史基础。[6] 互联网治理主要是指逻辑层的技术治理，是狭义的，而网络空间治理包括了互联网多个层级的全部治理活动，特别是越来越重要的政治经济和社会伦理议题。正确地界定互联网治理与网络空间治理之间的关系，有助于网络空间治理在理论和实践层面取得突破。[7]58

2. 全球治理与国家治理

理解网络空间全球治理体系一个不可或缺的维度是理解国家治理与全

球治理的关系。网络空间治理在实践范围内分为国家治理和全球治理，前者是在一个国家疆域范围内对互联网相关事务的公共治理，在国家治理体系内运行；后者指超出主权国家管辖范围的具有全球性的治理活动，包括国家间之间、国家与非国家行为体之间甚至非国家行为体间的治理。互联网天然的跨国属性，使网络空间治理被默认为处于一种全球语境中，互联网治理的学术研究也具有非常典型的全球语境和视野[8]2。与国家内部存在一个最高主权者不同的是，网络空间全球治理的最大特征在于治理对象的全球性，其不存在一个具有统一权威的政府。在网络空间中，国家治理体系无法被限制在一国的领土边界内，而是在全球治理体系中溢出，造成了某种张力。

网络空间的在国家治理与全球治理维度上存在两对矛盾：范围上的国家与全球、主体上的政府与非政府行为体。就主体来说，以民族国家政府和跨国私营企业为核心，二者在全球层面形成了复杂的矛盾关系。在全球治理阶段，市场与社会既是治理的客体，又是治理的主体。[9] 除了大国网络空间地缘博弈之外，大型互联网公司基于对网络空间治理的主张和实践同样形成了自己的体系，成为网络空间全球治理体系中的一部分。以微软提出的《数字日内瓦公约》倡议、西门子的《数字宪章》原则、脸书的"全球社群"构想、阿里巴巴的 eW20 平台等为代表，私营跨国企业正在成为治理规则的倡导者，在多利益相关方治理模式和理念的加持下，私营的非政府行为体正在建构一种不同于民族国家以国家安全为追求的治理体系。从治理活动中国家主权的协商化以及欧盟、印度对科技企业的管制诉求亦能清楚地看出这种趋势。正是由于这种跨国性和技术性，网络空间全球治理迥异于传统的国际关系，治理主体不仅只有民族国家，非国家行为体成为重要的组成部分，正发挥着不可替代的作用。

（二）层级性：治理对象的分层架构

层级是理解互联网结构的基本方法论。长期以来，人们往往直觉地认为互联网是一张平滑的大网，但是无论从技术还是从社会应用的角度看，互联网远非"点线面"的二维结构，而是一个具有层级的立体结构。互联网的体系结构在技术上一般自下而上被分为物理层、数据链路层、网络层、传输层、应用层五个层级，但在社会治理中往往被简化为提供接入硬件的物理层、提供数据流动寻址的逻辑层、实现互联网内容使用的应用层三个层级。三层结构为 ICANN 采纳并推广，而后被人文社科领域广泛采用。从物理实体到逻辑代码，再到商业应用和社会效益，每一层对应着互联网的不同方面，且由于互联网治理议题的异质性，每一层都有其独特的问题、相应的解决方案和治理安排[10]112-118。因此，网络空间治理必须遵循"分层原则"[11]815，并且只有把所有层级都放在一起考虑才能形成一个关于互联网及发生在其中的各项活动的完整观点[12]49。

由于互联网平台的崛起及其在治理中举足轻重的特殊性，本文提出有必要将平台作为单独的一个治理层级，由此形成网络空间治理的四层架构模型。互联网已经从技术工具属性完成了商业和社会属性的转变，互联网三层架构过于简化，不再满足人们认知和政策制定的需要。平台治理的特殊性在于其主要由私营企业承担，在治理体系中相对空缺，经典的三层架构模型中缺少对互联网平台的强调。大型互联网平台企业已经成为网络空间行为体中的关键力量，其经济体量甚至超过很多中小国家，任何治理规则的制定和落地都绕不过平台企业。互联网平台是数字经济发展的引擎，平台正在重塑社会生活形态。基于互联网的技术特征，回归网络空间的社会意义，平台有必要被当作一个层级，也就是从原来的应用层中分离，称为平台应用层（见表1）。[13]

这种单独层级的提出具有认识论上的革新意义，有益于促进我们对平台社会的深入理解。平台应用层和平台社会相互呼应，因为平台社会所面临的挑战都与平台紧紧相连。这些挑战主要是：内容治理，如言论自由、商业创新保护以及诽谤侵权、网络暴力整治等；数据治理，如数据收集、开发、保护以及个人隐私保护等；算法治理，如算法公开、大模型规制等；平台生态建设，如平台竞争、垄断、生态建构等。这些构成了平台应用层的主要治理议题。同时这些议题最重要的利益相关方之一是平台拥有者和运营者，即平台公司，特别是大型跨国平台公司。平台公司与国家政府以及用户构成了平台层治理最重要的治理主体三角关系。

表1 网络空间治理的四层结构

架构层级	治理领域与对象
经济社会层	社交通信　新闻资讯　娱乐传媒　生活服务
平台应用层	内容　数据　算法　平台生态
逻辑协议层	根服务器　域名　IP地址　协议参数
物理设施层	无线系统　海底电缆　数据中心　卫星通信

（三）实践性：治理发展的议题导向

网络空间治理围绕现实问题形成以规则为核心的公共产品，具有极强的实践性，呈现出强烈的议题导向性。议题在很大程度上决定了治理的其他要素的形态，是驱动治理实践发展的重要推动力。治理议题是一个具有历史性的问题。最开始互联网治理起源于对互联网关键资源的争夺，域名系统（DNS）是最初的治理对象和主要议题。在互联网商业化之后，议题从技术层面迅速向社会、经济、政治乃至文化层面扩散。最典型的是2003~2005年联合国召开的信息社会世界峰会（WSIS），互联网治理的议题囊括了方方面面，互联网治理转入了网络空间治理的范畴。

治理议题设置体现了不同治理理念对治理活动的优先性排序和判断。网络空间治理议题既有分类主要来自西方，但是整体上较为陈旧。劳拉·德纳迪斯（Laura DeNardis）将其分为互联网关键资源控制、网络接入、网络安全治理、信息流动、知识产权保护等领域。[14]6-7 弥尔顿·穆勒（Milton Mueller）认为来自知识产权保护、网络安全、内容监管及关键互联网资源四个领域的驱动力将推动国际互联网治理的变革。[15]5 约瑟夫·奈（Joseph Nye）更侧重国际政治，主张分为七类：DNS、网络犯罪、网络战争、间谍行为、隐私、内容控制以及人权保护。[16]

依据治理议题的历史演变和发展趋势，我们认为当前网络空间全球治理的议题主要有以下八大类：基础设施、关键资源、平台治理、网络安全、数字贸易、数据治理、算法治理、内容规制。这些议题不仅典型地代表正在进行的治理活动，而且也较为科学合理地分布于网络空间层级架构中。此前的网络空间全球治理体系和议题设置往往更重视中间以关键资源为核心的技术治理，对底部和上部的物理层与应用层的社会治理有所忽视，尤其忽视新兴的内容治理、数据治理、平台治理等领域。在实践中，关于网络空间治理体系和议题设置一直争论不休乃至相持不下，其中主要原因就是各方认识维度不同或者是思考角度过于偏颇。

（四）开放性：治理主体的多元博弈

谁可以参与网络空间治理看似是程序性问题，实质却是一个蕴含内在价值判断的重要问题。治理的本质在于权力分配，谁有资格参与权力分配则是治理的首要问题。互联网作为一种人类有史以来涉及面最广的传播媒介，几乎与地球上每一个人有直接或者间接的关联，因此每个个人用户与每个政府和国际组织都与互联网存在着利益相关性，理论上都具有成为治理主体的资格和可能性。与传统国家统治强调公权力主导不同的是，在实践中，真正参与网络空间治理的主体包括政府组织、国际组织、企业、行业协会、技术组织、学术机构、社会团体、公民个人等，具有极强的开放性。根据其不同属性和在实践中所发挥的作用，治理主体可以被简明地归纳为四大类：政府组织（主权国家以及政府间国际组织）、私营企业、技术社群、社会团体。

政府组织作为公共事务的代理人，以维护各自国家利益为宗旨行使公权力，体现国家政府的集体意志。在网络空间治理中起主要作用的政府组织主要以美国、中国、欧盟、俄罗斯等为主，其各自的立场和行为方式有很大不同。在网络空间治理中非政府行为体正成为重要的治理力量。[17] 以互联网企业为代表的私营企业，特别是跨国公司，是网络空间生态中的基础性力量，越来越积极地参与到治理规则的制定中，并不断推动治理体系向前发展。以制定技术标准和运维互联网为职责的技术社群典型的如ICANN、互联网工程任务组（IETF）、互联网架构委员会（IAB），以及一些学术机构和有影响力的互联网技术领袖。以非营利机构为主的社会团体活跃于国际国内的治理活动中，往往由具有影响力的社会活动家领导，在网络空间发挥独特的推动作用，比如美国著名思想家约翰·巴洛（John P. Barlow）所领导的电子前沿基金会（EFF）。在政府组织、私营企业、技术社群、社会团体的四分视野下，主体间的力量格局和权责关系构成了网络空间治理的基本内涵。

（五）排他性：治理模式的对立竞争

网络空间全球治理呈现出两种主流模式，一种是以 ICANN 治理为代表的"自下而上"的多利益相关方治理模式，另一种是以政府和联合国系统的"自上而下"的网络主权治理模式。两种模式经常处于对立竞争之中，意图以排他的方式占据主导地位。互联网发端于美国，与其相关的关键国际组织的组织架构和治理模式具有深刻的美国社会民间组织的特点和烙印，特别是多利益相关方治理模式。多利益相关方治理模式指在一个开放的、透明的和可问责的机制中，所有利益相关方充分参与并以共识为基础进行决策和运作。[18] 不同于传统集权式的自上而下的治理方式，这种模式强调的是自下而上的参与机制。多利益相关方治理模式起源于 17 世纪的威斯特伐利亚国际体系，前提是以政府为主导，强调公权力的合法性和代表性。网络主权治理模式以尊重网络主权为首要原则，基于联合国宪章下的一国一票表决方式做出治理决策，主张以多边主义解决网络空间国际治理问题。

网络空间治理模式的关键在于何种主体发挥主导作用。政府通常认为自身作为社会治理中的人民代表，应该发挥主导作用，脱胎于技术的互联网社群则希望每个主体都可以平等地发挥作用。在多利益相关方治理模式下，政府仅仅作为其中平等的一方，甚至是被限制了权力的一方，而在网络主权治理模式下，政府被视为主要行为体，应该"发挥关键主导作用"。

有研究者指出，两个模式在竞争下呈现出治理权力的"聚拢"趋势，以主权国家为基础单位的互联网治理模式正在占据主流。[19] 但在当前网络空间治理两大体系中，"自下而上"的多利益相关方治理模式所形成的规则往往具有较强的可操作性。比如，IETF 制定互联网技术标准 RFC（Request for Comments）以"大致共识"（rough consensus）和"有效代码"（running code）的原则被有效执行，而这两个原则恰恰是当年在与自上而下的治理方式的竞争中胜出的。[20] 与之相对的是，"自上而下"的网络主权治理模式下的联合国框架所形成的无论是 2012 年通过多数票表决的新《国际电信规则》，还是联合国信息安全政府专家组（UNGGE）多轮次谈判形成的共识性规范，均处于有规则/规范却无法落实的状态。

从现实来看，两种模式的冲突仍在进一步加剧，意识形态化色彩越来越浓。2022年，美国联合其50多个盟友发布的《互联网未来宣言》不断强调要保护和强化多利益相关方治理模式，充满意识形态竞争色彩，其所针对的就是中俄倡导的网络主权治理模式。同时，技术社群也在多边场合不断捍卫多利益相关方治理模式。2022年至2024年，联合国牵头的重要共识性文件《全球数字契约》，其出台过程虽然基本采用了多利益相关方治理模式，但具有巨大影响力的技术专家们依然旗帜鲜明地表达对政府主导互联网治理的不满，围绕多边模式和多方模式的争论造成了历史性的激烈冲突。[21]

基于对以上五种属性的分析，我们总结出了网络空间治理的认识论总体框架，即"双重范围、分层架构、议题导向、多元主体、两种模式"，形成网络空间治理分析的四梁八柱（见图1）。网络空间治理体系的最大特点在于其多元性和复杂性，其运作形成了线上和线下融合的人类社会秩序。

三　网络空间治理体系建构的价值基础

当今网络空间的主导秩序理念来自美国引领的全球化，是一种西式的自由主义秩序。世界需要一个能够包容各个文明的治理进程，建立一种多元发展秩序，也就是从单极的自由主义秩序转变到多元的共和秩序。中国人对世界发展模式的理解不是零和博弈，而是一种共荣共生的和谐天下观念。从根本上说，人类的价值观分裂难以弥合，我们需要的是一种让不同文明得以自由探索前进道路的发展方案。建构新秩序的原则应该是"存异大于求同"，构建一种以人类命运共同体为指引的治理之道。我们认为，要让不同的文明展开探索，追求人类社会的终极答案；不同文明之间是共享，不是统合。网络空间是人类文明全球发展探索的典型实验地。互联网对于人类的重要意义，不在于让不同民族同一化，而在于让不同民族乃至不同个体得以交流互鉴，和而不同。交流是互联网最根本的属性，互联网发展的最终结果应该是互相交融，是多样性共存，而非单向同化，更不是歧途异化。

建构网络空间治理体系最重要的原则是海纳百川、兼容并包，这就要最大限度地寻求人类的共同价值理念。在论述世界秩序时，基辛格提出

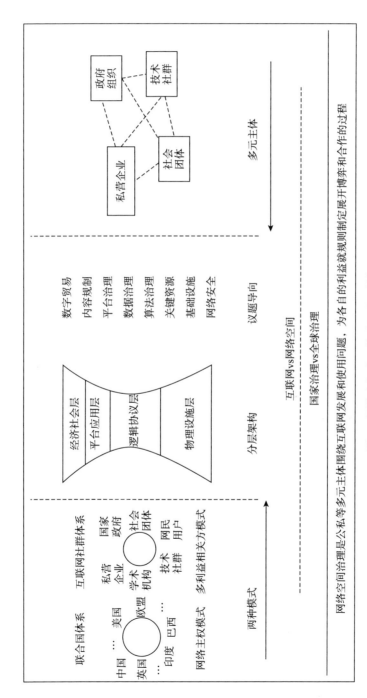

图 1　网络空间治理的认识论总体框架

"要建立真正的世界秩序，它的各个组成部分在保持自身价值的同时，还需要有一种全球性、结构性和法理性的文化，这就是超越任何一个地区或国家视角和理想的秩序观。"[22]489 诚如所言，建立一个为全世界普遍接受的治理秩序的前提是存在一个共同的价值基础。联合国在一份具有里程碑意义报告《天涯若比邻》中也提出"全球价值观是全球治理的基石"。[23] 共同的价值基础是建构良好秩序的起点，是搭建有效治理体系的基石。要引导全球合作进入更高水平，有效应对影响人类共同命运的问题，亟须构建更具有包容性的全球价值理念来弥合纷争。[24]

互联网的诞生本质上是文化价值追求的结果，互联网的未来依然是价值观体系发展的结果。[25] 建立良好的网络空间全球秩序的前提是主要大国和平、和谐相处，该秩序也正是建立在主要大国的理念共识之上。网络空间治理体系的核心矛盾是两种核心治理主张之间的矛盾，那么寻求秩序的共识基础也必须回到两种主张中。就网络空间来说，弥合全球冲突、遏制内在的分离主义趋势的一种可能性是将新公共性（neo-publicity）作为全球价值理念的基础。"公共性"是一个具有极大张力的概念[26]1-2，为新价值的孕育提供了承载空间，但也为内涵界定和表达带来极大挑战。在西方政治哲学传统里，公共性往往是在与私人性的相对意义上被规定，强调私人领域之外同时又不被国家意志侵蚀的社会公共领域；在中国传统的公天下、家天下和私天下的三分观念中，"公共"更多指向具有道德性的国家生活的公共部分，往往与"义"相关[27]266-278。面对互联网的阵营化、碎片化分裂趋势，网络空间应该以最低共识度为基础建构一套完整的价值体系以容纳不同的治理追求，形成新的公共性价值倡导。新公共性并非传统西方的与"私"对应的"公"，也不在于传统中国所强调的国家公共生活，而在于追求最低共识的价值基石，以实现拥有最宽广根基的公共理念。

我们认为，这种新公共性的实现需要以实现全球正义（global justice）为内核。在网络空间全球治理中，一种跨越不同文化的全球价值观更有可能来自人类共同的本性——正义。就中美两个网络空间大国来说，中国一贯坚定地主张推动全球互联网治理朝着更加公正合理的方向迈进；美国提出美好的网络空间应是一个国家和民众共同坚守责任、正义与和平规范的领域。二者对网络空间的追求事实上具有共同的人类情感和价值基础，即对公平正义的认同。

正义是人的本性追求，也是人类社会最基本的特质，更是超越不同社会的共同情感，因此是全人类价值观的内核。正如罗尔斯在《正义论》中开宗明义指出的，"正义是社会制度的首要德性，正像真理是思想体系的首要德性一样"[28]3。我们认为，网络空间治理体系建构的根本目标是实现网络空间的普遍正义。换句话说，正义性是网络空间治理体系建构的首要德性。西方思想源头柏拉图提出城邦的存在以正义为使命，正义是各人做好各人之事。[29] 中国最早提出正义观的是荀子，他认为这是一种基于差异的社会平等。[30] 无论是东方对正义的理解还是西方哲学中的相关争论，正义均包含了人类社会最基本的道德法则，即尊重人生产和生活的价值。

在国际交往中，正义性往往表现为国际道义，特别是守成或者崛起大国所提供的道德领导力。[31] 网络空间治理基本秩序的奠定需要具有全球感召力的国际道义。这种国际道义，我们认为应该是东西方各司其职，发达国家应该致力于维护公平的国际秩序，发展中国家努力建设公正的国家秩序，最终在全球意义上实现和平秩序的建立。简单来说，发达国家不能霸道，发展中国家不能缺场，双方都应对正义负责。这种理解正是能够弥合东西方治理主张冲突的根本性力量源泉，是形成网络空间治理共识的起点，亦即最低共识。这正是我们所主张的区别于一般公共性的新公共性治理的精神所在。

四 网络空间治理体系建构的路径设计

网络空间治理体系的建构需要以公共性为价值追求，但同时需要秉承务实的态度，围绕不同议题建立不同对话协商机制，在现实中寻找可操作方案。建构网络空间全球治理体系需要正视网络空间除技术之外的社会属性，不回避经济、政治、文化的复杂性；而且需要统合好国家治理与全球治理的同构关系，明确全球治理体系是由众多国家治理体系有机组成而来，同时又超越国家治理体系，在全球意义上具有独立性。在治理主体和议题上，需要充分肯定政府、企业、科研机构等社会各主体不可替代的作用，在不同议题上尊重不同主体的主导地位，坚持多元主体和议题导向原则，灵活运用多边和多方的治理模式。基于互联网分层技术结构的现实，网络空间全球治理体系的实际运行必须建立在互联网的层级架构基础上，遵循分层治理原则，使主体和治理模式之间相互匹配。

合理有效的网络空间治理体系的核心在于能容纳多种治理主张，能让不同国家政府、不同非政府行为体充分博弈，同时对强弱行为体都能提供制度性制约，最终形成包纳既有的互联网社群体系和联合国体系两大体系的整体性体系。

在网络空间四层架构中，最上面的经济社会层和最底下的物理设施层都有强烈的属地属性，充分体现了网络主权的管辖原理，因此，政府作为国家治理的主要主体应该发挥其应有的主导监管作用，其他主体需要在国家治理框架下积极参与；中间的逻辑协议层和平台应用层是互联网最具有特殊性的两个治理层级，我们需要仔细辨别。逻辑协议层是互联网治理的生发地，经过几十年的演进已经形成较为稳定的多利益相关方治理模式、分布式分级授权技术系统和市场化开放竞争产业生态特点。[32] 事实证明，当前以 ICANN 为核心的技术社群治理模式对限制美国主导互联网关键资源治理还是有效的，也为其他国家和治理主体参与逻辑协议层治理提供了开放途径，使得逻辑协议层整体上保持了稳定和开放。因此，逻辑协议层的治理应该尊重以技术治理为底色的多利益相关方模式，进一步优化以技术社群为主导、私营企业为运营主体、政府为监督机构、民间社会积极参与的格局。平台应用层因其天然的无边界性和跨国性，与逻辑协议层一样，具有去政府化的治理特性，但是平台应用层承载着大量具有国家性和地方性的内容，必须遵守各国法律制度，合规运营；平台应用层在网络空间治理体系中处于政府化管理和去政府化管理之间的特殊地带。平台应用层目前的规则供给主要来自大型平台企业，私营平台企业通过自由的市场竞争获得了事实的权力中心地位。[33] 但是在应对社会公共问题时却有心无力，平台应用层的权力逐渐失衡。平台治理是网络空间治理的新挑战，基于权力制衡的原则，平台应用层应该形成一种私营企业与政府等其他主体间制度化的"制衡和竞争"关系。[34] 一种可能的方式是由政府牵头发起建立一种规则协商机制，将主要国家政府、大型平台企业、民间社群等利益相关方纳入一个决策实体中，就平台全球治理的核心问题做出有执行效力的决策。

基于分层治理原则和议题导向原则，多元共存的网络空间全球治理体系的实际运行必须建立在互联网层级架构的基础上，不同层级的议题不同，主导主体和治理模式应该与之相匹配。最下面的物理设施层需要尊重各国主权管辖原则，但同时必须建立在全球供应链基础上，因此，针对该层面的治理需要坚持多边的合作机制；中间逻辑协议层最具有全球统一性，也是最具全局性、争议最为复杂的一层，针对该层的治理应坚持社群体系主导，但是必须坚定地推进去政治化，特别是需要进一步改善美国政府单边控制互联网关键资源的失衡状态；平台应用层的治理需要建立一个跨国的制衡机制，将平台企业纳入国家治理和全球治理的机制化体系中；最上面的经济社会层应该保持最大限度的文化多样性，坚持以联合国宪章为原则，贯彻联合国的多边公约精神，采用入乡随俗的治理办法。

结 语

世界秩序面临百年未有之大变局，一个能够反映世界各国普遍诉求的全球治理体系正在形成。网络空间治理体系的建构正是推进该进程的主要动因之一。网络空间治理理论探索的意义不仅在于理解网络空间本身，更是对东方—西方社会的交往关系的深刻理解，在更大意义上是理解人类自我演进的进程本身。从网络空间治理的属性认知入手，我们将更加清晰地看到内在种种力量的交互与矛盾冲突，进而从容地寻找共同的价值追求，或将冷静理性地找到一条弥合全球互联网分裂的道路。从本质上说，良好的网络空间治理体系是能充分保障竞争与合作的一整套程序和总体环境，最终实现全球公共秩序的公平正义。这是我们的愿景，也是我们需要不断付出努力去追求的目标。

参考文献

［1］刘金河、崔保国：《论网络空间全球治理的范式创新》，《新闻与传播研究》2023 年第 7 期，第 77 页。

［2］陈志敏：《国家治理、全球治理与世界秩序建构》，《中国社会科学》2016

年第 6 期，第 15 页。

［3］ WGIG（Working Group on Internet Governance），*Report of the Working Group on Internet Governance*，United Nations，June 2005.

［4］ 方兴东、钟祥铭、彭筱军：《草根的力量："互联网"（Internet）概念演进历程及其中国命运》，《新闻与传播研究》2019 年第 8 期，第 59-60 页。

［5］〔美〕曼纽尔·卡斯特：《传播力（新版）》，汤景泰、星辰译，社会科学文献出版社 2019 年版。

［6］ 刘金河：《互联网治理概念的学术价值》，《信息安全与通信保密》2024 年第 4 期，第 27 页。

［7］ 鲁传颖：《网络空间治理与多利益攸关方理论》，时事出版社 2017 年版。

［8］ Laura DeNardis, eds. , *Global Internet Governance：Critical Concepts in Sociology*，London：Routledge，2019.

［9］ 蔡拓：《全球治理与国家治理：当代中国两大战略考量》，《中国社会科学》2016 年第 6 期，第 8 页。

［10］ 李艳：《网络空间治理机制探索》，时事出版社 2018 年版。

［11］ Lawrence B. Solum and Minn Chung, "The Layers Principle：Internet Architecture and the Law," *Notre Dame L. Rev.* , Vol. 79, 2003.

［12］〔美〕罗伯特·多曼斯基：《谁治理互联网》，华信研究院信息化与信息安全研究所译，电子工业出版社 2018 年版。

［13］ 崔保国、刘金河：《论网络空间中的平台治理》，《全球传媒学刊》2020 年第 1 期，第 90 页。

［14］ Laura DeNardis, *The Global War for Internet Governance*，New Haven：Yale University Press，2014.

［15］ Milton Mueller, *Networks and States：The Global Politics of Internet Governance.* Cambridge：The MIT Press，2010.

［16］ Joseph Nye, "The Regime Complex for Managing Cyber Activities," *The Global Commission on Internet Governance*，2014，p. 9.

［17］ 刘金河：《互联网全球治理中的非政府行为体研究》，《中国信息安全》2023 年第 4 期，第 73-77 页。

［18］ Lawrence E. Strickling and Jonah Force Hill, "Multi-stakeholder internet governance：successes and opportunities," *Journal of Cyber Policy*，Nov. 28, 2017,

p. 300.

[19] 韩博、朱鸿军：《"分裂"还是"聚拢"？演进中的互联网治理模式与未来发展趋势》，《新闻与写作》2023 年第 10 期，第 73-75 页。

[20] Russell and Andrew L. " 'Rough consensus and running code' and the Internet-OSI standards war," *IEEE Annals of the History of Computing*, Vol. 28, No. 3, 2006, pp. 48-61.

[21] 钟祥铭、方兴东：《〈全球数字契约〉与多方模式新纪元——探究全球网络治理基础性机制的范式转变与逻辑》，《传媒观察》2024 年 9 月 30 日知网网络首发。

[22] 〔美〕亨利·基辛格：《世界秩序》，胡利平等译，中信出版社 2015 年版。

[23] Commission on Global Governance, *Our Global Neighborhood*, Oxford and New York: Oxford University Press, 1995.

[24] 杨雪冬：《全球价值理念的生成机理初探》，《东北亚论坛》2020 年第 4 期，第 76 页。

[25] 刘金河、崔保国：《论网络空间全球治理的范式创新》，《新闻与传播研究》2023 年第 7 期，第 84 页。

[26] 任剑涛：《公共的政治哲学》，商务印书馆 2016 年版。

[27] 刘泽华、张荣明等：《公私观念与中国社会》，中国人民大学出版社 2003 年版。

[28] 〔美〕约翰·罗尔斯：《正义论》，何怀宏等译，中国社会科学出版社 2009 年版。

[29] 荀子：《荀子·儒效》，方勇、李波译，中华书局 2015 年版。

[30] 〔古希腊〕柏拉图：《理想国》，郭斌和、张竹明译，商务印书馆 2018 年版。

[31] 阎学通：《道义现实主义与中国的崛起战略》，中国社会科学出版社 2018 年版，第 7 页。

[32] 李晓东、刘金河、付伟：《互联网发展新阶段与基础资源全球治理体系变革》，《汕头大学学报（人文社会科学版）》2021 年第 8 期，第 38-40 页。

[33] 崔保国、刘金河：《论网络空间中的平台治理》，《全球传媒学刊》2020 年第 1 期，第 93-95 页。

[34] 刘金河：《权力流散：平台崛起与社会权力结构变迁》，《探索与争鸣》2022 年第 2 期，第 121-126 页。

理解数字新闻用户的算法抵抗：技术归因、社会症候与个体特质

庞　华　张凯歌*

　　摘　要　算法抵抗作为当前算法在数字新闻场域内普遍部署的显著后果，刻画了用户试图解读并调整算法逻辑的能动性实践。本研究借鉴社会技术系统理论、创新抵制理论及保护动机理论，深入分析了技术特征（感知不透明性、信息不相关）、社会氛围（形象阻碍、人际影响）以及个体因素（认知惯性、隐私关切）如何共同作用于算法焦虑与算法不信任，从而引发用户的算法抵抗意图与抵抗行为。通过采用分层抽样方法，研究收集了6303名有推荐算法新闻平台使用经历的用户样本，并通过构建偏最小二乘法结构方程模型进行了实证检验。研究结果揭示，感知不透明性、信息不相关、形象阻碍、人际影响及隐私关切是导致算法焦虑和不信任的重要前因，它们进而引发用户的算法抵抗意图及行为。本文为理解算法作为数字新闻生态的核心架构提供了用户行为视角的反思性认识。

　　关键词　算法抵抗；算法焦虑；算法不信任；信息不相关；数字新闻用户

　　伴随技术更迭与行业转型共同驱动的媒介生态变革，算法日趋成为平台化、智能化与数字化浪潮下数字新闻业的核心基础设施[1]。在数字新闻

---

　*　庞华，系天津大学新媒体与传播学院教授、硕士生导师；张凯歌，系天津大学新媒体与传播学院硕十研究生。本文系国家社科基金重大项目"数字新闻学理论、方法、实践研究"（项目编号：20&ZD317），天津市2023年度哲学社会科学规划委托项目"文明交流互鉴视域下中国国际传播的理念创新、范式重构与实现路径"（项目编号：TJWHSX2302-01），天津大学研究阐释党的二十届三中全会精神专项项目"数智技术赋能中华文明国际传播的现实意蕴、要素耦合与建构路径"（项目编号：024YJ003）的研究成果。

业所内蕴的算法应用模式与表现形态中，推荐算法是数字新闻用户最为直观的算法形式，正逐渐塑造数字新闻用户的日常体验与个体经历，使之面对着"原子化"的内容信息流，精准而孤立地诉诸用户的认知和情感，构筑起个人在数字时代的生存场景。然而，推荐算法的不透明、缺乏可解释性以及其给用户带来的自主权剥夺，日益凸显出人工选择与机器选择之间的矛盾状态。此外，在"前推荐算法"时代，搜索行为早已根深蒂固为用户的使用惯习与数字文化图腾。数字新闻的平台化转型与算法统治地位的确立，势必带来搜索逻辑与算法推荐逻辑之间的碰撞、冲突与博弈。

　　基于此，算法抵抗成为用户应对推荐算法霸权的手段及策略的显著概括，表现了用户对算法的逃离、嵌入与反噬[2]，以及在日常生活中对算法的抵抗行为[3]，在性质上则突出体现为干预性数字能动实践[4]与改变算法逻辑的集体行动[5]。相较于算法回避概念所强调的不依赖、不采纳以及规避算法错误等被动举措[6]，算法抵抗更加强调用户的主体性、行为的能动性、场景的日常化与组织的协调化。就当前算法抵抗的实证研究来看，张（Zhang）等从技术压力与认知评价的视角探讨了算法抵抗的部分前因[5]；陈阳等则着重考察了抵抗意愿、抵抗意图的区别和协同效应[4]；鲍立泉等借助信息技术认同的概念阐明了算法抵抗的合作型与反抗型操纵的影响因素[7]。鉴于当前算法抵抗的研究视角多聚焦于思辨概括，实证研究尤其是定量研究尚处于起步阶段，影响算法抵抗的认知及情感因素仍有待进一步的实证探索。本研究旨在厘清算法作为一种信息系统的技术因素、社会环境因素与用户个体因素在何种程度上形塑了用户对算法的焦虑与不信任感知，进而触发算法抵抗的意图及其行为的影响机制，从而为理解当前数字新闻场域内的人与技术关系提供反思视角与经验性证据。

一　文献回顾与研究假设

（一）社会技术系统理论、创新抵制理论与保护动机理论

　　社会技术系统理论起源于英国学者埃里克·L. 特里斯特（Eric L. Trist）对煤矿行业管理与技术革新进行的研究[8]，用以阐释新兴技术的引入势必对社会系统运行产生复杂效应。近年来，伴随信息技术的加速迭代，学者

引入"社会物质性"的概念以描述信息技术中技术、社会元素的叠加与交织[9]。具体到算法相关研究的语境，算法在公共领域中的广泛嵌入已使得学者将社会技术系统理论与之相结合，用以研究特定文化背景下用户对参与公共服务的算法的接受与信任程度[10]。

创新抵制研究起源于创新扩散的相关研究，突出了用户或消费者对创新事物的抵触与不采纳情绪，其既有习惯与对创新事物的担忧是创新抵制的主要驱动力[11]。伴随研究者对创新抵制相关实证研究的开展，诸如社会规范、产品形象、产品易用性等因素被证实是影响创新抵制行为的重要因素[12]。就当前创新抵制理论在算法相关研究中的应用来看，价值阻碍、传统阻碍、形象阻碍等被证实与对算法的负面情绪呈现正相关[13]，但算法的技术特征在某种程度受到忽视。近期一项研究表明，算法在出现不准确表现时，将降低相关专业人士的使用意愿，但这一结论有必要向普通用户群体拓展并进一步深化[14]。

保护动机理论由罗杰斯（Ronald W. Rogers）于 1975 年提出，指出个体在面对风险或威胁时，会在权衡各方因素的基础上进行自我保护，作为对上述风险或威胁的应对行为[15]。此后，自我效能概念被结合进入保护动机理论，伴随保护动机理论的研究深化，其框架得到进一步发展，信息源、认知调节过程与应对模式作为其主要构成因素[16]。鉴于推荐算法带来的大量同质信息极易诱发用户的负面认知与评价，当用户认为同质化的信息流破坏了其体验时，用户对算法的感知威胁即有可能上升，用户也有可能采取相应保护措施[5]。

上述理论框架能够为我们深入理解当前算法作为数字新闻业所根植与依凭的一种信息技术基础设施的表征样态及其运作规律，以及明确围绕算法所展开的人机互动与复杂关系构建提供综合性视角，从而为我们全面揭示算法抵抗行为的技术、社会与个体成因提供可靠依凭。

（二）感知不透明性对算法焦虑与算法不信任的效应

透明性反映了技术在各阶段面向用户的可见性，是用户对技术的判断及使用意愿形成的重要条件。在实践中，由于算法本身的设计及运行的复杂性，加之平台为保护商业利益对算法细节的刻意保密，算法成为一种高度封闭的信息技术[17]，用户往往仅能通过输入及结果尝试倒推其中的运行过程，而无从知晓算法如何筛选、排序与推荐有关内容，更无法掌握算法运行的准确规则与具体模式，由此加剧其对算法运作的黑箱化与不透明性的感知。

不确定管理理论认为，对特定技术的怀疑和不稳定感将影响个体对该技术的认知与评价，进而导致不满意等负面情绪的产生[18]。因此，算法运行结果无法被算法本身及其发布者给出合理解释时，用户即会感到自身无法实现对算法的有效了解与控制，由此产生对算法运行的持续担忧与焦虑情绪，担心算法可能带来偏见和不公平的结果，这就会侵蚀用户对算法的信任基础。现有实证研究已经证实了职场环境[19]与公共服务[10]中算法的不透明性将削弱用户的信任程度与使用意愿，但数字新闻业场景中的算法不透明性及其潜在消极后果仍有待深入研究[17]。因此，本研究提出如下假设：

H1：感知不透明性与算法焦虑呈现正相关；

H2：感知不透明性与算法不信任呈现正相关。

（三）信息不相关对算法焦虑与算法不信任的效应

推荐算法作为以高效提供符合用户偏好的信息为主要特征的信息技术，其提供的信息质量是影响用户满意度及用户对待算法态度的重要依据[5]。信息质量是信息系统成功模型的关键因素，信息不相关则反映了某一技术所提供的信息无法满足用户的预期[20]。任务技术适配理论认为，技术对需求的满足能力将影响用户心理与认知评估[21]。因而当算法无法满足用户的信息需求时，用户将做出算法与自身需要匹配程度较低的判断。

研究表明，当算法服务失灵或提供不准确信息时，用户易产生对算法的不信任等负面认识及中断使用意图[14]。进一步而言，推荐算法所提供信息的特征，如信息窄化、信息冗余与信息过载均构成了心理抗拒等用户负面反应的前因，并诱发用户的焦虑、不信任等负面看法，但信息不相关的影响仍有待进一步揭示[22]。基于上述论证，本研究提出如下假设：

H3：信息不相关与算法焦虑呈现正相关；

H4：信息不相关与算法不信任呈现正相关。

（四）形象阻碍对算法焦虑与算法不信任的效应

形象阻碍是用户对创新的负面看法，构成了创新抵制理论的重要方面，主要来源于信息的有限性与思维认知的刻板印象[23]。而形象阻碍常表现为用户对某一创新技术的起源、功效及其结果的不利感受，技术采用的容易程度也会影响用户的形象阻碍感知[13]。如果用户在某一创新技术的推广过程中，感受到该项创新技术的风险性、复杂性，便会产生对该技术的怀疑、不信任等负面认识。

而就形象阻碍的后果来看，这一因素阻碍了技术创新的优势向用户的有效传达，将导致用户对技术创新的消极情绪，且实证研究证实了形象阻碍对平台吸引力的负面影响[23]。在算法决策研究领域，由于算法被认为在公平性等方面存在缺陷，且用户预期需要花费大量的时间、精力使算法充分学习自身偏好，因此形象阻碍能够对算法厌恶产生显著的预测效果[13]。为进一步揭示形象阻碍对算法焦虑与算法不信任的影响，本研究提出如下假设：

H5：形象阻碍与算法焦虑呈现正相关；

H6：形象阻碍与算法不信任呈现正相关。

（五）人际影响对算法焦虑与算法不信任的效应

社会影响是个体对其他人关于某一技术使用的信念所产生效果的感知[24]，在本研究中则指向用户个体所处社交关系对算法的负面评价对其施加的作用。在信息技术研究中，社会影响常通过从众行为发生作用，从众行为则可划分为信息从众与规范从众，分别用以刻画个体对他人具备的专业知识与权威性的遵从，以及迎合身边群体的期望从而避免被排斥，这两种从众行为都将对技术采用的结果造成影响[25]。

现有研究证实，当个体所处社会群体对智能管理系统等新兴技术呈现积极评价时，这一积极评价将通过增进对技术表现的预期降低技术抵制意愿[24]。与此相应的是，在面临他人对技术的负面评价及社会压力的情形下，个体将降低对特定技术的认知评价并产生心理违背[26]。而就社会影响与算法抵抗的关系来看，青少年的同伴影响是短视频场域下算法抵抗发生的影响因素[27]，但人际因素影响如何塑造用户对算法的焦虑及不信任态度仍较少受到关注。因此，本研究提出如下假设：

H7：人际影响与算法焦虑呈现正相关；

H8：人际影响与算法不信任呈现正相关。

（六）认知惯性对算法焦虑与算法不信任的效应

认知惯性指向用户出于对现有产品对自身需求的满足而产生的维持现状、抵制创新的态度，反映了用户对不确定性与变化的排斥。除了发生在个体层面之外，这种认知惯性也会发生在组织层面，进而影响技术采纳的组织行为[12]。通常情况下，具有较高认知惯性的用户会在即使有更为先进的替代方案情况下，仍然维持对当前产品、技术的使用，担忧技术创新挑战自身习惯及传统信念，因而认知惯性也被作为一种传统阻碍进入创新抵制理论[13]。

研究揭示了在线上零售业中用户的认知惯性对创新抵制行为具有显著的直接影响[12]，造成用户对新兴技术的引入产生焦虑与不信任感。而在人工智能语音助手的接受方面，具有较高认知惯性的用户更易产生抗拒意愿，进而降低自身对该技术的评价[28]。但认知惯性如何影响用户对推荐算法的理解、评价以及其做出的反应仍存在进一步探索空间。为解决这一问题，本研究提出如下假设：

H9：认知惯性与算法焦虑呈现正相关；

H10：认知惯性与算法不信任呈现正相关。

（七）隐私关切对算法焦虑与算法不信任的效应

隐私关切是用户对个人信息泄露并被其他组织及个人获取的关注与担心，这种关切的强度对用户与特定实体建立信任关系、划定自我与外部的边界具有关键影响[29]。近年来，伴随与信息技术相关的隐私威胁大幅增加，研究者日趋将保护动机理论视为建立隐私关切与保护行为间关联的重要基础[21]。鉴于媒介环境的复杂性，用户倾向于通过加强自身对隐私的控制来减少对隐私受到侵犯的担忧[26]。

先前研究揭示了隐私关切是用户抵制面部识别支付[29]、区块链[21]等技术的关键前因，而算法作为长期收集信息的一项基础性技术，获得了用户的地理位置、兴趣偏好等大量信息，将引发用户对自身隐私的担忧，进而产生不信任[30]与威胁感[22]。隐私关切程度较高的用户则更有可能受到上述负面感受的影响。因此，本研究提出以下假设：

H11：隐私关切与算法焦虑呈现正相关；

H12：隐私关切与算法不信任呈现正相关。

（八）算法焦虑与算法不信任对算法抵抗意图的效应

算法抵抗意图被认为是用户基于充分的理性思考、评价进而自主选择形成的行为意向[27]。而就算法抵抗意图的影响因素来看，当用户感到心理契约受到违背时，便会产生弃用、抵抗该技术的倾向[26]。算法焦虑表现了用户对算法运行及结果的不舒适、恐惧等状态，通过塑造用户情绪对其算法使用行为施加影响[31]。不信任是用户与技术互动过程中产生的信任缺乏，突出了对技术相关负面后果的怀疑态度[32]，算法不信任则是用户对算法运行结果特别是社会层面消极影响的忧虑[33]。

先前研究确定了信息过载、倦怠、心理抗拒等作为算法不持续使用的前因，进而呼吁将焦虑等心理因素及其他认知因素纳入算法使用意图考察[22]。在新闻推荐算法领域，定量证据表明信任是算法接受与持续使用意愿的显著影响因素[34]，近期一项研究表明，算法焦虑将降低用户对运用算法的新技术的接受程度，特别是在用户感知自身安全或经济利益受损的情况下[31]。鉴于现有关于算法焦虑与不信任的研究仍停留于技术采用阶段，为充分确定算法焦虑、算法不信任对算法抵抗意图的影响，本研究提出以下假设：

H13：算法焦虑与算法抵抗意图呈现正相关；

H14：算法不信任与算法抵抗意图呈现正相关。

（九）算法抵抗意图对算法抵抗行为的效应

行为意向到实际行为的转化是理性行为理论的重要方面，突出了个体行为可以被个体行为意向推断与解释[35]。保护动机理论则可以具体解释与个人安全相关的保护行为如何受到保护意图的影响[15]。先前研究认为，算法抵抗是用户故意改变其信息浏览、搜索的模式，误导算法并以此应对算法对个体带来的威胁[5]。因此，当用户形成了抵抗算法以获取信息自主的意图后，就有可能向算法抵抗的具体行为转化[27]。基于上述论证，本研究提出如下假设：

H15：算法抵抗意图与算法抵抗行为呈现正相关。

基于上述理论基础与研究假设，本研究构建了技术特征、社会氛围、个体因素相关变量影响算法焦虑与算法不信任，进而影响算法抵抗意图与行为的研究模型，并将性别、年龄、教育程度与推荐算法新闻平台日接触时长作为控制变量。研究模型如图1所示。

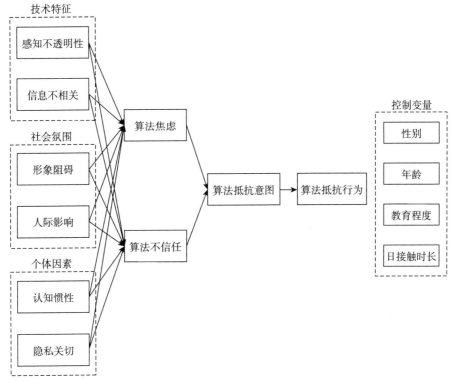

图1 研究模型

二 数据来源与研究设计

（一）数据来源

在 2024 年 3 月 15 日至 2024 年 5 月 5 日期间，本研究采用线上、线下相结合的形式，依照当前我国人口分布，面向全国 31 个省级行政区开展分层抽样，共收到问卷 6790 份，排除作答时间过短以及无推荐算法新闻平台使用经历及算法感知的样本，将 6303 份有效样本纳入研究分析。表 1 为研究样本的人口统计学特征。

表 1   研究样本的人口统计学特征

分类	选项	频数	频率
性别	男	2795	44.34%
	女	3508	55.66%
年龄	18 岁以下	127	2.01%
	18~25 岁	2001	31.75%
	26~30 岁	2236	35.48%
	31~40 岁	1523	24.16%
	41~50 岁	359	5.70%
	50 岁以上	57	0.90%
教育程度	高中及以下（含中专）	929	14.74%
	大学专科	1816	28.81%
	大学本科	2804	44.49%
	硕士研究生	701	11.12%
	博士研究生	53	0.84%
推荐算法新闻平台日接触时长（n）	n<1 小时	642	10.19%
	1 小时≤n<2 小时	2416	38.33%
	2 小时≤n<3 小时	2211	35.08%
	3 小时≤n<4 小时	735	11.66%
	n≥4 小时	299	4.74%

注：N=6303

（二）变量选择与量表构建

研究模型列举了研究所涉及的主要变量，确保相关测量取得较好的信效度，题项均来源于国内外研究的成熟量表并结合本研究的主要目标进行改编，量表来源如下。

感知不透明性，用于测量数字新闻用户对算法所包含规则、设计、内部状态的不透明性理解与评估状况，所使用量表改变自申（Shin）的研究[34]。

信息不相关，用于测量数字新闻用户对算法推荐的信息与自身兴趣、偏好的匹配程度，所使用量表改编自王（Wang）等人的研究[36]。

形象阻碍，用于评估用户对数字新闻消费过程中算法的公共、外部形象所具有的负面态度，所采用量表改编自查瓦拉（Chawla）等人的研究[23]。

人际影响，用于评估用户的社交关系对新闻推荐算法的评价，以及自身受这些评价影响的程度，所采用量表改编自吴（Wu）与于（Yu）的研究[25]。

认知惯性，用于评估用户个体所具有的认知习惯，特别是与新技术相关的思维惯性，量表采纳自安舒（Anshu）等人的研究[12]。

隐私关切，用于确定数字新闻用户面对算法推荐系统对个人信息的索取所表现出的关切程度，改编自 Zhang（张）与 Zhang（张）的研究[29]。

算法焦虑，用于评估用户对算法运行与后果的恐惧与不舒适感，量表改变自赫墨萨特（Hemesath）等人的研究[31]。

算法不信任，用于确定用户对算法整体的不信任程度，量表改编自普拉卡什（Prakash）等人的研究[32]。

算法抵抗意图，用于评估用户所形成的抵抗与拒绝算法推荐的倾向与意愿，量表改编自蔡（Cai）与马达尼（Mardani）的研究[26]。

算法抵抗行为，用于测量用户在数字新闻消费过程中做出的改变自身浏览、参与和搜索偏好来更改算法运行结果的行为频率，改编自张（Zhang）等人的研究[5]。

为确保问卷表述易于理解与无歧义，本研究邀请了两名传播学教授、两名管理科学与工程教授对问卷进行评估与修订，后对测量问卷进行了涵盖 120 名参与者的预测试（Pre-test），所得预测试数据分布状况较好，符合开展正式发放与实证分析的条件。

（三）数据分析

为验证理论模型及相关假设，本研究将构建基于两步法（Two-step）的测量模型与结构模型，以获得更为稳健的研究结果。在分析技术方面，本研究采用 SPSS 24.0 进行共同方法偏差（Common Method Biases，CMB）检验，采用 Smart PLS 4.1.0.3 进行信效度检验、共线性检验、路径分析，采用基于 SPSS 24.0 的 PROCESS V4.1 插件进行中介效应检验。

三 研究结果

（一）共同方法偏差检验

共同方法偏差是研究中可能涉及的一种系统性误差，来源于数据收集的手段、来源与环境等因素，或导致得出不能反映变量间实质关联的结论。为排除共同方法偏差的影响，在收集问卷环节，本研究告知所有参与者，问卷基于匿名作答且研究结果仅用于学术研究。此外，研究采用哈曼（Harman）单因素检验方法，将各题项进行未旋转的因子分析，结果显示，第一个因子解释了 43.04% 的总方差，低于先前统计文献认为的临界值 50%[37]，不存在严重的共同方法偏差问题。

（二）信效度检验

研究对测量模型进行了验证性因子分析（Confirmatory Factor Analysis，CFA），采用 Cronbach's Alpha、rho_A、因子载荷（Loading）组合信度（Composite Reliability，CR）、平均方差抽取量（Average Variance Extracted，AVE）与区分效度（Discriminant Validity）以评价研究所选取变量的信度与效度。如表 2 所示，所有变量的 Cronbach's Alpha 与 rho_A 值均大于 0.7，证明有较好的内部一致性，所形成的组合信度均大于 0.7，证明研究所选取变量具有较好的信度[38]。此外，研究所涉及的所有题项的因子载荷组合信度均大于 0.6，所有变量的 AVE 值均大于 0.5，反映出较好的聚合效度。此外，研究采用 Fornell-Larcker（弗奈尔-拉克）方法检验各变量的区分效度，如表 3 所示，对角线上各变量的 AVE 值平方根均大于其和其他变量所具有的潜在相关系数，呈现出良好的区分效度。

表 2　信效度检验结果

研究变量	题项	因子载荷	Cronbach's Alpha	rho_A	CR	AVE
感知不透明性（PO）	PO1	0.870	0.848	0.849	0.908	0.766
	PO2	0.877				
	PO3	0.880				
信息不相关（II）	II1	0.881	0.760	0.799	0.861	0.677
	II2	0.877				
	II3	0.698				
形象阻碍（IB）	IB1	0.871	0.801	0.811	0.883	0.716
	IB2	0.874				
	IB3	0.792				
人际影响（SI）	SI1	0.881	0.741	0.798	0.851	0.659
	SI2	0.877				
	SI3	0.656				
认知惯性（IN）	IN1	0.875	0.792	0.815	0.877	0.704
	IN2	0.838				
	IN3	0.803				
隐私关切（PC）	PC1	0.840	0.760	0.764	0.862	0.677
	PC2	0.864				
	PC3	0.760				
算法焦虑（AA）	AA1	0.815	0.741	0.746	0.852	0.658
	AA2	0.828				
	AA3	0.790				
算法不信任（AD）	AD1	0.877	0.896	0.896	0.928	0.762
	AD2	0.888				
	AD3	0.873				
	AD4	0.853				
算法抵抗意图（ARI）	ARI1	0.828	0.767	0.769	0.865	0.682
	ARI2	0.827				
	ARI3	0.823				
算法抵抗行为（ARB）	ARB1	0.793	0.766	0.772	0.864	0.680
	ARB2	0.860				
	ARB3	0.820				

注：N = 6303

表3 区分效度检验结果

	PO	II	IB	SI	IN	PC	AA	AD	ARI	ARB
PO	0.875									
II	0.658	0.823								
IB	0.626	0.766	0.846							
SI	0.617	0.754	0.743	0.812						
IN	0.550	0.609	0.696	0.657	0.839					
PC	0.563	0.581	0.626	0.621	0.663	0.823				
AA	0.543	0.592	0.585	0.605	0.505	0.564	0.811			
AD	0.616	0.665	0.612	0.623	0.510	0.551	0.549	0.873		
ARI	0.423	0.438	0.426	0.461	0.355	0.408	0.500	0.524	0.826	
ARB	0.486	0.488	0.484	0.477	0.417	0.470	0.498	0.600	0.681	0.825

注：N = 6303

（三）共线性检验

既往研究在检验多重共线性问题的存在时，常采用方差膨胀系数（VIF）的指标。研究者认为，各题项的 VIF 均应低于 5 的判别值[38]。如表4所示，研究所采用变量的各个题项的方差膨胀系数均小 5，排除了模型所存在的多重共线性问题。

表4 共线性检验结果

题项	VIF	题项	VIF
PO1	2.050	PC1	1.713
PO2	2.025	PC2	1.813
PO3	2.072	PC3	1.348
II1	1.848	AA1	1.390
II2	1.879	AA2	1.604
II3	1.307	AA3	1.492
IB1	1.852	AD1	2.575
IB2	1.957	AD2	2.728
IB3	1.533	AD3	2.466
SI1	1.780	AD4	2.172

续表

题项	VIF	题项	VIF
SI2	1.787	ARI1	1.493
SI3	1.259	ARI2	1.601
IN1	1.700	ARI3	1.610
IN2	1.700	ARB1	1.566
IN3	1.622	ARB2	1.769
		ARB3	1.463

注：N = 6303

（四）路径分析

研究使用 Smart PLS 4.1.0.3 进行路径分析，采用 p 值作为显著性指标以检验研究假设。为排除人口统计学因素所包含的潜在技术接受意愿差异，研究的控制变量为性别、年龄、教育程度、推荐算法新闻平台日接触时长，以避免这些因素对算法抵抗行为的干扰。结果显示，感知不透明性、信息不相关、形象阻碍、人际影响、隐私关切与算法焦虑和算法不信任均呈现正相关，认知惯性则未与算法焦虑、算法不信任呈现显著关联。进而，算法焦虑、算法不信任与算法抵抗意图呈现正相关，算法抵抗意图与算法抵抗行为呈现正相关，除 H9 与 H10 外，其他假设均得到印证。表 5 呈现了上述路径分析结果。

表 5　路径分析结果

假设	影响路径	路径系数	标准差	p 值
H1	感知不透明性→算法焦虑	0.140	0.017	0.000***
H2	感知不透明性→算法不信任	0.230	0.015	0.000***
H3	信息不相关→算法焦虑	0.146	0.022	0.000***
H4	信息不相关→算法不信任	0.285	0.020	0.000***
H5	形象阻碍→算法焦虑	0.111	0.024	0.000***
H6	形象阻碍→算法不信任	0.078	0.019	0.000***
H7	人际影响→算法焦虑	0.201	0.023	0.000***
H8	人际影响→算法不信任	0.142	0.019	0.000***
H9	认知惯性→算法焦虑	-0.011	0.018	0.531[ns]

续表

假设	影响路径	路径系数	标准差	p 值
H10	认知惯性→算法不信任	−0.028	0.015	0.065^{ns}
H11	隐私关切→算法焦虑	0.214	0.019	0.000^{***}
H12	隐私关切→算法不信任	0.137	0.016	0.000^{***}
H13	算法焦虑→算法抵抗意图	0.304	0.016	0.000^{***}
H14	算法不信任→算法抵抗意图	0.358	0.017	0.000^{***}
H15	算法抵抗意图→算法抵抗行为	0.680	0.010	0.000^{***}

注：$N = 6303$，$^{ns}p > 0.05$，$^{***}p < 0.001$

综上，涵盖了路径分析结果与 R^2 值的模型结果如图 2 所示。

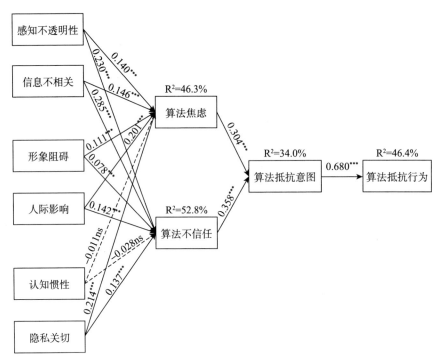

图 2　模型结果

注：$N = 6303$，$^{ns}p > 0.05$，$^{***}p < 0.001$

（五）中介效应检验

研究使用基于 SPSS 24.0 的 PROCESS V4.1 插件与 Bootstrap（引导式）

方法，设置抽样次数为 5000 次并将运算模型设置为 model 80[39]，在控制变量为性别、年龄、教育程度、日接触时长的条件下，分别以在路径分析中被验证与算法焦虑、算法不信任呈现正相关的感知不透明性、信息不相关、形象阻碍、人际影响、隐私关切为自变量，算法焦虑、算法不信任、算法抵抗意图共同为中介变量，算法抵抗行为作为因变量进行了中介效应检验。如表 6 所示，以 95% 置信区间不包含 0 为检验指标，上述自变量对因变量的直接效应均为显著，且均可以通过算法焦虑、算法抵抗意图以及算法不信任、算法抵抗意图的双重路径对算法抵抗行为产生间接效果。

表 6　中介效应检验结果

作用路径	效应值	标准误差	95%置信区间	
			Lower	Upper
直接效应				
感知不透明性→算法抵抗行为	0.072	0.009	0.054	0.089
信息不相关→算法抵抗行为	0.054	0.010	0.033	0.074
形象阻碍→算法抵抗行为	0.075	0.010	0.056	0.095
人际影响→算法抵抗行为	0.029	0.011	0.008	0.049
隐私关切→算法抵抗行为	0.087	0.010	0.068	0.106
间接效应				
感知不透明性→算法焦虑→算法抵抗意图→算法抵抗行为	0.070	0.005	0.060	0.080
感知不透明性→算法不信任→算法抵抗意图→算法抵抗行为	0.090	0.005	0.079	0.100
信息不相关→算法焦虑→算法抵抗意图→算法抵抗行为	0.076	0.006	0.065	0.087
信息不相关→算法不信任→算法抵抗意图→算法抵抗行为	0.095	0.006	0.083	0.106
形象阻碍→算法焦虑→算法抵抗意图→算法抵抗行为	0.076	0.006	0.065	0.088
形象阻碍→算法不信任→算法抵抗意图→算法抵抗行为	0.092	0.005	0.082	0.102
人际影响→算法焦虑→算法抵抗意图→算法抵抗行为	0.067	0.005	0.057	0.078

续表

作用路径	效应值	标准误差	95%置信区间	
			Lower	Upper
人际影响→算法不信任→算法抵抗意图→算法抵抗行为	0.080	0.005	0.069	0.089
隐私关切→算法焦虑→算法抵抗意图→算法抵抗行为	0.072	0.005	0.062	0.082
隐私关切→算法不信任→算法抵抗意图→算法抵抗行为	0.083	0.005	0.073	0.092

注：N = 6303

四　研究讨论与结论

（一）研究讨论

经由上述数据分析，研究明确了算法抵抗行为的关联因素及其作用机理。具体而言，本研究证实了感知不透明性对算法焦虑、算法不信任的显著影响，补充了既往多设定在职场背景中的算法不透明性研究[19]，拓展了不确定管理理论在算法研究中的应用空间[18]。本研究同样揭示了信息不相关对算法焦虑、算法不信任的显著影响，明确了任务技术适配理论在数字新闻中的算法推荐场景下的适用性[21]。进而，本研究明确了形象阻碍与人际影响对算法焦虑、算法不信任的显著正向作用。先前研究认为，算法的公平性缺陷与发挥作用所依赖的时间成本将造成用户对算法的负面认知[13]，而用户所处社会关系对算法的评价是算法抵抗的重要前因[27]，本研究所得结论印证并发展了上述观点。此外，本研究同样确认了隐私关切对算法焦虑与算法不信任的显著效应，凸显了算法作为长期收集用户使用痕迹的技术将诱发用户的隐私关切，并造成用户的焦虑与担忧[22]。

承继对算法焦虑、算法不信任影响因素的研究，本研究同样明确了算法焦虑、算法不信任作为情感、认知因素对算法抵抗意图的影响，以及算法抵抗意图向算法抵抗行为的转化。对算法运行及其结果的不安与不信任的担忧促使用户摆脱算法控制从而建立自主性[33]，而在算法抵抗意图的基础上，用户开始在搜索、浏览与关注等数字新闻消费的各环节抵制算法运行，并试图引导其向对自身有利方向发展[5]。然而，与假设不同的是，认知惯性与算法焦虑及算法不信任并未呈现显著关联。这或许是由于认知惯性导致了用户维持现状而不做出任何改变，加之算法在数字新闻平台的部署并不需要用户经过特定设置而启用，意味着认知惯性对算法抵抗构成了潜在阻碍[5]，即具有认知惯性的用户或会选择适应算法的存在，这种可能性则需要在今后得到更为广泛的验证。

（二）理论启示

首先，本研究为理解数字新闻场域内用户的算法抵抗意图及其行为构建了综合性的分析框架。鉴于算法正日趋确立其在数字新闻生态中的基础性设施地位，深度参与数字新闻生产全链条，人们有必要进一步深入理解用户如何与算法展开互动、协作与博弈，由此厘清人与算法的主体性之争。通过整合社会技术系统理论、创新抵制理论、保护动机理论，本研究将算法的技术特征、围绕算法而形成的社会意见气候以及个体与算法相关联的个性化因素纳入，从而为揭示算法抵抗行为的驱动机制提供了证据。此外，本研究结合中国社会文化环境、智能技术的发展现状及用户心理特征，为构建中国本土的数字新闻学理论体系提供了实证视点，在本土语境下从情感与认知的双重维度揭示了算法抵抗行为的社会心理机制，为探讨数字技术与社会结构的交织互动及数字技术的社会建构提供了重要的知识基础。

（三）实践启示

本研究揭示了算法抵抗行为的影响因素与该行为作为用户应对算法的主动策略的突出意义，彰显了当前构建社会多元主体参与的算法治理格局，并由此促进算法公正、透明与负责任运行的紧迫性。第一，有必要制定权责明确、标准清晰的法律法规及标准规范，以加快公正透明、反歧视与隐私保护等算法运行原则由愿景向实景的转化。第二，应通过行业自律等手段鼓励数字新闻平台业务提供者在不涉及商业机密的情况下公开算法的决策逻辑，建立覆盖专家与公众的评估委员会，并健全算法设计与运行的审计机制、追责机制。第三，应充分加强公众的算法素养教育，使之充分理解算法的运行机理及潜在影响，鼓励相关少数群体参与算法治理讨论，避免算法走入偏见与不公平的轨道。

（四）研究局限与未来研究

本研究构建了涵盖技术特征、社会氛围与个体因素以理解算法抵抗意图及其行为的实证框架，未来的研究应充分考虑算法抵抗行为在不同平台的区别，并结合法律规制等外部因素对其加以考察。此外，应采用焦点小组访谈、纵向研究等方法挖掘算法抵抗行为的多元影响因素，并明晰算法抵抗行为伴随文化背景等所出现的差异。

参考文献

[1] 常江、罗雅琴：《对抗异化：数字时代新闻业的权威重建之路》，《山西大学学报（哲学社会科学版）》2023 年第 6 期，第 99-107 页。

[2] 殷乐、申哲：《算法社会的数字美学与青年的自我抵抗》，《青年记者》2024 年第 4 期，第 102-107 页。

[3] 洪杰文、陈嵘伟：《意识激发与规则想象：用户抵抗算法的战术依归和实践路径》，《新闻与传播研究》2022 年第 8 期，第 38-56 页+第 126-127 页。

[4] 陈阳、吕行：《控制的辩证法：农村青少年的短视频平台推荐算法抵抗——基于"理性—非理性"双重中介路径的考察》，《新闻记者》2022 年第 7 期，第 71-87 页。

[5] Liang Zhang, Wenjing Bi, et al., "Coping with Homogeneous Information Flow in Recommender Systems: Algorithmic Resistance and Avoidance," *International Journal of Human-Computer Interaction*, Vol. 40, No. 22, 2024, pp. 6899-6912.

[6] 杨选辉、严章宽：《CAC 范式下在线健康社区用户算法回避行为的影响因素研究》，《现代情报》2024 年第 2 期，第 130-141 页。

[7] 鲍立泉、赵雨柔：《短视频用户算法操纵影响因素研究——基于信息技术认同视角》，《现代出版》2023 年第 5 期，第 40-54 页。

[8] Eric Lansdown Trist and Kenneth W. Bamforth, "Some Social and Psychological Consequences of the Longwall Method of Coal-Getting: An Examination of the Psychological Situation and Defences of a Work Group in Relation to the Social Structure and Technological Content of the Work System," *Human Relations*,

Vol. 4, No. 1, 1951, pp. 3-38.

［9］ Wanda J. Orlikowski, "Sociomaterial Practices: Exploring Technology at Work," *Organization Studies*, Vol. 28, No. 9, 2007, pp. 1435-1448.

［10］ Georg Wenzelburger, P. D. König, et al., "Algorithms in the Public Sector. Why Context Matters," *Public Administration*, Vol. 102, No. 1, 2024, pp. 40-60.

［11］ Sundaresan Ram and Jagdish N. Sheth, "Consumer Resistance to Innovations: the Marketing Problem and Its Solutions," *Journal of Consumer Marketing*, Vol. 6, No. 2, 1989, pp. 5-14.

［12］ Kumari Anshu, Amit Shankar, et al., "Impact of Barriers of Value Co-Creation on Consumers' Innovation Resistance Behavior: Investigating the Moderation Role of the DART Model," *Technological Forecasting and Social Change*, Vol. 184, 2022, pp. 122033.

［13］ Hasan Mahmud, A. K. M. Najmul Islam, et al., "What Drives Managers towards Algorithm Aversion and How to Overcome It Mitigating the Impact of Innovation Resistance through Technology Readiness," *Technological Forecasting and Social Change*, Vol. 193, 2023, pp. 122641.

［14］ Alvaro Chacon, Tomas Reyes, et al., "Are Engineers More Likely to Avoid Algorithms After They See Them Err? A Longitudinal Study," *Behaviour & Information Technology*, 2024, pp. 1-16.

［15］ Ronald W. Rogers, "A Protection Motivation Theory of Fear Appeals and Attitude Change," *The Journal of Psychology*, Vol. 91, No. 1, 1975, pp. 93-114.

［16］ Steven Prentice-Dunn and Ronald W. Rogers, "Protection Motivation Theory and Preventive Health: Beyond the Health Belief Model," *Health Education Research*, Vol. 1, No. 3, 1986, pp. 153-161.

［17］ 何塞·范·迪克、张志安、陶禹舟：《平台社会中的新闻业：算法透明性与公共价值——对话荷兰乌德勒支大学杰出教授何塞·范·迪克教授》，《新闻界》2022 年第 8 期，第 89-95 页。

［18］ Kees Van den Bos, "Uncertainty Management: The Influence of Uncertainty Salience on Reactions to Perceived Procedural Fairness," *Journal of Personality and Social Psychology*, Vol. 80, No. 6, 2001, pp. 931-941.

[19] 赵一骏、许丽颖、喻丰等：《感知不透明性增加职场中的算法厌恶》，《心理学报》2024 年第 4 期，第 497-514 页。

[20] William H. DeLone and Ephraim R. McLean, "Information Systems Success: The Quest For the Dependent Variable," *Information Systems Research*, Vol. 3, No. 1, 1992, pp. 60-95.

[21] Soo Jung Oh, Shufeng Xiao, et al., "Coping or Threat? Unraveling the Mechanisms Enabling User Acceptance of Blockchain Technologies," *Information Technology and Management*, 2023, pp. 1-15.

[22] Xiumei Ma, Yongqiang Sun, et al., "Understanding Users' Negative Responses to Recommendation Algorithms in Short-Video Platforms: A Perspective Based on the Stressor-Strain-Outcome (SSO) framework," *Electronic Markets*, Vol. 32, 2022, pp. 41-58.

[23] Umesh Chawla, Balraj Verma, et al., "Resistance to O2O Technology Platform Adoption among Small Retailers: The Influence of Visibility and Discoverability," *Technology in Society*, Vol. 76, 2024, pp. 102482.

[24] Eui Dong Kim, Kevin K. Y. Kuan, et al., "Passive Resistance to Health Information Technology Implementation: The Case of Electronic Medication Management System," *Behaviour & Information Technology*, Vol. 42, No. 13, 2023, pp. 2308-2329.

[25] Rong Wu and Zhonggen Yu, "Investigating Users' Acceptance of the Metaverse with an Extended Technology Acceptance Model," *International Journal of Human-Computer Interaction*, Vol. 40, No. 19, 2023, pp. 5810-5826.

[26] Han Cai and Abbas Mardani, "Research on the Impact of Consumer Privacy and Intelligent Personalization Technology on Purchase Resistance," *Journal of Business Research*, Vol. 161, 2023, pp. 113811.

[27] Xing Lv, Yang Chen, et al., "Adolescents' Algorithmic Resistance to Short Video APP's Recommendation: The Dual Mediating Role of Resistance Willingness and Resistance Intention," *Frontiers in Psychology*, Vol. 13, 2022, pp. 859597.

[28] Janarthanan Balakrishnan, Yogesh K. Dwivedi, et al., "Enablers and Inhibi-

tors of AI‐powered Voice Assistants: A Dual‐Factor Approach by Integrating the Status Quo Bias and Technology Acceptance Model," *Information Systems Frontiers*, Vol. 26, 2024, pp. 921−942.

[29] Xiaoxue Zhang and Zizhong Zhang, "Leaking My Face via Payment: Unveiling the Influence of Technology Anxiety, Vulnerabilities, and Privacy Concerns on User Resistance to Facial Recognition Payment," *Telecommunications Policy*, Vol. 48, No. 3, 2024, pp. 102703.

[30] Henrik Rydenfelt, Lauri Haapanen, et al., "Personalisation in Journalism: Ethical Insights and Blindspots in Finnish Legacy Media," *Journalism*, Vol. 25, No. 2, 2024, pp. 313−333.

[31] Sebastian Hemesath and Markus Tepe, "Framing the Approval to Test Self‐Driving Cars on Public Roads. The Effect of Safety and Competitiveness on Citizens' Agreement," *Technology in Society*, Vol. 72, 2023, pp. 102177.

[32] Ashish Viswanath Prakash and Saini Das, "Explaining Citizens' Resistance to Use Digital Contact Tracing Apps: A Mixed‐Methods Study," *International Journal of Information Management*, Vol. 63, 2022, pp. 102468.

[33] Claudia López, Alexandra Davidoff, et al., "Users' Experiences of Algorithm‐Mediated Public Services: Folk Theories, Trust, and Strategies in the Global South," *International Journal of Human‐Computer Interaction*, 2024, pp. 1−18.

[34] Donghee Shin, "The Effects of Explainability and Causability on Perception, Trust, and Acceptance: Implications for Explainable AI," *International Journal of Human‐Computer Studies*, Vol. 146, 2021, pp. 102551.

[35] Robert J. Vallerand, Paul Deshaies, et al., "Ajzen and Fishbein's Theory of Reasoned Action as Applied to Moral Behavior: A Confirmatory Analysis," *Journal of Personality and Social Psychology*, Vol. 62, No. 1, 1992, pp. 98−109.

[36] Houcai Wang, Li Xiong, et al., "Predicting the Antecedents of Discontinuous Usage Intention of Mobile Government Social Media during Public Health Emergencies," *International Journal of Disaster Risk Reduction*, Vol. 87, 2023, pp. 103582.

[37] Hans Baumgartner, Bert Weijters, et al., "The Biasing Effect of Common Meth-

od Variance: Some Clarifications," *Journal of the Academy of Marketing Science*, Vol. 49, 2021, pp. 221-235.

[38] Joe F. Hair, Christian M. Ringle, et al., "PLS-SEM: Indeed a Silver Bullet," *Journal of Marketing Theory and Practice*, Vol. 19, No. 2, 2011, pp. 139-152.

[39] Andrew F. Hayes, Amanda K. Montoya, et al., "The Analysis of Mechanisms and Their Contingencies: PROCESS versus Structural Equation Modeling," *Australasian Marketing Journal*, Vol. 25, No. 1, 2017, pp. 76-81.

网络空间命运共同体：全球互联网治理的中国智慧与中国力量

高金萍　王　卓*

摘　要　网络空间是人们重要的虚拟生存空间，在日常生活中地位显著。如今，互联网资源不均、网络霸权和安全等问题涌现，全球互联网治理刻不容缓。互联网治理关乎捍卫网络空间主权和话语权，然而核心技术分配不均带来的数字鸿沟，以及不同意识形态导致的治网理念差异，使互联网空间治理愈发艰难。"网络空间命运共同体"理念为全球互联网治理贡献了中国智慧和力量，其构建需从"丝路"共享、技术共惠、多元主体参与、技术赋权管制四个维度进行。即搭建数字丝路弥合"数字鸿沟"，发展区块链技术保障信任网络链，国际组织和互联网企业多边参与打破平台垄断，合理限制互联网技术分权，引领科技向善，共同践行"网络空间命运共同体"。

关键词　网络空间命运共同体；全球互联网治理；技术赋能

一　问题提出："网络空间命运共同体"理念下的全球互联网治理

网络空间成为第五空间后，人工智能、区块链、元宇宙等新兴媒介不断迭代更新。在此过程中，网络碎片化和网络巴尔干主义现象加剧，由此导致数字霸权问题逐渐浮现。数字霸权不仅引发了网络地缘政治的紧张局

*　高金萍，系北京外国语大学国际中国文化研究院院长、教授、博士生导师；王卓，系北京外国语大学国际新闻与传播学院博士研究生。本文系国家社科基金重大招标项目"百年未有之大变局下中国共产党形象全球传播与认同研究"（项目编号：21&ZD314）阶段性成果。

势，还滋生了一系列网络安全问题，这些问题也成为各个国家密切关注的焦点所在，促使各国重新审视在网络空间中的战略布局与应对举措，以维护自身在网络领域的权益与安全。全球互联网的治理，实际上是全球数字主权以及争夺网络空间话语权的博弈，目的是要遏制霸权国家将现实权力转化为虚拟权力。因此基于多边参与的对话协商的方式进行全球互联网治理尤为重要。面对网络空间发展不平衡、网络规则模糊造成的网络空间失衡以及网络空间话语权失效等问题，互联网空间治理的难度越来越大。基于此，应该提出更加公平合理、平等安全的解决方案。2015 年 12 月 16 日习近平主席在第二届互联网大会上首次提出了"网络空间命运共同体"[1]；时隔七年，2022 年 11 月 9 日世界互联网大会在浙江乌镇召开，再次强调了"网络空间命运共同体"的理念，倡导共创数字未来。所以如何在全球互联网治理中更好地践行"网络空间命运共同体"，体现中国智慧中国力量，是各方关注的重点。

人类社会正处于乌卡时代，全球经济局势复杂多变，科技迅猛发展，不确定性因素增加，任何主权国家都不可能置身事外。尤其是在快速更新迭代的网络空间中，每个国家都应该平等共商互联网治理的运行机制。"网络空间命运共同体"是站在全人类的角度上提出的全球互联网治理的中国方案，是打破数字冷战、寻求共同利益共同价值的新理念。美国佐治亚理工学院公共政策学院教授弥尔顿·穆勒（Milton Mueller）在《互联网会分裂吗？主权、全球化和网络空间》（*Will the Internet Fragment*？：*Sovereignty, Globalization and Cyberspace*）中提到不同主权国家的互联网治理理念很难在全球达成一致。那么我们要寻求的正是在不同理念下践行"网络空间命运共同体"，推动各国以平等身份参与到全球互联网治理中。

"互联网治理"是国际电信联盟（ITU）于 1998 年提出的[2]，指的是各主权国家共同制定互联网使用规则、方案。但随着互联网技术的发展，互联网空间的治理逐渐复杂化，我们已经无法从单纯的技术角度来看待互联网治理。互联网的核心是连接，但若各个国家都设置互不兼容的网络安全机制和防火墙，这一连接将受到严重削弱，那么互联网的连接就成了各个国家的"拼凑物"[3]，将给全球互联网治理带来巨大的阻碍。目前中国是仅次于美国的全球第二大数字经济体，但在互联网基础资源方面仍然匮乏，截至 2023 年 12 月底，美国 IPv4 和 IPv6 地址总数仍居首位。[4]

　　逆全球化的发展为中国参与全球互联网治理提供了契机。如今的互联网可分为美国平台型互联网、欧盟监管型互联网、中国管理型互联网、其余开放型互联网。但当下互联网治理的规则多基于美国的标准，难以推动决策民主化。面对互联网格局，出于维护网络安全、实现共商平台、保护数据隐私等目的，中国提出了以人为主要对象的"网络空间命运共同体"。在第二届世界互联网大会上习近平主席提出了五点主张与四项原则[5]，致力于将中国参与全球互联网治理方案更好地传播，将人类命运共同体理念更好地延伸到网络空间中，从而让各主权国家在和平发展的时代主题下共同参与全球互联网治理。

二　中国参与全球互联网治理的底层逻辑与现实困境

　　全球互联网治理在底层逻辑上是维护网络空间主权以及网络空间话语权，但目前核心技术分配不均导致"网络地缘"加深以及网络治理理念分歧，因此我们更应该寻求一种共识的理念进行互联网治理。

（一）底层逻辑

1. 共维网络空间主权

　　随着信息技术的高速发展，以互联网为平台构建的网络空间应运而生，主权的概念逐渐扩张。美国屡次通过技术手段扰乱网络空间秩序，试图将其在现实地理空间中的主导权平移到虚拟物理空间。互联网的广泛运用使主权的结构发生了新的变化，出现了网络空间主权。[6] 美国控制下的单边主义不适用于现在全球化趋势下的互联网治理现状，多边主义协商更加符合历史潮流，这与网络空间命运共同体理论所强调的平等性原则一致。同时，网络空间主权也不是彼此隔绝的排他性主权，而是相互连接的沟通主权，因为互联网作为沟通的媒介，无论经历怎样的更新迭代，其核心的本质就是连接、开放，而不是压榨、霸权。

　　网络攻击频发、网络发展不均衡以及网络信息泄露等现象不断涌现，这些问题严重危及网民的个人隐私安全，给网络生态环境带来了极大的不稳定因素。所以，基于全球互联网治理机制，创建和平平等的网络空间刻不容缓。网络空间命运共同体理念阐释了国家以及个体参与互联网的基本准则，对解决网络空间问题具有指导作用。网络空间主权是在全球化趋势以及信息革命中形成的，同样也是国家主权的重要组成部分。网络空间命运共同体的提出强化了网络空间主权的概念，可以促使各国政府考虑将网络主权纳入国家主权的范围，设立空间概念上的边界，建立起保护国家网络安全的关卡。

2. 巩固网络空间话语权

话语权逐渐成为舆论反转的关键要素，同时也成为一个主权国家国际地位的体现，话语权其实就是一个国家底层价值观念以及文化软实力的体现。随着新媒体时代的到来，话语权也逐渐拓展到网络空间，从而形成网络空间话语权。网络空间话语权主要表现在两个方面：一是国家利益的指向性，二是权力运行的隐蔽性[7]。主权国家在国际传播中的传播内容和传播方式都是以自身国家利益作为根本的出发点与落脚点。在网络空间中，权力的压迫感往往是隐蔽而不自知的，个别霸权国家试图通过网络技术构建一个"楚门的世界"，让人们深处危险而不自知。

此外，影响网络空间话语权的因素有很多种，其中最重要的还是新媒介。根据施蒂格·夏瓦（Stig Hjarvard）提出的"媒介化"社会概念，社会的互动以及相关制度都受到媒介运行的影响。中国在经历三次对外传播的浪潮后，有学者于2018年提出了平衡、责任导向下的跨文化传播。[8] 中国国际电视台（CGTN）、中国新华新闻电视网英语台（CNC）以及澎湃新闻旗下 Sixth Tone 等的设立，都是在通过媒介讲述中国故事，提升中国国际形象。

"网络空间命运共同体"提出了发展共同体，目的就是使各主权国家可以在网络空间有平等的对话权。实现均衡的网络空间话语权需要以媒体国际议程设置功能作为支撑。中国的新闻媒体在对外传播的过程中，要从普通人的视角出发，让国外受众通过互联网平台了解普通人的生活，从而使国际社会全方位、不带有刻板印象来看待和认识中国。网络空间话语权的争夺依旧会继续，主权国家、媒体平台等需要多方协作，在网络空间命运共同体的理念下统筹规划，共同合作发展。

（二）现实困境

1. 技术层面：核心技术分配不均导致"网络地缘"加深

互联网全球化表象下，地缘政治依然存在，互联网核心技术的作用与分布仍然影响全球秩序，反映出中心与边陲的权力关系。[9] 这种技术格局不仅塑造了全球经济与政治的互动，也使得不同地区在数字化进程中面临着不同程度的权力挑战与合作博弈，"网络地缘政治"的概念随之被提出[10]。

首先，美国对互联网的控制一直处于霸权的位置[11]，在互联网资源分配上美国占据了绝对的中心位置。目前，全球共有 13 个根服务器，其中 10 个位于美国境内。[12] 美国可以通过关闭这些根服务器中的任何一个来限制其他国家，从而为全球互联网空间带来安全隐患。

其次，美国在全球通信基础设施方面也处于优势地位。美国光缆在全球布局最广泛，覆盖多个地区。这些光缆成为其地缘战略的关键。美国通过推动沿途国家和跨国企业共同维护光缆基础设施安全，打造"安全文化"，[13] 进一步巩固其在网络空间的主导地位。

最后，在核心技术创新领域，美国互联网巨头对 AI、VR 的广泛使用与创新，推动物联网这些应用与现实生活连接，加强了其在网络空间中的核心技术地位。此外，非政府主体与美国的情报部门、数据分析部门合作也扩大了其在核心技术方面的影响力和排他性。

2. 政治层面：互联网治理理念分歧源于意识形态的差异

各国互联网治理理念各不相同在一定程度上是因为文化的差异。在互联网时代，意识形态的争夺是话语权的争夺，同时也是文化软实力的争夺。美国等具有强大互联网优势的国家利用资源和信息优势向外输出本国价值观，以话语霸权抢占网络舆论先机。[14]

目前，网络意识形态的斗争依然存在，但我们需要从全人类的角度出发，构建一个尊重主权、和平共赢、平等互商、规则共书、安全共维、技术共享的全球互联网治理平台。要秉持"理论只要说服人，就能掌握群众；而理论只要彻底，就能说服人"的理念[15]，帮助行为主体形成共识，让他们采取自发的行为，求同存异，促进国际合作的最大化。

三 中国参与全球互联网治理的智慧与力量

（一）"丝路"共享：搭建"数字丝路"，弥合"数字鸿沟"

网络空间命运共同体强调利益共同体，坚持从人文的角度出发，推动科技良性发展，促进机遇共享，保护互联网中的弱势群体。这是根据我国互联网的发展以及国际政治的走向，站在全人类福祉的角度出发，提出的具有中国特色的全球互联网治理的中国方案与中国力量。随着数字技术驱动发展，在"一带一路"倡议的框架下，"数字丝绸之路"这一战略目标应运而生。[16] 将"一带一路"互通互惠理念融入以互联网为连接的网络空间，做好信息技术互通。发展中国家与发达国家有着明显差距，尤其是在通信基础设施建设能力上，更是被西方发达国家拉大了差距，出现"数字鸿沟"等问题。所以重新建立互通互助平台格外重要，"数字丝路"倡议的提出恰好成为新的契机。

目前，全球互联网使用率逐渐上升，但在一些国家许多人仍然处于"离线"状态。这些被排斥在数字技术外的边缘群体面临着信息不对等、贫困、识字率不高、缺乏对数字技术的运用以及认知等困境，全球数字鸿沟仍在扩大。所以在"数字丝路"倡议下，中国降低服务成本，为发展中国家提供信息基础设施，并对科技发展落后国家进行数字技术的教育，逐步实现互联网互通互助。

首先，在数字技术教育方面，中国帮助完善发展中国家的数字基础设施建设。比如中国与东盟加快数字基础联通，中国移动等电信运营商参与了海底电缆系统建设。[17] 四川通信建设工程有限公司与喀麦隆多所大学签署了数字发展中心建设和装备合作协议，致力于提升当地数字教育水平。"数字丝路"是对"一带一路"国家的技术延伸，在全球互联网发展的进程中，尊重各国主权，提高发展中国家话语权以及维护网络空间的和平发展，这与"一带一路"共建国家的共同利益与共同需求相契合。网络技术赋予丝绸之路新的内涵，中国通过提高"一带一路"共建国家的数字教育、强化其数字基础设施建设以及商业模式等交流合作，让共建国家共同参与网络空间治理，为各国更好地接入全球化提供了平台。

其次，我国在"数字丝路"的平台搭建中，坚决抵制网络霸权，将网络空间命运共同体的理念深入人心。网络安全一直是互联网治理的核心，比如恐怖主义的信息逐渐向网络空间渗透，对现实社会以及虚拟空间都造成了一定的威胁。互联网底层技术是一种共享、平等协作的组织运行逻辑。[18] 相关国家可以借"数字丝路"的平台，阐述共同的基本利益诉求、展开平等对话，推动区域的互联网安全的规则制定。"数字丝路"平台的建立就是强化"离线"国家在全球互联网治理中的话语权，维护国家网络安全，打破一家独大的互联网治理环境，建立目标一致、协商共治、资源共享的深入交互关系。

（二）技术共惠：发展区块链技术，实现稳定的信任网络链

2019 年 10 月 25 日，习近平总书记在中央政治局第十八次集体学习时强调要将区块链作为核心技术自主创新的突破口，并加快区块链技术和产业创新发展。[19] 在网络空间，互联网的出现实现了去中心化，让信息更加安全。但目前看来，许多有关客户、会计、销售等问题都外包给数据中心，这些均违背了互联网去中心化的初心。互联网企业的出现反而加剧了不平等性，并且逐渐走向集权化的金字塔结构，导致垄断平台的产生与个人信息垄断等不平等现象出现，发展区块链技术可以打破这一壁垒。区块链技术最核心的目的就是互联网中的世界变得更加有秩序，更具有稳定性，是重构信任网络的创新途径。

首先，区块链分布式的结构让区块中的数据具有较高的保密性，且每个节点都有存储交易的历史。[20] 区块链技术可以被理解为一种分布式账本，每个人的账目都是全网可见，它相当于一个数据备份，任何人不能篡改其中的数据，且每次的行为记录都会被全部记录在电脑上，如果要改变其中的交易记录或者数据，需要对 51% 以上的单个节点进行掌控，才能改变前一个区块的哈希值，但是这样的操作难度大，成本高。所以在以区块链为底层技术的平台上，每个操作过程都是被信任的，这样为数据设定的权限才有可能对数据隐私进行保护。

其次，区块链的信任机制重构网络空间信任。传统的合作协议需要通过第三方完成，但是第三方中的技术黑箱我们无从知晓。区块链技术采取

点对点的方式进行交流沟通，因此淘汰了第三方服务机构。这样分布式的、新的去中心化的机制，可以让国家之间的信任度增加，改变信息不对称的现状，瓦解霸权节点欺骗行为的基础。此外，区块链的公钥私钥密码技术保证了网民的数据隐私，任何的个人数据、交易数据、跨境贸易数据等不透明以及泄露都是对国家安全的威胁，维护数据主权成为保障国家核心利益的前提和基础。[21] 运用区块链这一底层技术，各个主权国家在协商中实现信息共享，有共同的知情权、参与权，缓解"信任赤字"带来的危机，有利于构建一个安全的操作平台，同时也尊重了主权国家参与互联网治理的权力。

（三）主体共创：国际组织多边治理，互联网企业打破平台数字经济垄断

在全球互联网治理中，西方发达国家的核心技术以及互联网资源都处于优势地位，并形成了层级的概念，2001 年，哈佛大学贝克曼互联网与社会研究中心的尤查·本科勒提出了互联网治理层级的三个层次：基础设施层、代码层以及内容层。[22] 基础设施层由各国和各私营电信公司占据主导权，这些公司大部分还是来源于美国。突破这种治理层级的垄断，需要一个多主体、多层次的治理体系。在"网络空间命运共同体"的理念引导下，全球互联网治理需要更多的国际组织的参与，同时也需要企业的加盟。

1. 国际组织应积极参与全球互联网治理

互联网成为全球公域的产品，已经跨越国界进入到我们日常生活的方方面面。随着国际电信联盟（International Telecommunication Union，ITU）、互联网治理工作组（Working Group on Internet Governance，WGIG）、联合国互联网治理论坛（Internet Governance Forum，IGF）的相继成立，各国际组织在全球互联网治理进程中最大限度地求同存异，逐步形成了多方合作模式，共同推动全球互联网治理。中国制定和发布了《二十国集团数字经济发展与合作倡议》，组织了"中国—东盟信息港"论坛、中俄网络媒体论坛等一系列合作论坛，其目的就是反对单边主义共同维护多边主义，推动并维护和平、安全、平等的网络空间秩序。[23]

然而这些组织更多的是提供了一个供各国协商对话的平台[24]，在合作

理念上距离实现全面、平等的多边协商全球互联网治理仍有偏差。所以这些国际组织不仅要搭建起多方协商的互联网平台，借助联合国的影响力召集更多国家与组织参与圆桌会谈，还需在网络空间命运共同体理念的指引下开展对话交流，通过充分的研讨与协商，努力构建起平衡、公正、包容的网络空间治理格局，致力于实现全球互联网的平等治理。

2. 企业主体主动参与，反对平台经济垄断

互联网企业在参与全球互联网治理中同样起到了不可忽视的作用[25]。近年来互联网公司的核心技术有不同程度的突破。互联网企业搭建 5G、AI 技术的高速快车，积极研发新的科技功能。美国《财富》杂志发文将微软、谷歌、Facebook、百度列为 AI 四大巨头。[26] 百度文心大模型 2019 年 3 月发布 1.0 版本后，几年来持续创新突破，具备理解、生成、逻辑、记忆等基础能力，可应用于多个领域。此外百度开放 AI 源码，推出的 Warp-CTC、Deep-Bench 等为业内人士提供了可以深入学习的平台。这表明了中国在互联网科技上的进步以及地位的提升，在加强互联网基础设施建设方面赢得了一定的主动性。

互联网企业的科技突破以及国际化符合"网络空间命运共同体"的理念。作为负责任的大国，中国积极帮助发展中国家提升互联网技术水平，开放分享式的学习平台拓展了发展中国家的信息获取路径，使它们逐渐掌握了自己国家的数字主权，避免处于"离线"状态，在创新平台技术的基础上，完善了本国的互联网平台，推动网络经济的创新发展。

（四）赋权管制：支持互联网产生分权，引领科技向善

"赋权"（Empowerment）一词最早出现在社会学中。伴随着技术不断革新，传统社会自上而下的传播模式无法满足现代的信息社会需要，社交媒体成为人们生活中不可或缺的一部分，媒介对社会的形成有着重要的意义。[27] 从古至今，人类社会先后经历了报纸、广播电视、电子媒介、互联网传播时代，每次技术的革新都是有管制的权力的下移，改变着社会的结构，同时也给予各种群体使用媒介的权力，并改变了他们的社会地位。[28]

首先，国家对媒体的赋权，应该起到引导互联网正向舆论的作用。互联网属于全球领先的公共产品，各个主权国家都应该有权利运用互联网在

重大突发事件发生时表达自己的立场，维护国家核心利益。但是对于具有互联网优势的强势群体以及国家来说，赋权反而成为一种集权，维护了资本主义的统治。他们通过网络舆论强行输出自己国家的意识形态，并逐渐使媒介沦为政治斗争的工具，遏制了其他新兴国家在技术上的话语权，并试图使用网络对一些发展中国家发起舆论战。国家对媒体的赋权应该朝着科技向善出发，中国应和"一带一路"共建国家一起平等使用互联网产品，通过媒介赋权实现"分权"，在重大突发事件发生时，避免凡事以西方发达国家舆论为导向，从而捍卫作为主权国家的国家利益。

其次，技术赋权使个人可以平等地参与国际政治的讨论。技术赋权给个人，目的是打破技术壁垒，而不是让个体也成为政治斗争的工具，所以在对个人赋权之时也需要加强网络意识形态的引导，对个人的赋权加以法律的制约。美国学者克拉克·舍基（Clark Shirky）在讲述新媒体的时候说道："当科技变得无聊时，其社会影响就开始有趣起来。"[29] 比如在2016年美国总统选举、2019年英国脱欧中，社交媒体逐渐成为强大文化力量，[30] 这与全球互联网治理理念相背离。所以在网络空间命运共同体的构建中，应强调在技术赋权的同时对公众进行约束，这样才能让个体的思想有秩序地展现，才能更好地维护公共领域的道德以及互联网秩序，让互联网小国以及发展中国家有网络舆论自主权，不被网络霸权国家的意识形态所侵蚀，从而争取同等发展的机会。

总之，在互联网格局未能朝着平等共生的方向发展时，需要搭建可以让所有主权国家均平等参与的沟通平台。全球互联网治理不应是金字塔结构，而应是各方参与的多面体结构。所以我们要同发展中国家共同搭建"数字丝路"，在互助的基础上解决数字鸿沟带来的问题；在技术上深度学习区块链技术，维护网络空间的安全；在国际合作维度上，积极发挥国际组织以及互联网企业的优势，增加非政府主体参与全球互联网治理的活跃度，并打破垄断的数字经济平台；最后要对技术进行赋权并对赋权的媒体以及个人在一定程度上进行约束。网络空间命运共同体从来都不是一个架空式的口号，需要更多践行者共同构建一个平等、共享、共商的全球互联网治理机制。

参考文献

[1]《习近平在第二届世界互联网大会开幕式上的讲话（全文）》，2015 年 12 月 16 日，http://it.people.com.cn/GB/n1/2015/1216/c1009 - 27937849.html，2025 年 4 月 9 日访问。

[2] Eric Brousseau, Meryem Marzouki, etc., *Governance, Regulations and Powers on the Internet*, Cambridge：Cambridge University Press, 2012.

[3] 喻国明、马慧：《互联网时代的新权力范式："关系赋权"——"连接一切"场景下的社会关系的重组与权力格局的变迁》，《国际新闻界》2016 年第 10 期，第 6-27 页。

[4] 朱爽：《中国 IPv6 地址数排名全球第二》，《中国教育网络》2024 年第 Z1 期，第 60 页。

[5]《深度解读习近平提出的互联网发展四项原则和五点主张》，2015 年 12 月 17 日，https://news.cnr.cn/native/gd/20151217/t20151217_520825535.shtml，2025 年 4 月 9 日访问。

[6] 熊光清、王瑞：《网络主权：互联网时代对主权观念的重塑》，《中国人民大学学报》2024 年第 1 期，第 126-138 页。

[7] 许开轶：《论中国网络空间国际话语权的建构》，《南京师大学报（社会科学版）》2022 第 4 期，第 116-127 页。

[8] 姜飞、张楠：《中国对外传播的三次浪潮（1978-2019）》，《全球传媒学刊》2019 年第 6 期，第 39-58 页。

[9] 洪宇：《后美国时代的互联网与国家》，《国际新闻界》2020 年第 2 期，第 6—27 页。

[10] Géopolitique, "Cybergeopolitics：Emergen Set of Practices, Phenomenon and Discipline," https://www.geopolitilca.ru/en/article/cybergeopolitics-emergent-set-practices-phonomenon-and-discipline, 2025 年 1 月 22 日访问。

[11] G. Löfflmann, "Leading from Behind-American Exceptionalism and President Obama's Post-American Vision of Hegemony," *Geopolitics*, Vol. 20, No. 2, 2015, pp. 308-332.

[12] Root Servers, "Internet Assigned Numbers Authority," https://www.iana.org/domains/root/servers, 2025 年 1 月 22 日访问。

［13］ White House，"The National Strategy to Secure Cyberspace，" https：//georgew-bush –whitehouse. archives. gov/pcipb/，2025 年 1 月 21 日访问。

［14］ 王浩：《美国对华网络意识形态渗透及中国应对》，《云南行政学院学报》2023 年第 5 期，第 13–20 页。

［15］ 田海舰：《中国互联网意识形态制度体系建设研究》，《河北大学学报（哲学社会科学版）》2020 年第 3 期，第 147–154 页。

［16］ 王瑞：《"数字丝路"建设的动力、路径及挑战》，《东南传播》2025 年第 1 期，第 82–85 页。

［17］ 刘静烨：《数字生态差异视角下的中国–东盟共建数字丝绸之路探析》，《南海学刊》2024 年第 6 期，第 81–92 页。

［18］ 顾洁、栾惠：《互联网协同治理：理论溯源、底层逻辑与实践赋能》，《现代传播（中国传媒大学学报）》2022 年第 9 期，第 146–154 页。

［19］《习近平主持中央政治局第十八次集体学习并讲话》，2019 年 10 月 25 日，https：//www. gov. cn/xinwen/2019–10/25/content_5444957. htm，2025 年 5 月 11 日访问。

［20］ Aggarwal, Shubhani, et al.，"Blockchain for Smart Communities：Applications, Challenges and Opportunities，" *Journal of Network and Computer Applications*，Vol. 144，2019，pp. 13–48.

［21］ 连玉明：《主权区块链对互联网全球治理的特殊意义》，《贵阳学院学报（社会科学版）》2020 年第 3 期，第 38–43 页。

［22］ Yochai Benkler，"From Consumers to Users：Shifting the Deeper Structures of Regulation Toward Sustainable Commons and User Access，" *Federal Communications Law*，Vol. 52，No. 2，2000，pp. 561–579.

［23］《为全球经济发展注入更多稳定力量》，2022 年 11 月 17 日，https：//news. cctv. com/2022/11/17/ARTIAk3Lb9qJT4qjJHs4spvC221117. shtml，2025 年 5 月 11 日访问。

［24］ M. L. Mueller，"*Networks and States：The Global Politics of Internet Governance*，" Cambridge：MIT Press，2013.

［25］ 高海涛：《我国企业如何参与互联网治理——基于百度、阿里和腾讯（BAT）的案例研究》，《新闻与传播研究》2021 年第 2 期，第 53—69 页。

［26］ Roger Parloff. "*From 2016：Why Deep Learning Is Suddenly Changing Your*

Life ," September 29, 2016, https：//fortune. com/longform/ai-artificial-intelligence-deep-machine-learning/，2024 年 11 月 12 日访问。

［27］ 张淑华、何秋瑶：《媒介化社会与乡村振兴中的新媒体赋权》，《新闻爱好者》2020 年第 12 期，第 33-36 页。

［28］ 骆正林：《传媒技术赋权与人类传播理念的演变》，《现代传播（中国传媒大学学报）》2020 年第 2 期，第 55-63 页。

［29］ Farhad Manjoo, "Social Media's Globe-Shaking Power," https：//www. nytimes. com/2016/11/17/technology/social-medias-globe-shaking-power. html，2024 年 11 月 12 日访问。

［30］ 钟超、丑则静：《社交媒体时代的网络舆情治理：美国的教训与启示》，《天津行政学院学报》2020 第 4 期，第 45-54 页。

中国信息安全研究现状与趋势

—— 基于 CiteSpace 的文献计量可视化分析

马鹏程*

摘　要　本文以"信息安全"为主题词在 CNKI 核心数据库中检索到 1711 篇相关文献，并利用 CiteSpace 软件对其做了关键词共现、聚类和主要研究话题动态变化等方面的计量分析，试图对我国 2009 至 2024 年的信息安全研究进行整体把握。通过对不同学科领域相关研究的回顾与述评，描述了我国信息安全研究的现状，发现大数据时代的国民信息安全研究与技术发展息息相关，并呈现出有限的学科交叉与融合、进一步垂直细分的发展趋势。大数据时代国民信息安全研究应关注研究视角的国家转向，以国家的视角关注国民信息安全问题。

关键词　国民信息；信息安全；可视化分析

一　引言

大数据时代，国民日益被裹挟进入规模庞大的"超级全景监狱"[1]，面临前所未有的信息安全风险。大数据技术让国民信息不仅成为一种重要的传播内容，更成为新信息的生产原料。信息安全相关的研究也不再局限于信息安全学领域和法学领域，而是在各个学科中体现出不同的形态和发展趋势。传统意义上的信息安全研究概念已经不具备时效性和代表性，国民信息的保护难度亦大大提升。为此，综括"信息安全"在各个学术领域的

＊　马鹏程，系北京大学新闻与传播学院博士研究生。

研究进展，梳理信息安全研究的现状和脉络，就成了学术研究和社会实践的双重需要。

大数据技术使信息呈现出更加纷繁复杂的形态，因此本文在梳理国民信息安全研究时，时间界定在"大数据"一词被提出之后；且单一学科的计量分析难以展现信息安全领域的研究全貌，所以分析不局限在单一学科领域内进行。本文选取了 2009 年 1 月至 2024 年 6 月的相关文献，基于 CiteSpace 文献计量软件对大数据时代信息安全领域的研究现状进行回顾、归纳与梳理，并展望其研究趋势，以期为该主题后续研究提供资料支撑与参考依据。

二 数据收集与处理

本研究采用 CiteSpace 5.6.R2 作为数据分析工具。具体操作如下：选取中国知网进行文献检索，通过高级检索，将文献类别设置为"学术期刊""硕博论文"（并将硕士论文限定为"双一流"大学），检索条件设置为"主题=大数据+大数据时代+大数据背景"or"主题=信息安全+信息安全问题+信息安全保护"or"关键词=国民信息安全+信息安全"，匹配方式选择"精确匹配"，检索时间范围设置为"2009 年 1 月至 2024 年 6 月"，其余条件保持默认选项，初步获得 1246 篇期刊文献、171 篇博士论文、322 篇一流院校或一流学科的硕士论文（需要说明的是，因一些学校学位论文并未上传至中国知网，本研究获得样本非穷尽样本，解释力或有局限）；然后通过人工筛除了文献综述、会议通知等相关度较低的内容，得到 1711 篇有效文献；最后导出为 refworks 格式，并对 data 进行数据转化，再分别从关键词共现分析等方面对我国信息安全研究的相关文献进行回顾、梳理和述评。

三 文献计量分析

（一）关键词共现分析

共词分析中关键词共现分析是一种常见的分析方法，其原理是统计一组关键词或主题词在同一篇文献中出现的次数，再对这些词进行聚类分析，而高频关键词的聚类能够通过关键词之间的联系、亲疏程度揭示这些词所代表的学科和主题的结构变化[2]。借助 CiteSpace 的关键词模块，统计信息安全领域关键词的出现频次，进而生成关键词共现图谱（见图 1）。该图谱中包含 487 个节点（N）、691 条连接线（E），网络密度（Density）为0.0058。图谱中，节点色调深浅变化与关键词所在年份呈现相关性：颜色越深，对应关键词所在年份距今越近；反之则意味着关键词出现的年份距今越远。例如"大数据""信息安全""个人信息"等关键词节点较大且颜色较深，说明这些是近年来信息安全研究领域中出现频率较高且较为核心的主题。"大数据时代""网络安全""云计算"等也占据重要位置，反映了随着大数据时代的到来，网络安全、云计算等相关领域与信息安全紧密相连，受到广泛关注。主题节点上的深色外环标识了其较高的中心性[3]，意味着这些节点所代表的主题在整个信息安全研究领域占据着中心地位，是众多研究内容相互关联和汇聚的核心点，对其他相关主题和研究方向具有较强的辐射和引领作用。同时，节点与字体的大小与关键词出现的频率高低存在正相关关系，即节点或字体越大，该关键词出现的次数越多。这反映了这些关键词在信息安全研究领域的重要性和受关注程度。例如，"大数据""信息安全"等具有较大的节点和字体，说明它们是该领域中频繁被提及和研究的热点内容，是众多学者关注的焦点，也可能是推动信息安全研究发展的关键因素和核心概念。

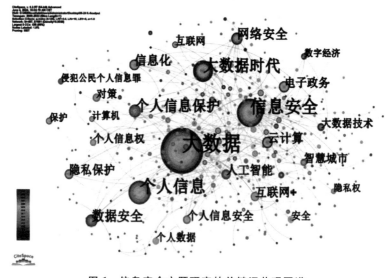

图 1 信息安全主题研究的关键词共现图谱

CiteSpace 的中心性是用以直观表征关键词之间亲密度的计量术语，当中心性值大于 0.1 时，该数值对应的节点即为中心节点，这类节点影响力较强。表 1 呈现了大数据时代国民信息安全研究领域前 20 位关键词的频次与中心性。表中数据显示，排除用于检索的"大数据""信息安全"这两个研究主题词后，"大数据时代""个人信息""网络安全""云计算""数据安全""信息化"等关键词位列靠前。这一结果表明，国民信息保护、数据安全和云计算等议题等已成为该领域的研究热点。

表 1　关键词频次与中心性表（前 20 位）

序号	关键词	频次	中心性	首次出现年份（年）
1	大数据	461	0.51	2012
2	信息安全	189	0.28	2013
3	个人信息	147	0.19	2015
4	大数据时代	103	0.25	2015
5	个人信息保护	66	0.08	2016
6	数据安全	50	0.11	2013
7	网络安全	43	0.17	2009
8	信息化	35	0.10	2013
9	云计算	35	0.13	2012
10	人工智能	33	0.08	2017
11	隐私保护	30	0.09	2015
12	互联网+	30	0.07	2016
13	电子政务	29	0.12	2015
14	智慧城市	25	0.07	2013
15	个人信息安全	24	0.07	2013
16	个人信息权	21	0.04	2016
17	大数据技术	21	0.05	2019
18	对策	20	0.05	2017
19	个人数据	18	0.03	2017
20	安全	17	0.03	2016

（二）关键词聚类分析

获得高频主题词和关键词后，研究基于 CiteSpcae，以样本中具有显著特征的词作为聚类对象，对高频主题词和关键词进一步进行聚类分析，挖掘出信息安全问题在时间跨度内的热门领域变迁，呈现从"大数据元年"至今信息安全研究的热点领域。在聚类分析中，Modularity 值（Q 值）是评价图谱网络模块的关键指标。Q 值的取值范围通常为 ［0，1），当 Q 值大于 0.3（经验值）时，意味着所划分的模块结构具有显著性。此外，Silhouette 值（平均轮廓值）用于衡量网络同质性，一般来说，当 Silhouette 值大于等于 0.5 时，聚类结果通常被认为是合理的[4]。故而，本文运用 CiteSpace 计量分析软件，对关键词共现分析获得的信息安全相关研究中的高频关键词进行聚类分析，基于 LLR 算法绘制成图 2。聚类中每个节点对应一个关键词，颜色相同的节点构成一个聚类，同色区域代表同一主题。依次为"信息安全""数据安全""个人信息""网络安全""大数据""网络空间""大数据技术""信息化""个人信息保护""电子政务"，图中聚类编号顺序从 0 至 9，数字越小意味着该聚类所涵盖的关键词数量越多。从图中可知，Q 值达到 0.6369，超过 0.3；S 值为 0.8969，大于 0.7，这充分表明该聚类图谱具有较高的理想度。

图 2 信息安全主题研究的关键词聚类图谱

（三）主要研究领域的内容讨论

对高频及高中心性关键词与聚类关键词进行归纳，将 2009～2024 年国内学界对于国民信息安全的研究划分为以下三个主要领域（见表 2）。

表 2　主要研究领域及其热点关键词

研究领域	关键词
个人信息保护	个人信息权、征信体系、个人数据、个人信息保护、个人信息保护法、信息保护、刑法保护、数据主权、数据保护、个人征信、信息利用、宪法保护等
大数据信息技术	云计算、互联网环境、移动支付、跨境数据流动、人工智能、区块链、物联网、电子商务、电子政务平台等
网络与数据安全	国家安全、网络安全法、网络空间、政府数据开放、网络诈骗治理、关键信息基础、隐私悖论、跨境数据传输等

这些数据为我们理解信息安全研究的热点分布、核心主题以及发展趋势提供直观且有价值的线索和依据。我们对高频及高中心性关键词与聚类关键词进行归纳，将 2009～2024 年国内学界对于国民信息安全的研究划分为以下三类。

1. 个人信息保护研究

从研究领域的区块效应来看，大数据时代，"国民信息保护"开始受到重视。在移动互联网传播技术迭代升级以及数字经济呈指数级增长的时代背景下，传统泾渭分明的公私领域界限因数据所具有的极强流动性，正以渐进的方式趋向消融。这种经济与技术的深刻变革，促使个体与社会对个人信息的关切维度持续拓展，其保护机制亦随之迈向精细化、体系化建构的进程。从个体层面而言，民众对个人信息在各类场景下的流向与使用的关注度显著提升；从社会层面而言，相关法律法规、行业规范等制度性保护措施不断完善，力求全方位、多层次地保障个人信息安全。在大数据个人信息保护研究方面，方滨兴等人着眼于大数据的发布、存储、分析及使用等多个环节，对大数据个人隐私信息保护的技术现状展开深入剖析[5]。亦有学者关注影响民众个体层面信息保护意识的因素，以隐私设置为切口，通过问卷调查等实证方法进行了探究。成果显示，用户的隐私设置行为主要受个体隐私设置意愿以及感知控制等因素的影响[6]。除此之外，国民为获取便捷服务而让渡个人信息这一现象在信息安全研究领域也备受关注。从法律层面来看，人格尊严与信息自由构成了个人信息法律保护的价值维度。然而，这二者之间存在的价值冲突不仅在实际应用中引发了对峙局面，还使得制度设计者在面临价值与利益抉择时陷入两难困境[7]。

2. 大数据信息技术研究

信息安全的研究对应着现实中大数据在商业领域的应用加速，电商、金融、物流等行业尤甚。信息安全与"互联网大厂"的技术发展与市场规模呈现出较强相关性。大数据时代数字经济蓬勃发展，商业平台为绘制精准用户画像以分类用户和挖掘存量价值，收集国民互联网使用痕迹等信息已成为实现个性化服务供给、助力商业利益获取的规则。如何在保障大数据经济持续健康发展的同时，筑牢用户信息保护的坚实防线，已成为大数据时代信息安全研究领域的核心议题之一。尹海员以数据伦理与数据所有权为切入点，旗帜鲜明地倡导"数据公平使用"原则，力求在消费者数据隐私权益保障、数字经济发展以及数据利润共享之间寻得恰当平衡[8]。但不可忽视的是，数据开放共享与公民隐私保护的矛盾依旧突出，使得公民个人信息安全成为亟待破解的难题之一；公共数据库便利性与个人信息隐私权的权衡博弈，也成为众人瞩目的焦点。在此背景下，有学者从法律、技术以及数据分析这三个层面，深入探讨了图书馆开展个性化服务过程中，用户信息遭遇侵犯的潜在风险（例如读者一旦进入图书馆场域就会处于全天候、全方位监控中），并提出了相应的治理措施[9]；针对图书馆数据在收集、发布、存储与传输方面的信息安全问题，赵文慧等人展开分析，并提议在数据收集和发布过程中，采用匿名化手段与数据加密方法[10]。

3. 网络安全研究

技术的迅猛发展使得这些海量的数据可以被轻松地获取、存储和分析，信息安全问题随着数据身份的变化变得更加复杂。同时，随着网络技术的不断发展，网络攻击手段日益复杂和多样化，如黑客攻击、拒绝服务攻击、木马病毒等。鉴于此，出于保护网络空间的个体信息安全和整体国家安全的目的，分析攻击者的行为和目的并提出相应的防御策略就成为现实需求。在这一现实情境下，网络防御技术的研究也在不断深入。此外，随着云计算、大数据等新兴技术的发展，网络安全对安全协议和密码技术的要求也越来越高。研究者们正在不断探索新的加密算法和安全协议，例如研究网络通信中的安全协议和加密技术，以保证通信的机密性、完整性和可用性，满足更高的安全需求。研究对象包括传统的密码学算法和新兴的安全技术[11]。网络安全风险评估与管理是网络安全研究的重要组成部分。手机等智能移动终端强大而全面的个性化功能在给用户带来个性化服务的同时，也带来了用户信息泄露和被过度采集等信息安全风险[12]。研究者持续探索各类新安全技术与方法，如移动网络安全接入技术、CDMA2000 安全机制，以及 SAE、LTE、LTE-A 等安全机制。同时，也聚焦 GAA 框架、3GPP 国际密码标准算法，构建移动智能终端安全评测体系[13]，以提高移动设备的安全性。

（四）主要研究领域的话题动态变化

时区视图是一种突出时间维度与知识演进关系的视图类型。在时区视图中，领域文献的增长情况得以直观展现，例如图 3 就能够清晰呈现信息安全主题的研究文献更新迭代以及彼此间的相互影响。具体而言，若某一时区所涵盖的文献数量较多，则在该时间段内，相关领域发表的研究成果较

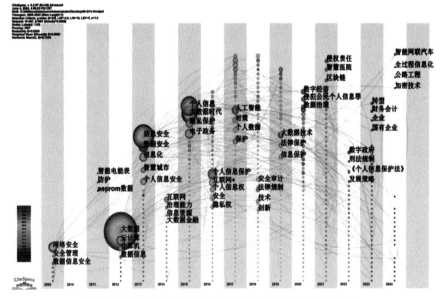

图 3　2009~2024 年信息安全研究热点时区可视化图谱

为丰硕，表征此领域正处于繁荣发展阶段；反之，若某一时区的文献数量少，则在该时段内，该领域发表的相关研究成果不多，这一问题的受关注度较低。此外，横向观察，时间线之间也存在线性关系，体现了不同时段之间的知识演化与传承脉络[14]。

此外，不同时期国民信息安全研究各有其特定议题。图4"重点关键词突现图谱"清晰且直观地呈现了关键节点的时间分布。具体而言，图谱呈现了相关文献被引频次在特定时段内突发的增减态势，展现了不同时段内研究者重点关注内容的过渡与转向。研究发现"云计算"、"互联网"、"隐私保护"、"安全"、"挑战"、"治理"、"发展"、"应用"、"计算机网络"、"数据治理"、"大数据技术"、"法律规制"、"民法保护"、"工业互联网"、"政务服务"、"数据主权"、"数据安全"、"个人信息保护"、"数字经济"和"区块链"等多个关键词在研究中存在突现。

综合分析关键词、主题词的分布情况与变迁特征，结合时区可视化图谱和重点关键词突现图谱中的信息，我们可将热点时区分为以下三个阶段。

第一阶段：2009~2012年。这一时期互联网迅速普及，网民规模急剧扩大，网络购物、社交等应用兴起，国民个体网络活动频繁，但相应监管滞后。这一阶段的研究中"隐私保护""信息安全"等成为突现词。此时的信息安全还未与大数据产生紧密联系，计算机技术发展促使信息安全技术话语形成，其与隐私保护的联动是技术对社会生活影响加深的体现。在学术研究上体现为国民个体对隐私的关注，例如法学领域的学者呼吁应有单独的法律保护公民的网络隐私。

第二阶段：2013~2018年。这一阶段是我国大数据技术商业化应用的腾飞时期，商业平台的逐利天性客观上刺激了技术迭代和市场拓展，各类"私人定制"的推荐算法对用户信息的需求也水涨船高，这也导致了信息泄露风险的显著加剧，人们对用户隐私安全的担忧日益凸显。体现在学术研究上则是这一时期出现了"大数据时代""数据安全""隐私悖论""网络安全"等新的研究节点。这也象征着用户行为、用户数据与用户信息形成联结，成为新的信息安全问题。

第三阶段：2019~2024年。这一阶段5G等前沿技术应用场景逐渐商业化，以ChatGPT为代表的人工智能以硬软件的形式嵌入国民日常生活，数

关键词	出现年份	强度	开始年份	结束年份	2009~2024年
云计算	2012	5.44	2012	2017	
互联网	2014	3.11	2014	2016	
隐私保护	2015	3.24	2015	2017	
安全	2016	3.87	2016	2018	
挑战	2016	2.52	2016	2017	
治理	2016	2.15	2016	2017	
发展	2016	2.12	2016	2017	
管理会计	2017	2.73	2017	2018	
应用	2018	2.88	2018	2020	
计算机网络	2018	2.32	2018	2019	
数据治理	2020	3.49	2020	2022	
大数据技术	2019	3.4	2020	2024	
法律规制	2018	3.06	2020	2021	
民法保护	2020	2.96	2020	2021	
工业互联网	2020	2.59	2020	2021	
政务服务	2020	2.22	2020	2021	
数据主权	2020	2.22	2020	2021	
数据安全	2013	5.52	2021	2024	
侵犯公民个人信息罪	2020	4.65	2021	2022	
个人信息保护	2016	4.27	2021	2022	
数字经济	2020	3.82	2021	2024	
分权责任	2021	2.4	2021	2024	
区块链	2021	2.32	2021	2022	
数字化转型	2020	2.89	2022	2024	
数字政府	2022	2.76	2022	2022	

图 4　重点关键词突现图谱

据安全和隐私保护面临更加复杂的挑战。因此这一阶段关于信息安全的探讨除了继续关注应然的"数据隐私",也开始关注实然的"数据安全""应用安全"等。新冠疫情使全球经济发展受到严重影响,西方国家民粹主义兴起,西方国家主导的逆全球化进程加速,西方国家在追求信息霸权方面更为全面和张扬。各国高墙渐起,"数据主权"和"国民信息安全"的呼声也越来越高,成为延续至今的研究热点。这一时期学者关于信息安全的关注开始从个人隐私的本地化保护向国家和国际信息安全转向。

四 结论与讨论

大数据时代，人类的一切活动都会以信息的形式留下痕迹。纷繁复杂的信息面向使信息安全研究被分割在不同的学科领域之中。各个学科基于本学科的立场和阐释的角度，对各个领域的信息安全的各个面向进行了研究。有核心性研究，也存在边缘性、象征性的信息安全研究。信息安全早已不是偏安于工科的传统技术话题，其与社会各领域发展的动态关系使其成为具有时代特色和技术属性的热门议题。这预示着信息安全研究的重要性和广泛性，也体现出信息安全研究在大数据时代领域逐渐细分、学科互有交融的发展趋势。

（一）文理双轨：逐渐繁荣的研究成果与依旧清晰的研究边界

目前我国信息安全研究不再局限于单一学科范畴，而是呈现出多学科遍地开花的特点。一千余篇分布在不同学科的研究成果不可谓不丰富，同时，计算机科学、网络工程、密码学、人工智能、数据科学等多学科的知识与技术被广泛应用于信息安全领域，形成了综合性的研究体系。学科融合不仅促进了信息安全技术的创新，还拓宽了信息安全研究的视野，为解决复杂的信息安全问题提供了新思路和新方法。例如，人工智能技术的引入使得基于行为分析的威胁检测和自适应防御系统成为可能，显著提高了信息安全防护的智能化水平。

虽然研究成果在各个学科内部遍地开花，但信息安全研究的学科交叉仍显不足。人文社会科学各领域交叉，信息工程与计算机科学等学科彼此交融，研究成果在各自的领地呈现繁荣的态势，但文理学科边界泾渭分明，跨学科研究依旧不足。这与大学专业的学科建制有关。大数据技术是信息安全问题破圈的土壤与助力，使云计算、大数据、物联网以及人工智能等前沿技术与信息安全问题紧密相连、深度结合，新的态势已然形成。很多信息安全问题来自技术设计环节，我们理应把目光转向对社交网站的技术架构和应用的研究上来。诸多信息安全事故的解决也依赖各个学科在交叉耦合后共同面对。

（二）垂直细分：深化的研究领域和细化的研究对象

垂直趋势表现为信息安全研究向特定行业或领域的深入拓展。随着信息化程度的不断提高，不同行业领域对信息安全的需求日益多样化、专业化。因此，信息安全研究逐渐向特定行业或领域垂直深入，形成了各具特色的研究方向和解决方案。金融、医疗、交通、能源等关键基础设施领域成为信息安全研究的重点对象，针对这些领域的特殊需求，研究人员开发了专门的安全防护技术和产品，以保障其信息系统的稳定运行和数据安全。不同行业对信息安全的需求各异，需要定制化的解决方案。例如，物联网技术在医疗、制造、物流等多个行业得到广泛应用，但物联网设备的安全问题也日益凸显。《物联网的信息安全与隐私保护研究》一文指出，在医疗领域，物联网的信息共享需要保障病历和患者救治信息的精准传达，同时还需要通过信息加密技术保护患者隐私[15]。因此，在该领域，我们需要针对具体行业的特点和需求开展垂直化的研究，以提供更加精准和有效的信息保护。

细分趋势则体现在随着信息安全研究的不断深入，研究内容和对象也更加深入和细致。传统的信息安全研究主要关注网络层面的安全防护，随着技术的不断进步和攻击手段的不断变化，信息安全研究需要更加关注细节和微观层面，逐渐深入到系统层、应用层、数据层等多个层面。在系统层，研究人员专注于操作系统及底层软件的漏洞挖掘与修复，以夯实系统运行的安全基石。在应用层，研究人员针对各类应用程序开展全面的安全检测与评估，防范恶意代码注入和漏洞利用。在数据层，研究人员应关注数据加密、访问控制及数据脱敏等技术，确保数据的机密性、完整性与可用性。同时，随着物联网、云计算、大数据等新兴技术的广泛应用，信息安全研究的边界也在不断向这些新兴领域延伸。边界细分趋势使得信息安全研究更加精细化、专业化，研究者为我们应对日益复杂多变的信息安全威胁提供了更加全面和有效的解决方案。

分析 2009~2024 年发表的各类文献可知，国民信息安全领域的研究主题大致聚焦于四个关键领域：国民信息保护的基础概念探究、国民信息保护的法律层面研究、大数据时代背景下的国民信息安全技术相关研究、数字经济环境下的信息保护研究。随着技术的不断演进与迭代，研究者的关注重心发生了从个人隐私信息的界定与保护等基础议题向技术与信息安全相关的新型议题的转向，体现出从概念到技术的过渡、从理论到务实的转移。特别是在大数据时代背景下，国民信息保护的具体路径成为研究的重点。虽然该领域研究成果丰硕，但观点同质化的现象也较为突出。同时，研究也应适当选择多样化方法，用实证研究补足思辨探讨的缺陷，实现真正的学术创新。

从国际层面来看，具有自由主义特征的国际秩序自冷战结束以来遭到了强烈冲击，表现出以下趋势：国际格局多极化趋势明显，国际权力自西向东发生转移，全球治理秩序面临危机，逆全球化趋势逐渐显现，大国之间竞合关系日趋复杂。同时，大数据时代的信息早已不只是公民个体的"生活痕迹"或某几家互联网巨头的"生产资料"，它涉及数据主权和国家安全，是各个国家在"去全球化""逆全球化""区域一体化"的今天进行新一轮博弈时需要着重关注的内容。

随着信息技术的飞速发展，以信息形式存在的数据已成为国家核心资产，数据主权作为国家在网络空间中的主权体现应该受到重视。因此，应当从国民整体的角度出发，将国民信息视为一个整体进行研究，不仅要强调个体的隐私保护，关注"隐私""数据""信息"等在大数据时代的递进关系，更要将信息安全上升到数据主权和国家安全的层面上来。

参考文献

［1］贺琛、曹思瑶：《我国隐私保护研究的现状及热点分析——基于 CiteSpace 文献计量软件》，《科技传播》2024 年第 8 期，第 153-157 页。

［2］杨天平、段晓敏：《21 世纪以来美国教育管理研究的可视化分析——基于《美国教育管理季刊》等五种期刊的文献计量研究》，《比较教育研究》2014 年第 6 期，第 34-41 页。

［3］谢卫红、董策、李忠顺：《基于 Citespace 的商业生态系统研究可视化分析》，《现代情报》2017 年第 2 期，第 126-133+162 页。

［4］陈悦、陈超美、刘则渊、胡志刚、王贤文：《CiteSpace 知识图谱的方法论功能》，《科学学研究》2015 年第 2 期，第 242-253 页。

［5］方滨兴、贾焰、李爱平、江荣：《大数据隐私保护技术综述》，《大数据》2016 年第 1 期，第 1-18 页。

［6］朱侯、李佳纯：《社交媒体用户隐私设置行为实证研究——以微信平台为例》，《现代情报》2020 年第 3 期，第 169-177 页。

［7］李仪：《个人信息保护的价值困境与应对——以调和人格尊严与信息自由冲突为视角》，《河北法学》2013 年第 2 期，第 2-7 页。

［8］尹海员：《数字经济中的消费者数据隐私保护——基于数据伦理和数据所有权视角的探究》，《经济学家》2023 年第 4 期，第 79-87 页。

［9］马晓亭：《大数据时代图书馆个性化服务读者隐私保护研究》，《图书馆论坛》2014 年第 2 期，第 84-89 页。

［10］赵文慧、赵润娣：《图书馆数据开放服务中用户隐私保护问题探讨》，《图书馆学研究》2020 年第 13 期，第 64-67 页。

［11］刘文彦、霍树民、仝青、张森、齐超：《网络安全评估与分析模型研究》，《网络与信息安全学报》2018 年第 4 期，第 1-11 页。

［12］杨刚、叶军、杨柳等：《智能移动终端信息安全风险现状与展望》，《信息安全与通信保密》2022 年第 2 期，第 17-22 页。

［13］林东岱、田有亮、田呈亮：《移动安全技术研究综述》，《保密科学技术》2014 年第 3 期，第 4-25+1 页。

［14］顾理平、范海潮：《网络隐私问题十年研究的学术场域——基于 CiteSpace 可视化科学知识图谱分析（2008-2017）》，《新闻与传播研究》2018 年第 12 期，第 57-73+127 页。

［15］张婧：《物联网信息安全与隐私保护研究》，《软件》2022 年第 10 期，第 135-137 页。

唐代社会结构变迁与进奏院状作为"新媒体"的产生

王靖雨　陈朝露　赵迪菲*

摘　要　安史之乱冲击了唐代大一统的国家与社会结构，使其行政结构、兵权财权、央地关系发生深刻变化，社会信息传播结构也随之革新。藩镇势力扩张，地方信息收集的需求与中央信息汇总的需求相合，在二者的共同作用下进奏院状应运而生。本文从唐代社会与信息传播的变革入手，探讨唐代进奏院状作为新媒体的形成背景、社会功能、媒介性质以及与后期古代报纸的关系，揭示其在中国古代报纸体系中的历史意义。

关键词　进奏院状；安史之乱；藩镇割据；新媒体

新闻传播业的结构变化是社会结构变化的表征。唐宋时期的社会结构变迁在史学界早有深入研究。本文认为，唐宋社会结构变革可以追溯到安史之乱时期，此时国家社会制度的演进催生了许多新的因素，其共同作用于唐代央地关系的变化，最终使得地方藩镇的势力不断扩张，对中央朝廷信息的需求日益蓬勃。结合唐代行政结构、兵权财权以及信息传播渠道的变化我们可以看出，唐代进奏院状是安史之乱后社会结构及信息结构变革的直接结果。

一　研究缘起

学界对于唐代进奏院状的定性始终有争议，大部分学者认为唐代进奏院状是中国原始状态的报刊[1]，是中国古代官报的萌芽[2]。方汉奇认为现

---

* 王靖雨，系北京交通大学语言与传播学院副教授、硕士生导师；陈朝露，系同济大学艺术与传媒学院硕士研究生；赵迪菲，系北京交通大学语言与传播学院本科生。

存的两份敦煌进奏院状就是唐代的报纸，类似后来的邸报[3]，属于由官文书向正式官报转化的原始状态的报纸。也有学者认为唐代进奏院状是公文，而非报纸。进奏院状以进奏官为唯一作者，反映内容有限，"发行"份数唯一，格式上与同类公文别无二致[4]。黄庆丰进一步指出，作为过渡转变期的产物，唐代进奏院状是"报纸性的官文书"[5]。

目前学界支持唐代进奏院状为报纸的文献多基于两份敦煌进奏院状做分析溯源，但因史料有限，考据尚显不足，缺乏完整可信的论述。这给了反对者们更大的空间，反对者把唐代进奏院状看作官文书的衍生或新闻信的东方映射。对比官文书，二者形式确实相似，但进奏院状说理性较弱而时新性更强，内容涵盖"5W"，重在传递信息情报，事实陈述准确，传播速度迅捷，且进奏官职责与记者共性明显[6]。故此，虽然"（唐代进奏院状）保留了不少官文书的痕迹，但并不等同于官文书"[7]60，而将其视为新闻信同样不妥，因为信件接收对象相当有限，然而结合彼时信息需求，进奏院状除诸道长官这一"基本读者"，更有"扩散型读者"如幕职人员、郡县官佐、长官门客等[8]，具有一定公开性。此外，从社会发展的继承性上看，将唐宋隔断以适应西方历史上"新闻信——新闻书——新闻纸"的发展过程，是不符合发展唯物史观的。唯物辩证法强调从联系的角度把握事物本质，因此，进奏院状研究应被放在中国古代新闻传播的发展与社会结构的演进大背景中。本文基于史料搜集与整理，以唐代社会结构和信息传播体系的变迁为切入点，试图论证安史之乱前后唐代社会结构发生了显著变化，且这些变化直接促成新媒体——唐代进奏院状的诞生。

二 安史之乱重构唐代的国家与社会结构

传播制度因社会制度而变更。唐代的社会变革中，安史之乱被视为一个鲜明的转折点，将历史分为前后两期。整个国家的行政结构、军事与地方财政、信息沟通均因此产生重大变迁。

（一）行政结构变革与藩镇崛起

为了加强中央对地方的管控，唐代前期以州县二级制对地方区划进行划分。唐太宗依山川地形在全国范围内划分出十个道（627 年），唐玄宗又分天下为十五道（733 年），"逐要便置使，令采访处置"[9]509。上至牧宰政治、吏人纲理，下及物土人情、差科赋税，采访使需要监察州县官员各类不当行为并简要上报，而"其余常务，不可横干"[9]509。唐初边疆地区所设的道具备军区性质，景云二年（711 年），边疆总管一职更换为节度使，其统领防区的道也可称为藩镇。

安史之乱使地方系统局部瘫痪，中央诏令推行不畅。为提高协同能力，乾元元年（758 年），军事要地设节度使兼观察使，非军事要地的道则设观察使兼都团练使、都防御使，统帅该道的兵、民、财大权。节度使和观察使的推广，伴随着藩镇从开元、天宝时的沿边设置推迁为内地的广泛设置，数量增加且范围扩大[10]。至代宗在位时（762～779 年）在册藩镇共有 43 个[11]。藩镇除数量急剧增多外，权力也不断扩大。一方面，节度使选任权逐步从中央下放藩镇；另一方面，唐代中后期，地方上原本由朝廷任命的州县官，大量被由藩镇任命的幕职官取代。

藩镇已由监察区逐渐演变为一级行政实体，享有对各州县的主要管控权，并日益形成上下级的统属关系。中央朝廷在一定程度上依赖藩镇实现对地方的有效统治，藩镇对中央与地方的关系起到协调作用。但随着时间推移，各藩镇出现消极执行朝廷任务、置之不理甚至背离旨意的情况。如永泰元年（765 年），名将仆固怀恩被逼谋反，公开割据，"纠合诸蕃，众号二十万，南犯京师"[12]3488，而"诸道多不时赴难"[12]3941。又如元和之际，朝廷聚兵淮右，部分军队"乐于自擅，欲倚贼自重"[13]7717，在征讨河北时，诸将也"互相观望"[13]7724，不愿速平。至僖宗时，形势愈演愈烈，即使朝廷已面临存亡危机，诸道统领也纵敌不追，"握兵保境而已"[12]4705。

朝廷在地方的权威大大削弱，各藩镇表面上奉事朝廷，实则消极服从、彼此博弈、率皆跋扈[11]，这在政治层面上对唐代的国家结构影响很大。

（二）兵权财权变革与藩镇自立

唐代的税制和财政体制改革主要集中在安史之乱后，央地之间财权和事权的划分成为影响地方统治能力和治理模式的重要因素。内外战争交叠，北方广大地区民户流亡，对依托均田制的国家税收造成了致命打击。中央财权不振,就须让渡部分事权给地方。因此,节度使被授以部分军权,在辖区内可自由招募与调动军队,府兵制由此转变为募兵制,扩大了藩镇兵权。

而后,随着均田制的解体,租庸调制被两税法所取代,该法规定每年夏秋两次根据财产状况征收金钱税。唐代前期,州的赋税部分留归州县自用,其余上交中央政府管理。但唐后期,在两税法基础上,藩镇内部开始实行上供、留使、留州的两税三分制,扩大了藩镇财权[14]。

兵权和财权的扩大,使藩镇的社会角色发生了变化。一方面,"养兵敛财"成为各藩镇的存续目标[15],听命中央上阵杀敌不复为最大动力,"中兴三十年而兵未戢者,将帅养寇藩身也,若以亡败为戒,则总干戈者必图万全,而不决战"[16]4594。另一方面,各地妄冒军籍、虚增军费,为补足军费开支,中央被迫授予节度使在辖区内征收支用赋税的财权。这又为百姓带来更大的赋税重担,所谓"故(藩镇)课免于上,而赋增于下"[12]3421。最终藩镇权力步步扩张,跋扈一方,不仅民不聊生,唐王朝的安全也受到严重威胁。

安史之乱后,长安政权得以维持主要得益于东南八道的财赋供给。面对日益强大的藩镇割据势力,中央处处掣肘,掌控渐弱。国家在财政税收上越来越依赖市场,兵丁依赖招募,不得不减少对社会生活的人为管制,国家全面介入并管控社会生活的政策观念发生重大变化,即由以往基于政治考虑的严格、静态管制,向顺应社会发展的动态管理转变[17]。

同时,比起北方经济持续走低的态势,弃地逃税到南方的人口对江南的生产力和总体经济水平的提升起到了明显的带动作用,并协调了南北方的区域发展,也带来了信息需求的增加。

(三)社会信息结构的变迁与进奏院的设立

中央集权强弱与政治传播模式的转变呈现此消彼长的对冲关系。唐朝前期,皇权恢复,皇帝—官僚政治体制建立[18]1。在这种强硬且单向的上下级体系中,中央足以统御地方势力,可通过各类渠道掌握地方信息,占据主动地位,朝廷的相关信息却囿于其信息发布决策,不能任意流通。在可称中华文明鼎盛时期的唐代,经济与社会基础之上建立的信息交通无疑发展良好。唐朝沿袭并改良先朝的邮驿制度，国家干道、州郡地方干道、县级大道等共同构成覆盖全国的交通网络，"水陆通联，江海并举"[19]150。

安史之乱爆发，唐代无论是行政制度、财政制度还是社会阶级格局与信息沟通制度等，由于中央力量的日渐衰微而发生一系列变革。关中力量削弱，地方威权崛起，唐代国家内部主体间信息流动由中央向地方下发信息逐渐转变为地方主动收集中央信息。

安史之乱对唐朝安定局面的破坏不仅影响了国家的政治经济结构，也深刻影响了信息传递的方式，这也反映在邮驿制度上。由于战乱，中央被迫减弱对地方的控制，邮驿通信网络在此背景下遭受了致命打击——驿路阻隔，邮传滞塞，运行不畅。"戎虏驰突，迅如风飙，驿书上闻，旬日方报"，结果"守土者以兵寡不敢抗敌，分镇者以无诏不肯出师"[12]3814-3815。邮驿作为官方渠道，以朝廷需求为首，朝廷得以垄断式地发行邮驿使用券，规定各方使用次数，削弱诸州的邮驿权力。但官方邮驿系统的便捷性与安全性始终吸引着各级官员。安史乱后地方藩镇势力扩大，节度使借机加大力度控制地方邮驿。

基于这样的驿传系统与信息需求，为了提升通信速度，更好完成信息沟通任务，唐代进奏院的选址一般较靠近中央决策中枢机构，且多"集中分布"[20]。刘艳杰结合清人记载如此描述唐进奏院选址："唐代的进奏院设在长安城的'坊'内，集中在崇仁坊和平康坊。以崇仁坊最多，计有 23个，平康坊内有 12 个……长安城规划时应有安排，散落其他坊内的进奏院可能是后来设置的。"[21] 在京城呈现出"王宫九关而不间，辕门十舍而如近"的分布特点[22]713。其中，进奏官总是"紧紧地跟着皇帝和朝廷中枢机关，平时在首都，非常时期则随着皇帝的行在转移，几乎寸步不离"[23]122。进奏院通过更近的选址弥补通信技术的短板，获取更加真实且及时的朝廷信息，实现信息沟通功能。

三　进奏院状作为"新媒体"的诞生

进奏院状的诞生标志着唐代信息传播结构的重大转变。从发行机构——进奏院——的众多别名中，我们可见其发展源流[24]。唐初的"邸"分为藩邸和州(郡)邸,作为当时的"地方政府驻京办事机构",由中央集中兴建,负责信息下达。观察使和采访使等负责信息上传,与邸的功能相互配合,形成完整的信息传播结构。进奏院作为"唐五代诸道方镇及直隶州在京师长安所置办事处"[25]317,则约出现于唐肃宗与代宗时期。

陆贽在《论关中事宜状》中提到唐初州邸的情况:"太宗文皇帝既定大业,万方底乂,犹务戒备,不忘虑危,列置府兵,分隶禁卫,大凡诸府八百余所,而在关中者殆五百焉。举天下不敌关中,则居重驭轻之意明矣。"[26]100 可见彼时中央以武力优势全面凌驾于地方之上,州邸的主职官员也品秩较高,地位较崇。从唐初到中晚唐,从州邸到进奏院,地方驻京官员的地位与类型有所变化。进奏官多由藩镇首脑委任,多为亲信,仅对其藩镇长官负责,不受朝廷管辖[7]37。藩镇节度使的实力和对中央的态度直接决定了进奏院对中央政府的政治姿态。《历代职官表》记录了进奏官的更迭:"在唐为进奏院,主诸道邸务,各领以大将,亦称邸官;而唐季藩镇跋扈,皆得入见天子。至五季而进奏官恣横益甚。"[27]19

进奏官的职能本意是协助朝廷管理藩镇,如向朝廷上交表文、汇报本镇情况,以及就重大事务请示中央裁决。所谓"诸侯之任,各有职责,小者得循事例,大者决于朝廷,闻白启导,属在留邸"[28]1116,此为上传职能。宋代许月卿回看唐代进奏院时总结:"昔在有唐,府兵既坏,五大在边,尾大不掉。置邸京师,大将主之。使为中扃,纤悉必知。"[29]271 可见进奏院就是藩镇在京师的信息网丝,收集采录皇帝活动、官吏任免、臣僚奏章等朝廷消息,并发往藩镇诸道,此为下达职能。这种信息下达过程中从被动接收到主动搜集的转变,标志着地方对信息控制姿态的转变。藩镇依赖进奏院状提供的情报来衡量局势,采取应对朝廷或他镇的策略。

进奏院状的诞生,究其根本是现实政治形势的结果。安史之乱后,藩镇分为割据型、防遏型、御边型及财源型四类[30]5-6。彼此之间存在割据与防割据的势力斗争、内部和外部地方势力的彼此制衡。矛盾之处在于,"夫弱唐者,诸侯也。唐既弱矣,而久不亡者,诸侯维之也"[31]13082。财力和武力上的相互依赖,使得唐中央同中原、边疆与东南的藩镇互相制约又彼此发展,这种你中有我、我中有你的力量结构,将朝堂与地方藩镇构筑成密切联系的网状整体,为进奏院状的产生提供了政治土壤。

国家社会结构决定着信息制度，信息通塞又反作用于权力执行和制度更新。一方面，藩镇势力增强，足以挑战传统政治传播模式，国家迫切需要提升响应速度，自发收集信息，掌握主动性。进奏院状的设立反映了地方藩镇之间的联系，还体现了藩镇诸道超越中央掌控的企图。另一方面，进奏院是中央与地方多边关系的连接，"礼藩邻，奉朝廷，则家业不坠矣"[16]5962，发布进奏院状传递朝廷信息，这表示藩镇也不能忽视唐廷权威及中央意见。新旧媒介的演变是连续而非线性的"再中介化"过程[32]。进奏院状作为产生于唐代的新媒体，它是多种因素涌现的结果，初期保留甚至依赖旧媒体的传播方法和结构，这导致其在功能和表现上稍显矛盾。

唐宋之际的社会结构变动从来都是学界关注的焦点。"唐宋变革论"最早由日本学者内藤湖南提出。内藤湖南超越朝代体系，从文化史视角将中国历史分为"上古、中世、近世"三阶段，分别对应后汉中叶之前、五胡十六国至唐中叶、宋元至明清。1982年，郝若贝（Robert Hartwell）发表的文章《750—1550年中国的人口、政治与社会转型》被认为是美国唐宋变革论的奠基之作。他一改线性发展的中国史观，概括了唐宋之际的主要变革，包括地域经济增长导致全国社会格局变化、财富增加与政府控制力削弱、地方精英崛起及宗族等共同体的演变[33]333-360。

透过唐宋变革论我们可以更好地认识中晚唐的社会变迁，如府兵制和均田制的破坏、央地关系和阶级关系的变动等。不过该观点考虑到安史之乱后的历史连续性，乱前的时期却被割裂为截然不同的阶段；西方的近世概念应用于中国历史亦存在适用性问题；而且就唐宋长达六七个世纪的历史进程而言，"唐宋变革"显然不是唯一的认识角度，仅以此论可能导致认识泛化与模式化[34]。因此，应以唯物主义为指导，切实了解唐宋之际的真实变化。进奏院状作为彼时诞生的新媒体，可以帮助我们见微知著地理解该时期的社会与信息结构变迁。

四　进奏院状的性质与历史传承

新媒体的物质性存在于关系之中，物质性与社会性总是一体两面[35]，媒介本身与社会背景同样不可分割，避开媒体形式而讨论传播体系，就如无本之木。要论中国古代的信息传播结构，不能忽视报纸这一媒介形式。

戈公振在《中国报学史》中界定"报纸者，报告新闻，揭载评论，定期为公众而刊行者也"[36]6。这一概念深远地影响着新闻学界对于中国报纸的相关研究。方汉奇主编的《中国新闻事业通史》对此加以辅证[7]27，使该论渐成学界共识。然而，我们也必须认识到，"古代报纸和现代报纸毕竟是有区别的。我们只能实事求是地承认这种区别，不能用现代报纸的模式去硬套和苛求古代的报纸"[23]126。中国近代报刊非为古代报刊发展而来，报纸的概念也随时代不断变化，因此讨论中国古代报纸时，应当将其放置于具体的历史背景下，而不应以 20 世纪及其以后的报纸定义框限唐人。

（一）唐代进奏院状具备报纸新闻性

安史之乱后，唐代社会在行政结构、兵权财权和信息传播结构等方面变动巨大，共同导致了中央管控力度的渐弱、地方藩镇势力的增大以及市场经济的相对繁荣。唐代社会发展兼具市场化与地方社会化的特点，刺激了地方获取信息的需求，孕育了进奏院状这一新媒体产生的可能性和必要性。

如此背景下，进奏院作为中央和地方联系沟通的重要结构，主要功能即为信息传播。唐代的进奏院状已具备报纸所需新闻性的雏形。进奏院状由进奏官主动进行信息收集编写，时效性、真实性与全面性俱全。与榜文、露布等置于某地便可广而告之的信息载体不同，进奏院状由京畿通过邮驿方式向地方节度使传递。它对速度要求更高，因为信息一旦延误，状上内容的价值也将随之降低或丧失。同时，进奏官与实时朝政联系密切，发挥着"驻地记者"新闻采编的作用。进奏院状所载信息包括但不限于朝政、政令、军情、天文、官员迁转等方面，内容翔实且题材多样。

唐代进奏院状的语言缺乏规范性，看似与新闻语言的要求相悖，其实这一原始特性同样由进奏院状的时新性质所决定。回归史料来看，现存英国、编号为 S1156 的敦煌进奏院状中有以下一段记录："至十一日，又遣李伯盈修状四纸，经宰相过。至十三日，又遣李伯盈修状七纸，经四相公、两军容及长官过，兼宋闻盈口说道理。言：'留状商量。'中间三日不过文状。至十七日，又遣李伯盈修状五纸，经四宰相过。及见长官，亦留状，不蒙处分。中间又两日停。至廿日，又遣李伯盈修状七纸，经四宰相、两军容及长官过。亦宋闰盈说道理。亦言：'留状。'"[4] 全文依时间顺序流水叙事，前后句式大多相似，并无创意修辞，却也无一字多余，简短平实的记述反映了进奏官记录之速。进奏院状作为一种时效性极强的信息传递载体，写得快、送得快、看得快，正是它需要考虑的问题。因此，倘若辞藻华丽而不实用，编排严谨而流于形式，则会耽误信息传递，因小失大。反之，不加修饰、通俗易懂、简单明了的语言更适于通信，正符合公文向新闻转变的需要。

概而言之，唐进奏院状因其时效性和真实性强、内容题材广、言简意赅等特点，已初具报纸新闻性，逐渐成为唐中期后藩镇了解朝廷时势的一大渠道。

（二）进奏院状和邸报是发展性的制度形式

"制度过程中的信息机制，可以说是一种治理术。"[37] 唐代进奏院状作为中国古代报纸，其信息机制的发展反映了唐宋时期央地关系制度以及国家治理结构的转变。

唐代进奏院状和宋代邸报在制度上传承关系明显，其实现央地之间信息上传下达的职能得以保留并发展。仁宗庆历八年（1048年），知相州杨孜上奏："进奏院逐旬发外州军报状，盖朝之意欲以迁授降黜示赏功罚罪，勉励天下为吏者。"[38]29 朝廷如此定期将政治信息通报与地方。宋人唐庚《读邸报》感叹朝廷政治信息的及时畅通："时时得新语，谁谓山县僻。"[39]342 不过，唐代进奏院状为地方政权统治服务，可谓是"皇权对藩镇势力的让渡"[40]，这到宋代发生了深刻转型。唐代极重视政务信息保密，唐律专门规定了泄露信息罪[41]，因此按说朝廷机密不应呈现于进奏院状中，但事实并非如此。唐代进奏院状的内容来源既有朝廷明发公示的消息，也有进奏官自行采集、国家不愿公布的机密，可见唐代中晚期外强中干的局势决定着进奏院状的发行，其机构设置及邮发均为藩镇节度使服务，但这在宋代邸报中已不可能实现。同为涉及"朝廷不欲人知"的军情，宋廷"召进奏官等于枢密院，责状不令漏泄，指挥甚严"[42]1515。

在中央集权制度强化的大背景下，与大部分行政、财政、军事、人事权力一样，宋代进奏院的设置和进奏官的选拔也均归中央，进奏院状的区别由是产生。报纸的编订、审核和发布权为中央政府所有，因此宋代进奏院状"属中央一级的官报"[20]。进奏院作为发行机构，具体职能同样有所改变。宋代进奏院的功能主要包括公文的上下传达、邸报的编辑发行、官员的私邮递送、派人参加仪式庆典、向臣属递赐物品等，而唐时作为藩镇人员入京居住之地、结交权贵之所、缴税建议之处等功能基本消失[24]。

以上均说明宋代邸报是由唐代进奏院状发展而来的媒介形式，适应不同时代的特征和治理需求。尽管两代状报有所差异，但重要渊源并未割裂，宋代邸报在唐代进奏院状的基础上加以改革，两者一脉相承。唐代进奏院状是中国古代报纸的原始形态，承担着信息沟通和社会治理功能。宋承袭这点，并依唐制修订"定本"制度，统一"进奏院所供报状，每五日一写，上枢密院，定本供报"[43]45，不仅规范了官报拟定与发行流程，也保障了中央对政治信息发布的掌控，相关规章制度被纳入强化皇权的政治手段。之后，邸报制度经明清时期沿袭与发展，逐渐形成媒体管理的基础体制，中国古代官报体系由此形成。

（三）宋代以后报纸的进一步发展演变

唐代的进奏院状产生于地方政府主动收集信息的需要，而宋代进奏院公开刊行邸报，兼顾中央信息发布需求和基层信息收集需求。官僚士大夫群体的信息需求并不完全重叠，小报应运而生。"小报者，出于进奏院，盖邸吏辈为之也。比年事有疑似，中外未知，邸吏必竟以小纸书之，飞报远近，谓之小报……往往以虚为实，以无为有。"[44]3 小报内容围绕中央政治信息展开，而涉及朝廷重大机密内容，并不设专员审阅，与邸报的严加管控不同："朝报未报之事，或是官员陈乞未曾施行之事，先传于外，固已不可。至有撰造命令，妄传事端，朝廷之差除，台谏百官之奏章，以无为有，传播于外。"[38]125 这些不实之词对朝廷权威构成挑战，扰乱信息传播秩序，因此常有禁小报的呼声。小报的信息传播速度较邸报更快，更类似现代的新闻报纸，而从内容与性质上看，邸报更似"现今的公报、机关报"[45]。

整体而言，无论从实物文本还是从发展脉络看，唐代进奏院状的诞生标志着中国古代报纸新媒体的起源。它虽仍沿用官文形式，但已具备真实、时新、全面等报纸新闻性，借助旧媒介的形式展现新媒体的特征。唐代进奏院状发挥着信息上传下达、助推国家治理的作用。根据唯物史观，唐代进奏院状是宋代邸报乃至小报的前身，它们一脉相承，超越了唐宋变革论，体现了中国古代报纸发展的连续性。将其视作唐代国家社会制度变迁的新媒体产物，可视域完整地溯源中国古代报纸体系，还原唐代进奏院状的历史意义。

五 结论

中国古代报纸的演变以皇权政治作为底色与背景，唐代国家社会制度与结构的变迁决定了进奏院状的产生与发展。中央集权与藩镇势力控制与反控制的博弈不仅体现在政治方面，也深刻影响着信息传播的结构。进奏院状这一新媒体的发行，先是地方势力争取信息自主权的体现，后成为中央对信息统一控制需求的彰显，可谓中国古代报纸演化的关键节点。

社会信息结构的变化往往催生新媒体。唐朝的繁荣为古代报纸的萌芽提供了丰沃土壤，而安史之乱后国家治理机制开始转型，行政结构、兵权财权、央地关系深刻变化，社会信息传播结构也得以重塑。中晚唐地方信息渠道的拓宽与中央信息汇总权的收归，共同推动了进奏院状报的诞生。

通过梳理唐代进奏院的历史演变和进奏官的职能膨胀，我们可以发现唐代进奏院状的发展从一开始便伴随着中央皇权与地方威权在政治信息控制上的博弈，后续中国古代报纸的进程始终不曾脱离这一主题。将进奏院状看作涌现的新媒体产物，有助于我们认识唐至宋这一关键时期的时代变迁。

聚焦唐代进奏院状本身，我们可以发现它在官文书形式基础上，还追求时新性、真实性、全面性等报纸新闻性，所体现的央地治理功能与宋代邸报一脉相承，其反映的信息收集需要又在小报中得以延续。立足本土实践，避免视域断裂，我们发现进奏院状不仅是唐代安史之乱后藩镇崛起对应的表征，其作为新媒体的产生，还深远地贯穿了唐宋乃至往后千年的央地关系以及信息传播模式。

参考文献

［1］贾红棉：《唐进奏院状报与中国原始报刊》，《大连大学学报》1999 年第 5 期，第 102—104 页。

［2］魏海岩、宋妍、刘诗萌：《中国古代官报入史考》，《新闻与传播研究》2017 年第 3 期，第 64 页。

［3］方汉奇：《报纸与历史研究》，《历史档案》2004 年第 4 期，第 31 页。

［4］张国刚：《两份敦煌"进奏院状"文书的研究——论"邸报"非古代报纸》，《学术月刊》1986 年第 7 期，第 58—62 页。

［5］黄庆丰、张守新、张国强：《当下视野中唐代进奏院状的报纸特色审视》，《新闻研究导刊》2015 年第 12 期，第 25 页。

［6］李彬：《新闻信：唐代进奏院状报新解》，《中国青年政治学院学报》1998 年第 3 期，第 92—94 页。

［7］方汉奇主编：《中国新闻事业通史》第 1 卷，中国人民大学出版社 1992 年版。

［8］魏海岩、彭翠、宋伟龙：《唐代进奏院状报读者构成特点及影响》，《国际新闻界》2022 年第 7 期，第 160—171 页。

［9］宋敏求编：《唐大诏令集》卷 100《置十道采访使敕》，中华书局 2008 年版。

［10］朱德军：《唐代中后期"地方独立化"问题初探》，《陕西师范大学学报（哲学社会科学版）》2009 年第 2 期，第 37 页。

［11］樊文礼：《安史之乱以后的藩镇形势和唐代宗朝的藩镇政策》，《烟台师范学院学报（哲学社会科学版）》1995 年第 4 期，第 40—42 页。

［12］刘昫等：《旧唐书》，中华书局 1975 年版。

［13］司马光编著：《资治通鉴》，中华书局 1956 年版。

［14］江晓敏：《唐宋时期的中央与地方财政关系》，《南开学报》2003 年第 5 期，第 95—96 页。

［15］金滢坤：《中晚唐制举对策与政局变化——以藩镇问题为中心》，《学术月刊》2012 年第 7 期，第 139 页。

［16］欧阳修、宋祁：《新唐书》，中华书局 1975 年版。

［17］韩昇：《南北朝隋唐士族向城市的迁徙与社会变迁》，《历史研究》2003 年第 4 期，第 63 页。

[18] 吴宗国主编：《盛唐政治制度研究》，上海辞书出版社 2003 年版。

[19] 陈鸿彝：《中华交通史话》，中华书局 1992 年版。

[20] 刘良：《中国古代地方政府驻京办事机构的变迁研究》，《武汉大学学报（人文科学版）》2017 年第 5 期，第 96—98 页。

[21] 刘艳杰：《唐代进奏院小考》，《厦门大学学报（哲学社会科学版）》1997 年第 4 期，第 14—15 页。

[22] 柳宗元：《柳宗元集》卷 26《记·邠宁进奏院记》，中华书局 1979 年版。

[23] 方汉奇：《从不列颠图书馆藏唐归义军"进奏院状"看中国古代的报纸》，《方汉奇文集（增订版）》，清华大学出版社 2018 年版。

[24] 魏海岩、谷文浩、刘子琨：《进奏院别名考证》，《新闻与传播研究》2018 年第 11 期，第 117—121 页。

[25] 《中国历史大辞典·隋唐五代史》"进奏院"条，上海辞书出版社 1995 年版。

[26] 陆贽：《陆贽集》卷 11《论关中事宜状》，浙江古籍出版社 2013 年版。

[27] 《历代职官表》卷 21《通政史司》，民国九年番禺徐绍启汇编重印广雅书局丛书本。

[28] 《杜牧集系年校注·樊川文集》卷 20《景思齐授官知宣武军进奏官制》，中华书局 2008 年版。

[29] 许月卿：《宋代官箴书五种》卷 5《进奏院箴》，中华书局 2019 年版。

[30] 张国刚：《唐代藩镇研究》，中国人民大学出版社 2010 年版。

[31] 脱脱等：《宋史》卷 442《列传第二百一·文苑四·尹源传》，中华书局 1985 年版。

[32] 洪婧茹：《超越"新旧媒介"框架：数字物质主义对再中介化理论的概念重构与范式转换》，《新闻记者》2024 年第 5 期，第 67—68 页。

[33] 郝若贝：《750-1550 年中国的人口、政治与社会转型》，林岩译，王水照、朱刚主编：《新宋学》，上海人民出版社 2014 年版。

[34] 成一农：《跳出"唐宋变革论"——兼论当前中国古代史研究中存在的一些缺陷》，《厦门大学学报（哲学社会科学版）》2021 年第 5 期，第 159—165 页。

[35] 徐生权：《在"空洞无物"与"物的空洞"之间：关系视角下媒介物质性研究的反思与进路》，《新闻与写作》2023 年第 7 期，第 56—57 页。

［36］戈公振：《中国报学史》，中国和平出版社 2014 年版。

［37］邓小南：《"中古信息沟通与国家秩序"序言》，赵世瑜主编：《北大史学》第 24 辑，社会科学文献出版社 2022 年，第 227 页。

［38］徐松：《宋会要辑稿·刑法二》，民国二十五年国立北平图书馆影印本。

［39］唐庚：《唐庚诗集校注》卷 5《读邸报》，中华书局 2016 年版。

［40］刘晓伟：《皇权政治与中国古代报纸的二重演化》，《新闻与传播研究》2022 年第 10 期，第 114 页。

［41］李萌、吴予敏：《唐代政治传播的法律规制——以〈唐律疏议〉为中心的考察》，《新闻与传播研究》2023 年第 1 期，第 80 页。

［42］欧阳修：《欧阳修全集》卷 98《论谏院宜知外事劄子》，中华书局 2001 年版。

［43］徐松：《宋会要辑稿·职官二》，民国二十五年国立北平图书馆影印本。

［44］周麟之：《海陵集》卷 3《论禁小报》，文渊阁四库全书影印本。

［45］李如钧：《从政务运作看宋代官员对邸报信息的回应》，赵世瑜主编：《北大史学》第 24 辑，社会科学文献出版社 2022 年，第 16 页。

民国变局与报业因应

—— 以《北平晨报》（1930～1937年）为中心的考察

郑思源　付登舟[*]

摘　要　1930年至1937年间，《北平晨报》经历了权力更迭和新闻环境的显著变化，其舆论立场亦随之发生转变。通过分析该报在经营期间的政治背景、报道策略及编辑立场，梳理其在政局动荡中主动调整与被迫改组的全过程，进而揭示《北平晨报》在复杂政治环境中的运作机制和生存策略，不仅有助于深入了解民国时期政治权力与新闻媒介之间的互动关系，也为中国近现代新闻史研究提供了重要视角。

关键词　北平晨报；权力更迭；舆论演变；民国报人

《北平晨报》于1930年12月16日创刊，至1937年10月16日更名，七年间稳定发行，见证了全面抗战前北平从相对稳定到紧张动荡的局势演变。创刊同日，南京国民政府颁布实施了《出版法》，预示着该报将始终处于政治当局对新闻业的监控之下。在七年当中，北平的政治力量数次更替，《北平晨报》的言论立场、舆论倾向、报道尺度等也随之不断调整。从1933年开始，北平的舆论环境随着政局变迁逐渐收紧，该报受到了更为严格的新闻管控；至1936年，《北平晨报》经历了两次被迫改组，进一步反映出权力更迭对新闻报道的影响。这些变化体现在报纸内容的调整上，折射出媒体在政局动荡中所面临的生存挑战。

作为当时舆论界的重要报纸，《北平晨报》不仅承担了新闻报道的职

---

　　[*]　郑思源，系湖北大学历史文化学院博士研究生；付登舟，系湖北大学历史文化学院教授、博士生导师。

责，还积极参与抗战宣传、普及教育和文化建设，反映出不同时期复杂的社会政治背景与思想动态。然而，在近代报刊研究中，该报却长期处于失语状态，未得到应有的关注。探讨《北平晨报》舆论立场的演变，是理解20世纪30年代南京国民政府对北平报业管制策略的重要线索。

一 《北平晨报》的历史传承及初期发展

《北平晨报》并非一份新创的报纸，其前身为1928年阎锡山令李庆芳创办的《新晨报》。1930年末，奉军入关，张学良主政北平，陈博生受其委托接收《新晨报》，将其更名为《北平晨报》。追溯更早，《新晨报》的前身是1918年由蒲伯英主持创办的《晨报》，该报副刊因成为新文化运动的主阵地之一且被誉为民国"四大副刊"之首而广受关注。北伐成功后，《晨报》被迫停刊。《晨报》则继承自1916年汤化龙创办的《晨钟报》，1918年该报因揭露段祺瑞政府向日方借款的消息而被京师警察厅查封。这一系列报刊构成了一个互为传承的"晨报系"。作为"晨报系"的最终篇章，《北平晨报》见证并经历了全面抗战前北平最为动荡的七年。日本侵略者的步步逼近、南京国民政府的新闻管制以及平津地区复杂的政治局势，均对《北平晨报》的运营产生了深远影响。

陈博生担任《北平晨报》社长兼总主笔，之前曾任《晨报》总编辑，《晨报》停刊后，他随张学良前往东北担任《民言报》主笔。林仲易则担任《北平晨报》总编辑，亦曾在《晨报》任职。在这两位资深报人的领导下，《北平晨报》迅速组建了一支具备丰富经验和专业能力的编辑团队。詹辱生任要闻主编，瞿冰森担任《学园》副刊主编，于非闇任《艺圃》主编，编辑记者包括刘尊棋、孙又铭、赵效沂、郑太初、罗明发、翁之镛、朱虚白、戚长诚等[1]32-33。这一团队获得报界高度评价："编辑刘尊棋、冯华熙辈，俱系第一流记者，各版内容，异常精彩。"[2] 恰逢此时《民言报》停刊，陈博生便将其"百分之八十以上的班底，从编采人员到排印技工"[1]30一概接收。在编辑团队与印刷设备各方面准备就绪后，《北平晨报》于1930年12月16日正式创刊。

20世纪30年代初，北平所处的特殊政治环境使南京国民政府对华北地区控制有限，华北依然保有相当的自主性，《北平晨报》因此享有相对宽松的舆论空间。该报的创办系应张学良之请而受其支持，但实际经营并不受干涉。据赵效沂回忆："汉卿先生有幕后主持人的身份，但仅有支助的义务，从未有一言干预社事。"[1]70 这为报纸提供了较为独立的运营环境。《北平晨报》以"为民众拥护固有之权义，为社会主张真正之是非。对政府为忠实之诤友，对国家为诚恳之公民。不激不随，无偏无我，以超然之态度，作公正之批评"[3] 为办报使命。这一宣言强调了对社会公平正义的追求，明确定位报纸为政府的忠实诤友，意在客观公正地批评政府及社会流弊，并以建设性态度提出意见和建议，且"不激不随，无偏无我"，保持独立客观的新闻理念。

尽管《北平晨报》在创刊号中声明"本报系同人办报，与旧《晨报》及《新晨报》毫无关系"[4]，但公众显然仍将其视为《晨报》的延续。在《北平晨报》问世之前，《时事新报》曾以《北平〈晨报〉复活》为题进行宣传[5]，且《申报》《时事新报》皆表示"内多旧《晨报》人员"[6]，以示这两份报纸的密切联系。陈振先在《北平晨报》创刊纪念版中表示："近年北平报界中，《晨报》及其继承者在学界中最负时誉，《晨报》停刊后不久，《新晨报》继之，《新晨报》停刊后不久，今《北平晨报》又继之。社址犹是，云物不殊，名称依然，事业犹昔，殆所谓'周虽旧邦，其命维新'者欤。"[7] 期望《北平晨报》能够在原有基础上蓬勃发展。

《北平晨报》最初日出三大张，后扩充为三张半。该报继承了《晨报副刊》的传统，设有丰富的副刊栏目。其中《学园》由瞿冰森主编，内容涵盖新文学作品、社会科学讨论以及西方文学译介等；《艺圃》由于非闇主编，主要连载通俗小说，发表与文化掌故、近代社会史料相关的随笔；张铁笙主编的《红绿》以学生为主要受众，注重学府轶闻、文人趣话。其他重要副刊包括《剧刊》《诗与批评》《科学常识》《社会研究》《妇女青年》等，共创办了四十余种特色副刊，吸引了不同层次读者群体。胡适、周作人、顾颉刚、梁实秋、沈从文、林徽因、冰心、老舍、蹇先艾、蒋廷黻、季羡林等知名人士都曾为其撰稿。创刊不到一年，《北平晨报》每日发行量已达 7000 份[8]R3，显示出其广泛的社会影响力和读者基础。

1931 年，九一八事变前，《北平晨报》以刊登时事新闻为主，较少涉及革命话语，试图在多元势力的交织中保持中立以求生存。九一八事变后，民族危机不断加深，南京国民政府依然坚持"先安内后攘外"政策，压制报界对中日议题的讨论，这与《北平晨报》的社会使命相背离，二者关系遂变得紧张起来。由于受张学良支持，该报常被视为具有国民党背景的机关报。"华北一带公认的'亲中央'的报纸"[9]105，"虽然对日本帝国主义的侵略活动表示过抗议，但始终不敢言战，强调只有逆来顺受，忍辱负重，继续进行交涉才能解决问题"[9]104。此类评价亦不少见。然就实际内容来看，《北平晨报》刊载了大量反对日本帝国主义侵略的作品，同时不遗余力地抨击南京国民政府的不抵抗政策，表现出强烈的爱国情怀和民族意识。这种抗日情绪的高涨既源于《北平晨报》的自我使命，也与北平在东北沦陷后成为难民避难所[10]的现实有关。

九一八事变后，《北平晨报》质问政府："二十年来，中央政府若能挣扎抵抗，何致贻今日之巨患？"[11]随后，该报对北平市内举行的各界抗日救国运动代表大会进行报道，表示日本帝国主义之侵华行径是"给我四万万同胞以亡国灭种最严重之警告"[12]，并呼吁全国民众"自动对日实行不合作主义"，引导国民将抗日融入日常生产生活，成为自发的群体爱国行动。此外，《北平晨报》还附赠"国难写真"增刊[13]，以照片形式揭露日军在沈阳街头扫射我国军民的暴行，旨在唤醒民众、激发全民族对侵华日军的愤慨。1931年9月25日至11月9日间，《北平晨报》增设"对日舆论"专栏，为各界爱国人士提供了宣传抗日主张与凝聚抗日力量的舆论平台。中共地下党员邓伯明、著名记者龚德柏及北大学生许秀岑等纷纷发表文章，除《对日终需一战》《望政府强硬到底》等抗日呼吁外，还提出了许多切实的抗日办法与局势分析。

在"国将不国"的危局中，《北平晨报》自发报道东北沦亡惨状及其民众奋起反抗的消息，极力构建"国难""国耻"的媒介语境，从而激发民族主义情绪，唤起全民族团结抗日的热情。《北平晨报》声讨日伪之言辞激烈，"尤以对沈阳市长赵欣伯为虎作伥攻击不遗余力"[14]，故激怒赵欣伯，被列为禁入伪满境内的报纸，但《北平晨报》"仍不为所屈"。不久后，《北平晨报》因登载朝鲜独立党宣言被赵欣伯抓住把柄，他怂恿日方向张学良要求停刊，经人调停后改为道歉并停刊一天[15]，上海小报《福尔摩斯》为此事鸣不平道:"国未亡而言论已不能自由,可胜浩叹!"[14] 为应对新闻审查,《北平晨报》于 1932 年 6 月 16 日将头版的社论转移到第二版,以弱化社论地位。尽管国难危重、时局动荡,该报依然坚持自己的办报立场,展示了其在民族危亡时刻的坚定立场和责任担当,成为当时抗日救国的重要声音。

二 北平政局变动下《北平晨报》的应对与调整

九一八事变后,北平笼罩在日本帝国主义侵略阴影之下,内忧外患加剧了政局动荡。1933 年 3 月,日军在侵占东北后南下猛攻长城古北口,直逼平津。东北军战况不利,张学良被迫下野,由何应钦和黄郛主持北平军分会和北平政务整理委员会,领导华北内外事务。南京国民政府还修订通过了《重要都市新闻检查办法》,在北平、上海等舆论重镇设立新闻检查所。1934 年,又设了中央宣传部直属的上海图书杂志审查委员会,进一步控制和镇压新闻界。

失去张学良的支持后,《北平晨报》不得不在国民党监控下艰难求生,其独立性和新闻自由逐渐被削弱。总编辑林仲易直言新闻审查的随意性和办报的困难:"检查新闻,本无一定,某条可登,某条不可登,亦无一定之范围。至天津因有租界关系,政府鞭长莫及,材料取舍,较可自由,以故某种消息见于天津报而不见于北平诸报者,非报馆遗漏,实受环境之牵制耳。"[16] 主笔赵雨时亦在《北平晨报社论集》序言中吐露心声:"政治无恒轨,言之不敢尽其词。"[17]1 虽然在表达上变得更为谨慎和温和,但并不意味着《北平晨报》立场的转变。通过在言辞上的妥协和报道角度的微调,《北平晨报》在保持其批判性的同时,避免了可能导致其被压制或关闭的政治风险,在坚持自身立场与适应外部压力之间达到了微妙的平衡。如此一来,《北平晨报》在风雨飘摇的时局中得以存续,继续发挥舆论引导作用。

1933 年 4 月,河北军事危机加剧,对蒋介石构成严重的政治威胁。为阻止日军推进,蒋介石安排黄郛与日方谈判,签订了《塘沽协定》。尽管试图保密,这一消息最终还是泄露,引发了强烈的公众谴责。然而,《北平晨报》选择相信蒋介石的托词,声称"双方商讨,既仅限于军事范围,政治问题,自不在谈判权限以内。"[18] 并表示:"吾人以为今日当局处境之困难,应付之不易,亦自有其不得已之苦衷。"[19] 此后,该报在社论中也有似为不抵抗政策辩护之词,如"现时为国力所限,不能继续武力的抵抗,然亦不可尽弃其他抵抗方法"[20],《北平晨报》因此被视为国民党的党报[21]109。然而,这种表面的妥协并不能简单视为《北平晨报》的屈服。

1935 年初,蒋介石授意发表《敌乎?友乎?》一文,表达与日本和平相处的意图,并派出王宠惠与日本外务大臣广田弘毅会谈。作为会谈的直接结果,当局开始镇压国内反日活动。2 月,政府开始禁止报刊刊登反日的文章或广告,将所有反日抵货活动定为非法行为[21]178。这一时期,中日关系暂时呈现缓和迹象,尽管这种缓和是舆论压制下的假象。许多报刊因涉及敏感报道遭受打击,如《民生报》因刊载《蒋电汪于勿走极端》被永久停刊,成舍我遭拘禁;《益世报》因社论触怒黄郛而遭停邮,主笔钱端升辞职;《北平晨报》也因坚持刊登涉及废止《塘沽协定》的新闻而受到停邮处分,营业大受影响[22]110。在日方发布"天羽声明"要求控制国际对中国的援助时,《北平晨报》批判道:"国人应从今兹日本宣言,而痛感中日关系,决非一时敷衍所能改善。我愈退让,彼愈侵迫。"[23] 这表明其对当局"先安内"政策及与东京和谈实际持反对态度。在如此高压环境下,《北平晨报》一方面对日态度极为激进,另一方面又对当局未能全力抗日表示理解,这一矛盾现象反映了其在坚持自身立场与对抗外部压力之间的徘徊。

在南京国民政府镇压抗日活动日益加剧的背景下,《北平晨报》尽管受到严格审查,但依然运用巧妙的经营智慧,隐晦地向社会传达积极的舆论导向。1935 年 3 月,《学生红绿》副刊刊登了一篇描述东北沦陷地区学生境遇的文章,提醒读者:"东北沦亡三年了,在此中日亲善时期,国人能不将东北遗忘乎?爱刊斯篇,请国人仔细一读,当知在此春花怒放,艳阳佳日,亦复有不少同胞,度着惨淡抑郁的流亡生活也。"[24] 虽未明确提及抗日,其意图却不言自明。

1935 年,一二·九运动掀起了全国抗日救亡高潮。《北平晨报》于 12 月 15 日发表《敬告在校青年》,规劝学生们回归课堂,对当局抱有信心[25],却又在次日的社论中感叹:"举国呼号言论自由,数载于兹,而言论之范围日狭。吾人局促于斗室之中,心有余而力不足……当前之我国报纸,仅能传达政府所公布之消息而已。"[26] 揭示了其在高压下的言论困境与无奈。同日，北平爆发了更大规模的学生示威游行，当局对学生进行武力镇压时，《北平晨报》报馆主动打开大门庇护学生们[27]39。通过这些隐含的抗议和行动，该报不仅展现了在政治高压下的生存策略，更彰显了其在历史关键时刻的道义担当和社会责任感。

三　《北平晨报》两次改组的动因与结果分析

北平的报纸几乎无时不处于暴力政治的直接统制之下[28]，当政局发生变化时，报纸内部必然面临改组，《北平晨报》便处于当时这种困境之中。1935 年下半年，华北政局因外交关系骤然紧张。南京国民政府需要一个既能立足华北并彰显中央与地方管辖关系，又能在对日交涉中坚持"守土卫权"的地方机构，冀察政务委员会应运而生，随之产生的舆论宣传需求推动了《北平晨报》的改组。

1936 年 3 月 19 日，冀察政务委员会正式接收《北平晨报》。刘哲任社长，田雨时任总经理，张慎之担任总编辑，由秦德纯、萧振瀛、雷嗣尚、刘哲、田雨时、戈定远、赵雨时七人组成新董事会[29]。陈博生的外甥林征祁回忆道："博生舅在北平主持的《北平晨报》，被冀察政务委员会宋哲元派兵强迫接收，原因是报纸立场露骨抗日，对政委会常有批评。"[30]291 社内人员赵效沂进一步揭示实情：宋哲元主持冀察军政之初即向张学良提出接收《北平晨报》，因其"在平津拥有广大读者，正可利用它作为宣导的机构。"[1]95

从《晶报》的系列报道中，我们可以窥见《北平晨报》在改组过程中的抗争与无奈。1936 年 2 月 27 日，《晶报》称《北平晨报》将易主，"由张学良将军自动送与宋哲元委员长"[31]。对此，《北平晨报》迅速发函澄清："敝报虽在华北危险环境之中，仍努力奋斗，冀可为国民为民族稍留正气，易主之谣何自而来，设非奸人故意造谣中伤，必系传闻之误。"[32] 3 月 11 日，该报再次声明："敝报一切并无变更，仍维持独立经营之精神，为国家民族奋斗。"[33]《晶报》评论道："我们偶然登了一段《北平晨报》易主的消息，累得报社当局发了两次更正航空快信。"[34] 可见《北平晨报》对改组传闻的重视程度。其实自1933年张学良离开北平后，报界便屡传《北平晨报》将要改组，但直至1936年改组前夕，该报成员仍极力对外澄清消息，寄希望于继续独立经营，直到最终无力抵抗才集体离开报社。作为北平的大报，《北平晨报》无法如小报般激进敢言，只能在纷繁复杂的局势中寻求平衡之道，努力维持自主性，但最终仍未能抵挡冀察委员会的强制接管。

改组成为不可避免的现实，《北平晨报》社内二十余人集体向社长陈博生和经理林仲易请辞，这一事件标志着《北平晨报》的根本改组——由"商业化"最终转向"官僚化"。1936年3月18日，《北平晨报》刊登了两则简短的辞职启事，理由仅用"顾以环境困难，不易贯彻初衷"[35]一笔带过。事实上，最初拟定的稿件更为感伤，篇幅也更长，但陈博生主张简短处理以避免事端，社内同人则坚持刊登，双方僵持到天明，最终社员妥协，在《北平晨报》上刊登了简短版的辞职启事[36]。最初拟定的启事稿则发表在《大公报》，文中写道："时势日非，环境万难，排除挣扎，固衾影屋漏之无欺，艰苦撑持，已精神体力以交瘁，事业固关重要，前途尤当珍惜，与其因循而违厥初心，毋宁退避而还我本色……未能为读者诸君尽其最后之力，是则所深以为憾而希亮察者也。"[37]字里行间体现出报社成员对无奈处境的感慨与对新闻理想的痛惜。

此次改组在报界引起了广泛关注。《新人周刊》报道："《北平晨报》被迫改组后之第一篇社论，大倡中日亲善。"[38]《福尔摩斯》表示，《北平晨报》"昨日其社评题为《中日人士宜多接触》，冀察政委会诸委及×方的表示言论得体云"[39]。改组后的《北平晨报》确实对日方表现出明显的亲善态度，其言论倾向于宣传和解释冀察政务委员会的各项政策主张，以往富有情感和思想深度的表达不再出现，取而代之的是单一的宣传导向。黎世芬称其"保存了过去的《北平晨报》的躯壳，可是又恢复到从前的'机关报'去了"[28]。

1936年是中国近代政治进程中的重要一年，南京国民政府对日立场逐渐强硬，民众反日情绪如野火般蔓延。在此背景下，《北平晨报》也深受影响，在一年之内经历了第二次改组。12月10日，冀察委员会决定再次改组《北平晨报》，任命罗隆基为经理兼代社长，生宝堂为业务主任，谢友兰为总编辑。此次改组引发了与第一次改组类似的反应："该报编业两部总辞职，无一人留任者。"[40] 这意味着《北平晨报》编辑团队的又一次彻底更替，亦即该报的再次全面重组。

新任社长罗隆基以鲜明的抗日立场著称。早在1931年担任《益世报》主笔时，他就大量发表抗日动员言论，抨击当局的不抵抗政策。1933年，他又因撰写批评国民党的文章而遭到蓝衣社袭击[21]213。在接手《北平晨报》之前，罗隆基曾拜访宋哲元并交换意见[41]，这一任命不仅表明宋哲元逐渐倾向于抗日立场，并开始采取更为强硬的态度，也反映出北平当局对日政策的转变。

1937年1月5日，罗隆基代表二次改组后的《北平晨报》发表《我们的态度》一文，表示报纸将"站在客观的立场，介绍各方面各种不同的意见"，并强调"一切以国家为前提，一切以民众为前提，我们绝对不为任何一党，任何一派的喉舌"[42]。这一声明与1930年《北平晨报》创刊时所宣称的"不激不随，无偏无我"如出一辙。在罗隆基领导下，该报还创办了许多新的副刊，如梁实秋主编的《文艺》，方纪生主编的《风雨谈》，以及胡道维主编的《现代政治》等。这些副刊为《北平晨报》注入了新的活力，使其在经历"机关报"时期后重新焕发生机。

罗隆基领导下的《北平晨报》虽然言论相对温和，但立场十分明确。西安事变后，汪精卫回国，《北平晨报》对其"一面交涉，一面抵抗"的政策提出批评，认为"结果是交涉未成，抵抗亦未成，而国家权力愈益受损，国家地位愈益低落"，并敦促他"领导人民共赴国难"[43]。该报甚至直接点名批评日本媒体，如《读卖新闻》《日日新闻》《夕刊帝国》等，指责它们发表了许多污蔑中国的谣言[44]。对于上海各界发起的"统一救国运动"，《北平晨报》亦提出不同意见，主张"摒弃对内的武力"[45]，并指出"国内各党派之存在，当为民主国家之所容许，不能指为统一之障碍。且救国大业，本非一党一派所得而包办，故各党各派之存在，更不得指为救国之障碍。"[46] 意即呼吁团结共产党在内的一切力量共同抗日。此外，《北平晨报》还因救国会"七君子"被捕一案质疑政府："何以对于人民救国团体认为非法？对于从事救国者认为犯罪？……政府和人民的距离，只有一天比一天远，而御侮救亡的目的，将永无法达到。"[47] 这样的言论在该报作为冀察委员会机关报时期是绝不可能出现的。这一时期，《北平晨报》对新闻界抱有"对于内政种种问题，报界应该有权利发表各方面的无忌惮的批评"[48]的期许，并强调民族自救过程中报纸的责任，展现出坚定的民族责任感和舆论引导力。

全面抗战前夕，尽管北平的舆论环境仍受限制，《北平晨报》却在短时间内焕发出创刊初期的活力。然而，这种局面未能持续太久。1937年7月，卢沟桥事变爆发，全面抗战正式开始。受战争影响，《北平晨报》决定缩减版面[49]，社论及各类副刊相继停止，报纸的功能从舆论引导转变为战时新闻报道。8月1日，罗隆基宣布辞去社长职务，由宋维明继任[50]，报社其他部门人员也相继离职。最终，《北平晨报》于1937年10月15日停刊。1939年6月，重新出版的《北平晨报》已被日伪当局改组为附逆报纸[51]228，与原先的《北平晨报》毫无关系。经过七年的曲折历史，该报的辉煌就此落幕。

四　结语

报纸的命运深受政治环境的影响，探究《北平晨报》与北平权力更迭的关系及其舆论倾向的变化，是理解该报发展历程的关键视角，也是研究民国新闻史的重要线索。有人感叹该报的命运多舛："《北平晨报》为一有地位历史之报纸，惜以处境关系，内部组织，每随政局转变，此次中日战兴，虽经两度易主，然仍不免因二次新闻统制而被淘汰，宣告停刊。"[52]《北平晨报》经历了多次变迁，其舆论倾向和风格随着政治权力的介入而不断调整。管翼贤在总结北京报业发展时指出："其寿命最长者，厥为《晨报》。但该报数易统系，名虽存在而其内容随其统系变更，不得不谓为美中不足……盖在中央政府之下，受政府变易之影响，有失独自立场可能性，随政府之变迁乃有不得不停刊易名、改变内容之事实在焉，但此等事态之责任在政府，而非我报人之过耳。"[53]313这一评述揭示了《北平晨报》在复杂政治环境中的无奈处境，也反映了当时新闻业在政治压力下的脆弱性与局限性。

作为当时民众获取信息的主要渠道，《北平晨报》的历史地位与影响力，不仅得益于政府的支持和报人的坚守，更源于读者的信任与期待。《北平晨报》的影响力并不限于北平，它在全国范围内都享有相当的知名度。南开大学校长张伯苓曾寄望于每位校友至少订阅一份如《北平晨报》般"在北方有价值的报章"[54]104，显示出该报在知识分子群体中享有极高声誉。全面抗战爆发后，编辑赵效沂在逃难途中，一位陌生人偶然在登记簿上发现他曾在《北平晨报》任职，自称有投稿因缘，赠予他二十大洋[1]110。尽管《北平晨报》此时已经停刊，其在民众心中的影响力依然不容忽视。成舍我主持《世界日报》时，常将其与《北平晨报》上的新闻逐一比较，若发现《北平晨报》有而《世界日报》没有的内容，便会大加批评[55]236-237。由此可见，《北平晨报》通过新闻报道和社论引导社会舆论走向，对读者群体产生了广泛而深远的影响。

《北平晨报》运营期间历经多次人事调整，报社成员的命运也深受政治局势和新闻业变迁的影响。初代社长陈博生后来成为国民党机关报《中央日报》社长，并带领詹辱生、刘尊棋、张明炜等《北平晨报》社员一同转入《中央日报》[56]138。总经理林仲易则转至共产党机关报《光明日报》任总经理，后担任中共中央宣传部副部长。编辑郑太初、李长路亦为共产党员，其中李长路更是以《北平晨报》编辑身份掩护其革命活动[57]282。停刊前的社长罗隆基后来则成为民盟重要领导人。尽管这些报社同人后来选择了不同的政治立场和职业道路，但在《北平晨报》的共事经历仍是他们人生中不可磨灭的篇章。在这段历程中，他们彼此砥砺，共同经历了新闻业在动荡年代中的磨砺与考验，既培养了民国报人对新闻自由与社会责任的坚守精神，也为中国近现代新闻史留下了一份珍贵的集体记忆。

回顾《北平晨报》七年的办报历程，我们可以清晰地看到其舆论空间经历了由相对自由到逐渐受限，再到被当局控制而成为宣传工具，以及最终回归相对自由的动态变化。这一过程呈现出一条由宽松到紧缩再到相对宽松的曲线，成为20世纪30年代新闻业变迁中的典型案例。北平政治权力的更迭、对日态度的变化以及新闻管控政策的调整，都在《北平晨报》的发展进程中得到了充分体现。创刊初期，在较为宽松的政治环境下，《北平晨报》能够较为自由地发表多元观点，以独立的姿态进行抗日宣传。随着1933年日军进逼平津，北平政治压力骤然加大，新闻自由度显著下降，报纸的抗日话语变得更加隐晦。进入 1936 年，随着中日关系进一步恶化，负责对日交涉的冀察政务委员会迫使《北平晨报》转型为政治宣传机关报。在全面抗战即将爆发之际，二次改组后的《北平晨报》在舆论上表现出相对宽松的态势，尽管仍受政府控制，但在对日问题上能够较为自由地表达意见。这一系列变化不仅反映了该报在复杂政治环境中的自我调适，也直观地展示了南京国民政府在对日舆论管控及立场上的变化。

作为历史见证者的《北平晨报》，其发展历程可以视为民国报纸演变的一个缩影。在面对政治高压时，该报采取了灵活的应对策略，坚守新闻自由，承担社会责任，展现出在国家危急时刻的使命感。无论是通过隐晦的言辞表达抗议，还是在压力中寻求妥协与坚持的平衡，《北平晨报》始终保持着独特的精神和品格。凭借灵活的经营策略和精准的舆论引导，该报在动荡的时局中展现出其独特的价值。它不仅是新闻界的重要组成部分，更是当时社会精神文化的重要载体。《北平晨报》记录了中国近代社会变迁的关键时刻，为后人提供了宝贵的历史素材和独特的文化记忆，同时为深入研究中国近现代新闻史、政治史以及中华民族抗战文化提供了珍贵的档案史料和历史视角。

参考文献

[1] 赵效沂：《报坛浮沉四十五年》，传记文学出版社 1981 年版。

[2] 流莺：《北平晨报之前前后后》，《金钢钻》1936 年 3 月 22 日，第 1 版。

[3] 《本报之使命》，《北平晨报》1930 年 12 月 16 日，第 1 版。

[4] 《本报紧要声明》，《北平晨报》1930 年 12 月 16 日，第 1 版。

[5] 《北平晨报复活》，《时事新报》1930 年 11 月 26 日，第 3 版。

[6] 《北平晨报定期出版》，《申报》1930 年 11 月 26 日，第 7 版。

[7] 陈振先：《且听'持炬者'的足音》，《北平晨报》1930 年 12 月 16 日，第 8 版。

[8] 张梓生、孙怀仁、章倬汉编：《申报年鉴 1933》，申报年鉴社 1933 年版。

[9] 黄河：《北京报刊史话》，文化艺术出版社 1992 年版。

[10] 《东北难民入关达数十万》，《中央日报》1931 年 10 月 4 日，第 3 版。

[11] 《三十年来误国卖国酿成今日巨患》，《北平晨报》1931 年 9 月 22 日，第

2 版。

[12] 《悲愤激昂之各界抗日救国大会》，《北平晨报》1931 年 9 月 24 日，第
6 版。

[13] 《国难写真》，《北平晨报》1931 年 9 月 26 日国难写真，第 1 号。

[14] 金戈：《赵欣伯为虎作伥之又一例》，《福尔摩斯》1932 年 1 月 26 日，第
2 版。

[15] 《北平晨报被迫停刊一日》，《中央日报》1932 年 1 月 24 日第 3 版。

[16] 周若冰：《北平晨报社参观记》，《民国新闻》1933 年第 1 卷第 2 期，第
29 页。

[17] 赵雨时：《北平晨报社论集》序，北平市社会局 1934 年版。

[18] 《华北前途可乐观耶？》，《北平晨报》1933 年 5 月 31 日，第 2 版。

[19] 《应收拾过去种种错误》，《北平晨报》1933 年 6 月 3 日，第 2 版。

[20] 《华北现状与对日政策》，《北平晨报》1933 年 8 月 24 日，第 2 版。

[21] 〔美〕柯博文：《走向"最后关头"：日本侵略下的中国（1931—1937）》，
马俊亚译，浙江人民出版社 2021 年版。

[22] 张友鸾等：《世界日报兴衰史》，重庆出版社 1982 年版。

[23] 《再辟日本宣言之狂妄》，《北平晨报》1934 年 4 月 24 日，第 2 版。

[24] 人左：《东北学生风味》，《北平晨报》1935 年 3 月 26 日，第 7 版。

[25] 《敬告在校青年》，《北平晨报》1935 年 12 月 15 日，第 2 版。

[26] 《五年战迹之回顾》，《北平晨报》1935 年 12 月 16 日，第 2 版。

[27] 张俊梅：《雨花台烈士传丛书·杨斌传》，江苏人民出版社 2021 年版。

[28] 黎世芬：《北平晨报》，《中外月刊》1936 年第 1 卷第 6 期，第 101-107 页。

[29] 云：《易主后之北平晨报》，《晶报》1936 年 3 月 25 日，第 2 版。

[30] "中央通讯社"编印：《"中央社"六十年》，"中央通讯社"1984 年版。

[31] 神獒：《西京晨报将生北平晨报易主》，《晶报》1936 年 2 月 27 日，第
2 版。

[32] 神獒：《北平晨报易主之更正》，《晶报》1936 年 3 月 6 日，第 3 版。

[33] 《北平晨报社来函》，《晶报》1936 年 3 月 11 日，第 3 版。

[34] 神獒：《北平晨报易主成事实》，《晶报》1936 年 3 月 22 日，第 2 版。

[35] 《北平晨报编辑部同人紧要启事》，《北平晨报》1936 年 3 月 18 日，第
3 版。

［36］《北平晨报改组》，《大晚报》1936 年 3 月 20 日，第 4 版。

［37］《北平晨报编辑同人紧要启事》，《大公报（天津）》1936 年 3 月 18 日，第 2 版。

［38］《文化报道》，《新人周刊》1936 年第 2 卷第 30 期，第 3-4 页。

［39］《每日新闻》，《福尔摩斯》1936 年 3 月 20 日，第 2 版。

［40］《北平晨报改组》，《中央日报》1936 年 12 月 28 日，第 4 版。

［41］《北平晨报行将改组》，《南华日报》1936 年 12 月 10 日，第 2 版。

［42］《我们的态度》，《北平晨报》1937 年 1 月 5 日，第 2 版。

［43］《欢迎汪精卫先生》，《北平晨报》1937 年 1 月 16 日，第 2 版。

［44］《报纸在国交上的责任》，《北平晨报》1937 年 4 月 21 日，第 2 版。

［45］《中国应如何实现统一》，《北平晨报》1937 年 2 月 23 日，第 2 版。

［46］《统一救国之意义》，《北平晨报》1937 年 3 月 24 日，第 2 版。

［47］《论沈案与精神团结》，《北平晨报》1937 年 5 月 6 日，第 2 版。

［48］《今日中国报界的使命》，《北平晨报》1937 年 5 月 11 日，第 2 版。

［49］《本报紧要启事》，《北平晨报》1937 年 7 月 14 日，第 4 版。

［50］《本报紧要启事》，《北平晨报》1937 年 8 月 1 日，第 3 版。

［51］黄瑚：《中国新闻事业发展史》，复旦大学出版社 2022 年版。

［52］云裳：《北平晨报重行复刊》，《晶报》1939 年 6 月 15 日，第 5 版。

［53］《北京报纸小史》，管翼贤纂辑《新闻学集成（第 7 辑）》，中华新闻学院 1943 年版。

［54］张伯苓：《对于南开校友的展望》，《张伯苓自述》，安徽文艺出版社 2013 年版。

［55］林海音：《在胡同里长大》，中国青年出版社 2016 年版。

［56］中国人民政治协商会议四川省重庆市委员会文史资料研究委员会编：《重庆文史资料选辑（第 30 辑）》，西南师范大学出版社 1988 年版。

［57］中共北京市委党史研究室、中共天津市委党史资料征集委员会编：《北方左翼文化运动资料汇编》，北京出版社 1991 年版。

人工智能技术时代的身体解蔽与主体伦理

冯月季　胡露尹*

摘　要　人工智能技术深嵌到人类身体中，实现了对身体的解蔽。然而人工智能的技术解蔽也隐含着将身体功能化、物质化、单一化的风险，使得人类的身体丧失其作为符号表意主体的能力。在人工智能秩序建构中应当对这种主体伦理风险保持足够的反思，思考"身体—技术"关系的边界，探讨人工智能技术时代符号伦理建构的价值准则。在人工智能技术时代不仅需要恢复人类主体的符号感知和表意能力，而且需要重建以"他性"和"责任"为伦理规约的"共在主体性"；并且从身体本体论的角度而言，主体符号伦理呈现出独特的身体美学意蕴和诗性表达。

关键词　人工智能；技术解蔽；符号伦理；身体美学

当前，以算法推荐、虚拟现实、大数据为基础的科学技术革命已经重构了人类的传播秩序，催生了人工智能的新范式。随着身体与技术在人工智能实践领域越来越紧密地结合在一起，具有"赛博格"（cyborg）特征的人机关系由此形成，关于身体与技术的关系再次引发了人们的思考。例如，美国当代技术现象学的代表人物唐·伊德（Don Ihde）提出"技术具身"（technology embodiment）的概念，试图解决人工智能技术时代身体与技术的冲突，使得两者完美融合在一起。伊德的"技术具身"概念无疑为我们理解人工智能实践中的身体与技术关系提供了新的视角[1]。但是，"技术具身"不仅面临着来自理论和实践的质疑，而且会引发深层次的人类主体伦

＊　作者冯月季，系汕头大学长江新闻与传播学院教授、硕士生导师；胡露尹，系汕头大学长江新闻与传播学院硕士研究生。本文系国家社科基金项目"突发公共事件中情绪传播机制及风险控制研究"（项目编号：23BXW042）的阶段性成果。

理风险，我们需要对这种伦理风险保持审慎的反思，思考如何在人工智能秩序建构中理解"身体—技术"关系的边界。为了应对这种主体伦理风险，我们不仅需要恢复人类主体的符号感知和表意能力，而且需要重建以"他性"和"责任"为伦理规约的"共在主体性"，坚持本体论的身体观，即人类的身体是具有开放性和创造性的符号意义系统，通过感知符号的意义居于世界之中，并通过符号意义的交流生成具有"共在主体性"的身体间性。从美学角度而言，人类的身体具有审美知觉意向性，通过向自然敞开，通过语言符号和艺术符号获得了一种诗性言说的澄明状态，呈现出独特的身体美学意蕴。

一　人工智能技术对身体的解蔽

在传统的传播学理论研究中，身体从来都不是被关注的对象，正如约翰·彼得斯（John Durham Peters）所言，"'交流'这一新观念容许肉体不在场而实现接触，这种接触对交流者（动物、人、机器）的身体形式并不关注"[2]351。身体在传播学研究中的缺席当然也有着理性主义哲学的痕迹，理性主义哲学一直致力于精神主体的建构，精神主体可以不依赖身体存在。传播学自诞生起就是在理性主义哲学话语范式下表达对某种确定性的追寻，以信息论和控制论作为既定的理念图式，寻求最大限度减少信息传播中的熵，重视传播的效果。但是随着当今媒介技术的进步，人工智能技术手段的日益丰富，技术深嵌到人类的身体中实现了对身体的解蔽，使得人的身体成为人机杂糅的赛博格主体，身体在传播研究领域当中长期缺席的现象发生了改观。唐娜·哈拉维（Donna Haraway）将"赛博格"定义为一种生物体和机器的杂合体，它突破了传统的人与机器的界限，正如斯加鲁菲（Piero Scaruffi）所说，"我们属于后人类，与技术共存，依赖技术，并由技术所指引"[3]117。当今人工智能技术的发展不仅使得身体重返传播研究领域，而且智能传播技术和实践正在重塑人的身体，使得人与世界的关系呈现出了新的面相。

当代技术现象学理论家唐·伊德认为，媒介技术嵌入人的身体而形成的"技术具身"现象延伸并且重塑了人对世界的感知和思维方式。伊德举了一个自己戴眼镜的例子，"我的眼镜成为我习惯性体验周围环境的方式的一部分"[4]73。当今的人工智能穿戴设备，通过技术对人的身体感官的模拟为人们提供了无比接近真实的虚拟体验，这是一种类似李普曼（Walter Lippmann）所说的"拟态环境"或者波德里亚（Jean Baudrillard）所说的"超真实"，由人工智能媒介技术所制造的虚拟真实成为生活世界本身。我们从伊德对"技术具身"概念的阐释能够看出伊德对马丁·海德格尔（Martin Heidegger）、梅洛-庞蒂（Maurice Merleau-Ponty）现象学观念的改造。现象学主张作为此在的身体与生活世界具有共生性，身体通过知觉向生活世界开放并融入生活世界，因此只有"活的身体"才是身体经验和知觉的唯一载体，技术与身体之间是存在鸿沟的。

但是伊德认为，所谓技术从来都不是"现代"的发明，自人类文明始，技术就具身于人类的生活世界当中。尤其是近现代以来的科学技术革命，依据毕达哥拉斯（Pythagoras）的"万物皆数"理念为人类社会构造了秩序和谐的景观，"把自然当作一个可计算的力之关联体来加以追逐"[5]20。同时，科学技术在对自然的改造中逐渐被赋予了某种权力意志，人与物被"集置"在技术"座架"中。在伊德看来，正是技术"座架"搭建起了弥合"活的身体"与"权力身体"、生活世界与科学世界裂痕的桥梁。以数据逻辑为例，现代技术将"活的身体"和生活世界可视化，流量数据造就万人追捧的网络红人，运动软件的动态监测成就"量化的自我"。人类身体通过智能技术以数据、标签、链接等形式投射云端的过程，也是构建全新世界的过程。因为在技术"座架"中，由媒介所建构的超真实的"拟态环境"已然成为人类生活的真实环境。

技术"座架"中的"物"不再有自然化的本真状态，而是经由虚拟数据生产的"计算物"，这乃是一种媒介技术对人的身体的解蔽。在海德格尔看来，解蔽是现代技术超越其工具手段的一种本质显现，"在现代技术中起支配作用的解蔽乃是一种促逼"[5]12。现代技术的促逼不仅对自然提出蛮横无理的要求，意欲穷尽自然储存的能量。人工智能技术时代，人的身体也成为媒介技术促逼的对象，由此而成为被摆置与订造之物。现代媒介技术对人的身体的解蔽，最终演变为现代媒介技术和人的主体意识展开的对身体的争夺，在这个过程中，人的主体意识很有可能败下阵来。因为现代媒介技术通过对人的身体解蔽而产生的"计算物",满足了人的主体意识在社会生活中意欲达成的种种渴望,从而使得人臣服于现代媒介技术制造的美好幻象中,失去了反思和批判能力。因此,现代媒介技术对人的身体的解蔽,恰恰是对人的主体意识的遮蔽。

二 人工智能技术时代的主体伦理风险

以大数据和算法技术等驱动的人工智能范式通过技术赋能极大地改变了当前的传播生态,尤其是在信息传播过程中通过内容的精准生产与传播,有效地降低了信息熵的副作用,在提高生产效率、节约生产成本的同时,大大提升了传播效果。但是另外一方面,在人工智能实践中,技术或法律的缺陷导致的传播伦理问题也更加突出,例如"算法偏见""信息茧房""舆论极化"等。人们开始反思,人工智能技术并不能够总是保持价值中立,人工智能建构的机器数据模型会模仿人类的惯常思维,"在机器习得越来越像人的语言能力的过程中,它们也正在深度吸取人类语言模式中隐含的种种偏见"[6]1。事实上,人工智能系统蕴含的伦理风险远比其技术或法律层面的缺陷严重得多,斯蒂芬·霍金(Stephen Hawking)生前曾警告说,未来人类社会最大的威胁就来自人工智能技术。"人们将自然逻辑输入机器的同时,也把技术逻辑带到了生命之中。"[7]5 对于人的主体意识而言,最深层次的伦理风险在于技术的逻各斯俘获了人的身体之后,主体的意识也被计算化和数据化,主体从追逐意义的各种愁烦和辛劳中获得了永久的解脱。因而,人的主体就成为意义恒定之物,不过悖论性的问题在于,当人的主体意识无须再为获取意义劳心费神时,却面临着更深层次的伦理风险,即世界的本质乃是无意义,而人的主体意识如果不再创造意义,那么世界和人的主体性都会显现出存在的本质性危机,正如海德格尔所说,"解蔽之命运在其所有方式中都是危险,因而必然就是危险"[5]26。利用技术解蔽之后的世界,真理与真相的显现形式不再是生命的厚度,而是人工智能多方撷取、拼凑出来的"切片"。

在很长一段时间内,西方哲学话语中的主体主要指向的是意识主体或精神主体,然而,关于身体在主体构成中的角色的讨论从未停止过。亚里士多德认为身体是灵魂的居所，并将人定义为身体和灵魂的结合物。亚里士多德的观点影响了后世哲学家对人类的身体和主体关系的认知；古罗马时期的宗教哲学家奥古斯丁（Saint Augustine）认为"人是由身体和灵魂构成的"[8]548。到了近代，随着人们对意识哲学的反思，身体被重新发现，"身体—主体"的观念得到了哲学家们的认同，尼采明确主张"对身体的信仰比对灵魂的信仰更根本……要以身体为出发点和向导"[9]271-289。在知觉现象学那里，"身体—主体"的观念被彻底建构起来，通过身体的语言和行为表达的符号意义将主体的存在联结起来，梅洛-庞蒂认为，人类的主体性就是"共在主体性"，其本质是"身体间性"，身体是人类主体进行意义交流的本源，"世界存在于我们的肉身之中"[10]136。由此，主体性概念从意识主体演变为身体主体。

身体主体的确立对于人类的传播和交流而言有着极为重要的意义，约翰·彼得斯认为"手拉手"的身体在场才是传播和交流的要义，永远不要低估了身体的神圣性，交流存在着难以逾越的阴暗面，只有身体的亲临现场才是"最接近跨越人与人鸿沟的保证"[11]255。然而，在人工智能技术时代，媒介技术对身体的解蔽依托算法工具对身体的筹划，不仅在物理功能上将人的身体切割成可以植入技术的物理结构，而且通过信息技术控制了人的主体意识。人工智能技术订造的远程虚拟身体代替了具有鲜活感官和理性思维的经验身体。然而"这种远距离在场不仅杀死了当下在场本身，而且直接解构了此在之在和去在的上手之场所，它之所以是迷，是因为它破坏了……建构起来的历史时间中有死者在场的存在论"[12]。人工智能技术的促逼造成了经验身体的缺席，使得现代社会建构起来的身体主体遭到了解构。

但是在某些技术乐观主义者看来，作为传统哲学中的一个古老概念，主体性在技术架构的人类版图中已经显得不合时宜，只要技术能够解决现实紧要问题并且能够为人类带来福祉，主体性就是一个可有可无的概念，"人工智能（Artificial Intelligence，AI）就是让计算机完成人类心智（mind）能做的各种事情"[13]3。不仅如此，人类的身体也可以成为新媒介技术的跑马场，被置于虚拟现实或元宇宙空间中的身体，再也不受主体意识的羁绊，从而成为无根基的漫游者。正如伊德本人所阐明的，"每一种人与技术的关系，都是一种内在关系存在论的模式。这种类型的存在论带有一系列的含义，其中包括暗示了存在着一种人和技术的共同构造。技术转化了我们对世界的经验、我们的知觉和我们对世界的解释，而反过来，我们在这一过程中也被转化了"[14]58。人类的身体成为技术和机器的订造之物，正如海德格尔所批判的，人类的身体成为无蔽领域，其神圣性和崇高性全都让位于现实的因果逻辑，此种"无蔽状态——与此相应，自然就表现为一个可计算的力之作用联系——虽然能够容许一些正确的论断，但恰恰是通过这些成果才能保持那种危险，即：在一切正确的东西中真实的东西自行隐匿了"[5]26。在人工智能技术"万物皆数"的理念图景中，人类的生活世界被信息化和数据化，成为可精确计算之物。人类思考和行为的伦理准则在狂热的技术迷恋和崇拜中失去了效力，纷纷让位于达成某种实际利益的手段和工具。伊曼努尔·康德（Immanuel Kant）认为，当人自身成为达成某种目的的手段时，就已经背离了伦理主体的界限，"任何时候都不应把自己和他人仅仅当作工具，而应该永远看作自身就是目的"[15]40。在现象学的身体观念中，主体与世界呈现为一种共在主体性，身体也是主体的一部分。但是伊德的"技术具身"观念试图通过技术手段对身体的俘获来解决智能传播实践中存在的各种问题。这种观念之所以导致了主体伦理风险是因为它将人工智能实践中的"存在问题视为一个有待于解决的技术问题，而非一个有待于沟通的意义问题"[1]。

三　人工智能技术时代的主体伦理建构

将"技术具身"作为解决人工智能实践问题的策略实际上颠覆了主体的存在关系，即将原本作为主体构成的身体当成了技术的对象，主体的意向性意识不再是通过身体的知觉表达，而是完全寄托于技术或机器的指令。在此过程中，技术取代了原先的主体，通过对身体的技术赋能使之生成了"赛博格"有机体，不仅改变了人的经验身体，而且在人工智能技术加持下有可能变成具有一定道德伦理意识的主体。这本质上是对人的主体性的僭越。人工智能技术通过仿真和虚拟首先完成了对人的"去身体化"，其次将人的主体意识解蔽为无蔽状态，由此消解了人的本质。在梅洛-庞蒂等人看来，身体是联结主体和生活世界的意义纽带，"身体—主体，而非单纯的构成意识，才是人类意义的给予者"[16]33。对意义的追寻是人的主体性存在的根基，正如弗朗西斯·福山（Francis Fukuyama）所指出的，"人类存在的最重要的意义，完全不是由于物质性设计，而正是人类所独有的全部情感，让人产生了生存意义、目标、方向、渴望、需求、欲望、恐惧、厌恶等意识，因此这些才是人类价值的来源"[17]169。意义需要主体性意识的理解和解释，更需要主体性意识的交流和沟通。

人工智能实践中依赖技术可以延伸人的知觉能力，但并不能指望其解决人的主体对意义的理解和解释。因为当前人工智能技术不具备复杂的思维结构，无法像人的主体意识那样根据具体场景和情况做出合理、理性的决定，因此人工智能技术"不会成为完全意义上的道德主体，因为它不具备道德主体所要求的必要条件，即拥有心智状态"[18]。这意味着我们在人工智能秩序的建构中，对"身体—技术"关系的认知需要克服"技术具身"所固有的主体伦理风险，需要认识到技术不仅有可能将身体工具化，而且有可能将主体意识工具化，最终人类自身成为被技术改造的对象，从而有可能出现恩斯特·卡西尔（Ernst Cassirer）所说的最极端的文化悲剧，即人类主体所创造的文化价值"变成一些纯然对象性的东西，变成一些'纯粹为物性的当前存在'和一些物性的被给予，而再不能为自我所理解和掌握"[19]147。因此，我们应当认识到在人工智能实践中身体和技术存在"是否具有创造性"的本质差异，身体无论如何不能成为被技术彻底规训的对象，而技术必须在身体主体的道德律令范畴中行使其应有的功能，"对人工智能伦理风险问题而言，重新确证价值理性指导地位和规制工具理性作用显得尤为重要和关键"[20]。这是我们在构建人工智能机制中思考"身体—技术"关系所应秉持的伦理限度。

从根本上而言，人工智能技术时代的主体伦理危机源于数据计算的确定性，人完全被带入一个被技术摆置的世界从而丧失了主体性。要破解这种危机，必须恢复人的存在本质，即人作为一种创造和使用符号的道德伦理主体。在梅洛-庞蒂看来，恢复身体对符号世界的意义感知能力是重建身体主体的首要步骤，缺乏言语的表达和符号意义的交流，人的身体就会成为被技术锚定的对象，而主体意识也将陷入彻底的虚无。如果说梅洛-庞蒂恢复了身体主体的符号感知能力，那么美国符号学家查尔斯·皮尔斯

(Charles Peirce）则表达了一种更为明确的人的主体就是符号的观点，他说："人们所使用的词语和符号就是人的自我。因为把每个思想是一个符号的事实与生命是思想的列车的事实联系起来，我们可以证明人就是一个符号，因此每个思想是一个外在的符号，人也是符号。"[21]54 每一个主体都是能够思想和行动的符号，他们共同构成了主体存在的"符号域"，"符号域"是一个意义多维开放的符号系统，"对话是符号域的本体特征"，[22] 因此从符号学的观点来看，人类的主体性本质上是"共在主体性"，身体符号的意义表达和具身行动是"共在主体性"的存在根基。换言之，身体成为人类主体间意义交流的重要载体。以当下社交机器人的盛行为例，不论是政治传播中的社交机器人，抑或饭圈中大量刷屏的"水军"，人类无形中与大量无法创造意义的数据身体互动，这必然导致对人类"共在主体性"的解构。

只有将人类看作是具有道德伦理的符号主体，我们才能避免陷入人工智能技术的算法陷阱中，不至于成为被技术割裂的孤立单子。因为符号的本质在于意义的沟通和交流，符号建构了人类的社会关系，"符号被证明是严格意义的无形的关系织网……符号不仅完全不能省约为主体性，而且实际上属于超主体性"[23]205。

由符号意义沟通和交流建构的"共在主体性"显明了人类意识中的共享意图。"一般而言，共享意图是从事人类独有的合作式活动所必备的，这种活动的主体，一定是复数的'我们'：大家有共同的目标、共同的意念、共有的知识、共享的信仰——而且都是在具有合作动机的情境下进行。"[24]5 这种共享意图决定了人类生活的社群特征，在社群生活中，人们通过具有共享意义的符号进行沟通和交流，在符号所构成的意义之网中，"主体性不可避免地是符号之间相互关联性的表达，它不仅与其他物体不可分割，而且因此而涉及其对于他者、对于宏大符号网络活动中其他'符号'不可逃避的责任这种前提条件"[25]42。可以说，人工智能技术时代重建以"他性"和"责任"为规约的主体符号伦理才能使得人类摆脱技术的钳制从而进入符号意义世界中，也只有在符号意义世界中，人类通过践行以"他性"和"责任"为规约的主体符号伦理才能获得独特的审美经验，并在身体主体与世界的符号关系中，回归到人的知觉、意识、情感的审美范畴中，生发出意蕴丰富的身体美学表达话语。

四 人工智能技术时代的身体美学表达

人工智能技术时代，秉持以"他性"和"责任"为规约的主体符号伦理观念不仅能够使得人类身体避免成为技术规训的对象物，而且从更为深层的意义而言，符号化的具身行动使得人类身体在感知符号意义的过程中，呈现出一种独特的身体美学意蕴。理查德·舒斯特曼（Richard Shusterman）在建构其身体美学理论时宣称，身体美学是用实用主义哲学中将身体作为艺术创造与审美核心的主张，探讨身体的知觉、意识和情感问题，同时将哲学改造成生活的艺术。不可否认的是，舒斯特曼的理论重新恢复了自亚历山大·鲍姆嘉通（Alexander Baumgarten）以来一直忽视的身体审美功能。然而国内外学术界对舒斯特曼的身体美学理论褒贬不一，其中最大的疑问在于，舒斯特曼本人对"身体"并没有一个清晰的界定，比如他一方面坚持身体的"肉身性"，另一方面又肯定当今科技手段对身体的改造，将其身体美学理论应用于人工智能交互设计领域。

舒斯特曼对"身体"界限的模糊不定，恰恰为人工智能技术时代"技术具身"和"符号具身"两种不同的身体观念提供了问题反思的镜像。很显然，"技术具身"观念中的身体是一种被技术改造的身体，是一种"远程身体"、"虚拟身体"抑或"智能身体"，这样的身体是福柯阐发的社会权力身体，是"被实践、话语和技术烙印或'铭刻'的身体"[26]276。正如前文所述，人工智能技术时代，这样的身体是被算法和数据规训的身体，一旦被置于技术的座架中，便成为技术的对象物，不再是具有本体论和存在论意义上的身体，再无暇思考主体意向性和生活世界关联这样的命题，甚至像舒斯特曼在对身体美学的定义中将身体"作为感觉审美欣赏及创造性的自我塑造场所——经验和作用的批判的、改善的研究"[27]354 这样的期望也将变得不现实。原因在于，置于技术座架中的身体被抽离了主体意向性，与其他符号主体也失去了交流和对话的可能，不可能出现海德格尔所说的"人在世界中存在"那样的场景。进而言之，身体主体被技术装置所囚禁，失去了自由的自反性，审美的哲学根基不复存在了。"技术的扩张与介入，只能从外在形式上去满足人类对所谓幸福与美好生活的追求，并不能弥补人们心灵上的空虚。"[28]

若要唤醒身体主体的审美感知，须首先明确身体美学的认识性和阐释性，它们来源于身体主体的符号表意活动。身体不是传统哲学中的认识对象，相反，身体的感觉、意识和情感特质使得其成为符号表意活动的中心，通过身体意向性创造的符号使得世界中不同身体主体相互连通，形成了具有"共在主体性"的身体间性。在身体间性的相互映照中，世界存在的意义得以显明。身体作为创造性和开放性的符号系统，联结起了世界中不同审美主体的知觉意向性，使得被技术解蔽的身体以另一种方式被重新发现，并重建身体符号与生活世界共存的意义秩序。需要阐明的是，审美认识活动中的身体并非指的是纯粹的物理肉身，而是梅洛-庞蒂所说的具有意向性的现象身体，是物理肉身和心灵思维合一的身体。现象身体拥有符号化能力，通过思维和行动的统一对意向性的事物赋予符号意义，正是在对符号意义追寻的过程中，人的主体意识才能够在时空中绵延，由此产生审美知觉和审美对象的相遇，人的主体意识就会感知到审美经验和审美情感。身体主体的审美既是一种认识活动也是一个阐释过程。在符号学的视野中，只有被接收者进行意义阐释的符号才算是完成了表意过程。身体主体的审美活动也遵循符号表意过程，尤其是对于社群中具有共享意义的符号而言，审美主体在交流过程中已经达成了默会的意义契约，这可以看作是审美主体共有的审美经验。

除了共有的审美经验，审美主体还在不断创造新的表意符号，这些新的表意符号只有通过审美主体的阐释才能获得表意的持续动力，正如汉斯-格奥尔格·伽达默尔（Hans-Georg Gadamer）所说，"艺术作品的存在就是那种需要被观赏者接受才能完成的游戏。所以对于所有文本来说，只有在理解过程中才能实现由无生气的意义痕迹向有生气的意义转换"[29]240。事实上，主体意识只有在符号的审美阐释中才能获得一种诗性的言说和表达，这和人工智能技术对身体的解蔽构成了两种完全不同的审美境界，人工智能技术秉持对于科学确定性的追求，拒绝身体主体的意义阐释，仅将身体当作实施机器指令的对象和工具。而身体主体居于符号世界中的审美阐释，使得符号意义不断丰盈，阐释者将符号看作是一个表现性的审美世界，符号意义向审美世界敞开，审美主体的意识以符号当下意义作为观照对象，将过去与未来联结成具有时间绵延感的美学事件。这就要求我们具有重新定义和利用技术的能力。例如，当前沉浸式的新闻生产和制作运用虚拟现实和增强现实等媒介技术，通过情境化的叙事方式使身体置于时空细节饱满的"远程在场"状态，从而能够沉浸式地经历整个新闻事件的过程，准客体物的生成以及气氛化的情感绽出为主体带来了审美体验的丰富性和完整性。由主体的审美阐释生成的美学事件是具有超越性的审美存在，是一种超越感性时间的共时性在场。伽达默尔指出，共时性不是审美意识的同时性存在，而是"指不同审美体验对象在某个审美意识中的同时存在和同样有效"[29]187。这意味着主体意识的审美阐释从初级的感性认识升华为具有普遍性的哲学体验，审美体验对象不再是作为被动的认知客体，而是成为主体意识主动赋予意义的诗性言说，因而主体意识的审美阐释是一种共在主体性阐释，由此而形成的审美共通感构成了审美共同体的哲学基础。人工智能技术时代，人类的身体主体尤其需要从机器和技术的规训下解放出来，回归日常生活的符号世界，在审美感知、审美认识和审美阐释中不断寻求通向审美共同体的意义路径，如此，人工智能技术时代的身体主体才能获得具有共在主体性的美学意蕴和诗性表达。

人工智能时代，技术通过对人的身体感官的改造和重塑，使其从"物理身体"变成人机杂糅的"赛博格身体"或"虚拟身体"。这种改造却隐含着诸多的风险和不确定性，技术逻辑的嵌入使得人的身体被装置化、计算化和数据化，这带来的不仅仅是肉体上的物理切割，更为严重的后果是，当人的身体丧失了最基本的物质欲求之后，人的心灵或精神层面的审美愉悦也变得无足轻重，进而人类将会放弃对整个意义世界的追求。因此，从这个意义上而言，人类必须对当前发展如火如荼的人工智能技术保持足够的审慎和省思，正如麦克卢汉所言，"新技术对人的注意力来说犹如催眠曲，新技术的形态关闭了判断和感知的大门"[30]88。面对人工智能技术的风起云涌，人类最需要做的就是保持思考，通过"悬置判断"和人工智能技术保持适当的距离，思考"身体—技术"关系的边界，并且运用人的理性能力为人工智能技术建立伦理的界碑。这需要我们保持身体感官的符号感知和表意能力，捍卫身体主体性的尊严，在人工智能技术时代建构一种焕发诗性表达和理性沉思的身体美学。

参考文献

［1］周午鹏：《技术与身体：对"技术具身"的现象学反思》，《浙江社会科学》2019年第8期，第98-105+158页。

［2］〔美〕约翰·彼得斯：《对空言说：传播的观念史》，邓建国译，上海译文出版社2017年版。

［3］〔美〕皮埃罗·斯加鲁菲：《智能的本质：人工智能与机器人领域的64个大问题》，任莉、张建宁译，人民邮电出版社2017年版。

［4］Don Ihde, *Technology and Lifeworld：From Garden to Earth*, Bloomington：Indiana University Press, 1990.

［5］〔德〕马丁·海德格尔：《演讲与论文集》，孙周兴译，生活·读书·新知三联书店2005年版。

［6］〔美〕温德尔·瓦拉赫、科林·艾伦：《道德机器：如何让机器人明辨是非》，王小红主译，北京大学出版社2017年版。

［7］〔美〕凯文·凯利：《失控：全人类的最终命运和结局》，东西网编译，新星出版社2010年版。

［8］〔古罗马〕奥古斯丁：《上帝之城》，王晓朝译，人民出版社2006年版。

［9］Friedrich Wilhelm Nietzsche, *The Will to Power*, New York：Random House, Inc. , 1967.

［10］Maurice Merleau-Ponty, *The Visible and the Invisible*, Evanston：Northwestern University Press, 1968.

［11］〔美〕约翰·彼得斯：《交流的无奈：传播思想史》，何道宽译，华夏出版社2003年版。

［12］张一兵：《远托邦：远程登录杀死了在场——维利里奥的〈解放的速度〉解读》，《学术月刊》2018年第6期，第9页。

［13］〔英〕玛格丽特·A.博登：《人工智能的本质与未来》，孙诗惠译，中国人民大学出版社2017年版。

［14］〔美〕唐·伊德：《让事物"说话"：后现象学与技术科学》，韩连庆译，北京大学出版社2008年版。

［15］〔德〕伊曼努尔·康德：《道德形而上学原理》，苗力田译，上海人民出版社2012年版。

[16]〔美〕丹尼尔·普利莫兹克：《梅洛-庞蒂》，关群德译，中华书局 2014 年版。

[17]〔美〕弗朗西斯·福山：《我们的后人类未来》，黄立志译，广西师范大学出版社 2016 年版。

[18] 戴益斌：《人工智能伦理何以可能：基于道德主体和道德接受者的视角》，《伦理学研究》2020 年第 5 期，第 99 页。

[19]〔德〕恩斯特·卡西尔：《人文科学的逻辑：五项研究》，关子尹译，上海译文出版社 2013 年版。

[20] 王东、张振：《人工智能伦理风险的镜像、透视及其规避》，《伦理学研究》2021 年第 1 期，第 113 页。

[21] Nathan Houser and Christian Kloesel, eds., *The Essential Peirce*：*Selected Philosophical Writings Vol.*1, 1867 – 1893, Bloomington：Indiana University Press, 1992.

[22] 皮特·特洛普：《符号域：作为文化符号学的研究对象》，赵星植译，《符号与传媒》2013 年第 1 期，第 161 页。

[23]〔美〕约翰·迪利：《符号学基础》，张祖建译，中国人民大学出版社 2012 年版。

[24]〔美〕迈克尔·托马塞洛：《人类沟通的起源》，蔡雅菁译，商务印书馆 2012 年版。

[25]〔意〕苏珊·佩特丽莉：《符号疆界：从总体符号学到伦理符号学》，周劲松译，四川大学出版社 2014 年版。

[26]〔英〕阿雷恩·鲍尔德温等：《文化研究导论》，陶东风等译，高等教育出版社 2004 年版。

[27]〔美〕理查德·舒斯特曼：《实用主义美学：生活之美，艺术之思》，彭锋译，商务印书馆 2002 年版。

[28] 江璇：《人体增强技术与良善生活的身体伦理维度探析》，《伦理学研究》2014 年第 1 期，第 117 页。

[29]〔德〕汉斯-格奥格尔·伽达默尔：《诠释学Ⅰ、Ⅱ：真理与方法》，洪汉鼎译，商务印书馆 2010 年版。

[30]〔加〕马歇尔·麦克卢汉：《理解媒介：论人的延伸》，何道宽译，译林出版社 2019 年版。

新文科背景下新闻传播学学科交叉研究：问题与进路

张振亭　王　敏*

摘　要　"新文科"的提出和持续推进对正面临因媒介融合挑战而被动调整的新闻传播学而言正当其时。其学科交叉融合的基本理念对重新审视和开启新闻传播学的学科交叉研究颇有启发。以多学科交叉融合为基本学术传统的新闻传播学在今天面临新的问题，如在整个人文社会科学中其学科交叉度不高；虽然随着网络传播研究的繁荣其交叉性有所增强，但跨度有限，研究人员学科背景单一，合作研究度低，不足以开展深度交叉研究。回顾我国新闻传播学学科交叉研究的历程及结果不难发现，建构交叉学科是主线，这类研究在学科发展史上有其特殊使命和贡献，但也影响了其学科性。站在"显学"和"支撑性学科"新台阶上的新闻传播学，应对其学科性和跨学科性有新的认知，从交叉学科建构转向学科交叉研究，以问题为导向再出发，在跨学科研究中贡献独特学科智慧。同时，应在组织安排和学术评价等方面创新建制、机制，为交叉研究创造有利条件。

关键词　新闻传播学；新文科；媒体融合；学科性；跨学科性

新闻传播学是一门具有鲜明实践性的人文社会科学，随着新闻传播现象和实践以及整个社会对新闻传播需求的变化而不断变化，呈现出明显的"液态性"。对此，要么主动变革适应，要么被动调整。在新技术发展和社会"百年未有之大变局"下，"新闻传播实践和生态发生了急剧变化，新闻传播学面临前所未有的学科转型压力"[1]。对此，新闻学已表现出明显的不适应性，也在进行着调整和变革。对此，学界已有一些讨论，本文无意赘

＊　张振亭，系南昌大学新闻与传播学院副院长、教授、博士生导师；王敏，系南昌大学新闻与传播学院博士研究生。本文系国家社会科学基金一般项目"中国新闻传播交叉学科百年演进史研究"（项目编号：19BXW011）的成果。

述，而是从知识社会学视角对新闻传播学的学科交叉性进行探索，以丰富对该问题的认识和理解。

一 新文科背景下新闻传播学学科交叉研究的现实需要

从知识社会学角度来说，一个学科之所以能形成、发展，首先是因为研究对象独立，其次是因为具有相应的学术建制。据此，讨论我国新闻传播学①的发展问题，不能无视当下两个重要因素：一是在新闻传播实践上被称为最大变量的媒体融合；二是在高等教育领域方兴未艾的"新文科"建设。前者与其研究对象有关，后者事关学术建制。从根源上看，"新文科"的提出就是为了因应新技术发展对传统文科的挑战。就新闻传播行业来说，最大的新技术发展无疑就是新信息技术引发的媒介融合。因此，二者是统一的，且均指向学科交叉②研究。

（一）"新文科"建设的初衷和途径之一是学科交叉

一般认为，"新文科"（the New Liberal Arts）的概念由美国希拉姆学院（Hiram College）于 2017 年首先提出，旨在将大数据等新兴技术融入传统文科课程，对传统文科进行重组，文理交融，实现跨学科交流和学习。我国"新文科"的提法源于 2018 年，该年 3 月，教育部宣布将正式推动新工科、新医科、新农科、新文科"四新"建设。8 月，中共中央要求高等教育

---

① 传播学引入之前，我国学界一直使用"新闻学"一词，它指向一个学科，又是高等学校的一个专业。1978 年之后，传播学引入，其概念、理论和方法逐渐被吸纳融入新闻学。1986 年学界提出"建设有中国特色的传播学"，并确定"新闻传播学"作为主攻方向，大概含义是"新闻如何传播"，"新闻传播学"被视为新闻学的分支学科、新闻学与传播学的交叉学科。1997 年，新闻学被擢升为一级学科，下属新闻学、传播学两个二级学科。此后，"新闻传播学"在大多数情况下泛指"新闻学与传播学"这个相对独立的研究领域或"学科"，与《学位授予和人才培养学科目录》等国家标准的划分相一致。除非特别区分，本文即在这个层面上使用"新闻传播学"一词。

② "学科交叉"和"跨学科"的英文均为"interdisciplinary"，是指超越新闻传播学的学科边界而进行的涉及新闻传播学与其他一个或多个学科的研究活动，大多数情况表现为将其他学科的理论和方法与新闻传播学交叉，研究新闻传播活动、现象或问题。本文有些地方区别使用仅为表达的方便。关于相关概念的辨析，见刘仲林《跨学科学导论》（浙江教育出版社 1990 年版）一书。

"努力发展新工科、新医科、新农科、新文科"[2]。2019 年 4 月，教育部"六卓越一拔尖计划 2.0"启动，提出要"推动哲学社会科学与新科技革命交叉融合"。2019 年因此被称为新文科建设启动年。之后，关于新文科的讨论逐渐增多。梳理相关研究不难发现，几乎都强调学科交叉是新文科的题中应有之义，也是新文科建设的途径之一，如认为融合性是新文科的特点之一，新文科的核心要义在于促进文科发展的融合化[3]，新文科是对文科内涵、边界、结构的一次重构，新文科建设应注重学科交融等，新文科建设的"核心应是坚持问题导向、开展跨学科研究"[4]。

2020 年 11 月，教育部发布《新文科建设宣言》，对新文科建设做出全面部署，提出要"积极推动人工智能、大数据等现代信息技术与文科专业深入融合，积极发展文科类新兴专业，推动原有文科专业改造升级，实现文科与理工农医的深度交叉融合"。2021 年 1 月，国务院学位委员会、教育部印发通知，在"学科专业目录"中增列交叉学科，交叉学科正式成为我国的一个学科门类、一级学科。

由上可见，技术变革是"新文科"提出的主要缘由。对新闻传播实践以及新闻传播学科来说，当前最大的技术变革以及由此导致的业界革命、学科迭代就是媒介融合。

（二）媒体融合需要多学科交叉研究

随着移动互联网、大数据、人工智能等新技术被广泛运用于传媒业，新闻传播实践已经且正在发生着颠覆性变革，媒体融合是这一变革的简单、形象概括。2014 年 8 月，中央全面深化改革领导小组第四次会议审议通过了《关于推动传统媒体和新兴媒体融合发展的指导意见》，媒体融合进入快车道。2020 年 9 月，中共中央办公厅、国务院办公厅印发《关于加快推进媒体深度融合发展的意见》，对推动媒体深度融合发展做出最新要求和部署。根据"十四五"规划建议，媒体深度融合将成为未来五年我国新闻传播实践的主场，媒体融合必将继续向纵深推进。可以说，媒体融合既是由新技术引发的业界革命，又是国家重大战略，是当下和未来相当长一段时间内我国新闻传播的最大实践。

媒体融合不断深化，催生了层出不穷的新闻传播新形态、新业态、新生态，使得新闻传播"链接了更多重的物理因素、社会因素、生理因素"[5]，成为一个愈趋复杂的巨型系统。新闻传播学一个鲜明的学科特征是，它对应于新闻传播现象、活动或实践，并以此为基本研究对象。当研究对象发生"千年未有之大变局"的当下，新闻传播学应能够有效、令人信服地解释之，否则，其合法性就受到质疑[6]。因应媒体融合带来的上述变革，新闻传播学势必整体性扩容、重构，学科交叉既是必然，又是基本途径。媒体融合需要跨学科研究，学科交叉反过来推进媒体融合。对此，学界已有初步认知。如有学者提出，要"以交叉融合、多元理解的方式促进新闻学知识版图的拓展"[7]；"针对媒介融合的发展趋势，学界应做出回应式调整，研究者需要多学科的视野，需要跨越多个领域的话语界限，全方位地审视信息社会的媒介实践"[8]。对于新闻传播学而言，学科交叉融合是对媒体融合实践的理论观照，媒体纵深融合对新闻传播学科交叉又提出更大挑战，二者在"挑战—应对"中不断发展。

综上所述，"新文科"的提出对正面临媒介融合挑战的新闻传播学科而言，可谓正当其时。其学科交叉融合的学科发展理念表明，学科交叉既是学科发展的内在和外在需要，又是应对挑战的根本途径之一。要适应新的环境，解释对象的变化，新闻传播学必须因时而动，顺势而为，推进学科交叉研究。

二 新文科背景下新闻传播学学科交叉研究面临的问题

新闻传播学能否因应变化，实现学科交叉融合的进一步发展？这可以从历史和现实两个维度来回答。实际上，任何一个学科在形成过程中都有跨学科的因素9[108]。回顾中外新闻传播学发展历程我们便会发现，学科交叉是其基本学术传统之一，并延续至今。毋宁说，新闻传播学是学科交叉的产物，历经百余年的发展演变，其逐渐形成了一定的学科边界，但这种边界从来不是清晰而固化的，而是"液态"的，始终处于动态变化之中，即学科性与跨学科性一直存在。

（一）学科交叉是新闻传播学的基本学术传统

一般认为，作为一个学科，新闻学最早出现在德国。较早对报业进行科学研究并对德国新闻学形成和发展起了至关重要作用的克尼斯（Adolf Knies）、舍费尔（Friedrich Schaffle）、毕歇尔（K. W. Bücher）等人，都是有新闻实践经验的国民经济学家。他们从国民经济学的视角，结合社会学、政治学等其他学科的知识和理论，在国民经济发展的语境下对新闻学开展研究。在德国大学，"报学最初被归类到政治学的专业里，报纸研究这类课程，通常被安置在哲学或者法学和政治学系里"。各个新闻研究所"都是由兼职教授、讲师和特聘教授或者其他专业的教授兼职"[10]，直到 1926 年才诞生了第一个正式的新闻学教授。这表明，新闻学是多学科的产物。

19、20 世纪之交，美国新闻业进入"新式新闻事业"时期，被称为美国模式的新闻学随之出现。从英语专业分化出来的新闻学专业演变为新闻学院，然后才有了新闻学知识体系的形成。它"既是从日常采编实践和广告出版发行业务里归纳出来的基本规律和技巧，又是拼合文学、历史、哲学、社会学、政治学、心理学、经济学等人文社会科学而形成的知识体系"11[23]。美国的新闻学"学科"建构，一类是以密苏里大学等为代表的职业教育模式的新闻学院，其虽然有了初步的社会建制（在大学成立新闻学院），但知识内部的类别划分没有完成，而是与语言、文学、历史学、哲学等人文学科掺杂在一起。另一类是布莱耶（Willard G. Bleyer）主导下的威斯康星大学新闻学院，其重视社会科学课程开设，构建了一种"社会科学化"模式。该院新闻本科课程由四分之一的新闻课程和四分之三的社会科学及人文学科课程构成①，涵盖政治学、经济学、社会学、心理学、历史学、科学和文学等。这一做法最终为美国部分大学新闻学院所接受，并沿袭至今。

20 世纪中叶，作为一个研究领域的传播学开始形成，其更是学科交叉的产物，甚至今天都很难被称为一个"学科"。正如施拉姆所总结的，传播学就像一门十字路口上的学科，涉及法学、哲学、历史学、地理学、心理学、社会学、人种学、政治学、生物学、控制论等多个学科[12]。与美国式

---

① 这种模式也被称为强调"通识教育"（general education）的"威斯康星模式"。其他两种模式是强调新闻实务教学的"密苏里模式"和崇尚新闻专业主义精神的"哥伦比亚模式"。参见陈立新《威斯康星模式与中国初期新闻教育——兼论新闻价值理论之渊源》，《国际新闻界》2013 年第 6 期，第 137-148 页。

传播学不同的欧洲传播学也是如此。阿芒·马特拉（Armand Mattelart）认为，传播学位于多学科交叉点上，哲学、历史学、地理学、心理学、社会学、民族志、经济学、政治科学、生物学、控制论和认知科学的学者，都对传播现象感兴趣，而且"频频借用和改造自然科学的模式来发展自身"[13][导言1]。一项最新、迄今时间跨度最大的研究表明，1928～2018 年，国外传播学的确存在较高的跨学科开放性[14]。

中国的情况大致类似。1918 年北京大学新闻学研究会成立时蔡元培就指出，将心理学、社会学等科学"应用于新闻界特别之经验，是以有新闻学"[15][199]。1930 年前后，新闻学在我国取得了长足发展，也迎来了第一次学科交叉建构热潮，《新闻文学概论》等跨学科专著出版。虽然改革开放之初学界就有重视与其他学科之间联系的呼声，但学科交叉研究的第二次热潮始于 20 世纪 80 年代中后期。在 1988 年"全国首届新闻学新学科学术讨论会"上，提交的 50 多篇论文涉及 30 多门交叉学科。第三次学科交叉研究热潮则是由互联网及其在新闻传播中的全面应用引发的，因为研究对象的复杂性和多学科面向，学科交叉研究成为网络传播的内在需要。

回顾世界范围内新闻学、传播学形成和发展的历史我们可以发现，尽管二者有不同特质，发展路径不尽相同，但都具有多学科知识来源、多学科交叉融合的特征，跨学科性是其基本学术传统之一，但这一学术传统今天正面临新挑战。

（二）新闻传播学学科交叉研究面临的问题

在学科形成和发展过程中，场域内的行动者往往会为争取学科合法性和学术资源的分配而开展各种行动，其结果使得学科自身所具有的跨学科性被忽略和隐匿[9][108]。在百余年的发展过程中，我国新闻传播学通过强调"新闻规律"、"驳斥新闻无学论"、在学科比较中阐释不可替代性等"集体行动"，争取学科的合法性、话语权以及更高的层级，以争取学术资源，成就了今天的新闻传播学的学科性，同时忽略和隐匿了其跨学科传统，结果造成学科"内卷化"①。特别是当下，当其他学科愈来愈强调跨学科性，媒

---

① 李金铨、吴廷俊、张涛甫、单波、姜红、谭天等多位学者指出了这一点，限于篇幅，不再一一列举。总结而言，学科交叉被认为是走出"内卷"的基本对策之一。

体深度融合亟须跨学科视野予以观照、解释的时候，以学科交叉见长的新闻传播学在这方面却落伍了。

首先，横向比较来看，在整个人文社会科学中，新闻传播学的交叉度不高，影响力小。有研究显示，在 23 个人文社会科学其他学科中，新闻传播学的学科施引自引率排在第六位，学科被引自引率排在第三位，表明其知识流动较为封闭固化，对其他学科知识的吸收与汲取度不高，也未对其他学科产生较大影响[16]。尤其值得注意的是，在网络传播研究繁盛的语境下，新闻传播学与信息科学的互动却不足，成为未来一大隐忧[17]。其他研究也表明，新闻传播学与其他学科间知识流动呈现"逆差"态势[18]，对外部学科影响有限[19]。总体而言，我国新闻传播学的整体学科交叉度不高，知识丰富性不强，对其他学科的影响力较弱，但学科交叉趋势较为显著。

其次，纵向比较来看，我国新闻传播学从无到有，发展成为一门"显学"，但至今"仍缺乏同其他学科的交叉融合"[20]。更具开放性的网络传播成为新闻传播学的主要研究议题后，学科交叉度虽不断提升，但跨度有限。笔者的研究表明，当前我国新闻传播学的学科交叉性主要表现为以下方面。其一，知识输入来源较为丰富，交叉范围相对广泛，但跨度不大，主要都集中在人文社会科学领域的周边学科，与自然科学的交叉不够。其二，大部分学科交叉研究停留于浅层面，交叉而不融合。许多研究虽借鉴了其他学科的方法，援引了有关理论和概念，但深度不够，没有形成真正意义上的学术对话。特别是缺乏与其他学科学者的合作性研究[21]。同类研究也表明，新闻传播学与出版、教育、戏剧、电影等学科联系相对较少[22]。

再次，在新闻传播学院课程的设置上，虽然有一些跨学科课程，但如何融合成为迫切问题。我国大多数新闻传播学院在课程设计上都考虑到了学科交叉问题，并结合实际开设了一些相关课程，"核心课程范围在扩大，'跨学科'特征愈加明显"，但"存量"与"增量"间的矛盾突出，如何在原几大类课程基础上增加新课程，"并将这些属于不同学科门类的多种课程整合起来，变成一个整体"仍是问题[23]。新闻传播教育与学术研究、学科发展密不可分，教育遇到的障碍是新闻传播学学科交叉困境的表现。

最后，研究人员学科背景单一，合作研究度低，不足以开展深度学科交叉研究。笔者统计分析了我国教育部新闻传播类人文社会科学研究中心研究人员的学科背景，在搜索到的 134 名人员中，60 余人（约占 44.8%）的本科或硕博专业不是新闻传播学，其中以语言文学、哲学、历史学、政治学等学科居多，具有理工类学科背景的为 6 人。据此来看，当前我国新闻传播学者知识结构跨度都不大，较难独自开展深度的交叉研究。其他研究也表明，新闻传播学者"尤其是跨学科的合作研究并不突出"，合作度（15%左右）明显低于人文社会科学的平均值（26.9%）。跨机构合作程度同样低于我国人文社会科学的机构平均合作度，尚没有形成合作研究的风气[24]。

三　新文科背景下推进新闻传播学学科交叉研究的基本路径

上述情况表明，知识和实践的变化对新闻传播学的学科交叉研究提出了新要求，如何应对这一挑战？笔者认为，应从厘清学科性与跨学科性、转变研究取向、重构学术建制等宏观和整体上进行思考：一是要回到历史中，总结新闻传播学学科交叉研究史上的经验和教训；二是要面向未来，在体制机制上创新顶层设计，适应新闻传播学学科交叉新趋势；三是立足当下，重新认识新闻传播学的学科性和跨学科性。

（一）以问题为导向：从"交叉学科"建构到"学科交叉"研究

回顾历史我们发现，我国新闻传播学学科交叉研究以建构一门新学科——当然它是交叉学科（过去也称"边缘学科""新学科""跨学科"等）——为主线。时至今日，各种冠以"新闻×学""×新闻学"（或"传播×学""新闻传播×学"等）的交叉学科已难以计数。应该承认，这些交叉学科拓展了传统新闻学的知识范畴，扩展了学科视野。特别是在新闻学自身尚不成熟的情况下，这些交叉学科肩负"三重使命"：既充实和发展母学科，又促进母学科的确立和成熟，还被寄予推进新闻改革的期望。[25] 但除少数几门外，这些所谓交叉学科多是形式化的简单叠加和机械拼接，俗称"两张皮"，大多没有可持续性，成了前无古人后无来者的"孤本"。其根本原因在于新闻学界根深蒂固的"学科焦虑"，即唯恐被认为因缺乏学理性而无法成为一个独立的学科，因而转向其他学科寻求资源，以增强学理性、学科性。因此，这些交叉学科普遍不是基于问题（包括理论的和实践的）本身提出，也无法解释问题。

现在，站在"显学"和"支撑性学科"的高度总结历史经验和教训，我们必须承认"任何新的研究分支的开创都是个艰难的过程，需要一定时期的学术积累，是否可以称学、成学，需要学术检验和学术共同体的认可"。[26] 过多地开展此类建构，不仅造成研究资源的极大浪费，反而在学科之林留下"研究不够深入"的印象，难以赢得尊重。如果说以前这种基于学科本位、体系本位，甚至不乏跑马圈地心态的"摊大饼"、粗放式学科交叉建构尚有一定价值和意义的话，那么现在我们倡导的学科交叉研究，应当摒弃上述思维，转向问题导向和问题驱动，完成从建构交叉学科到开展以问题为导向的学科交叉研究。当然，这并不排斥交叉学科的建构，而是基于新闻传播学学科交叉发展的历史经验、教训和现实关怀的再选择。任何一个学科都是指向问题而发展起来[27]，当下我们倡导学科交叉研究正是为了解决问题。另外，交叉学科建构是学科交叉研究的高级阶段，需要长期的知识积累和理论准备。问题导向的学科交叉研究是建构交叉学科必经之路、必要的积累和准备。

问题导向的学科交叉研究首先要有问题意识。当前学科交叉研究热潮的出现主要是因应新闻传播实践挑战的结果。数智传播科技的出现、应用以及由此形成的新环境、业态、生态，产生的影响和问题，亟须从理论上予以观照。正是问题本身的复杂性、多面性，构成了学科交叉研究的根本需要，也是驱动其发展的根本动力。一个学科当其现有的概念、方法、框架和理论无法解释新问题时，总是很自然地、习惯性地向其他相关学科汲取资源，新闻传播学尤其如此。学科发展史表明，新闻传播学，特别是大众传播学在美国的产生和发展，正是为了解决某些复杂而重大的问题，才有了多学科合作研究，这形成了其跨学科的学术传统。问题也可能来自理论自身，即知识本身的高度分化又高度综合趋向。我国新闻传播学理论还比较孱弱，从其他学科汲取理论资源在所难免，也是其理论化的必由之路。问题导向的学科交叉研究给我们的警醒是：学科交叉研究不能为了交叉而交叉，而是应先有问题意识，突出问题导向。学科交叉研究可以产生创新性研究，但并不必然会带来学术创新。问题意识是创新的内在动力[28]261，只有基于问题的学科交叉研究，才能在不断解决问题的过程中推动学科发展。

（二）创新学术建制

根据知识社会学，现代意义上的学科是知识分类的结果，包括知识类别和围绕知识生产形成的一系列社会建制。只有有了一定社会建制，某类知识（学科）才能稳定发展；而社会建制的形成、稳定和发展，又有赖于知识的价值和合法性[29]。开展学科交叉研究对研究者个体而言并不困难，但真正在制度上实现并非易事[30]。在以系科结构为基础的现代大学，跨学科研究面临组织、制度和文化的诸多挑战[31]，特别是在"强分类""边界"清晰而固化的中国大学。一直以来，我国实行的是以国家管理为主导的学科制度，学科层级结构固化，不同知识领域的学科划分及其资源分配都界限分明，学术资源的严格归属造成了学科之间的坚实壁垒，同时制约了跨学科跨院系的教育教学与科学研究合作。强架构知识分类不利于知识的学科间流动和交叉。这就出现了一个悖论：一方面是学科交叉的呼声和努力；另一方面的行动实践却将学科固化，走向了背面。如果我们承认知识本身当前呈现出强烈的交叉趋势，社会建制就应当调整、优化、创新，以顺应这一趋势。

知识生产的社会建制和制度安排错综复杂。本文认为，在新闻传播学学科交叉研究中亟须解决的问题表现在两个方面。一是机构组织。与某一特定学科对应的学院或系是我国大学最基本的基层学术组织和机构，兼具知识生产和人才培养功能。当前，大部分学院都启动了适应媒体融合的建制改革，原来以媒体类型相区隔的机构设置和课程安排得以再造。统计表明，在教育部第四次学科评估中排名 B 档及以上的 24 个新闻传播学院，绝大多数都在人才培养上贯彻"交叉融合""专业交叉"的理念。一些学院尝试在研究生培养上实行项目制，与其他学院合作，探索跨学科培养机制。有理由相信，在此模式下成长起来的学术生力军将更有学科交叉意识。但从知识生产的学术建制上看，新闻传播学与其他学科的联系依然不够。包括国家级在内的研究机构，差不多成了与学院并列或隶属于学院的一个部门。可以说，只要是固定的、实体性的学术组织，在实践中大概率会走向封闭，有悖学科交叉初衷和目标。因此，推动学科交叉必须改变现有组织模式。美国大众传播学形成时期的一些大学研究机构，如哥伦比亚大学的"应用社会研究局"、艾奥瓦大学的"受众研究局"、伊利诺伊大学的"传播研究所"、威斯康星大学的"大众传播研究中心"等，在建制上不乏借鉴意义。如伊利诺伊大学的"传播研究所"，它提供了一种学科交叉研究机制，通过这个机制"心理学、社会学、政治学、人类学和电子工程学都被引入传播研究之中"。[32]477 考虑到新闻传播学的特点，相较于实体机构化学术组织形式，以项目为中心的临时、松散型组织，甚至虚体型组织更为优化——围绕项目和问题进行制度设计和安排，以灵活性破除学科化。

二是评价机制。研究指出，"学术评价制度和学科奖惩制度的缺失以及资源安排的匮乏是跨学科交叉研究不能发展的根本原因"[33]。从学术论文来看，当前我国新闻传播学的交叉研究，主要表现本学科的学者援引其他学科的知识、理论和方法辅助研究的开展，不同学科学者间的合作较少。这样的话，要求研究者至少掌握除新闻传播学科以外其他学科的理论和方法，大多数研究者做到这一点实属不易。因此，论文层面的学科交叉研究要么难以开展，要么止步于浅层次交叉。深度的跨学科研究必然是不同学科学者高度合作的结果。但作为知识生产主体的研究者隶属于不同的学院或机构，在成果认定和归属、资源分配、人事安排等诸方面都存在障碍。因此，学科交叉研究的评价机制亟须改革，这也是我国教育、科学和人才培育机制体制综合改革的要求。总之，顺应学科交叉研究的社会建制改革，目标是弱化知识分类、增强开放性。

（三）从学科出发开展学科交叉研究

上述关于新闻传播学形成历史的简要梳理表明，即使将其视为一个现代意义上的学科，其边界也不是非常清晰、稳定的，而是呈现显而易见的跨学科性。新闻传播学的发展始终处于"学科性—跨学科性"的动态调适之中，充满矛盾和张力。比较而言，这一矛盾在西方学术社群中并不突出，这与其"弱知识分类"[9]108 取向的大学组织架构、学术制度等有关。但这一矛盾贯穿于百余年中国新闻传播学的发展全过程，有时甚至变得异常尖锐。如19世纪二三十年代我国新闻学创立之初，在科学主义的影响下，新闻学一方面被视为一种尚不成熟的新兴科学，另一方面又处处表现出对社会学、经济学等其他学科的"依赖或攀附"[34]。80年代中后期，国家大力倡导和建构交叉学科，目的之一是充实新闻学，使其更快发展、成熟，更像一个学科。换言之，学科化的主要途径是学科交叉。同一时期，传播学被引入，被寄予改造传统新闻学、理论化和体系化新闻学的厚望，结果却造成绵延至今的新闻学与传播学关系之争。④因此，"强知识分类"制度安排致使学科化一直是新闻传播学学术社群边界工作话语的主要策略和行动"指南"，研究者虽然认识到新闻传播学的跨学科性，但始终无法开展令人满意的学科交叉研究。

经过百余年发展和建构的新闻传播学，在建制上已然成为一门毋庸置疑的学科，甚至显学、"具有支撑性作用"的学科，我们无须再为无学而焦虑了。因此，站在新的历史关口和发展台阶谈论跨学科，我们理应更有底气和基础。为此，要切实认识到新闻传播学始终是一门跨学科的知识体系，其"特殊属性在人文社会科学范畴中独树一帜"[35]，并且将过去学科化过程中被遮蔽的跨学科性重新彰显。同时，要持续从概念化、理论性、在地意识等方面对其进行学科化。新闻传播学的学科化水平将直接影响其学科交叉研究的深度和品质；学科交叉研究产出的知识、概念和理论，反过来有助于新闻传播学理论性的增强和影响力的提升。可以说，学科性与跨学科性并不矛盾，反而是互构共生的。因此，当前应从学科出发，重新认识和开启学科交叉研究，在与其他学科的交叉研究中提供独特而不可替代的学科智慧。

四 结语

从学科层面看，学科发展、学科交叉融合是个宏观问题、整体问题，但又必须沉淀为具体的研究。因此，对于大多数研究者而言，最重要的是直面问题，切切实实去开展研究，而不能仅仅停留于呼吁和倡导，更不能坐等体制和机制完善以后再行动。学科交叉融合当前面临的挑战、发展的困境以及未来发展趋势，给我们的最大启示是要认识到研究对象的复杂性、完整性和单一学科的有限性，从而有意识地破除发现问题和实际研究中的学科之限。邵培仁指出，跨界既是一种方法手段，也是一种价值观念。"跨界创新并非单纯地打破和超越了原有框架，其实际是一个不断重建和丰沛自我思想意识的过程。对于强调对话与交流的新闻与传播学科，这种持续的开放性和包容性，显得尤为重要"[36]。正如研究要有问题意识一样，我们不妨将其称为"跨学科意识"，如接收不同学科的语言符号，形成共有的话语，并坚持共同的合作愿景等。这应当成为当下新闻传播学研究者的普遍共识。

新闻传播学是新文科建设的重要组成部分，从我国高等教育变革的趋势来看，与其他学科交叉融合，是新闻传播学发展的必然趋势。另外，"交叉学科建设比较薄弱"是当前我国哲学社会科学学科体系建设中亟待解决的问题之一，交叉学科研究也被视为我国哲学社会科学的重要突破点[37]22。可以说，推进学科交叉研究已成为我国的国家战略之一。新闻传播学的发展、新闻传播学的学科交叉研究应从这一高度来审视。

进入新时代以来，构建中国哲学社会科学自主知识体系持续推进。党的二十届三中全会再次强调了其战略性意义，并做出重大部署，提出要"创新科研组织形式，组织开展跨部门跨区域跨学科合作研究"[38]152，研究建立与之相符的学术评价体系和考核机制。这为我们思考新闻传播学的学科性和跨学科性提供了新参照系，为推进新闻传播学学科交叉研究提供了重大历史机遇。

参考文献

[1] 张明新、李华君：《新文科背景下新闻传播学学科建设的交叉融合》，《新文科理论与实践》2024 年第 3 期，第 39 页。

[2] 黄启兵、田晓明：《"新文科"的来源、特性及建设路径》，《苏州大学学报（教育科学版）》2020 年第 2 期，第 75 页。

[3] 樊丽明：《"新文科"：时代需求与建设重点》，《中国大学教学》2020 年第 5 期，第 4 页。

[4] 樊丽明、杨灿明、马骁、刘小兵、杜泽逊：《新文科建设的内涵与发展路径（笔谈）》，《中国高教研究》2019 年第 10 期，第 12 页。

［5］喻国明：《技术革命主导下新闻学与传播学的学科重构与未来方向》，《新闻与写作》2020 年第 7 期，第 16 页。

［6］陈力丹：《新闻传播学学科建设若干问题的思考》，《新闻记者》2017 年第 9 期，第 70 页。

［7］杨保军、李泓江：《新闻学的范式转换：从职性到社会性》，《新闻与传播研究》2020 年第 8 期，第 25 页。

［8］陈伟军：《媒介融合趋势下的知识生产》，《国际新闻界》2011 年第 5 期，第 61 页。

［9］蔺亚琼：《重识学科与跨学科：来自知识社会学的启示》//褚宏启：《中国教育管理评论第 9 卷》，教育科学出版社，2014 年版。

［10］刘兰珍：《毕歇尔与德国新闻学的兴起》，《武汉大学学报（人文科学版）》2011 年第 6 期，第 126 页。

［11］伍静：《中美传播学早期建制史的反思》，山东人民出版社，2011 年版。

［12］W. Schramm, "Communication Research in the United States," *The Science of Human Communication*, 1963.

［13］〔法〕阿芒·马特拉、米歇尔·马特拉：《传播学简史》，孙五三译，中国人民大学出版社，2008 年版。

［14］赵曙光、刘沂铭：《开放性、多样性与独立性：传播学跨学科属性的世纪嬗变——基于 1928～2018 年的 SSCI 文献计量分析》，《新闻与传播研究》2021 年第 1 期，第 26 页。

［15］蔡元培：《北大新闻学研究会成立演说词》//高平书：《蔡元培全集（第三卷）》，中华书局，1984 年版。

［16］郝若扬、逯万辉：《我国人文社会科学领域学科交叉情况定量研究》，《江苏大学学报（社会科学版）》2017 年第 1 期，第 88 页。

［17］廖圣清、柳成荫、申琦、秦绍德：《国际传播学科的现状与发展趋势——以 2000～2011 年传播学 SSCI 期刊为研究对象》，《新闻大学》2013 年第 3 期，第 89 页。

［18］丁柏铨：《论新闻学的学科影响力》，《现代传播》2011 年第 6 期，第 26 页。

［19］肖燕雄、彭凌燕：《中国新闻传播学被其他学科引证状况及其分析——基于 CNKI 数据库的二十年（1989～2008 年）分析》，《现代传播（中国传

媒大学学报）》2010 年第 7 期，第 38 页。

[20] 童兵：《新文科建设和新闻教育改革路径的拓展》，《中国编辑》2021 年第 2 期，第 7 页。

[21] 张振亭、赵莹：《网络传播研究繁盛语境下新闻传播学学科交叉的新变化——基于四种 CSSCI 期刊论文引文的分析（2006～2017）》，《新闻大学》2019 年第 6 期，第 9 页。

[22] 苗榕、何怡、杨祎纯等：《谁影响我们，我们又影响谁——我国新闻传播学学科内与学科间互引的网络分析》，《全球传媒学刊》2019 年第 6 期，第 147 页。

[23] 周茂君、罗雁飞：《我国新闻本科专业核心课程设置研究——基于 55 家院校调查数据》，《现代传播》2019 年第 8 期，第 162 页。

[24] 段京肃、白云：《新闻学与传播学学者、学术机构和地区学术影响研究报告（2000～2004）——基于 CSSCI 的分析》，《现代传播（中国传媒大学学报）》2006 年第 6 期，第 32 页。

[25] 周泰颐：《试论新闻学新学科研究的特殊使命》//全国新闻学新学科学术讨论会论文集（上），内部资料，华中理工大学编，1988 年。

[26] 杨保军：《论新闻学的总问题》，《编辑之友》2020 年第 6 期，第 8 页。

[27] 渠敬东：《学科之术与问题之学》，《开放时代》2022 年第 1 期，第 49 页。

[28] 俞吾金：《问题意识：创新的内在动力》//《哲学遐思录》，北京师范大学出版社，2016 年版。

[29] 蔺亚琼、覃嘉玲：《学科分类与跨学科发展：基于院系组织的分析》，《高等工程教育研究》2019 年第 3 期，第 109 页。

[30] Huber Ludwig, "Toward a New Studium Generale: Some Conclusions," *European Journal of Education*, No. 3, 1992, pp. 285-301.

[31] 王建华、程静：《跨学科研究：组织、制度和文化》，《江苏高教》2014 年第 1 期，第 1 页。

[32] E. M. 罗杰斯：《传播学史——一种传记式的方法》，殷晓蓉译，上海译文出版社，2001 年版。

[33] 庾光蓉、徐燕刚：《我国高校学术评价制度的缺陷与改进思路》，《社会科学管理与评论》2009 年第 4 期，第 41 页。

[34] 姜红：《现代中国新闻学科的合法性建构——"新闻有学无学"论争新

解》，《新闻与传播研究》2007 第 1 期，第 55 页。

[35] 费雯俪、童兵：《新中国新闻学建设 70 年：从"新闻无学"到"显学"初现》，《新闻与传播研究》2019 年第 9 期，第 11 页。

[36] Huber Ludwig, "Toward a New Studium Generale: Some Conclusions," *European Journal of Education*, No. 3, 1992, pp. 285–301.

[37] 习近平：《在哲学社会科学工作座谈会上的讲话》，人民出版社，2016 年版。

[38] 《党的二十届三中全会〈决定〉学习辅导百问》，党建读物出版社、学习出版社，2024 年版。

"三农"短视频粉丝持续关注意愿的影响因素

——基于扎根理论的发现

何雪聪　周一方*

摘　要　本文聚焦于抖音平台认证的"乡村守护人"进行研究,通过扎根理论对其粉丝的关注意愿进行考察,在此基础上提出"三农"短视频的可持续发展路径。研究发现:原生态性、重复感知、现实力度、人设期望、效能判断和地域特性是影响粉丝持续关注"三农"博主的重要因素。基于此,本文认为"三农"短视频创作应实现从"乡村美食"到"文化根系"的叙事转变、从"个人致富"到"社会效能"的成果转变、从"个体生产"到"故事世界"的逻辑转变。

关键词　"三农"短视频;持续关注意愿;扎根理论

一　问题提出

"三农"指农业、农村和农民。近年来,短视频平台上涌现出大批关注"三农"的博主。数据显示,在快手平台上,粉丝数超万的"三农"短视频博主已有 10 万人,农业技术类创作者人数达 21.6 万[1];在抖音平台上,2023 年 9 月至 2024 年 9 月期间,抖音电商里的"三农"创作者数量同比增长 52%,全年农货商家数量同比增长 63%[2]。从数据来看,"三农"短视频具备了规模化的创作群体,也逐步实现了从野蛮生长到规范化发展的过渡。

---

* 何雪聪,系北京大学新闻与传播学院博士研究生;周一方,系北京大学新闻与传播学院博士研究生。

随着"三农"短视频的不断发展，粉丝群体对"三农"短视频的体验、认知与要求也不断变化。然而，许多"三农"博主的媒介素养并不高，缺乏对粉丝观看期望的分析能力，往往因同质化生产、人设打造和直播售货不专业等问题造成粉丝流失。例如，"爱笑的雪莉吖"因视频更新缓慢等从早年的头部创作者滑入腰部[3]；"东北雨姐"因涉嫌虚假宣传等问题，单月粉丝数减少超200万后停更[4]；"小英一家"则因"送养孩子"等行为陷入舆论风波。这都说明了在竞争激烈的"三农"短视频领域，诸多博主并不了解粉丝的观看需求和关注期望，在昙花一现的流量收割后无法维持粉丝的长期关注，这也是"三农"短视频发展过程中出现的重要问题。

"三农"短视频相关研究关注文本呈现、传播机制和现实赋能，从视频内容层面对其中的媒介展演[5]94和美学呈现[6]50进行学理性分析，将"三农"短视频视为塑造乡村文化形象的新窗口；在不同视角下考察"三农"短视频的内容特色[7]，构建可提升"三农"短视频影响力的传播策略[8]100和创作理念；基于"三农"短视频赋能乡村的现实价值，探索"三农"短视频在乡村现代化建设中所具备的潜在效能[9]117，提出"三农"短视频价值传播的现实困境和优化路径[10]114。综合来看，当前学界对于"三农"短视频的研究多从创作端出发，考察文本、理念、策略和机制，而忽视了受众。粉丝是短视频的关键受众群体，粉丝的支持是"三农"短视频发展的基础，了解哪些因素使得粉丝开始关注"三农"短视频，何种因素影响了粉丝的持续关注意愿，可以为"三农"短视频创作者提供创作参考。鉴于此，本文期望通过对"三农"短视频粉丝的持续关注意愿进行研究，为"三农"博主提出新形势下视频创作的可行策略。

需要注意的是，"三农"短视频已发展出农人、农技和农资等不同类型的账号，关注不同类型账号的粉丝存在截然不同的关注意愿，因此我们必须聚焦到特定"三农"短视频类型进行研究，才能得出更具针对性的结论。本研究聚焦农村生活记录类账号，从抖音平台官方认证的"乡村守护人"中选取农村生活记录类账号进行观察，对其粉丝的关注意愿进行考察，包含但不限于"宁夏穆萨""渔小仙""玉凤鸣（广西母女）"等。

二　研究设计

（一）基于访谈法的数据搜集

本研究采用访谈法搜集粉丝持续关注"三农"短视频账号的原因，选取关注指定账号的时间满一年的粉丝进行访谈，共采访 16 位粉丝。访谈围绕"在众多博主中，选择持续关注和不取关该博主的原因"这一主题开展，包含但不限于以下内容：受访者的个人信息、首次关注的动机、持续观看的原因、与博主的互动形式、博主对受访者的影响。

（二）基于扎根理论的数据分析

本研究通过扎根理论对访谈文本进行分析。扎根理论由社会学家 Glaser 和 Strauss 提出，其主要宗旨是从原始资料中归纳经验，后上升为理论[11]58，是一种通过归纳逻辑发现因果关系的路径[12]56。扎根理论编码过程包含开放式编码、主轴式编码、选择性编码三级程序[13]154，通过逐级编码对原始资料进行浓缩和归纳，研究者可以建立一种介于宏大理论和微观操作性假设之间的实质理论[11]58。本研究考察影响"三农"短视频粉丝关注意愿的因素，从受访者文本中归纳并提炼概念、建立模型，以期更准确和清晰地描绘粉丝关注和支持"三农"短视频的关键因素。三级编码过程如下。

1. 开放式编码

在开放式编码过程中，研究者从受访者讲述中提炼影响持续关注意愿的共性因素，根据类似、因果等关系类型将重复 3 次以上的初始概念进行归类[14]52，共抽象出 39 个初始概念（a1-a39）和 13 个初始范畴。

表 1　开放式编码范畴化（部分实例）①

初始范畴	原始资料语句（初始概念）
生活气息	父母的唠叨、催婚都是自己经历过的（a1：生活细节）它其实就是老百姓的一个真实写照（a2：贴近生活）反而觉得生活气息浓厚（a3：生活气息）

① （注：内容为受访者回答的原始语句，末尾括号中内容表示对该原始语句进行归纳得到的初始概念。）

续表

初始范畴	原始资料语句（初始概念）
纪实感	她胜在真实（a4：真实感）做好"三农"，最重要就是要做到真实做到有代入感（a5：真实带人）"三农"在剪辑的过程中所释放出的效果，就是在观看的人的最大感受是否真实（a6：纪实效果）
现实深度	拍出贴近底层老百姓的一个生活状态（a7：底层现实）你看到农村的这种人性（a8：现实人性）也没有美化……现实该怎么样就拍什么样，比别人深刻（a9：深刻现实）
现实反思	从文案看是有点想法的男孩子（a10：思想对话）最大的感触是对……风土人情的反思，感谢穆萨让我成长（a11：文化反思）他这些视频真的可以让我们去反思这些孩子心理的局限是什么（a12：现实反思）
正面人设	他能和父母的关系这么好，我们都需要学习的（a13：正面吸引）我觉得他做法有点不成熟，那次是下定决心想讨厌他（a14：负面排斥）他真挺善良的，钱说借就借（a15：个性判断）
积极氛围	我觉得他的这种和父母互动……我觉得超级温馨（a16：温馨家庭）感觉越来越有那种一大家子的氛围了，我也是非常喜欢这种氛围（a17：家庭氛围）一开始可能会笑，然后的话最后就会有泪点（a18：温情感动）
重复解压	创作模式肯定是有的，但是看着朴实轻松（a19：固定模式）和看悬疑剧不一样，你不用费力想，他怎么拍你怎么看，看下来也挺轻松的（a20：重复释压）知道剧情反而轻松得很……看着心里轻松舒服（a21：轻松感）
重复羁绊	会觉得像是自己的远方朋友一家人的生活，他如果有事几天不更新还有点奇怪（a22：准社会关系）上一次他有半个月没更新了，那个时候我就挺着急的，然后又把他之前的视频又重新翻了……就是入坑了吧（a23：情感连接）就是亲切，让你觉得像家里亲戚一样，倒不是说非要有新意（a24：亲切感）
缓慢迭代	他介绍了朋友一起拍，也有新意的……就好像认识一大家子人了（a25：缓慢更新）每天他的细节可能会有一些差异（a26：日常新意）普通的田园生活中也会不一样，题材会非常丰富（a27：丰富日常）
家庭效能	他既成就了他自己的事业，又能够在父母身边尽孝是吧（a28：孝顺家庭）而且他还带他的父母出去旅游这些，我觉得他这个人还是可以的（a29：回馈家庭）她本身就是帮父母卖货才回来的（a30：改善家庭）
社会效能	初衷就是要帮助农民把更多的特产给推广出去，促进当地的经济发展（a31：经济效能）他带的基本都是农业产品，带动身边人做短视频……这本身就是一件双赢的事情啊（a32：宣传效能）他人品挺不错的，他带着他的朋友就马小军、王苗其一起做视频（a33：带动周边）
地缘吸引	听到宁夏话，宁夏回族的生活，感觉很亲切（a34：乡音亲切）我们生活地方很近，一些事我姥姥都给我做过，我就觉得很亲切（a35：文化怀旧）关注自己家乡这边的那是肯定的，因为会更有亲切感（a36：文化亲切）
差异吸引	了解到他们当地真实的乡音（a37：文化了解）就是和自己不一样的生活内容，让我有兴趣了解（a38：差异体验）身份也让人有好奇心，和自己完全不一样的生活内容，让我有兴趣继续了解（a39：文化好奇）

2. 主轴式编码

主轴式编码阶段，研究者进一步发现了概念之间的潜在逻辑关系，归纳出了6个主范畴（如表2所示）。

表 2　主轴编码形成的主范畴

主轴编码	初始范畴	范畴的内涵
原生态性	生活气息	拍摄真实的乡村生活现场和细节
	纪实感	以朴素的创作和拍摄手法进行记录
现实力度	现实深度	拍摄生活中的现实困境和问题
	现实反思	反思和审视乡村生活的问题
人设期望	正面人设	表现博主正面形象
	积极氛围	表现博主一家积极的家庭氛围
重复感知	重复解压	固定的创作模式看起来轻松
	重复羁绊	固定人员形成准社会关系
	缓慢迭代	创作模式缓慢更新迭代
效能感知	家庭效能	通过短视频创业提升家庭生活
	社会效能	通过短视频创业帮助社会
地域吸引	地缘吸引	相同地域文化间的吸引
	差异吸引	差异地域文化间的吸引

3. 选择式编码

选择式编码是建立主范畴关系的过程，研究者通过探索范畴间关系，将围绕核心范畴的典型关系结构描述为：原生态性、现实力度、人设期待、重复感知、效能感知、地域吸引，这些是粉丝关注"三农"短视频博主的影响因素（如表3所示）。

表 3　主范畴的典型关系结构

典型关系结构	关系结构的内涵	受访者的代表性语句
原生态性——基于乡土情结的关注	乡土气息的农村生活本身能引发粉丝对于乡村的想象、怀旧、共情与共鸣，促进粉丝的持续关注	我从小在农村生活长大的……自己马上会有代入感，好像也回到小时候在村里的感觉
现实力度——基于思想卷入的关注	视频中对于现实生活的挖掘和反思，能将粉丝卷入思考和反思，促进粉丝的持续关注	最大的感触是对……风土人情的反思，感谢穆萨让我成长

续表

典型关系结构	关系结构的内涵	受访者的代表性语句
人设期待——基于情感期望关注	粉丝对博主的"人设"形成感情期待，期待能否实现会影响粉丝的持续关注意愿	他赚了钱，他还带父母出去旅游……我就觉得关注他没走眼，肯定更愿意关注他
重复感知——基于心理疗愈的关注	粉丝能在同质化的视频生产中感受到解压、归属或羁绊，形成一种心理疗愈，进而选择持续关注	这种其实更好……你不用费力想，他怎么拍你怎么看，看下来也挺轻松的
效能感知——基于社会价值的关注	粉丝期望自己的持续关注能经由"三农"博主发挥出社会效能，效能感会激励粉丝的持续关注意愿	初衷就是要帮助农民把更多的特产给推广出去……需要有这样的这种带头人
地域吸引——基于文化感召力的关注	地域文化的相似或差异均能引发粉丝的亲切感或探索欲，进而影响粉丝的持续关注意愿	身份也让人有好奇心，和自己完全不一样的生活内容，让我有兴趣继续了解

三 研究结论

（一）原生态性：基于乡土情结的关注

"原生态"是指没有被特殊雕琢，存在于民间、原始的、散发着乡土气息的表演形态。"三农"博主以朴素、自然的手法记录乡村的生活现场，视频创作表现出强烈的真实感和现场感，即使用了一种具有"原生态性"的表现手法[15]108。研究发现，"三农"博主视频中的"原生态性"恰恰击中了粉丝的乡土情结，粉丝能在视频观看中产生对故乡的怀念或满足对乡村生活的想象，进而触发长期关注意愿。

不同于段子、萌宠和游戏等类型的短视频依托于娱乐性、戏剧性和冲突性来吸引粉丝关注，"三农"短视频中的乡土气息、生活现场和乡村风貌本身就能勾动粉丝对乡土的情感体验。对于曾有过乡村生活经验的人来说，记忆中有乡土的位置，身体性的经验让粉丝能够迅速在影像细节中透析出属于自己的乡土记忆，由此产生出共情和怀念等一系列情感。博主在短视频创作中以原生态的农村生活场景为基础，通过长镜头的剪切拼接起一日三餐、田间农作、婚丧嫁娶和赶集购物等日常生活事件，朴素的拍摄过程让粉丝体会到一种"生活的纪实"（受访者J）。这一未经修饰的乡村生活现场也使粉丝不由自主代入其中："我从小是在农村生活长大的，对乡村生活还是挺怀念的，看他们种田或摘果子，自己马上会有代入感。"（受访者 G）即便是对乡村不熟悉的粉丝也能在观看中满足自身对乡村生活的想象："我没有在农村生活，不妨碍我喜欢看。他们生活也不先进，但我感觉也是一种向往的生活。"（受访者 L）

当然，"三农"短视频的创作同样受到创收和流量等因素的影响。短视频平台上存在着诸多通过刻意扮丑、制造冲突和剧本策划等方式讲述乡村故事的视频。"假始终是假，把观众当傻子。"（受访者 F）视频中的过度演绎反而会冲击粉丝对于乡村的情感，最终引发反感和取关。

（二）现实力度：基于思想卷入的关注

"现实力度"是指"三农"短视频在记录乡村生活的过程中，介入现实肌理、展现生活真相的程度。研究发现，粉丝不仅期望在"三农"短视频中感受美好的乡村生活，同时期望看到深刻和切近的社会现实，如果粉丝能够跟随博主对于现实生活的思考形成思想的卷入，就能促成更有强度的粉丝黏性。

"三农"短视频领域并不缺乏专业团队生产的具有艺术性的短视频，诸如"李子柒""潘姥姥"等头部博主，她们有专业的烹饪技能和视频创作能力，通过"上镜头性"向粉丝展现了具有视听美感的乡村风光，粉丝却逐渐对艺术化的乡村图景脱敏，期望"三农"视频能从对视觉景观的观看转向对乡村现实状态的探索。"李子柒的视频就非常精致，穆萨的特点就是真实记录日常，但他对生活其实更有思考。"（受访者 D）不同于某些头部博主对于乡村生活的美化，部分"三农"博主记录了无序、纠结和复杂的乡村生活状态，他们并不回避自身症结、家庭困境和乡村症候，对于这些问题平实的讲述反而加大了"三农"短视频创作介入和表现现实的力度，粉丝能在观看中探清乡村中人性、人情和人心的幽微，了解现代和传统文化碰撞或融合的状况，跟随博主的切身经验形成对于乡村现实的思考，这恰恰达成一种基于思想卷入的深度关注意愿。诸如，博主"玉凤鸣（广西母女）"主要拍摄自己和母亲劳作、生活和斗嘴的日常，母亲基于生活经验发出的人生感悟常常启发粉丝对于生活的思考。"虽然是个普通中年妇女，但话很有哲理性……要一片地来耕，她妈说'荒田无人耕，一耕有人争'，这种生活哲理一下就把我吸引住了。"（受访者 G）博主"宁夏穆萨"是外出打工失败后返乡进行创业的青年，他将个人发展困境、代际观念冲突和传统婚俗压力呈现在视频中，这些都是乡村生活中的真实问题，也让粉丝对乡村青年的生存状况有了更深刻的理解。"他像是一个将要成年的雄鹰，想要飞出去，但又飞不出去那种困境。他这些视频真的可以让我们去反思这些孩子心理的局限是什么。"（受访者 A）

（三）人设期待：基于情感价值的关注

"人设期待"是指粉丝对博主及出镜人员表现出的性格特征和生活氛围的期望。研究发现，"三农"短视频的粉丝对于"三农"博主的"人设"预设了一种情感期待，能否满足粉丝的这种期待也会影响粉丝的持续关注意愿。

尽管粉丝希望在具有原生态性和介入现实肌理的视频中看到真实和现实的乡村生活，体会其中的乡土气息、现实困境和人性多变，但粉丝对于博主及其生活氛围投射出了一种正能量的期待，普遍期望博主一家人表现出勤劳、和睦、温馨、质朴、友善和团结等人格魅力或家庭氛围，这种人设也能够赋予粉丝一种积极、向上和温暖的情感激励。正如受访者 J 所说，"她小时候是兔唇，现在拍视频也很勇敢。人要好，别人才会想看。她们一家人打拼也不容易，还经常做善事，帮助村里生病的人，我也挺感动"。由此可见，博主对于现实生活的记录让粉丝看到了真实的生活困境，而博主及家人善良和朴实的"人设"又提供了愉悦和温暖的情感感受，对于粉丝来说是一种情感激励。

相反，当"三农"博主的"人设"与粉丝的预期相悖，使粉丝感受到厌恶或不满的负面情绪，就有可能引发粉丝的脱粉。博主"宁夏穆萨"与父亲在审美上产生冲突，辜负了父亲的心意就引发了粉丝的不满："他爸爸给他买了三件套，他说三件套有点老套，就把三件套拿走了，他爸爸其实是有点伤心的，我觉得他做法有点不成熟，那次是下定决心想讨厌他。"（受访者 D）这也说明了"三农"博主在短视频创作中表现出的"人设"对于粉丝来说是具有情绪影响力的，尽管粉丝能够包容博主性格上的局限，但仍在孝顺、诚实和团结等主流价值判断上保持期待，一旦这种期待被辜负，引发了粉丝不愉快的体验，就会导致粉丝的取关。

（四）重复感知：基于心理疗愈的关注

通常而言，网络内容的关注度会随着热点的兴起和衰退呈波浪式前进，保持创作的新鲜感对于网络创作者而言十分重要。研究发现，"三农"短视频对于粉丝的持续吸引力不仅来自创新创意的内容，粉丝往往沉迷于重复的和"千篇一律"的生活本身，日复一日的生活记录也能让粉丝在观看中感受到熟悉、轻松和解压，获得一定的心理疗愈。

本研究考察的"三农"博主多以单个生活事件为主要记录对象，预设一个完整且固定的叙事线索，在系列化的视频生产中形成了日出而作、日落而息的规律生活模式，诸如"宁夏穆萨"记录母亲在家中一日三餐的制作，"渔小仙"专注于一家人的赶海的日常，"玉凤鸣（广西母女）"拍摄母女在田间的农作。叙事模式和主线的固化使得粉丝不必在情节走向和叙事节奏的频繁变化中耗费心神，也不必重新了解人物关系和故事结构，在一种可掌控和可预设的观看中获得熟悉、安心和归属的心理体验，进而促成一种长期观看。"看这个就像刷老剧，知道剧情反而轻松得很，很熟悉，看着心里轻松舒服。"（受访者B）

当然，重复并不代表日复一日的原貌再现，"三农"博主也可以在视频创作中有序拓展故事线索或迭代新的人物，粉丝既能在生活的重复中获得掌控感和归属感，又能在故事的拓展中体验新变，因此不会感到无趣。诸如，博主"宁夏穆萨"在自身账号获得大量关注后，也陆续带动家人和好友从合拍开始发散到记录不同宁夏人的生活状态，这种模式也可以使得长期关注的粉丝同时感到熟悉和新意。

（五）效能感知：基于社会效益的价值体现

随着"短视频+乡村振兴"的传播模式逐步成型，"三农"博主所承担的家庭和社会责任更加明确。研究发现，粉丝普遍期望自己的持续关注和支持能经由"三农"博主发挥出效能，这种效能感也激励了粉丝关注的意愿。

对于长期关注博主的粉丝来说，他们基本知晓博主的家庭情况，在视频观看中了解博主创业的过程，更期望看到博主在粉丝群体的支持下改善近况，这也是对支持的回馈。"他赚了钱，他还带他的父母出去旅游这些……我就觉得关注他没走眼。"（受访者 D）"三农"博主以草根身份进入短视频平台创业，他们在粉丝的关注和支持下获得成果，并善用所得，将更好的生活状况和孝顺父母等场景呈现出来，实现了粉丝支持的正能量转化，也鼓励了粉丝的持续关注。

这种反馈在上升为助农或促进当地发展等更宏大的社会效能时，更能让粉丝感受到自身关注的价值。短视频助农已成为"三农"创作者内在的自我要求，粉丝也意识到博主所承担的社会责任，在博主表现出较强的社会效能时，更容易激发粉丝关注和支持的意愿。"他带的都是农业产品，让那么多人对宁夏有更多的了解，这本身就是一件双赢的事情啊！我非常理解和支持年轻人有这样的想法和行动！"（受访者 C）

（六）地域吸引：基于文化感召力的关注

"三农"短视频聚集于农人、农村和农业进行拍摄，在短视频创作的内容类型上表现出一致性，而不同地域的"三农"博主聚焦不同的乡情进行拍摄，展现出截然不同的文化风光。这些地域特性赋予"三农"博主以独特性，粉丝对于地域特性的感知也会影响到持续关注意愿。

"三农"博主往往会在短视频创作中保留真实的乡音，记录当地的生活，呈现鲜明的地域文化特色。对于与博主地缘相近的粉丝来说，相似的文化属性带来了亲近感，他们也更容易在观看中与博主形成类社会关系，促成长期的关注。"关注自己家乡这边的那是肯定的，因为会更有亲切感，一个地方的语言、习俗文化都一样，看到他们就像看到自己邻居家发生的那些事情一样。"（受访者 D）

不同文化风俗间也会产生基于好奇心的吸引力，地缘不相近的粉丝恰恰因为在观看中发现文化差异，才产生了继续了解的欲望。"不同的身份也让人有好奇心，和自己完全不一样的生活内容，让我有兴趣继续了解。"（受访者 C）

四　讨论与启示

从上述讨论中可知,原生态性、重复感知、人设期望、效能判断和地域特性是影响粉丝持续关注"三农"博主的主要因素。近年来,"三农"短视频创作正在成为专业化的活动,粉丝对于"三农"短视频的期待也不断增强。在这一语境下,"三农"博主应积极拓展视频创作的可能性,实现"三农"短视频创作从"乡村美食"到"文化根系"的叙事转变,从"个人致富"到"社会效能"的成果转变,从"个体生产"到"故事世界"的逻辑转变。

(一)美食之外,提供更丰富的乡村叙事

一直以来,"乡村美食"是"三农"短视频的重要内容,"李子柒""潘姥姥""蜀中桃子姐"等博主聚焦乡村美食进行系列内容生产,已形成成熟的生产模式。当"三农"短视频聚焦美食制作等情节进行内卷式生产时,粉丝也不可避免陷入审美疲劳,在美食记录之外提供更多元的乡村叙事十分重要。

"乡村"是历史、地理、风物和人文共同塑造的场域,固然美食、风景和风俗是重要的文化表征,但其背后蕴含的生活美学、人间烟火和历史积淀才是更能触动人心的文化根系。返乡进行短视频创业的青年群体有着深厚的乡村生活经验和独特文化资源,可以充分利用先在的优势形成两条短视频创新路径:一条路径是纵向挖掘乡土文化表征背后人的精神底色和情感力量,形成具有温度的乡土叙事;另一条路径是横向展现不同地域的文化多样性和独特性,共同促成丰富多彩的文化叙事。如此,"三农"博主既能保存自身创作特有的文化基因,又能够在群体生产中提供一种真实而生动的新时代乡村图景。

以上研究已经提示了粉丝并不只期望在"三农"短视频中获得新鲜感,而满足于在乡村生活的温暖现实主义叙事中获得情绪价值。相较于对日新月异热点的追踪,朴素自然、健康有力、乐观坚强的生活本身就具有无穷魅力,粉丝也迷恋于这种重复的生活,形成多维的情感卷入。正如受访者A

在谈论博主"宁夏穆萨"的视频时所说，"每个家庭都是磕磕绊绊，小到治耳朵，大到催婚、建房子。爸爸大男子主义，妈妈很朴实，他们虽然有些落后，但一家人的温情是看得到的"。乡村家庭故事是鲜活和生动的，尽管不可避免存在困境与矛盾，但传统家庭中的亲情纽带以及草根农人的顽强坚韧都具有感动人心的力量，能向粉丝传递出向上的信念感和生活的希望。返乡短视频创业的"三农"博主作为乡村生活的亲历者，其创作不应仅是流水账式的生活分享，更应扎根于真实的乡村空间，用具有温度的视野记录现实生活，捕捉乡村生活的复杂性，以真挚的情感将现实故事传递出来，这样才能提供更多真实和有力量的乡村叙事。

在现代化发展的进程中，"乡村"成为最具地域特性的场域，"三农"短视频在一定程度上成为粉丝体验文化多样性的窗口。研究显示，相似或差异的文化均能引发粉丝的持续关注，这也说明了中国丰富的地域文化是具有感召力的。乡村的人文景观、风俗民情和生活方式存在巨大差异，为"三农"博主提供了独特且丰富的创作资源。然而，对于文化标识的挪用终归流于浅表，当下的乡村文化是充满张力的，特别是在新时代社会变革和乡村振兴的进程中，乡土习俗与现代文化的碰撞、传统技艺在工业时代的传承、风俗人情的转变都是具有地域差异和现实关注的话题。"三农"博主的短视频创作更应该从各自的文化体验出发，记录与反思不同乡村文化的变迁与传承、发展与困境。这不仅能增强"三农"短视频作品的文化底蕴，对于粉丝深入理解乡村发展也具有重要价值。

（二）时代之下，实现粉丝关注的正向转化

在视频化社会和乡村振兴战略的耦合下，通过短视频平台等视频化媒介回应乡村发展成为一种可行的措施。在时代语境下，"三农"博主的个体创业轨迹与乡村振兴的宏大叙事密切相关，"三农"博主作为时代主题的答卷人和粉丝关注的代持者，实现粉丝和公众关注的正向转化十分重要。

当下，多数粉丝对"三农"短视频背后的变现逻辑、运转模式和社会效能有所了解，粉丝选择支持"三农"博主并不单纯出于对博主个人魅力的认同，同时也将其作为连接自身和乡村基层的桥梁。"关注她也是感觉到她真的在给乡村做贡献。"（受访者G）在某种程度上，粉丝关注某位博主

就意味着将关注度、选择权和影响力让渡于博主，"三农"博主由此成为粉丝影响力的代持者。"之前有'三农'博主也不带家乡特产的，光卖些电器，也不便宜，就是自己要收高佣金。"（受访者 J）诸多"三农"粉丝能够通过比较带货种类与主播的匹配度、不同平台的价格等方式来形成对"三农"博主社会效能的判断，并由此选择是否继续支持博主视频创作背后的创收。因此，"三农"短视频博主更须明确"致富不忘桑梓情"的社会责任，在视频创作和产品选择过程中凸显地方性和适配度，紧紧围绕当地的乡村美景、美食特产和特色民俗等进行长期创作，从而更好地对粉丝的关注形成正向反馈。

尽管粉丝关注"三农"博主在社会效能方面的产出，但"三农"博主自身的形象管理、成长路径和人格特质同样是维护粉丝群体的基础。特别是对于深度关注"三农"博主的粉丝来说，他们经历了博主从低粉丝量创业者到网红博主的全过程，能够在博主从改变自身生活境遇到向社会输出效能的过程中感到欣慰。这种效能感知促进粉丝进一步的支持，同样也要求博主对于自身更为严苛的管理。在"三农"博主成长的过程中，一个关于"三农"博主身份的矛盾初显，即草根身份和高收益主播身份的矛盾。这一矛盾往往在网红博主自身形象管理失控时成为显像。"刚刚红那会感觉他有点飘了，虽然也没取关，但多少有点隔阂，感觉看他一路走过来不容易，看他稳不住有点失望的。"（受访者 L）这也说明"三农"博主的形象管理问题会影响粉丝心理黏性，也可能导致粉丝流失。这就要求"三农"博主明确自身作为网红的社会责任感和影响力，规范自身言行，积极传递正能量。

（三）多线并行，共创故事世界

对于草根"三农"博主群体来说，"三农"短视频不是零和博弈的赛道，恰恰是需要竞合发展的领域。相较于 MCN 机构在内容生产中具有专业团队的支持，草根"三农"博主的创作动力是有限的，这就更需要草根博主在内部建立起联动与共享的合作秩序，抵抗个体创作中叙事能力不足导致用户黏性减弱的问题。

诸多"三农"博主以主账号为基准，带动家人和周边群体建立短视频账号进行"共创"。其中，博主"宁夏穆萨"就提供了一个可供尝试的合作模式。"宁夏穆萨"是宁夏大战场镇的首位网红博主，在积累一定的粉丝量后，带动同在宁夏乡村的家人和好友进行短视频创作，形成了包含"车车姐""宁夏阿蛋哥""巴丞马小军""王苗 up""乡村阿瑞"等在内的账号矩阵，也在共同创作中构建了关于宁夏大战场镇的"故事世界"。其中，"宁夏穆萨"主要记录了穆萨一家人的乡村生活，"车车姐"以女性身份讲述宁夏留守妇女的生存状况，"巴丞马小军""王苗 up"以新婚夫妻的身份展示新一代的生活方式，"宁夏阿蛋哥""乡村阿瑞"则记录宁夏乡村不同传统家庭的故事。这些账号从不同侧面展示了宁夏大战场镇普通农人和子女的生活景象，以不同视角的故事创作展现了更全面和真实的乡村全景。关联账号也在共创中相互推流涨粉，带动了整体性的粉丝增长。受访者 L 在长期关注"宁夏穆萨"的过程中陆续了解到这些相关的账号："我很喜欢穆萨，他也很大方，让家人朋友一起拍短视频，我也经常看'车车姐'还有'王苗'，我也很喜欢。"这也说明了"三农"博主并不会因为视频共创和资源共享而稀释自身流量，反而能在多位博主兼具统一性和差异性的叙事中建立更丰富的故事世界，增强粉丝的情感体验。

值得注意的是，这些关联性账号在共创初期往往能够基于主账号的影响力获得流量，而在后期发展中较为乏力。本质上，这是在共同扩展故事世界的过程中，如何保持和平衡叙事的"离心力"和"向心力"[16]264 的问题。不同"三农"账号间具备创作的关联性，却不存在附庸的关系，基于相同地域或主题的短视频创作者不应依托主账号进行重复性或边缘性生产，而应在此基础上寻找到独特性，充分利用自身的优势拓展叙事空间，由此才能真正在共创的合作模式中形成共赢。

参考文献

[1] 快手大数据研究院：《2023 快手"三农"生态数据报告》，2023 年 10 月 26 日，https://mp.weixin.qq.com/s/40mL3O-qkiNg_Gm1WL6BCQ，2024 年 9 月 25 日访问。

[2] 抖音电商：《2024 丰收节抖音电商助农数据报告》，2024 年 9 月 11 日，ht-

tps：//mp. weixin. qq. com/s/QRfs-KIMn1N90tofe0ZLWA，2024 年 9 月 25 日访问。

[3] 中国网：《一个"腰部"乡村主播的烦恼》，2023 年 10 月 26 日，https://baijiahao. baidu. com/s？ id=1780784714267895436，2024 年 9 月 25 日。

[4] 界面新闻：《"东北雨姐"，极速坠落》，2024 年 10 月 20 日，https://baijia-hao. baidu. com/s？ id=1813420570930493939&wfr，2024 年 10 月 31 日。

[5] 周红莉：《个体、关系与空间："三农"短视频中的身体叙事研究》，《编辑之友》2023 年第 10 期，第 94 页。

[6] 张智华、张明珍：《"三农"题材短视频的审美表达》，《电视研究》2024 年第 8 期，第 50 页。

[7] 杨丹：《"三农"自媒体短视频内容特色与传播策略研究》，《新闻爱好者》2023 年第 12 期，第 101 页。

[8] 赵懿卓、胡奕杨：《责任伦理视域下"三农"短视频创新传播策略研究——以抖音"闲不住的阿俊"短视频为例》，《声屏世界》2024 第 12 期，第 100 页。

[9] 张森、邓峰：《"三农"短视频赋能乡村现代化：表现形式、内在逻辑与提升路径》，《现代经济探讨》2024 年第 7 期，第 117 页。

[10] 武胜良：《乡村振兴视域下"三农"短视频的价值传播及优化路径》，《商业经济研究》2024 年第 11 期，第 114 页。

[11] 陈向明：《扎根理论的思路和方法》，《教育研究与实验》1999 年第 4 期，第 58 页。

[12] 陈苗、陈云松：《计算扎根：定量研究的理论生产方法》，《社会学研究》2023 年第 7 期，第 56 页。

[13] 贾旭东、衡量：《扎根理论的"丛林"、过往与进路》，《科研管理》2020 年第 5 期，第 154 页。

[14] 汪雅倩、杨莉明：《短视频平台准社会交往影响因素模型——基于扎根理论的研究发现》，《新闻记者》2019 年第 11 期，第 52 页。

[15] 刘大川：《乡村振兴视域下"三农"短视频内容生产机制的转向、问题与优化策略》，《理论建设》2022 年第 5 期，第 108 页。

[16] M. L. Ryan, J. N. Thon, eds. *Storyworlds Across Media：Toward a Media Conscious Narratology*，Nebraska：University of Nebraska Press, 2014.

数智时代体育传媒战略转型与平台生态重构

杨保达[*]

摘　要　在数智经济背景下，体育传媒正经历基于平台生态的战略转型。本文运用平台生态理论，分析了体育传媒如何通过资源整合，打破传统的单向传播模式，构建协同用户生态。研究指出，体育传媒应从单一内容生产转向多层次的用户关系拓展，以提升平台的适应性，并提出实现持续增长的框架与路径。本研究为体育传媒在技术进步和市场演进中探索创新发展之路提供了理论依据和战略指导。

关键词　数智时代；平台生态；体育传媒；战略转型

全球体育产业正处于数字化转型的关键时期，伴随技术变革和产业环境的深刻变化，体育传媒产业面临着多重挑战与机遇。现有研究多集中于管理学、叙事学、健康传播学及体育社会学等领域，探讨体育产业在快速变化中的适应性发展。然而，关于体育传媒如何在这一技术驱动的变革中进行战略调整、资源整合及用户参与激活的深入探讨相对匮乏。本文以平台生态理论为基础，结合政治经济学和产业经济学的分析框架，通过梳理体育产业经济格局在数字化时代的新动向，剖析体育传媒产业面临的结构性挑战与增长机遇，并提出其在平台生态下的应对策略。研究重点聚焦于体育传媒如何通过运营模式创新、资源整合以及技术驱动的用户参与机制，推动产业的可持续发展。

全球体育产业的价值链正在经历深度重构，这一过程不仅推动了体育治理体系的结构性调整，还进一步强化了体育治理在国家治理体系和现代

---

* 　杨保达，系东北财经大学人文与传播学院讲师、硕士生导师。本文系国家社会科学基金重大项目"新时代体育全媒体传播格局构建研究"（项目编号：21&ZD346）的成果。

化建设中的核心作用。作为体育产业中不可或缺的一部分，体育传媒面临着一系列严峻挑战，包括体制内部的行政化管理、行业条块分割、国际竞争力不足，以及对日益复杂和多样化用户需求的响应滞后。这些问题已成为制约体育传媒产业发展的主要障碍。在中国，体育不仅是民生事业的基础，也是社会主义建设的重要领域。因此，对体育传媒未来发展路径的深入思考，不仅涉及体育治理能力的提升和体系完善，还关系到国家治理现代化进程的推进以及对全球体育治理趋势的应对。本文在剖析体育传媒产业所面临的多重挑战的基础上，分析在数字化转型和全球化新常态下，体育传媒如何通过战略调整和资源整合，推动其健康、持续发展。

随着数字化转型的深入，平台生态已成为理解当代媒介环境和产业变革的关键理论框架[1]。平台生态理论源于生态学中的生态系统概念，强调不同参与者之间的互动关系和相互依赖，以及这些互动对整个系统的结构和功能的影响[2][3]。新时代中国体育传播正"从重塑媒介形态向重构媒体生态迭代"[4]，在体育传媒领域，平台生态理论为我们提供了一个独特的视角，用以理解在数字技术推动下体育内容的创造、分发和消费如何经历了根本性的变化。本文采用平台生态理论作为分析框架，探讨体育传媒产业在平台经济背景下的运营模式创新、内容生产与传播策略、用户参与和社群构建方法，以及多维度价值变现路径的构建。通过分析体育传媒在平台生态中的角色和作用，本文旨在揭示体育传媒如何适应并推动体育产业生态创新体系的发展。

一　平台生态驱动下的用户消费转型与体验升级

随着全球数字经济的飞速发展，体育传媒的用户消费模式经历了深刻转型。平台生态系统和多边平台理论成为理解这一变化的核心理论支撑。Jacobides 等提出，平台生态系统的各个组成部分（如用户、内容生产者和技术供应商）"相互依存，共同推动系统创新"[3]。这一协同创新模式广泛应用于体育传媒，通过整合内容、技术和用户，构建了灵活的传播体系和个性化服务，增强了全球用户的参与度和满意度[5]。

（一）生态系统与多边平台协作：驱动体育传媒创新

在平台生态化的背景下，体育传媒用户的消费模式正经历深刻的变革。迈克尔·波特指出，企业的价值链是一个交互依存的系统，嵌入更广阔的产业"价值系统"[6]66之中，涵盖从上游供应商到下游客户的整个过程。在全球范围内，体育传媒通过构建生态系统和多边平台的方式实现了显著创新。ESPN是北美领先的体育媒体平台，凭借多边平台的协作模式整合了赛事直播、深度报道、视频点播和社交互动，形成了高效的生态系统。通过数据分析和个性化推荐，ESPN能够实时监测用户偏好并推送相关内容，提高了用户黏性。据2024年ESPN年报，这种多边平台模式使用户活跃度增长25%，ESPN在各个社交媒体平台社交互动共87亿次[7]。

在欧洲，DAZN以"体育Netflix"的定位迅速成长，通过流媒体订阅、赛事直播、互动和专题分析构建了一个完整的多边平台生态系统。2024年DAZN在英超直播期间，引入个性化推荐和多屏互动，用户可以在不同设备上观看自己喜欢的赛事。据2024年DAZN用户报告，其月活跃用户数同比增长28%。2023年，公司旗下直接拥有和运营的电视网络吸引了3亿名观众，而其社交媒体内容的浏览量达100亿次[8]，展示了其传统媒体和社交媒体的广泛影响力。DAZN的这种生态系统协作模式不仅满足了用户的多样化需求，还为体育内容传播带来了灵活的运营空间，增强了其在全球市场的竞争力。

在中国，腾讯体育则是生态系统与多边平台协作模式的典型代表。通过微信、QQ、腾讯视频等平台的协同作用，腾讯体育将赛事直播、社交互动、广告和电商无缝整合。2024年QuestMobile数据显示，这种协同生态使其用户活跃度显著提升。在体育赛事网络播出平台中，CCTV5、腾讯系、咪咕视频形成三强格局，其中腾讯体育占据23.9%的市场份额[9]。腾讯体育还通过会员订阅和虚拟道具销售实现了多渠道赢利，充分证明了其生态系统的商业价值。

近年来，体育传媒与信息服务业呈现出较高的增长率，特别是在多维度数字技术的推动下，其发展速度远超其他传统体育产业类别，体育传媒不仅占据了体育产业价值链的核心位置，还在拓展用户体验、推动内容创

新以及开发衍生服务方面发挥了关键作用。这一趋势反映了体育传媒不仅
具有抵御市场风险的强大能力，还能够通过深度融合科技和传媒，推动体
育产业整体升级。

（二）线上线下融合：重塑体育消费模式

在平台生态化的快速发展背景下，体育消费模式正在经历革命性的转
型。随着数字技术的广泛应用，线上与线下体育活动的融合成为体育消费
领域的核心趋势。尽管外部环境的变化曾短暂影响线下体育活动的展开，
但全球重大体育赛事如奥运会和欧洲杯的成功举办，重新激发了公众对体
育的热情，推动了体育消费模式的全面复苏与多样化发展。

全球范围内，线上线下的融合正在重塑体育消费模式，虚拟健身和线
上赛事活动显著增多。Peloton 作为全球领先的健身平台，融合线上直播、
社交互动和线下体验，构建了高度协同的健身社群。据 2024 年 Peloton 年
报，其股价飙升 35%[10]，活跃用户数和线下活动参与度均显著提升。这种
线上线下的结合不仅满足了用户的运动需求，也增强了用户的忠诚度和品
牌影响力。Strava 是另一家全球知名的虚拟健身平台，支持用户通过 GPS 追
踪运动轨迹，并借助实时排名和虚拟竞赛功能实现在线互动。据 2023 年
Strava 全球用户报告，虚拟活动的参与度在 2024 年进一步提升。Strava 在全
球拥有注册用户超过 1.2 亿个，比前一年增长 26%[11]。其通过线上挑战、
社群互动和线下比赛丰富了用户体验。Strava 的成功证明了线上线下融合为
体育消费带来的巨大潜力。

在中国，Keep 是线上线下融合的典范。作为国内领先的健身平台，
Keep 通过虚拟课程、社交互动和线下体验场馆，构建了全方位的健身生态
系统。用户既可以在家中参加直播课程，也可以到 Keep 线下健身房体验。
根据 Keep 2024 年中期财报，Keep 的月活跃用户数达到 2653.5 万个，同比
增长 8.4%，继续在国内健身类 App 中占据领先地位。Keep 的线上会员及付
费内容营收高达 9.96 亿元，营收占比达 46.59%[12]。Keep 致力于构建多元
化的运动健身生态圈，在高质量内容、软硬件结合、线上线下社群互动和
赛事 IP 打造等方面，不断探索新的商业化路径。"咕咚"也是国内虚拟健
身的重要平台之一。咕咚通过线上马拉松和虚拟挑战赛，结合线下训练营

和赛事服务，为用户提供了多层次的健身体验。用户可以通过智能设备记录运动数据，并在平台上与其他用户互动、参与排行榜。根据《2024 体育休闲消费报告》，2024 年上半年咕咚 App 上数据显示户外运动参与人数同比增长 19%[13]。这种线上线下的互动模式不仅增加了用户的运动兴趣，还促进了用户在咕咚平台的持续活跃。

（三）大屏与小屏协同：构建多终端传播新趋势

数智时代体育传播经历了从传统大屏电视到多终端、多平台传播模式的深刻转型。这种转型不仅是技术进步的结果，更深刻反映了用户行为的演变和内容消费习惯的变化。过去，体育传播以大屏电视为主，无论是传统电视、互联网电视还是数字电视，大屏设备曾长期主导着体育赛事的观赛体验。然而，随着智能手机和平板电脑的广泛普及，用户逐渐倾向于通过移动设备观看赛事，享受更加个性化、移动化、智能化的观赛体验。这一趋势标志着用户行为从集中式、中心化的消费方式，向分散式、去中心化的内容获取方式的转变。

欧美国家中，Sky Sports 在英超和欧洲杯期间实施了类似的多终端策略，用户可以通过电视观看比赛，同时在手机上查看赛程、历史数据和互动评论。NBC 在 2024 年巴黎奥运会期间通过电视直播和 TikTok、Youtube、Instagram、X 等移动应用平台同步提供赛事内容，使观众在电视上观看赛事的同时可以在手机上获取更多信息。根据 NBC Universal 的 2024 巴黎奥运会传播报告，多平台策略帮助其覆盖 3060 万观众，较东京奥运会增长 82%[14]，创下了电视和数字平台观看量的历史新高，充分显示了大屏（电视）与小屏（流媒体）协同的显著成效。在中国，腾讯体育和优酷体育广泛采用大屏与小屏的协同传播策略。例如，在 2024 年中超和 CBA 赛事期间，腾讯体育通过电视和手机应用同步直播，观众可以在电视上观看赛事的主流内容，也可以在手机上查看实时数据和评论。这种协同模式满足了用户的个性化观看需求，为广告商提供了更灵活的投放机会。

在多终端环境下，体育赛事的传播需要兼顾用户对沉浸式体验与便捷观看的双重需求。"大屏+小屏"协同策略应运而生。大屏提供高清晰度和沉浸感，满足观众对赛事的深入观看需求；小屏则凭借灵活的使用方式和社交互动功能，适应现代观众的碎片化内容消费习惯。这种策略不仅体现在设备的差异化上，更彰显了优化内容分发、增加用户互动的创新方式。体育传媒机构需抓住这种趋势，通过大数据和算法推荐技术，在多终端之间实现无缝衔接与内容同步。优化内容生产和传播模式，可以确保观众无论是在家中观看赛事还是随时随地使用手机获取赛事动态，都能获得一致且个性化的观看体验。面对数字化时代不断变化的需求，构建一个以大屏和小屏协同为核心的传播体系，将有助于体育传媒在全球市场中保持竞争力和用户黏性。

（四）用户生成内容与智能推荐系统：推动用户体验深入优化

在平台生态理论视角下，用户生成内容（UGC）和智能推荐系统在塑造体育传媒平台的用户体验方面起着核心作用。UGC 打破了传统单向传播模式，使用户成为内容生产者和传播者。用户作为"新生产者"积极生成和分享内容，丰富了平台的内容生态，提升了用户黏性。例如，抖音的体育 UGC 活动鼓励用户上传赛事短视频和评论，形成了高度互动的内容生态系统，据《2024 抖音体育运动潮流趋势报告》的数据，2023 年抖音体育类视频播放量超 3000 亿次，相关内容搜索量同比增长 37%，抖音体育创作者数量同比增长 34%[15]。这种互动性和参与性不仅提升了用户的活跃度，也丰富了平台构建的多层次内容生态。

智能推荐系统则通过数据驱动实现了内容的精准推送，是提高用户个性化体验的关键。根据用户的观看习惯，智能推荐系统可以优化 UGC 内容的分发，从而有效提升用户参与度。以 DAZN 为例，其算法结合用户偏好推送个性化内容，让 DAZN 深入了解用户习惯，并结合人工智能（AI）功能，推动产品改进、个性化推荐和用户互动[8]。此外，腾讯体育基于大数据分析用户行为，提供赛事提醒和个性化推荐，进一步增强了内容的针对性。智能推荐系统不仅提高了平台内容的匹配度，也增强了用户对平台的黏性。

UGC 与智能推荐系统的交互构建了一个高度协同的用户体验生态。UGC 带来的内容多样性与智能推荐的个性化分发策略共同提升了用户的参与度，使体育传媒平台在数字生态中具备更强的可持续性和竞争力。这一策略不仅适应了用户碎片化和个性化的内容需求，也为体育传媒行业的未来发展提供了方向。

因此，体育传媒行业的未来发展应集中在如何高效整合数字技术与体育内容，如何建立一个开放、协同的体育产业生态系统之上。深化平台生态化的转型不仅能够拓展体育传媒新的业务领域，还能为用户提供更加多元、便捷和个性化的体育消费体验。这种生态系统将为整个体育产业链注入持续的活力和创新能力，进而推动体育传媒行业在数智时代的长足发展。

二　多元经济范式下体育传媒生态协同与策略创新

（一）平台经济引领的体育传媒：媒体平台化与平台媒体化的双向融合

在数智时代，大数据、人工智能和移动互联网技术的快速发展推动了平台经济成为全球经济增长的核心引擎。尤其是在近年来外部环境变化的推动下，平台型互联网企业通过重塑商业模式实现了逆势增长，并逐渐深度融入各个社会领域。对于传媒产业而言，随着技术的日益成熟，互联网平台凭借庞大的用户基数和强大的算法技术，正在重构媒体内容的分发与传播模式，展现出强烈的媒体属性；与此同时，传统媒体机构也在不断加速与互联网平台的融合，逐步形成了平台化传播的新格局。

在数智时代，用户的内容消费模式正在发生深刻变化。传统的体育传媒依赖单向的内容分发，而平台生态下的内容生产更加注重用户的参与性和互动性。多边平台理论（Multi-Sided Platform，MSP）为理解平台经济下体育传媒的运营模式提供了新的视角。根据 Rochet 等学者的研究，多边平台通过连接不同用户群体（如内容生产者、观众和广告商），在各方之间创造价值[16]。体育传媒平台不仅通过内容的分发提升了观众的参与度，还通过为广告商提供精准的受众触达机会，实现了更高的商业化价值。这一理论解释了平台如何在多边参与者之间形成协同效应，并提升整个生态系统的运作效率。

平台经济语境下平台正重塑体育传媒产业，"媒体平台化"与"平台媒体化"[17] 的双向发展成为传媒经济转型的核心趋势。媒体不再仅仅是单一的信息传播工具，而逐步演变为现代社会基础设施的重要组成部分；与此同时，平台的作用也从单纯的技术载体演变为国家治理体系中的关键一环。

对于体育传媒而言，平台经济下的运营模式与创新路径的探索，不仅是理解互联网平台与传统媒体相互作用、竞争与协同的关键，更是推动体育传媒在体育产业链中发挥重要作用、实现高质量发展的重要策略。

全球化平台中，ESPN 通过多终端、跨屏协同使其内容传播更具个性化。用户在大屏（电视）上观看赛事时，小屏（手机应用）会同步推送相关的实时数据和广告内容，提升了用户体验的完整性和互动性。DAZN 将平台的内容推送与用户偏好相结合，以多边生态系统提升用户留存。通过算法分析用户的观看偏好，DAZN 的个性化推荐不仅增强了内容适配度，还提高了广告主的精准触达率。在中国，腾讯体育以多平台联动推动内容分发与用户参与，借助微信和 QQ 的社交生态，腾讯体育提供个性化赛事提醒与用户互动功能，使其在社交场景中的黏性大幅提升。平台经济下的"媒体平台化"与"平台媒体化"双向融合，展现了体育传媒在多边互动中的创新路径。各平台在用户需求和广告商业化之间实现了高效的闭环协作，推动了体育传媒在数智经济中的市场拓展和内容创新。

体育传媒产业在平台经济的背景下，需深入理解其业务模式和运作机制，以明确在体育产业整体结构中的作用。平台经济赋予体育传媒的独特优势在于其多边协同机制，使其在行业创新和用户参与中展现了不同于其他垂直传媒的特性。探索适配平台经济的运营路径和策略，有助于体育传媒适应数智经济的发展，支持体育产业整体升级和融合，激发产业链协同效应和创新活力。

（二）社群经济驱动的体育传媒：用户参与与关系构建的双向互动

在数智时代，社群经济作为新兴的经济模式，强调基于用户兴趣和需求的聚合行为，通过社会化内容生产和关系资源的价值创造，形成了新型的关系经济[18]。社群经济中的"强关系"和"弱关系"双重结构为体育传媒带来了新的发展机会：用户之间的"强关系"增强了社群内部的黏性，而跨群体、跨平台的"弱关系"则拓宽了用户连接的广度，为内容传播和互动创造了更广阔的场景。特别是在数字技术日益普及的背景下，线上社群逐渐成为用户获取体育内容、参与互动活动和进行消费的主要渠道。

在社群经济的驱动下，体育传媒的转型不仅体现在技术升级上，更涉及深层次的商业模式创新。体育传媒平台需要有效运用社群经济理论，探索多维用户连接方式，构建丰富的消费场景。以 Keep 和 Strava 为例，它们通过线上线下联动和社交互动功能形成强大社群网络，提升用户归属感的同时也增强了品牌黏性。Keep 通过在线健身课程、线下活动与用户互动，形成了社群经济的生态闭环；Strava 通过虚拟竞赛和线下活动增强了用户间的互动黏性。

在社群经济的驱动下，体育传媒行业的转型不仅是技术升级的课题，更涉及商业模式的深层次创新。如何充分运用社群经济的理论，探索新的用户连接方式，构建多维度的消费场景，成为行业发展的关键问题。体育传媒需要通过供给侧的内容生产结构性改革，深化与用户的互动与连接，形成强大的社群网络，进一步提升其在体育产业生态中的核心作用。通过创新实践，体育传媒不仅可以激发用户的参与感与归属感，还能推动整个体育产业的高质量、可持续发展。

（三）场景经济赋能的体育传媒：内容创新与用户体验的多维重构

场景经济的发展推动了体育传媒内容的创新与用户体验的重塑。随着元宇宙和人工智能技术的引入，体育内容的呈现逐渐扩展到虚拟空间，为体育传媒提供了多元化的场景构建和新的价值转化路径。传统体育赛事直播不再局限于物理场所，而是通过虚拟现实（VR）、增强现实（AR）等技术为观众提供沉浸式体验，强化了用户的"在场感"。

从场景经济视角来看，用户的内容体验正转向深度互动和高度沉浸。例如，ESPN 和腾讯体育等平台通过 VR 和 AR 直播大型赛事，使观众如同"置身现场"，从而激发用户的情感共鸣和沉浸感。这种"沉浸式场景"推动了用户参与度的提升，为广告主创造了投放的多元场景。此外，借助 AI 驱动的用户行为分析，平台能够根据观众的偏好和互动数据推送个性化内容，实现了从物理场景到数字虚拟空间的无缝连接。这种智能化的场景重构不仅增强了用户的在场感，还能根据观看行为实时调整内容推荐，显著增强用户黏性和提高平台留存率。场景经济中的体育传媒通过虚拟构建和互动体验，实现了内容与用户心理联结的多维重构。伴随技术的进步，场景化内容逐渐成为推动体育传媒产业创新和长期繁荣的关键动因。

三　平台生态下的体育传媒运营模式优化与协同创新

（一）内容再造：平台生态下的体育 IP 构建与多元化策略

在数智时代的信息过载背景下，用户的注意力成为体育传媒行业争夺的核心资源。这种竞争驱动体育传媒不断提升内容质量，以确保用户的长期关注和价值转化。长期以来，体育赛事 IP 作为观众关注的核心，在视频内容分发中占据重要地位。然而，外部市场和技术环境的变化削弱了传统赛事 IP 的吸引力，使得体育传媒逐渐向多元化的内容模式转型。

为了应对这一变化，体育传媒正在探索基于平台生态的内容再造策略，围绕 IP 构建多渠道、多平台的内容体系，打造全天候的在线内容生态。体育传媒在内容形式上逐渐从传统赛事直播扩展到多种表现形式，包括短视频、互动直播、赛事回顾、幕后花絮和深度报道等。虽然赛事直播仍是核心内容，但短视频已成为吸引用户的主要手段之一。短视频平台上的比赛集锦、运动员的日常生活、赛前训练等，能够以碎片化的形式触达更多用户，特别是年轻用户。体育内容的生产不再局限于比赛结果，还涵盖更多维度的叙事，如运动员的个人故事、职业生涯、训练过程和心理状态等，从而带给观众更丰富的情感体验。这种多元叙事策略将比赛从单一的竞技事件转变为故事驱动的内容，更容易与用户建立情感连接。

用户生成内容（UGC）已成为体育传媒的重要组成部分。通过 UGC，体育传媒能够更灵活地生产和分发内容。通过 UGC 和用户互动直播，平台可以让用户上传自己的观赛体验、赛事评论，甚至赛事现场视频。这种共创模式赋予了用户更多参与感。此外，体育传媒通过 5G、VR、AR 等技术创新提升内容体验，为用户提供沉浸式的观看模式。例如，咪咕视频利用 5G+VR 技术实现虚拟赛事直播，带来了新颖的观赛体验。通过整合先进技术和多元化内容，体育传媒为体育产业的生态发展提供了创新支持，实现了从传统内容输出向用户体验驱动的转型。

（二）平台协同：内容、用户与消费的闭环生态构建

在平台经济背景下，构建内容、用户和消费之间的闭环生态系统已成

为体育传媒行业的重要发展策略。这一闭环不仅要求体育传媒与产业链上各方紧密协作，还需通过多样化的赢利模式，如版权分销、广告投放和付费订阅，形成稳定的商业生态。

通过多平台协同，体育传媒能够扩展内容传播途径并增强用户黏性。例如，腾讯体育整合微信和 QQ 平台的社交互动功能，将体育内容推送给更广泛的用户群体。用户不仅可以通过移动设备随时观看直播，还能利用社交媒体分享赛事心得，形成即时的二次传播，极大增强了用户的参与感和社区黏性。

在内容生产方面，体育传媒逐渐加强与关键意见领袖（KOL）和关键意见消费者（KOC）的合作，以提高内容专业性和用户互动率。例如，ESPN 通过与体育明星合作推出独家访谈和训练视频，不仅为用户提供高质量内容，还推动用户与内容的深度连接。通过对用户偏好的精准分析，平台能够提供沉浸式的定制化内容，进一步提升用户体验，增强消费行为的转化率，从而形成有效的商业闭环。

综上所述，数字化和平台化驱动下的体育传媒通过内容、用户和消费的生态闭环，实现了多方协同效应。这样的协同模式不仅促进了内容分发的高效性，还增强了用户忠诚度，使体育传媒在高质量发展中具备更强的市场竞争力。

（三）社群运营：情感连接与流量转化的双重驱动

随着用户转向线上社群，社群经济逐渐成为体育传媒的重要传播渠道和用户互动方式。社群运营通过活动和用户间的情感互动，将用户参与从内容消费延伸到内容共创。例如，ESPN 在 NFL 和 NBA 等赛事期间推出互动直播和粉丝讨论区，使观众能够实时分享赛事感受，增强用户的情感参与。用户互动不仅加深了情感连接，还提升了社群的黏性。这种情感驱动的社群策略进一步将公域流量转化为私域流量。通过会员专属活动、比赛竞猜等方式，平台在活跃用户的同时增强了用户对品牌的忠诚度。此外，通过精准数据分析，平台能够推送健康和健身等内容主题，为用户提供更有价值的内容服务。

在全球健康关注度持续提升的背景下，体育传媒具备了通过社群传播健康理念的潜力，预计到 2025 年，中国的体育健身人口将达到 3.5 亿[19]。这一趋势为体育传媒在深化用户关系和增强流量转化方面提供了广阔空间，有助于推动体育产业的长期发展和社会健康的提升。

（四）场景重塑：体育传媒价值变现路径的多维构建

5G、AR、VR 和元宇宙等前沿技术为体育传媒开辟了重塑用户体验与商业模式的广阔空间。通过这些技术，体育传媒得以构建虚实结合的场景，使用户能够身临其境地参与虚拟赛事、沉浸式观赛和互动体验。例如，英超和 NBA 等赛事的 VR 直播让观众能够"亲临"比赛，进一步增强了用户的黏性和情感参与度。

在多场景运营中，体育传媒通过线上内容与线下场景的深度融合，整合社交、互动和消费场景，从而提升了用户的整体体验。例如，ESPN 与英超合作，不仅在平台上提供直播和赛事分析，还结合虚拟球迷社群、AR 特效和个性化内容推荐，使用户得以体验更丰富的赛事周边生态。同时，通过用户数据分析，平台能够进行精准营销，将个性化内容推送给有特定偏好的用户，从而提升传播效果和增强用户黏性。

作为体育产业生态的核心，体育传媒通过这些沉浸式和多样化的场景设计实现了用户体验的升级和商业模式的创新，不仅满足了用户对多元体验的需求，也推动了体育产业价值链的延伸，开辟了更多增值空间。

四　体育传媒生态系统的战略升级与前景展望

未来，体育传媒行业的发展将超越内容生产和技术应用的单一层面，逐步走向深度融合的生态化、智能化、全球化。以平台生态为支点，体育传媒将推进用户连接、产业整合、社会价值和全球合作四个方面的革新，以更广阔的视野和前瞻性的创新实践引领行业发展。

（一）全景式连接的深化：拓展体育与用户的多维互动

未来的体育传媒应打破单纯的内容提供模式，将用户体验深度整合进平台生态的每一环节。通过先进的数据分析和个性化推荐技术，平台可以挖掘用户个体需求，构建基于内容、社群和消费场景的多元连接。以 AI 和 AR 技术为例，平台可以在赛前、赛中和赛后持续互动，让用户在虚拟空间中实现情感共鸣、社交联系和自我表达的深度融合，形成真正的沉浸式体验。

（二）跨产业协同与多元价值创造：推动体育生态系统的整合

在平台生态的驱动下，体育传媒的未来发展将不再局限于自身行业边界，而是借助跨产业协作实现多元价值增益。以赛事 IP、社交电商和数字化场景为切入点，平台可与科技、文娱、电商等领域的龙头企业联合，实现全链条的内容创造和价值扩展。例如，通过与智能设备、运动品牌和健康管理平台的深度合作，体育传媒可为用户提供从虚拟观赛到智能穿戴和健康指导的完整生态闭环，进一步巩固行业核心竞争力。通过多元化赢利途径，体育传媒将实现从单一内容提供者到生态系统构建者的战略转型。

（三）体育治理与社会治理的融合框架：实现多维协同发展

体育传媒不仅仅是娱乐与经济的载体，更在促进公共健康、提升社会凝聚力以及推动国家形象建设方面发挥着不可忽视的作用。未来，体育传媒将成为政府、企业和社会组织之间沟通的桥梁，通过传播正向的体育精神与健康理念，参与到体育治理与社会治理的深度融合中。体育传媒将在未来成为社会发展的重要推动力，通过内容创新与社会责任的双重驱动，实现从商业价值到社会价值的全面提升。

（四）国际合作与文化共融：加强全球化背景下的文化共融

未来的体育传媒行业需要通过"全球化＋本土化"战略，推动全球体育文化的多样化发展。体育不仅是文化的一部分，也是国家软实力的象征。通过加强国际合作，体育传媒可以为全球体育产业的共同发展提供平台，同时促进文化多样性、推动文化交流，并增强各国之间的互信与尊重，构建共融的国际体育生态。

五　结语：迈向数智共融的体育传媒新时代

体育传媒行业将在平台生态支撑下不断进化，构建集用户深度连接、产业协作、社会价值和全球影响力为一体的多元生态。凭借平台生态和创新技术，体育传媒将从单一产业推动者转型为全球体育文化的共创者，为未来的全球体育产业创造更丰富、深远的价值。

参考文献

［1］ 杨保达：《中国平台型体育传媒运营发展现状与前瞻》，《中国体育全媒体传播发展报告（2023）》，社会科学文献出版社，2023 年，第 69 页。

［2］ D. W. Llewellyn，Thomas，et al.，"Architectural Leverage：Putting Platforms in Context," *Academy of Management Perspectives*，Vol. 28，No. 2，June 2014，pp. 198–219.

［3］ G. Michael，Jacobides，et al.，"Towards a Theory of Ecosystems," *Strategic Management Journal*，Vol. 39，No. 8，August 2018，pp. 2255–2276.

［4］ 张盛：《新时代中国体育国际传播创新的内在逻辑与实践路径》，《成都体育学院学报》2022 年第 4 期，第 21 页。

［5］ M. Iansiti et al.，"Strategy as Ecology," *Harvard Business Review*，Vol. 82，No. 3，March 2004，pp. 68–78.

［6］ 〔美〕迈克尔·波特：《竞争论》，高登第、李明轩译，中信出版社 2012 年版。

［7］ Derek Volner，"ESPN Finishes 2023 Fiscal Year with Network's Best Overall Viewership Since 2019 Fiscal Year," *ESPN Pressroom*，October 25，2023，https：//espnpressroom. com/us/press-releases/2023/10/espn-finishes-2023-fis-cal-year-with-networks-best-overall-viewership-since-2019-fiscal-year-key-demo-persons-18-49-also-best-since-fiscal-year-2019/.

［8］ DAZN，"Half Year Review 2024," September 5，2024，https：//dazngroup. com/wp-content/uploads/2024/09/DAZN_Half_Year_Review_2024_JP_15_SEPT-5. pdf.

［9］ QuestMobile：《2024 体育营销洞察报告》，2024 年 8 月 27 日，https：//www. questmobile. com. cn/research/report/1828363311495876609，2024 年 9 月 11 日访问。

［10］ Peloton，"Peloton（PTON）Fourth Quarter Fiscal 2024," https：//investor.

onepeloton. com/news-releases/news-release-details/peloton-interactive-inc-announces-fourth-quarter-fiscal-2024.

［11］ Strava，"Strava Year In Sport Trend Report，" January 3, 2024, https://stories. strava. com/articles/strava-year-in-sport-trend-report-insights-on-the-world-of-exercise.

［12］ Keep：《2024 中期财务报告》，2024 年 6 月 30 日，https://manager. wisdomir. com/files/676/2024/0924/20240924171502_48086729_tc. pdf，2024 年 9 月 11 日访问。

［13］《同程旅行联合咕咚发布体育休闲消费报告》，2024 年 8 月 16 日，https://baijiahao. baidu. com/s? id = 1807513337991344710&wfr = spider&for = pc，2024 年 9 月 11 日访问。

［14］ NBCUniversal，"NBCUniversal's Presentation of Spectacular Paris Olympics Dominates Media Landscape Across All Platforms，" August 13, 2024, https://www. nbcuniversal. com/article/nbcuniversals-presentation-spectacular-paris-olympics-dominates-media-landscape-across-all-platforms.

［15］ 巨量算数：《2024 抖音体育运动潮流趋势报告》，2024 年 4 月 11 日，https://trendinsight. oceanengine. com/arithmetic-report/detail/1069，2024 年 9 月 11 日访问。

［16］ Jean-Charles Rochet, and Jean Tirole, "Platform Competition in Two-Sided Markets"，*Journal of the European Economic Association*，Vol. 1, No. 4, June 2003, pp. 990-1029.

［17］ 张志安、丁超逸：《内容、渠道、价值：平台重塑新闻业的问题与对策》，《青年记者》2024 年第 5 期，第 15 页。

［18］ 胡泳、宋宇齐：《社群经济与粉丝经济》，《中国图书评论》2015 年第 11 期，第 13 页。

［19］ 艾媒咨询：《中国健身房行业市场现状及消费趋势调查研究报告》，2022 年 2 月 12 日，https://www. iimedia. cn/c400/81343. html，2024 年 9 月 11 日访问。

抑郁症患者对社交媒体健康信息社会影响的感知研究

李　莹　沈　蕊*

摘　要　本研究运用质化方法，对 20 位抑郁症患者进行了半结构式访谈，探索患者对健康类自媒体的抑郁症相关信息所产生的社会影响的认知，并试图构建出"媒体内容评价→媒体影响感知→认知和情绪反应→就医决策"的过程模型。研究发现：抑郁症患者对社交媒体中自媒体发布的抑郁症相关信息内容所产生的社会效应的推断，影响了他们对自身的认知，进而影响其就医决策。具体而言，抑郁症患者会基于自身对社交媒体抑郁症相关信息的接触和评价，推测这些健康信息对普通社会公众和其他抑郁症患者可能产生的影响，这一认知会加剧其病耻感，进而阻碍就医意向。本研究为理解抑郁症患者的社交媒体健康信息认知过程提供了新的证据，也为提高抑郁症健康信息传播效果提供了一定的实践参考。

关键词　抑郁症；媒体偏见感知；媒介影响感知；病耻感；就医态度

一　研究背景

世界卫生组织（WHO）数据显示，全球范围内约有5%的成年人患有抑郁症[1]。在中国，抑郁症的终身患病率为 6.8%[2]，但患者就医率不足10%[3]，抑郁症风险人群出现了高发病率、低就医率的特征。在日常的媒介使用过程中，抑郁症患者和风险人群倾向于在相对匿名、安全的社交媒体上进行自我表露并了解抑郁症相关信息。然而，社交媒体健康信息质量水

＊　李莹，系深圳大学传播学院副教授、博士生导师，深圳大学传媒与文化发展研究中心研究员；沈蕊，系深圳大学传播学院硕士研究生。

平参差不齐，受众并不易辨别和筛选信息。这些信息不仅有可能误导抑郁症风险人群评估自身真实状况，也有可能使他们对社会公众的态度产生偏误性的推断。

作为用户进行社会关系建构、内容生产和信息交换的平台，社交媒体成为公众、患者、医疗专业人员以及健康服务提供者之间进行信息交流的线上场所。在疾病监测与防护、在线情感与心理支持、药物不良反应预警、健康生活方式推广等方面，社交媒体均发挥了有益的健康促进作用[4]，为改善社会整体健康提供了更多的可能[5]。然而，一些健康类自媒体为了吸引关注和增加流量，以普及抑郁症知识为名，过度曝光患者的细节和自伤行为，也有部分网红宣称患上抑郁症，靠"卖惨"博取流量。这些内容虽然能够唤起公众对抑郁症患者境遇的关注和同情，但同时也会使公众对抑郁症和患者人群产生不恰当、不准确的认知，进而对现实中的抑郁症患者造成负面影响。基于上述现实背景，本研究通过分析抑郁症患者对社交媒体上自媒体发布的抑郁症相关健康信息所产生的社会影响的感知，探究社交媒体如何影响特殊人群对公众意见的认知和健康决策。

二　文献回顾与研究问题

"健康信息"广义上指与健康有关的知识、消息以及事实和资料[6]，狭义上指能够帮助人们了解其健康状况，做出健康决策的信息[7]。参考前人定义并结合本研究的目的，本文所讨论的社交媒体健康信息特指在社交媒体平台上传播的由自媒体发布的有关抑郁症的科普、预防、治疗、康复保健、健康宣教、公益资讯等内容。

长期以来，媒体对疾病和患者群体形象的建构是备受关注的社会和学术问题。大众传播时代，新闻报道是公众获取精神心理疾病信息的主要来源，媒体报道深刻塑造了人们对精神疾病的信念和看法[8]。学界对大众媒体和精神疾病关系的研究，主要集中在媒体内容呈现和受众信息接收两个环节。精神病患者在大众媒体传播过程中被塑造为"异类"，并经常与自杀、暴力行为联系在一起[9,10]，从而加重了精神疾病社会污名化的现象。也有学者探析了精神疾病媒体报道的社会影响，发现大众媒体对精神疾病的负面报道会增加公众对精神疾病患者的负面认知，导致公众对精神疾病患者产生误解和敌对态度[11]。

社交媒体在很大程度上挑战了传统媒体的影响力模式[12]，"产消合一"的信息传播模式赋予了用户更大的主动权和选择权，而信息渠道的激增也迅速催生出一批又一批极具影响力的信息生态圈。基于社交媒体的传播逻辑，近年来，对社交媒体中的用户信息分享以及意见领袖的研究成为热点议题。研究发现，舆论领袖在社交媒体上公开讨论心理疾病患者的危险行为，会加剧公众对患者的负面印象；从健康科普的角度出发进行讨论则有助于提高公众对心理疾病的认知，减少污名化现象[13]。抑郁症患者通过社交媒体平台分享视觉化疾病叙述，不仅增加了该群体表达真实情感的机会，也有助于改变公众对于抑郁症患者的刻板印象[14]。此外，民间公益心理救助组织运用社交媒体进行信息共享的策略，为抑郁症患者提供了同伴支持和心理帮助，提升了患者的就医意愿[15]。

前人研究大多把媒体内容视为传播效果的核心影响要素，但在社交媒体语境下，简单地以说服性传播模式来研究作为媒体使用者的抑郁症患者的信息加工过程还不够完整。用户对媒体内容的感知主要受到两类因素的影响：一类因素是媒体内容的构建方式对个体产生的直接影响；另一类是个体对信息所产生的社会影响的推断所带来的间接影响。从第一类因素的视角来看，媒体内容是传播效果重要的解释变量，相关代表性理论有议程设置理论、涵化理论等；从第二类因素的视角来看，人们对媒体内容对他人或社会所产生的影响的感知是引发传播效果的重要因素，不同的个体会因其背景和立场的差异而对媒体的社会影响做出不同的解读，该类视角的代表性理论包括第三人效果理论等。两种视角的主要区别在于，前者关注媒体内容对传播对象的直接影响，而后者聚焦于人们对媒体内容及社会影响的解读方式。个体不仅会评价媒体内容本身，也会对媒体作用于其他社会成员的效果进行推断，并在此基础上形成认知和行为结果，这体现了媒体内容产生间接效果的过程。

抑郁症患者的心理弹性水平、生活质量以及社会支持获取能力通常低于健康人群，在社会互动中时常遭遇困难，社交媒体在一定程度上为这类人群提供了获取特定资源和满足情感需求的渠道。既往研究发现，社会人际接触活动的减少会导致抑郁症患者转向使用网络媒体作为替代[16]，抑郁症患者可能会产生更高频率的社交媒体信息接触和主动获取信息的行为。而社交媒体信息对抑郁症患者心理的影响取决于患者在社交媒体使用过程中的体验[17]。这种体验一方面来自患者对社交媒体信息内容的主观感知，另一方面也受到患者感知的媒体内容社会效应的影响。在社交媒体环境下，抑郁症患者可能会基于他们对其他人如何受到社交媒体信息影响的推断来调整自己的态度和行动决策，从而形成复杂的心理动态过程。

根据上述讨论，本研究提出下列问题。

研究问题 1：抑郁症患者如何评价社交媒体中与抑郁症有关的健康信息？

研究问题 2：抑郁症患者如何感知和推断社交媒体健康信息对其他用户的影响？

研究问题 3：抑郁症患者感知的社交媒体健康信息对其他用户的影响是否影响以及如何影响了患者自身的就医态度？

三 研究方法

（一）数据收集

本研究采用深度访谈研究方法，以抑郁症患者为研究对象，旨在探究抑郁症患者如何看待社交媒体健康信息的社会影响以及相应的健康行为决策结果。在国内，18 至 24 岁人群的心理健康指数低于其他各年龄段，青年期的心理健康问题较为多发，女性比男性有更高的抑郁倾向[18]。社交媒体是青年人生活中不可或缺的信息渠道和交往工具，也是健康信息的主要来源。本研究所试图探析的研究问题在青年抑郁症患者群体中较具有典型意义。

作者对 20 位已确诊抑郁症的青年患者进行了半结构化访谈，访谈对象年龄分布范围为 18 至 24 岁，他们均具有时常浏览抑郁症相关社交媒体健康信息的行为特征。访谈对象中，14 位为女性，6 位为男性；3 位为轻度抑郁症患者，6 位为中度抑郁症患者，11 位为重度抑郁症患者。截至访谈时，6 位访谈对象确诊时间少于 1 年，10 位在 1 至 3 年之间，4 位超过 3 年但不超过 5 年。访谈提纲围绕"抑郁症患者社交媒体健康信息接触情况""抑郁症患者对社交媒体健康信息内容及其社会影响的评价""抑郁症患者的就医态度"三个方面展开，每次访谈不少于 40 分钟。访谈开始前，访谈人员已向受访者阐明了访谈目的，在征得受访者的同意后，对访谈内容进行收集记录。

（二）数据编码分析

本研究采用扎根理论的思路[19]，完成对抑郁症患者社交媒体健康信息认知效果的探索性研究。研究者事先不预设详细的理论模型，而是通过多层级的质性编码呈现核心范畴的提炼过程。具体操作过程如下。

1. 开放式编码

本次访谈共收集到 20 份访谈记录，随机抽取 16 份进行整理和分析。首先，研究人员对文本进行逐句审视分析，并提取关键词；再对类似、相关、具有因果关系且出现频率不少于 3 次的初始概念进行统一归类，提炼出 19 个初始范畴，完成一级编码。19 个初始范畴包括：信息片面、内容负面、夸大事实、算法推送、立场相悖、污名化、误解加深、认知消极、二次伤害、病情隐藏、偏见内化、社会支持、胜任评估、自信程度、认知水平、就医倾向、就医信任、就医成本、就医效果。

2. 主轴编码

该编码阶段对上一阶段提炼出来的 19 个初始范畴进行更加深入的解读，挖掘初始范畴间深层的内在关系，进行同类聚合，形成以下 5 个更具概括性的主范畴：媒体偏见感知、媒体内容对社会普通公众的影响感知（普通公众所受影响感知）、媒体内容对其他患者的影响感知（其他患者所受影响感知）、情绪反应和病耻感（消极情绪和病耻感）、就医态度。

3. 选择性编码

在三级编码阶段，研究者根据研究问题对 5 个主范畴进行系统分析，最终确定用于搭建理论框架的核心范畴，并试图呈现核心范畴所体现的理论线索，阐释各范畴之间可能存在的关系结构。主范畴的关系结构如表 1 所示。

表1 典型范畴关系结构

典型范畴关系		关系结构的内涵
媒体内容评价→媒体影响感知	媒体偏见感知→普通公众所受影响感知	抑郁症患者认为社交媒体健康信息存在偏见；基于这种感知的内容偏见，抑郁症患者认为社交媒体内容会对普通公众的认知产生负面影响
	媒体偏见感知→其他患者所受影响感知	基于感知的社交媒体内容偏见，抑郁症患者认为社交媒体内容会对其他抑郁症患者的认知产生负面影响
媒体影响感知→认知和情绪反应	普通公众所受影响感知→消极情绪和病耻感	抑郁症患者推断，社交媒体内容对普通公众认知的负面影响会激发自身的病耻感
	其他患者所受影响感知→消极情绪和病耻感	抑郁症患者推断，社交媒体内容对其他抑郁症患者认知产生的消极影响会激发自身的病耻感
认知和情绪反应→就医决策	病耻感→就医态度	抑郁症患者的病耻感会降低就医意愿

为了检验本研究理论模型的饱和度，研究者对剩下4份访谈记录再次进行开放式编码、主轴编码、选择性编码，并未发现任何新的核心范畴，由此可见，"媒体内容评价→媒体影响感知→认知和情绪反应→就医决策"理论模型达到饱和。

四 研究发现

（一）媒体内容评价：质量较低、总体负面

抑郁症患者接触的社交媒体健康信息的类型主要包括抑郁症相关的科普知识、公益议题、社会健康话题三种类型。社交媒体健康信息的内容、框架、立场和传播机制是患者产生媒介偏见感知的重要来源。

第一，患者认为抑郁症相关的健康信息内容浮于表面、缺乏专业性。被访者总体上认为，大多数与抑郁症相关的社交媒体信息局限于对抑郁症患者发病时抑郁情绪的片面描述。许多自媒体企图用简单化的呈现方式来解释抑郁症的发病机制，却忽略了抑郁症是一种以心境障碍为主的疾病，病因复杂，个体差异大，发病类型多样。诸多自媒体的信息对于抑郁症科

普而言徒劳无功，甚至会误导抑郁症患者对自身疾况的判断。例如，有访谈对象提出：

> 看到大多数科普视频力图用简单的方法，如漫画的形式去表现出抑郁症患者所受的痛苦，在感同身受的前提下，我觉得没有用，画面还是太单薄了，缺乏专业性。（L，男，18岁）

即使多数自媒体的传播动机是积极的，对于抑郁症患者来说，众多文章存在偏见，难以令其产生认同。例如，有受访者认为大部分社交媒体文章只是在做无效传播，真实性值得怀疑：

> 科普性质文章写得很表面。发病严重的时候，我也许看到了会不舒服，主要是因为我没有把握分辨文章的真实性，我害怕被带偏。（F，女，23岁）

第二，患者认为社交媒体抑郁症健康信息总体上是负面的，且存在偏见。与积极信息相比，患者更易关注到消极信息，并认为社交媒体中的负面内容占比较大。例如，受访者认为，社交媒体上有关抑郁症的健康信息负面居多，且夸大了抑郁症患者的发病细节，强调抑郁症患者对自身和社会存在严重的危害性，并导致患者产生消极的心理反应：

> 当我看到这些内容时，有些时候感觉被冒犯了，有些文章会感同身受，有些内容感觉还是作者对疾病了解太少了，内容有歧义、有偏见，而且我感觉描述抑郁症的内容负面要更多一些。（A，女，19岁）
>
> 有段时间不会刷这些推文，害怕自己难受之后什么都干不了。有的视频确实有偏见，一般是伴有焦虑和强迫的、自残自杀内容的视频比较多。（J，女，22岁）

第三，算法推荐机制强化了患者对社交媒体内容偏见的感知。算法通过数据标签化的方式定义个体的特性、影响个体的社会形象，促使同质共同体的聚集，以此影响社会对于某类群体的普遍评价[20]。以算法为主导的信息推荐机制会把个体"偶然"的信息接触机械地设定为"必然"的接触需求，误判个体真实的信息诉求[21]，大量推送同类信息。在算法的作用下，抑郁症相关的负面健康信息的同质化内容传播会强化患者对于媒体内容总体立场的看法，从而加深其感知的媒体偏见的程度。部分受访者能感觉到算法机制的作用，选择回避类似信息接触，并对相关内容怀有警惕，也有部分受访者会随着推送内容的增加而更强烈地感受到社交媒体健康信息中的偏见：

> 有些内容存在歧义和偏见，因为我常阅读"抑郁症"这个关键词的文章，平台就给我推荐一堆相关的文章，文中一些说法挺让人无语的，有些推文写得很无厘头。（C，女，19岁）
>
> 抑郁症这个东西本来就挺负面的，虽然本质上为了让更多人了解抑郁症是病不是矫情，但文章推送多了，会引起其他人反感，会让网友觉得过度营销抑郁症。（B，女，18岁）

（二）媒体影响感知：感知媒体偏见引发感知媒体负面影响

受访者整体上认为社交媒体中与抑郁症有关的健康信息产生了负面社会影响，而患者感知的社会影响又可区分为两种类别：第一种是对社会普通公众即非抑郁症患者的影响，第二种是对其他抑郁症患者及风险人群的影响。

访谈发现，受访者普遍认为社交媒体健康信息会引起普通公众对抑郁症产生负面看法。有受访者认为，社交媒体内容与患者方的立场相悖，并偏向于普通人那一方；普通人会受到媒体负面内容的影响，因而对抑郁症患者产生误解：

> 普通人对于抑郁症的看法应该负面多一些，他们认为抑郁症患者矫情、心理承受能力差，这些自媒体文章也会让普通人对抑郁症的误解更深。（A，女，19岁）

　　社交媒体没有较好地描述这个病情，大约有30%的内容让我对这个病存在悲观的看法，自媒体推文会让外界的人对抑郁症患者产生一些误解，会认为我们比较脆弱，比较容易自杀。（E，女，21岁）

　　自媒体没有过多地去了解这个疾病，导致读者不认为抑郁症是一个很严重的病，需要很长时间去治愈。从某些角度来看，推文并不是为了我们好，它们是给正常人看的表面文章。（H，女，18岁）

　　抑郁症绝对不是单独依靠几个症状判定的。有很多人因为这些科普内容，就怀疑自己得抑郁症了，然后到处去宣扬，觉得自己患有抑郁症是一件非常光荣的事情，与众不同。这对真正的抑郁症患者的影响以及伤害是非常大的，也正因为有这类人的存在，其他人对抑郁症患者的误解非常深。（N，男，18岁）

访谈进一步发现，抑郁症患者将自身的立场投射到自己所处群体的其他成员身上，基于自身的立场，推测社交媒体内容对"我"的负面影响也会发生在其他抑郁症患者身上。多位受访者均提及了感知的社交媒体内容对其他抑郁症患者的负面影响：

　　这些内容也会让我问自己"为什么别人能熬过去，我不可以？"会让我产生自责感，觉得自己没什么能力。这些内容肯定也会对抑郁症患者产生影响，患有抑郁症本来就很痛苦了，不需要这种再捅一刀的安慰方式。（B，女，18岁）

　　（社交媒体内容）对抑郁症患者或多或少有影响，也许是让患者学到了一些疾病应对技巧和方法，但患者也会感受到更多人是不理解患者的，会产生无措感，更加无望。（C，女，19岁）

（三）感知媒体负面社会影响增强患者消极情绪和病耻感

当患者在感知他人所受媒体影响时，这一认知过程也对他们自身产生了负面影响。抑郁症患者的病耻感主要来源于对社会普遍观念的推断。研究者在访谈中发现，患者的消极认知、情绪以及病耻感会在接触社交媒体信息后被激活。访谈结果揭示了两个与消极情绪和病耻感关系较为密切的社交媒体信息接触阶段。

第一个阶段是患者主动通过社交媒体寻求健康信息阶段。例如，有受访者提到，当他感觉到心理不适时，从社交媒体获取抑郁症相关的健康信息会带来心理紧张，而求医就诊后的治疗过程能够逐渐缓解紧张感：

> 我看了某平台的词条，还有其他平台的解释，发现一些状况跟我很像，我会觉得自己好像突然就有点特殊了，紧张害怕。后来确诊时也紧张，后来慢慢地就放下了。（M，男，19岁）

第二个阶段是患者反复接触健康信息阶段。患者认为抑郁症相关的健康信息对其他读者产生负面影响，并由此判定，公众对抑郁症患者的看法大多都是消极负面的，这种假想中的媒体对他人的影响增强了患者的负面情绪或病耻感：

> 虽然抑郁症现在很常见，但当我在网上看到这三个字时，我怕被其他人戴着有色眼镜看待。我也怕家人朋友刻意对待，好像我是一尊脆弱的玻璃娃娃，需要小心翼翼地呵护。（D，女，25岁）
>
> 我是一个特别敏感的人，会比较在意别人的看法，我现在网上看到的最多内容都是攻击患者的话语，也许是大家看了太多抑郁症有关的内容，已经疲惫了，无法共情患者了。（G，女，22岁）

（四）就医态度：病耻感干扰就医决策

对于抑郁症患者和风险人群来说，社交媒体健康信息接触对患者就医决策存在一定的积极作用：

> 我觉得网上抑郁症的内容对我去就医帮助还是挺大的，因为我本身就相信现代医学，愿意治病，所以我大概花了几个月就下定决心跑去就医了。（K，男，23岁）

当患者从媒介健康信息中获得的求医效能较高时，会参考健康信息内容，结合自身情况积极寻求医生的救治：

> 那时候抑郁症好像还没有那么普及，我觉得自己的心理状态出了问题，在网上搜索为什么会出现这种情况，看到医院有心理卫生科挂号的信息，就去了当地的医院就诊。（D，女，25 岁）

然而，当社交媒体健康信息接触引发了患者较强的病耻感和负面社会意见气候感知时，患者的就医意愿会减弱，甚至回避就医。例如，有患者提到会向他人隐瞒病情，因无法承受他人的偏见而回避就医：

> 我会隐藏我的病情，因为我受不了别人对我的想法、眼光，所以我甚至不敢去住院。（C，女，19 岁）

> 我知道自己有抑郁症，但是不愿意面对，一直高兴不起来，失眠，厌食，想死，有持续性自伤行为。看了一些推文后会更加自责，陷进一个奇怪的圈子里，质疑自己是不是真的很差劲，给大家添麻烦。（E，女，21 岁）

综合以上访谈结果，本研究尝试构建出抑郁症患者对社交媒体健康信息的负面社会效应感知及其影响的过程模式（见图 1）。

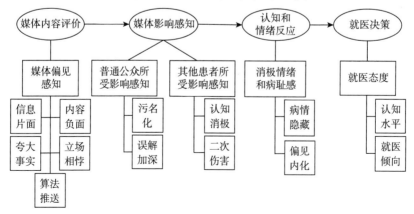

图 1　抑郁症患者对社交媒体健康信息负面社会效应感知过程

五　讨论与结语

本文探究了抑郁症患者对于社交媒体健康信息的社会影响的感知，尝试构建"媒体内容评价→媒体影响感知→认知和情绪反应→就医决策"的过程框架，并提炼社交媒体内容对抑郁症患者产生间接效果的 5 个核心要素，分别为媒体偏见感知、普通公众所受影响感知、其他患者所受影响感知、消极情绪和病耻感、就医态度。

研究发现，抑郁症患者整体上认为社交媒体内容对抑郁症的呈现偏向于负面，研究发现支持了前人有关其他类型媒体内容的研究结论[22,23]。抑郁症患者对社交媒体健康信息的负面评价受到多种因素的影响。第一，部分抑郁症相关的社交媒体内容对疾病和患者的描述缺乏专业性，叙述方式以偏概全，真实性受到患者质疑。第二，抑郁症相关的健康信息框架存在偏见，尤其是部分自媒体以抑郁症话题获取流量，内容倾向于吸引用户注意力和引发情绪反应，可能会导致观众对抑郁症的误解和污名化。第三，算法偏见加剧了患者对媒体偏见的感知。算法偏见是一种现代社会技术现象，它来源于长期存在的社会对某一群体的偏见，并通过算法技术表现出来。这种偏见可能是显性和有意识的，也有可能是隐性和无意识的[24]，算法偏见能够潜移默化地影响人们的认知和判断。对于意识到算法偏见的患者来说，他们会有意规避类似健康信息，而算法意识较弱的患者会随着算法推送内容的增加感受到更强烈的内容偏见。不过，本研究并未考察患者对不同类别的社交媒体内容的差异感知，未对官方媒体和商业媒体、专业媒体和非专业媒体进行具体划分，后续研究可以重点探究抑郁症患者对于不同性质媒体可能存在偏见的感知差异。虽然存在这样的局限，本研究也揭示出患者对于其频繁接触的社交媒体信息的负面印象，部分内容所引发的负面印象能够"溢出"到患者对社交媒体信息的总体评价上来。

研究进一步发现，抑郁症患者会根据自身对社交媒体内容的评价，去推测媒体内容对社会普通公众和其他抑郁症患者所产生的影响。一方面，抑郁症患者推断社交媒体内容对非患者人群即普通社会公众产生负面影响。

抑郁症患者对自我、他人、现状及未来通常持悲观态度，并减少与非患者人群的交流。对媒体内容立场偏见的感知，有可能加强患者对于社会普通公众偏见的想象，以致于患者认为，非患者人群会受到社交媒体负面内容的影响，对抑郁症患者产生误解。另一方面，患者所感知的患者群体所受的影响，更多来自患者自我投射式的想象。患者与其他病友同属于抑郁症患者群体，当患者感知到媒体存在偏见并认为自身受到负面影响时，也会推断其他抑郁症患者会受到健康信息的相似负面影响。上述研究发现与现有理论形成了一定的呼应。2003 年，古特尔（Gunther）和斯托瑞（Storey）提出假定媒体影响模式论（the influence of presumed influence model，IPI）[25]，该理论模型作为第三人效果的延伸发展理论而提出，强调了个体如何基于对他人反应的预期来调整自己的行为。假定媒体影响模式论提炼了间接效果所产生的关键环节，理论指出，个体在接触媒体信息后，会对其他人接触同类媒体信息的频次以及他人所受信息影响的程度加以推断，这种推断会作用于个体自身的认知和行为决策。本研究发现，患者个体在接触社交媒体抑郁症相关的健康信息后，会基于自身对媒体内容的负面评价推测社交媒体内容会对他人产生影响。患者会推断社会普通公众受到媒体内容影响而加深对患者的误解，并判断社交媒体内容总体上加剧了抑郁症的污名化，同时会推断其他患者也会经受社交媒体偏误信息所带来的消极影响甚至伤害。这些研究发现还提示，在分析个体对媒体内容的社会效应的感知过程时，应具体区分个体所评判的不同对象群体之间的差别。

在社交媒体内容与患者病耻感和就医态度的关系方面，本研究的发现与前人结论具有呼应性和延伸性。过去的研究发现，抑郁症患者的病耻感主要来自对社会污名的感知[26]，以及媒体接触直接激发的病耻感[23]，本研究的发现与前人研究结论总体一致。此外，研究发现抑郁症患者的病耻感还会来自其对媒体内容所可能发生的社会影响的猜测。具体而言，患者在对负面健康信息的解读过程中，会推测他人也会受到信息负面影响，进而对社会意见气候和身边人的态度产生推测，并激发或强化病耻感。研究也发现病耻感会抑制抑郁症患者就医意愿，印证了前人的结论[27,28]。不过，本文更为细致地探究了在社交媒体健康信息的影响下，病耻感对抑郁症患者就医态度的影响。媒体内容积极的作用一般发生在患者病情较轻，且并未受到他人歧视的情况下，此时患者会有较强的自我效能，呈现积极的就医态度。当患者从社交媒体健康信息中得到的自我效能高于病耻感的时候，会积极寻求专业治疗。然而，当患者出现明显的病情特征，并认为他人对其怀有歧视性态度后，患者非常容易根据自身对社交媒体健康信息的感知而推断信息对其他公众存在负面影响，从而耻于就医。然而，这一过程还需通过更多研究对核心环节关系进行实证检验。

本研究存在一定的局限性，受抑郁症患者病理状况特殊性的限制，访谈内容所揭示的结论的效度可能会受到一定影响。抑郁症患者情绪常处于不够稳定的状态，在情绪较平稳的状态下才愿意接受访谈。因此，患者处于情绪波动阶段或治疗恢复的不同阶段，其认知和话语表达可能会与本次访谈存在不同之处。此外，本次访谈选取的患者都是已经确诊的抑郁症患者，这类患者已实施了求医问诊行动，其认知和就医态度与未获确诊和未求医的潜在人群存在差异。患者的求医态度受到了媒体信息之外的众多要素的推动，这些要素在本研究中未全部加以探讨分析。研究提出的社交媒体健康信息感知对抑郁症患者的心理和行为意向影响过程的模型，仅提供了理解健康传播效果的一种理论角度，其解释力和预测力还有待更多的研究来完善推进。

参考文献

［1］ 世界卫生组织：《抑郁障碍（抑郁症）》，2023 年 3 月 31 日，https://www.who.int/zh/news-room/fact-sheets/detail/depression，2024 年 10 月 28 日访问。

［2］ Yueqin Huang，Yu Wang，et al.，"Prevalence of Mental Disorders in China：A Cross-sectional Epidemiological Study," *Lancet Psychiatry*，Vol. 6，No. 3，2019，pp. 211-224.

［3］ Jin Lu，Xiufeng Xu，et al.，"Prevalence of Depressive Disorders and Treatment in China：A Cross-sectional Epidemiological Study," *Lancet Psychiatry*，Vol. 8，No. 11，2021，pp. 981-990.

［4］ 罗晓兰：《社交媒体中的健康信息分析与健康促进》，《中华医学图书情报

杂志》2017 年第 10 期，第 22-29 页。

［5］ Poonam Gupta，Asma Khan and Amit Kumar，"Social Media Use by Patients in Health Care：A Scoping Review," *International Journal of Healthcare Management*，Vol. 15，No. 2，2022，pp. 121-131.

［6］ 张馨遥：《健康信息需求研究的内容与意义》，《医学与社会》2010 年第 1 期，第 51-53 页。

［7］ 张坤：《微信朋友圈用户健康信息转发行为形成机理与概念模型的扎根研究》，《图书馆杂志》2020 年第 6 期，第 97-104 页。

［8］ Anat Klin and Dafna Lemish，"Mental Disorders Stigma in the Media：Review of Studies on Production，Content，and Influences," *Journal of Health Communication*，Vol. 13，No. 5，2008，pp. 434-449.

［9］ Wilson L. Taylor，"Gauging the Mental Health Content of the Mass Media," *Journalism Quarterly*，Vol. 34，No. 2，1957，pp. 191-201.

［10］ Otto F. Wahl and Arthur L. Kaye，"Mental Illness Topics in Popular Periodicals," *Community Mental Health Journal*，Vol. 28，No. 1，1992，pp. 21-28.

［11］ Darcy H. Granello and Pamela S. Pauley，"Television Viewing Habits and Their Relationship to Tolerance Toward People with Mental Illness"，*Journal of Mental Health Counseling*，Vol. 22，No. 2，2000，pp. 162-175.

［12］ Lance Bennett and Shanto Iyengar，"A New Era of Minimal Effects? The Changing Foundations of Political Communication," *Journal of Communication*，Vol. 58，No. 4，2008，pp. 707-731.

［13］ Weirui Wang and Yu Liu，"Discussing Mental Illness in Chinese Social Media：The Impact of Influential Sources on Stigmatization and Support among Their Followers," *Health Communication*，Vol. 31，No. 3，2016，pp. 355-363.

［14］ Syed A. Hussain，"Is This What Depression Looks Like? Visual Narratives of Depression on Social Media," *Visual Studies*，Vol. 35，Nos. 2-3，2020，pp. 245-259.

［15］ Sarah Smith-Frigerio，"'You Are Not Alone'：Linking Peer Support to Information and Resources for Mental Health Concerns in Advocacy Groups' Social Media Messaging," *Health Communication*，Vol. 36，No. 14，2021，pp. 1980-1989.

[16] Daniel Romer, Zhanna Bagdasarov and Eian More, "Older Versus Newer Media and the Well-Being of United States Youth: Results from a National Longitudinal Panel," *Journal of Adolescent Health*, Vol. 52, No. 5, 2013, pp. 613 – 619.

[17] Michael J. Pellicane, Jennifer A. Cooks and Jeffrey A. Ciesla, "Longitudinal Effects of Social Media Experiences on Depression and Anxiety in LGB + and Heterosexual Young Adults," *Journal of Gay & Lesbian Mental Health*, Vol. 25, No. 1, 2021, pp. 68-93.

[18] 陈祉妍、郭菲、方圆：《2022 年国民心理健康调查报告：现状、影响因素与服务状况》，傅小兰、张侃主编：《中国国民心理健康发展报告（2021—2022）》北京：社会科学文献出版社，2023 年版，第 1-29 页。

[19] 陈向明：《扎根理论的思路和方法》，《教育研究与实验》1999 年第 4 期，第 58-63+73 页。

[20] 彭兰：《生存、认知、关系：算法将如何改变我们》，《新闻界》2021 年第 3 期，第 45-53 页。

[21] 聂静虹、宋甲子：《泛化与偏见：算法推荐时代的健康信息传播——以今日头条为例》，医疗、人文、媒介——"健康中国"与健康传播国际学术研讨会，北京大学，2019 年 11 月 9 日。

[22] Elaine Sieff, "Media Frames of Mental Illnesses: The Potential Impact of Negative Frames," *Journal of Mental Health*, Vol. 12, No. 3, 2003, pp. 259-269.

[23] Faith B. Dickerson, Jewel Sommerville, et al., "Experiences of Stigma among Outpatients with Schizophrenia," *Schizophrenia Bulletin*, Vol. 28, No. 1, 2002, pp. 143-155.

[24] 范红霞、孙金波：《看不见的"大象"：算法中的性别歧视》，《新闻爱好者》2021 年第 10 期，第 29-32 页。

[25] Albert C. Gunther and J. Douglas Storey, "The Influence of Presumed Influence," *Journal of Communication*, Vol. 53, No. 2, 2003, pp. 199-215.

[26] Nicolas Rüsch, Matthias C. Angermeyer and Patrick W. Corrigan, "Mental Illness Stigma: Concepts, Consequences, and Initiatives to Reduce Stigma," *European Psychiatry*, Vol. 20, No. 8, 2005, pp. 529-539.

[27] Lisa J. Barney, Kathleen M. Griffiths, et al., "Stigma about Depression and

Its Impact on Help-Seeking Intentions," *Australian & New Zealand Journal of Psychiatry*, Vol. 40, No. 1, 2006, pp. 51-54.

[28] Amelia Gulliver, Kathleen M. Griffiths, et al., "A Systematic Review of Help-Seeking Interventions for Depression, Anxiety and General Psychological Distress," *BioMed Central Psychiatry*, Vol. 12, 2012, Article Number: 81.

博物馆原真性秩序的"风土"与"人情"建构

秦　莹　范家其*

摘　要　本文借助"原真性"概念探索参观者与博物馆空间关系的理论可能，重点关注博物馆原真性秩序与游客的行动模式和行为特征产生的联结。研究发现，在博物馆原真性秩序基础上发展出"风土"与"人情"两种主要模式，既指向对初始的、恪守着某种传统的"风土"的顺从，也暗含着行动者后结构主义式的"抵抗"，即可能建构、挖掘并实现展开社交、建立联结、培育情谊、形成情感共同体的"人情"。两种原真性秩序的共存与迭代正是人们从依赖物质的外在联结转向寻求自我意识的必经过程，"原真性"概念的辩证蕴意促使我们进一步思考社会空间发展与文化传承的关系。

关键词　原真性；博物馆；文旅消费

一　引言

几百年来，人们视博物馆为精神栖居之地，但与以往不同的是，现代参观者的空间体验和自我意识很难分离，而这恰恰是现代意识的一部分。[1]221当下数字化社会正以一种碎片化重组的方式加速前进，公众开始回味"奇物共欣赏，疑义相与析"①的慢速生活，而博物馆满足了人们对历史变迁和集体记忆缅怀的需求。人们开始转向过去，转向历史寻求失落的永恒，以

---

*　秦莹，系天津财经大学人文学院讲师、硕士生导师；范家其，系山东大学新闻与传播学院硕士研究生。

①　出自东晋陶渊明的《移居二首》，原句为"奇文共欣赏，疑义相与析"。解释为：见有好文章大家一同欣赏，遇到疑难处大家一同钻研。作者在此处稍加改动，意思是：公众在博物馆见到文物宝藏一同鉴赏，遇到观念和思想理解上的难处一同学习。

怀旧作为通达精神家园的捷径[2]。

原真性感知与怀旧情感存在显著的相关性[3]。作为回顾历史、承接未来的重要文化桥梁，博物馆最大限度地持留了"原真性"。博物馆的"原真性"体现出辩证的两种趋势。一方面，原真性秩序意味着游客的行动模式和空间实践是相对受限的。博物馆文物藏品因具备"原真性"而占据博物馆空间的主导地位，游客对空间的过度扩展和实践在某种程度上是在阻隔艺术品与孕育它的风土之间的关系。另一方面，原真性秩序也衍生出博物馆与游客之间新的偶遇形式、关系感性、媒介实践。作为被膜拜的对象，"博物馆不是静态的、沉默的或仅仅是待在那儿。相反，它会不停地与参观者互动……而不是让人们自己参观"。[4]10 以物为主导的原真性秩序和以关系为核心的原真性秩序，使我们或可认识并发展出博物馆遥不可及的悠远历史与千里之外或近在咫尺的个体产生情感关联的方式，这种方式伴随着现代意识的崛起已被重塑为另一种对原真性解读的可能性。

当下我们正处于数字文旅和新消费风尚带来的打卡式旅行时代，不可否认，这一时期的博物馆旅行景观、空间交往和场景想象与以往经验相比发生了巨大变化。这是否意味着原真性秩序正在经历重塑？原真性秩序对游客的行动模式和行为特征产生哪些影响？这些构成了本文问题意识的起点。基于此，本文尝试挖掘"原真性"在博物馆旅行模式中发挥的价值，并探索基于原真性感知和体验的博物馆空间实践解读方式。

二 多义原真性与博物馆空间转向

（一）多义原真性：从客体的原真性到主体的原真体验

"原真性"（Authenticity）一词源自现代西方伦理学，用于衡量欧洲中世纪的宗教经本和遗产真实程度，后来也出现在历史学、社会学和人类学等研究领域，并在文化遗产保护的热潮中不断发展[5]。这一概念一开始用来解释人的素养和物的真实品质，后来被描述为一种体验效果。本雅明和鲍德里亚在符号价值与原真体验的对立中讨论消费文化，从他们的视野来看，体验越来越受到符号加工的诱惑，而营造一种起源式的体验就是具有原真性的[1]3。

其实，"原真性"在文旅领域的争辩已持续近 50 年。随着客观主义原真性、建构主义原真性、后（后）现代主义原真性等概念的拓展，"原真性"一词的多义性开始体现在客体真实与主观体验真实之间的复杂关系上，以及人们对客体真实的多重判断标准上[6]。客观主义原真性认为原真性是旅游客体的固有属性，能够用绝对的、客观的、固定的标准衡量而忽略了旅游主体的主观认知。建构主义原真性提出反驳的观点，认为原真性是社会建构的过程和结果，既有不同主体的多元感知，也会随着时空发生"渐变"。后现代主义原真性更专注于重建真实和想象，后后现代主义原真性强调媒介叙事对游客感官体验的影响[7]。这些观点在主体（游客）与客体（物）之间来回思辨，研究视角在重视旅游客体的原真性和强调旅游主体原真体验之间反复推演[8]。

可见，原真性回答的是关乎某种文化感知和意义的生成与演变问题。基于原真性概念的发展演变，本文将博物馆原真性感知分为两种形式：一种是自身固有的、完整真实的原真性感知；另一种是再语境化的原真性感知。前者对应的是风土文化或遗产，它反映了客观主义原真性的本质，即遵循客观现实、反映未经加工的客体真实。后者对应的是经过"再语境化"甚至脱离原始语境再创造的原真性感知，从建构主义和后（后）现代主义原真性的立场来看，这种形式下旅游主体的自主认知和多元感知得以充分显现，相比客体呈现的原真性，其更强调游客的原真体验经过迂回的想象和解释[9]，勾连自我认同与更广阔的社会文化实践。

（二）多元空间性：从"藏品空间"到"参观者空间"

博物馆空间的可塑性与空间实践的可能性，一直蕴含于博物馆历史中延续下来的社会观念与文化风俗。古典时期的博物馆就具有聚会功能，不过仅限于当时的少数上流人士。① 博物馆从早期的私人空间，到半公开的聚会场所，再发展为公共博物馆形态，原本的收藏空间越来越被视为准公共

---

① 博物馆的雏形是有钱有权者的"古玩柜子"（Wunderkammer），也被叫作"奇珍室"（wonder room），是指文艺复兴时期的私人收藏空间，其收藏者为皇室贵族。这种收藏的公共空间和私人空间在宫殿、与教会有关的机构、大学、学者和商人的家中相互重叠。当某一藏品空间成为意大利和整个欧洲参观者的一个众所周知的目的地时，它就从一个私人项目演变成一个半公开的聚会场所。参见 S. Macdonald, *A Companion to Museum Studies*, Oxford: Blackwell Publishing, 2006.

论坛，演变为集信息传受、公共展演、意见交流和休闲娱乐等社会公共交往于一身的场所。近年来国内外学者用"参与式博物馆"[10]1 "第三场所性"[11] "媒介地方感"[12] "空间媒介化"[13] 等概念分析不同形态的空间如何与行动者生成动态关系，空间建构如何形塑了人们的空间想象和空间期待。

随着国内博物馆研究"从物到人"的转变，博物馆的空间传播体现为两种主要的分析路径。第一种是从博物馆的编码视角考察技术和空间设计带来的空间潜能。体现这一视角的经验研究包括对博物馆等环境布局中那些可能促发社会交往的"共享空间"的考察[14]，侧重空间潜能通过数字界面设计得以传递，并且被空间使用者感知。这种观点与哈贝马斯（Habermas）关于"物质的公共领域"的论述有着相通之处，都从类似的实体场所以及在其间展开的非正式社交中获得了灵感。第二种是从参观者的解码视角体现使用者对一个空间的感知、解读和转换的行动，将博物馆视为参观者能够围绕其内容进行创作、分享并与他人交流的场所。[10]4 这种视角是对第一种视角的动态转换，即从空间的物理特性转换为行动者学会掌握空间规则并选取路径获取空间体验[15]。

综上所述，分别基于客体真实和主观体验的两种原真性感知形式，与从"博物馆空间"向"参观者空间"的转向形式，呈现出"由物到人"的一致趋势且彼此对应。参观者的原真性感知会直接受到博物馆空间与行动者之间激发与约束的互动关系的影响。在此基础上，本文将强调原真性对于博物馆空间议题的凸显。首先，受多义原真性的启发，本文将"原真性"界定为：指向初始的、恪守着某种传统的、带有风土特征的起源式原真性，以及带有风土特征的文物与人偶遇时主客体共同再造的，具有参与性、分享性和生产性的个人叙事，带有关系特征的建构式原真性。"原真性"这一概念揭示出人们对起源式原真性体验的渴望（一种传统且神秘的寻根渴望），以及人们对意义生产式的原真性体验的希冀（一种创新、自主的交往需求）。其次，游客的参观行为被赋予更加积极的阐释意义。现代旅行作为一种以"自我"探寻、界定和改进为落脚点的行动[16]178，其中的"自我"与空间的关系外显为参观者的行动模式带来的原真性感知和体验，而原真性感知形式又影响了博物馆空间的开发和使用。然而现有研究在博物馆空间生产与使用方面，对游客行为特征的分析是严重缺失的。这让我们不禁思考：博物馆原真性与游客的行动模式和行为特征产生了怎样的联结？在原真性影响下呈现出怎样的游客行动模式与行为特征？这也是本文要回答的问题。

三　研究设计

本文采用半结构性的深度访谈，辅之以文字、视频等形式的游记文本材料，探讨游客在博物馆的原真性模式和行为特征。本研究的访谈对象皆为近三个月内参加过博物馆旅行团或在社交平台发表过博物馆游记，且对博物馆旅行较为熟悉的用户。通过公开招募、平台邀请和"滚雪球"等方式，研究者最终于 2023 年 11 月到 2024 年 2 月共访谈了 20 位用户（见表1），其中 7 位是当地常住居民，12 位是外地游客，另外 1 位是短暂留居本地的外地人。研究者对所有访谈过程进行了录音，并在后续研究过程中将语音材料整理为文字材料。

表 1　受访者基本情况

单位：岁

访谈对象 （编号/姓名）	基本信息 （性别/年龄/职业）	访谈对象 （编号/姓名）	基本信息 （性别/年龄/职业）
被访者 1 WGC	男/24/自由职业	被访者 11 FYM	女/23/学生
被访者 2 WRX	女/26/企业职员	被访者 12 GX	女/23/学生
被访者 3 LYK	女/24/学生	被访者 13 WQH	男/23/学生
被访者 4 WRZ	女/25/学生	被访者 14 TYL	女/20/学生
被访者 5 DM	女/23/学生	被访者 15 YHH	女/20/学生
被访者 6 FGJ	男/69/医师	被访者 16 YM	女/21/学生
被访者 7 ZM	女/35/博物馆从业者	被访者 17 FXY	男/27/企业职员
被访者 8 DQ	女/27/企业职员	被访者 18 ZJY	女/24/学生
被访者 9 FT	男/24/自由职业	被访者 19 YJ	女/24/学生
被访者 10 SZY	男/18/学生	被访者 20 FL	男/47/工程师

访谈提纲主要由三部分构成：博物馆的原真性感知情况、互动体验情

况、情感联结情况，各部分下又设定具体访谈问题若干。研究者会结合不同访谈对象所写的游记等媒介文本进行问题的设计，试图探索数字记忆文本所呈现出的个体博物馆旅行体验特征。

表 2　博物馆原真性主题分析框架

核心范畴	主范畴	初始概念
起源式原真性（D1）	实物膜拜（b1）	我在故宫修文物（a1），预期（a2），打卡（a3），现场（a4），同一空间（a5），实物（a6），亲眼看到（a7），膜拜（a8），橱窗（a9），展柜（a10），玻璃罩（a11），距离感（a12），设计（a13），古今差异（a14），与众不同（a15），镇馆之宝（a16），文化内涵（a17），马踏飞燕（a18），褪色（a19），精美（a20），地方特色（a21），标志物（a22），不可思议（a23），凝聚历史（a24），记忆（a25）
	环境演绎（b2）	氛围营造（a26），石窟（a27），遗址（a28），莲花纹（a29），浮雕（a30），花里胡哨（a31），分享欲（a32），旁听（a33），陌生（a34），眼神交流（a35），点头之交（a36），社恐（a37），破坏氛围（a38），礼貌（a39），遵守规则（a40），期待（a41），空旷（a42），禁止玩闹（a43），镜头（a44），拍文物（a45），还原（a46）
建构式原真性（D2）	数字衍化（b3）	VR（a47），互动屏幕（a48），线上游览（a49），数字解说（a50），二维码（a51），投影技术（a52），DIY 打印（a53），数字博物馆（a54），屏幕（a55）
	个性叙事（b4）	抚摸（a56），集章（a57），收获（a58），噱头（a59），收藏（a60），送礼（a61），回忆（a62），文创（a63），价格虚高（a64），粉丝（a65），名气（a66），汉服体验（a67），网红（a68），故事（a69），剧本杀（a70），游览路线（a71），文艺（a72），设计（a73），分享欲（a74），拍照（a75）
	情动体验（b5）	仪式（a76），古人（a77），闲暇（a78），触摸（a79），体验（a80），休憩（a81），眼泪（a82），心意（a83），感叹（a84），纪念（a85），价值（a86），感受（a87），需求（a88），眼神（a89），自豪（a90），情怀（a91），震撼（a92），喜悦（a93），传世（a94），文化禀赋（a95），当地（a96），意义（a97），对话（a98），敬畏（a99），神圣（a100），真实感（a101），历史感（a102）

访谈资料的处理分为三步，研究者基于主题分析法对材料进行三阶段编码分析，使用 ATLAS.ti 质性分析软件，按照"初始编码—主轴编码—核

心编码"的程序进行文本分析。首先，在初始编码阶段，从原始访谈资料中归纳、提炼概念与范畴，并对资料反复比较、分类，将被访者不止 1 次提及（N≥2）的 102 个概念标记为初始概念（a1……a102）；其次，在主轴编码阶段，发现和建立概念间的相互关系和逻辑次序，在 102 个初始概念基础上，进一步归纳生成 5 个主范畴（b1……b5），并对具体含义进行解释，为理论建构做准备；最后，在核心编码阶段，对 5 个主范畴进行系统归纳及深入分析，结合本研究关注的具体问题，最终提炼出 2 个核心范畴："起源式原真性（D1）""建构式原真性（D2）"（见表 2）。

四　研究发现

（一）"风土"：起源式原真性模式

"风土"是原真性的重要特征之一。风土（Terroir），也被译为"沃土"，是法语中土壤、良田的意思。该词原意用来特指催生出某种食物或酒的特定土地、文化、天气条件的结合体。莎伦·佐金（Sharon Zukin）使用该词来表示都市邻里环境的独有特色，特定人口、社会和文化所催生出的产物[1]4。"风土"指向一种空间的存在，基于本土的、先天的地理条件，而博物馆是一种指向时间的空间。本文将二者结合，从距离、礼仪、价值、记忆等历时维度解读"风土"，借"风土"来表达博物馆是文物膜拜和展示的特定空间，是历史、文化、风俗的结合产物。

1. 对实物的凝视、膜拜与记忆铭刻

传统观点中现代博物馆常被描述为"令人心生崇敬的静默之地"，如阿多诺（Adorno）认为"博物馆是物的坟墓"，梅洛-庞蒂（Merleau-Ponty）将博物馆称为"冥想的墓地"，福柯（Foucault）将博物馆描述为"一个超越时间，不会被破坏的地方"。视觉、敬畏、沉默是博物馆文化价值观的核心[17]，博物馆天然具有对"物"朝觐的仪式感，凝视、膜拜与记忆铭刻的文化表现仍延续至今。

带着距离的朝觐者与本雅明（Benjamin）笔下的漫游者（flaneur）不谋而合。漫游者的形象是波德莱尔（Baudelaire）笔下热情的"游荡者"和布莱希特（Brecht）笔下冷静的"观众"的结合：一群四处闲逛、保持距离的观看者[18]211。他们借助凝视，通过对距离的把控获取自我与环境中的他者之间的关系。约翰·厄里（John Urry）提出游客凝视（tourist gaze）的概念，认为凝视通过对距离的把控来建构与再生产主客体的关系[19]15。新媒体时代，博物馆旅行中的漫游者往往以中介化的远距离凝视来表达对文物的"神往"。游客从"沉浸"于媒介空间带来的视听体验，转向对灵感来源的文物本身和置身其中的博物馆投入热情，这种抱有"预期"（a2）而亲身去往"现场"（a4）的"去中介化"的观看是一种亲密的游客凝视，赋予了一种主客体关系的特殊性。"自从看了《我在故宫修文物》我就对故宫特别神往，去北京时我第一件事就是预约门票，虽然我不能像纪录片里的那些维修师傅一样亲手触摸它们，但我一定要亲眼看看这些富有生命的展品，远远地看也行"（被访者3）。"凝视"看似将主客体之间的距离拉近，但漫游者的"凝视"却带有鲜明的隔离色彩。他们的凝视饱含着自我对客体恰如其分的隐忍与流连，延续着古典时期对物的克制的着迷，这种"朝觐"心态与膜拜（a8）姿态由一种"不可接近性"而触及原真性。

博物馆的"原真性"以"距离"为前提，自身暗示着一种权威性、所有权和原始的膜拜价值。不可接近性带来的间隔秩序成为膜拜形象的一个主要特质。"被玻璃罩守护的文物，'这么近那么远'"（被访者4）。原真性吸收了玻璃罩（a11）拉开距离的凝视，包括自它问世起一切可绵延流传的东西，从物质上的持续到注入其中的历史性见证。玻璃橱窗这种既不内在也不外在，既非私有也不完全公共的特定空间，包括玻璃后边保持着和文物距离感（a12）的过道，无非是在提醒我们"凛然威光，近在咫尺"。珍贵文物最原始的、最初的膜拜价值蕴藏于传统的礼仪中[20]239。礼仪存在于每一种文明中，礼仪中的独有叙事、沉默和象征词，有助于洞悉自我，或察觉自我与他者的关系。"博物馆和其他地方不一样，是有文化意义的，我想收获一些东西让自己变得充盈"（被访者6）。

博物馆的原真性留存于"现场"（a4）、"实物"（a6）、"亲眼看到"（a7）所携带的真实感（a101）中。即使身处历史中的馆藏文物在"此时此地"让参观者觉得如此贴近，也无法消除其作为远方的显现，这种只能看到却触摸不到的感觉更加强烈。"我在看到实物时才能感受到厚重，尤其是被氧化的模糊的那种隔空的历史感（a102），就像时空穿梭一样"（被访者

7)。我们需要将文物置于更为广阔的历时维度当中加以考察，跟随文物的记忆旅行（travelling memory）重访历史语境。例如海南热带海洋学院的南海文化博物馆里的海捞瓷，曾沉在海底千余年，被打捞上来后，瓷器的纹路颜色依然清晰完整。时光在这些器皿上铭刻了无法复制的痕迹。在博物馆珍藏的文物中，重要的并不是它们被观照着，而是它们存在着。有学者提到，博物馆及博物馆学"是一种储藏记忆的手段"[21]。博物馆跨越时间、储藏知识与记忆（a25），而文物就是当下短暂居留的人们触摸、体悟历史长河中抽象的时间与记忆的媒介载体。

2. 审美、世俗化的礼仪与社交逃离

当代游客正以多元而独特的审美探寻博物馆美学中的"超越性"，以自我感受来超越它真实的存在。"景德镇的御窑博物馆，尤其晚上凝视着墙砖里的小孔，像是看到了那个年代景德镇的每一位手工工人。虽然在设计上有些工业化，但用窑砖砌墙，很有氛围感。"（被访者20）大小不一、体量各异的砖窑是御窑博物馆原真性的源泉，也是景德镇城市的起源，更是人们赖以生存的生活与交往空间。当问及受访者对博物馆美学设计的感受时，研究者发现，注重环境复原、原生环境保护的原真性设计更受到受访者的推崇。"科技手段虽然好，但博物馆毕竟是历史存在的地方，与科技感还是有些画风不一。"（被访者9）因此，起源式原真性元素在博物馆空间设计中愈加常见。以南越国重要考古遗存为依托的南越王博物馆，最大限度地保留了文物所依存的"遗址"（a28）环境，让文物在尽量不脱离原始语境的基础上被游客解码，也为游客提供了更加复古的审美元素。

但随着人们对文物展示价值的世俗崇拜，"VR"（a47）、"互动屏幕"（a48）等多媒体技术和现代感知媒介使文物的膜拜价值从对礼仪的依赖中解放出来。藏品的展示价值借以"技术复制"，提供了世俗化的礼仪基础。被访者17是一位身在广州的90后，平时在证券公司上班，业余时间酷爱给文物拍照。"拍照是一种交流方式，变焦放大的文物的质地、纹样、瓶身的曲线，工匠们在设计上的巧思，这些细节都会在照片里保留下来，以这样的方式去体会和理解它们，感觉很有意义。"可见，现代博物馆的科技创新为游客带来更多元的交流方式。镜头与屏幕（a55）描绘的是数字文物的视觉路径，同时也是一条游客的情感路径。

一些参观者将博物馆当作逃离社交的避难所。饶有意味的是，博物馆作为公共领域却导向了游客关系的私有化。许多受访者表示，虽然会有一些分享欲（a74），但更多的是"旁听"（a33）、"点头之交"（a36）和出于礼貌（a39）的有限交流。很多重视体验感的受访者还提到自己在看展时更有"社恐"（a37）属性，担心自己讲话会破坏氛围（a38）。"在看展的过程中，真的没什么好交流的，感动都在自己心里。"（被访者19）一些受访者认为，博物馆参观本就是一场孤独的旅行，并不需要有人陪伴或交流。在展陈者的设计中，我们也可窥见类似的"独处"美学。一些展览的内部空间很开阔，疏可走马，奇趣乃出。过道处的留白空间，巧借窗外之景置换，师法自然，如影若幻。木心曾说："博物馆、音乐厅、画廊、教堂，安静如死，保存着生命。"[22]77 当代游客将这种"远山钟声，无人解意，唯有心知"的愿念寄于博物馆。

"谈到原真性，意味着我们意识到了一种变化多端的权力技术侵蚀着某个意义与感受的景观，并且这种权力技术以另一种景观将其取代。"[1]221 技术的革新促成了一种新型的游览方式，即以打卡式的、手机替代肉眼的扫摄浏览，取代了对实体空间进行阐释和投入情感的观看行为，彻底解构了对追求切身审美体验、对文化遗韵和民俗渊源乃至生存方式和生命本质大胆探索的应有之义。科技的"透明"消弭了"距离"[23]24，抵抗了古典式漫游的规训，突破了游客凝视空间的传统。

（二）"人情"：建构式原真性模式

"空间往往是自由的象征，但同时也意味着一种威胁。"[24]7 段义孚将这种"威胁"指向一种敞开的、未知的、欢迎付诸行动的，但由于不存在已成型的固定模式和确定意义而兼有抵抗和解构的姿态。建构式原真性兼顾主客体的双重视角，注重一方的原真性塑造与另一方的原真性感知，使其不断进行对话，内蕴着新的文化认同与集体交流方式。新的意义秩序不再完全遵循来自博物馆叙事的结构主义框架的规训，而是构型于新的空间情境之中，这种新秩序的核心是自由流动的主体性表达。

1. 从凝视到触摸的再语境化个人叙事

技术可供性带来的文物符号价值全线压制着膜拜价值，但膜拜价值并非毫不抵抗地遁逃。商业文化对博物馆原真性膜拜的借用与再生产，使丰富的文创产品正式成为博物馆的"标配"。在访谈中，文创产品被大家称为"可被'抚摸'（a56）的文物"。"别的文创我都不感兴趣，就是兵马俑的复原文创我很喜欢，我在文创区摸一摸它，能够弥补我摸不到真兵马俑的遗憾。"（被访者11）博物馆借由文化符号的修辞与再现，将人们对文物的想象与欲望投射到文化符号中。文创产品设计精美（a20），磅礴大气，是原真性美学延续的体现。有受访者表示，"博物馆文创我是允许它有一定溢价的"（被访者14），"送礼我会首选博物馆文创，因为在我的预算里它是既有新意又有心意的选择"（被访者4）。这份"溢价空间"与"心意"（a83）正是来自博物馆文物及其整体文化定位所具有的原真性属性。它在一定程度上调和了工业复制时代纯商业生产所带来的"灵韵"消散与起源式原真性之间的矛盾，充当了游客可供"膜拜"与"憧憬"的"场外化身"。文物的历史价值也凝结在文创产品中的器物符号里。

在与文物的交往过程中，游客不仅能够通过文创产品拉近自身与博物馆文物间的关系，还能够借助博物馆环境（装置设计、活动场景及其他游客等）进行个人叙事的生产与分享。橱窗不仅仅是拉开距离的玻璃，也成为一种特定社会关系的场所[25]165。遇到设计精美的玻璃装置，人们不约而同地掏出手机驻足留影，在博物馆中饶有趣味地寻找与定位自身。镜面仿佛消弭了内外空间的边界，同时也借助反射与每一位游客发生最为直接的联系。个人的图像融入公共的地景，构成了每位游客进入博物馆的首要体验。不仅如此，游客还会通过社交平台将个人叙事进行再传播，形成"二次文本"，其感性认知也日益经由讲述和分享故事（a69）与他人相连，构成他人开启博物馆旅行的"初始文本"。

"拍照"（a75）、"集章"（a57）这类打卡式流动议程加剧了日常生活的媒介化，种种原本看似简单且重复的行为却成为个人化的博物馆叙事，被纳入个体生活历程的脉络之中。比如许多年轻游客越来越热衷于收集各大博物馆的特色印章，还在网络平台分享自己的集章成果和攻略，这群集章爱好者被网友称为"跑章客"。被访者8是一位来自河南的"盖帮"成员，盖满章的"护照本子"已集满2本。当被问及跑章的意义时，她分享道："盖章能解压，不盖不知道，一盖根本停不下来，而且迷上集章后社恐变社牛，会开口问人了。我自己也在小红书分享盖章攻略，有上百条点赞量。"

游客还将服饰融入叙事，服饰与原真性叙事成为游客个体想象与集体文化体验的汇合点，不同程度参与形塑了个人文化记忆。受访者中一对年轻夫妻分享了他们在博物馆的汉服体验（a67）。"他身着明圆领、藩王袍，我身着齐腰襦裙，手拿扇子，穿梭在博物馆。我感觉大家都在看我，我短暂逃离了现实语境，穿越回那个时空的自己，感觉非常奇妙。"（被访者2）汉服文化是华夏文明的具象载体，更蕴含了中国人的礼制观念、伦理习俗和审美情趣等文化内涵。身着汉服进行旅游行动、体验、想象和解释，更能达到对旅游对象物和自身存在的理解[26]。

博物馆成为游客通过切身体验产生的自我构造。游客用自我建构的方式来分析和描述自我，成为一种个人文化记忆。对博物馆空间主流叙事文本的改写、重组、嵌入与脱嵌等一系列操作，显示出空间参与者的个人叙事与博物馆空间主流秩序的复杂组构。多琳·马西（Doreen Massey）对此一语中的："你不只是在穿过或跨越空间，你正在对它做一点点改变。"[27]163由此可见，建构式原真性指向一种游客主体在自由的意识状态下自我与空间的关系，以及日常生活重新语境化后用以重塑游客个人意志的权利。

2. 生成多感流变的情动体验

德勒兹哲学中的"情动"（Affect）就强调了这种"不断变换的气氛、调性、色彩，或是地方与情境的强度"[16]286。此种"通感"类似"卧游"之观，即一种普遍的、沉思的、创造的、集多种感官和心性情意的综合体知[28]，也类似约翰·威利（John Wylie）在此基础上突出了个体与遭遇的"地景同感"，而这种与空间的物质界面形成的感受则促成游客生成"瞬息归属"（belonging-in-transience）[29]10。

博物馆的沉浸式文化传播形式兼容了结合虚拟现实技术的新的展演形式。有博物馆开辟了"沉浸式剧本杀"的"剧情体验"，例如中国京杭大运河博物馆推出"大明都水监之运河迷踪"密室逃脱。"我个人很喜欢这种创新，其中感人的故事让我觉得更加能够理解这些文物的内涵和价值。尤其通过剧本游戏了解了背景之后，更不会以一种随意的态度对待它们。"（被访者10）此时博物馆构建的虚拟空间成为一种包含各种媒介并构成一个共享的体验空间的环境或场域。包卫红将一个包裹着传播主体的人造环境定义为"情动媒介"，其可以通过情感架起从感知到行动的桥梁[30]16。博物馆作为一种情动媒介，成为游客沉浸体验和社交行动的空间。

"地景"（landscape）这一概念为我们理解游客与博物馆之间的相互嵌入和脱嵌的关系提供了一个极具张力的视角，描述了一种接近与疏远、身体与心灵、感性的沉浸与疏离的观察之间的张力。漫游者以"凝视"的方式解读空间，即将空间置于自我之外，采取冷静的观察视角，保持敬畏（a99）和疏离感。玩家则保持着"一种想象力与知性之间自由的和未受规定的协调"[31]80，即个体在物质性的地景中行走时与各种偶遇的情境产生具体的感性经验和情动体验。这一过程营造了个体与空间界面之间短暂的"瞬息归属"，即充盈了"由偶然相遇与环境所形成的非理性融合"[29]135。接连不断的地方性偶遇可以推动人们形成一种"瞬息归属"的"关系感性"。游客通过联结地景与隐匿的经验，与文物生命之间达成某种"共契"构成了能够带来"特定文化体验"的"超越性"。深圳南山博物馆举办的"盛世爱情——意大利庞贝精品文物大展"，在展览结束语处印刻有一句话："请笃信：痛终有时，爱必将至。"展览通过大量展品再现了古希腊罗马时期的爱情神话和古罗马人对美好生活的热爱，而庞贝古城的灾难又赋予这个主题宏大的悲剧色彩。"其实单看文字，我只会觉得像'鸡汤'，但当时我看完所有展品后再看到这句话一下子就破防了，可能也和我自己当时的心境有关。"（被访者18）这种"地景同感"和"瞬息归属"所凝结的意义秩序，既包含了游客与博物馆空间的关系感性，又展示着建构式原真性中流动的主体性表达。

五 结论与讨论

原真性使博物馆成为起源和新开端的生产者，以及具有建构性创造力的整合者。本文从"原真性"的视角出发，思考游客如何可能在博物馆旅行中获得原真性体验，考察博物馆旅行的原真性模式及游客行为特征。文章的核心论点有二。

其一，"风土"与"人情"是博物馆原真性秩序下的两种主要模式，即起源式原真性和建构式原真性共同构成游客的博物馆原真性体验。起源式原真性模式的特征体现为:以遵循视觉、敬畏和沉默的博物馆文化价值观,怀念和守护"风土"为重要标识。建构式原真性模式的特征体现为:以互动交往和情动联结为重要标识。相比起源式原真性秩序,建构式原真性更注重自由流动的主体性表达,催生了原真的博物馆的欲望,即博物馆作为历史保护者发展文化创新的欲望。伴随着原真性内涵的拓展趋势,建构式原真性模式始终以起源式原真性模式为基础,二者相互融合、共构共创为博物馆原真性秩序的"风土人情"。

其二,两种原真性秩序的共存与迭代正是人们从依赖物质的外在联结转向寻求自我意识的必经过程。个人叙事的微观经验虽不可比拟中华文明收藏集萃的宏大体系,但本研究窥见了被赋予现实意义的吉光片羽背后栩栩如生的"新语新愿"。博物馆的存在使古今中外交流的机缘得以存续,尽管过去的记忆场景永远不可能重现,但承载未来的力量因此而生生不息。

本研究的问题意识来自社会加速背景下我们对"原真性"概念的反思。我们将原真性概念引入对博物馆的研究,以空间与传播的互构为路径,期冀能在实证研究与哲学思辨之间建立绵延的对话。本文将"原真性"看作是与博物馆一同回顾历史、承接未来的桥梁。据此,我们针对经验世界的设问,就不再局限于博物馆空间"是否"或"在多大程度上"为原真性场所这类问题,而是着眼于"原真性的体验如何可能"的问题。

本文限于篇幅未能展开对一些议题的讨论。例如,多数游客在博物馆旅行前受到媒介内容的影响较明显,媒介内容对游客的博物馆原真性感知有哪些影响?数字技术如何促使人们对博物馆空间体验进行转换?这些问题都有待后续研究给出更深入的解答。

参考文献

[1] 〔美〕莎伦·佐金:《裸城:原真性城市场所的生与死》,丘兆达、刘蔚译,上海人民出版社 2015 年版。

[2] 赵静蓉:《现代怀旧的三张面孔》,《文艺理论研究》2003 年第 1 期,第8 页。

［3］王河、李伟栋：《岭南建筑之世界文化遗产开平碉楼的原真性感知、怀旧情感、忠诚度研究》，2021 年，南粤古驿道网：nanyueguyidao.cn，2024 年 6 月 3 日访问。

［4］〔英〕贝拉·迪克斯：《被展示的文化：当代"可参观性"的生产》，冯悦译，北京大学出版社 2012 年版。

［5］J. M. Rickly，"A Review of Authenticity Research in Tourism：Launching the Annals of Tourism Research Curated Collection on Authenticity," *Annals of Tourism Research*，No. 7，2022，p. 92. 转引自许春晓、王祺慧：《红色旅游中原真性感知对出游渴望的影响》，《湘潭大学学报（哲学社会科学版）》2024 年第 1 期，第 88 页。

［6］［8］赵红梅、李庆雷：《回望"真实性"（authenticity）（上）——一个旅游研究的热点》，《旅游学刊》2012 年第 4 期，第 11-12 页。

［7］A. V. Vijayan，and M. K. Haider，"The Existence of Fairytale, Folklore, and Myths in Fantasy：A Study Based on J. K. Rowling's Harry Potter Series," *International Journal of English Language, Literature and Humanities*，Vol. 4，No. 1，2016，pp. 420-428.

［9］曹小杰、李慧宁：《跨地方饮食原真性的再造与传播——以澳洲 Billy Kwong 餐厅为例》，《新经济》2024 年第 1 期，第 111 页。

［10］〔美〕妮娜·西蒙：《参与式博物馆：进入博物馆 2.0 时代》，喻翔译，浙江大学出版社 2018 年版。

［11］［15］於红梅、潘中党、陈意如：《探寻第三场所：一个空间可供性的视角》，《新闻记者》2023 年第 7 期，第 45 页，第 52 页。

［12］曾一果、凡婷婷：《重识"地方"：网红空间与媒介地方感的形成——以短视频打卡"西安城墙"为考察中心》，《新闻与传播研究》2022 年第 11 期，第 71 页。

［13］李耘耕：《从列斐伏尔到位置媒介的兴起：一种空间媒介观的理论谱系》，《国际新闻界》2019 年第 11 期，第 6 页。

［14］J. D. Wineman，and J. Peponis，"Constructing Spatial Meaning：Spatial Affordances in Museum Design," *Environment and Behavior*，Vol. 42，No. 1，2010，pp. 86-109. 转引自於红梅、潘中党、陈意如：《探寻第三场所：一个空间可供性的视角》，《新闻记者》2023 年第 7 期，第 51 页。

［16］〔英〕约翰·威利：《地景》，王志弘等译，群学出版有限公司 2021 年版，第 178、286 页。转引自黄佩映：《多重界面与情动的联结：媒介化旅行的后现象学解读》，《国际新闻界》2022 年第 9 期，第 67、72 页。

［17］王思怡：《多感官博物馆学：具身与博物馆现象的认知与传播》，浙江大学人文学院博士学位论文，2019 年，第 23 页。

［18］汪民安：《情动、物质与当代性》，山东人民出版社 2022 年版。

［19］〔英〕约翰·厄里、〔丹麦〕乔纳斯·拉森：《游客的凝视》（第三版），黄宛瑜译，上海人民出版社 2016 年版，第 15 页。转引自周夏宇：《文化游牧与疏离自我：博物馆参观者的意义生产实践》，《新闻与写作》2023 年第 1 期，第 84 页。

［20］〔德〕汉娜·阿伦特编：《启迪：本雅明文选》，张旭东、王斑译，生活·读书·新知三联书店 2012 年版。

［21］Z. Z. Stransky, "Museology as a Science," *Museologia*, 1980, p.38. 转引自王思怡：《多感官博物馆学：具身与博物馆现象的认知与传播》，浙江大学人文学院博士学位论文，2019 年，第 28 页。

［22］木心：《木心遗稿（第三卷）》，上海三联书店 2022 年版。

［23］〔德〕韩炳哲：《透明社会》，吴琼译，中信出版社 2019 年版。

［24］〔美〕段义孚：《空间与地方：经验的视角》，王志标译，中国人民大学出版社 2017 年版。

［25］〔法〕让·鲍德里亚：《消费社会》，刘成富、全志钢译，南京大学出版社 2014 年版。

［26］马凌：《诗意地迂回：诠释现象学视角下的主体想象与旅游体验》，《旅游学刊》2022 年第 10 期，第 42 页。

［27］〔英〕多琳·马西：《保卫空间》，王爱松译，江苏教育出版社 2013 年版。

［28］孙藜：《"卧游"的消逝：城市新媒介与近代文人的"心眼"再造》，《新闻与传播研究》2023 年第 4 期，第 101 页。

［29］〔美〕全美媛：《接连不断：特定场域艺术与地方身份》，张钟萄译，中国美术学院出版社 2021 年版，第 10、135 页。转引自黄佩映：《多重界面与情动的联结：媒介化旅行的后现象学解读》，《国际新闻界》2022 年第 9 期，第 72 页。

［30］W. Bao, *Fiery Cinema：The Emergence of an Affective Medium in China*, 1915–

1945，London：University of Minnesota Press，2015，p. 16. 转引自周裕琼、张梦园：《数字公墓作为一种情动媒介》，《新闻与传播研究》2022 年第 12 期，第 36 页。

[31]〔法〕吉尔·德勒兹：《〈荒岛〉及其他文本：文本与访谈（1953-1974）》，董树宝、胡新宇、曹伟嘉译，南京大学出版社 2018 年版，第 80 页。转引自黄佩映：《多重界面与情动的联结：媒介化旅行的后现象学解读》，《国际新闻界》2022 年第 9 期，第 72 页。

科技构筑"鲜美生活":数智驱动的品牌联合实践

——基于盒马鲜生的案例研究

郭 浪 徐金灿*

摘 要 通过数智技术重构零售业"人""货""场"三大核心要素,形成线上线下一体化的新零售业态,正成为数智经济与实体经济深度融合的典范。面对新消费背景与经营难题,打造差异化的品牌形象、提升消费者忠诚度,是生鲜新零售商们必须完成的任务。本文从品牌传播学的视角出发,结合自有品牌理论和品牌联合理论,对盒马鲜生在 2018 ~2023 年的产品创新与传播展开纵向单案例研究,深入剖析数智时代品牌联合的驱动因素、路径和机理。研究发现,数智技术能够从外部环境识别、营销战略制定、联合产品开发与传播的全生命周期助力品牌联合;此外,数智技术极大地拓展了品牌联合的内涵,数智时代的品牌联合本质上是零售商以数据为生产要素,以联盟形式将需求端不断积累的消费数据反哺供给端,以实现供需间的更高效匹配。当互联网消解了市场信息的结构、规则和秩序,电商和物流消解了"物理货架",零售商与供应商通过数据资源共享、联合开发产品,共同满足消费需求,亦即以数智科技构筑美好生活。

关键词 品牌联合;新零售;品牌传播;数智经济

引 言

当前,数智技术正全面融入社会经济各领域,广泛而深刻地影响着人

———————————

* 郭浪,系北京大学新媒体研究院博士研究生;徐金灿(通信作者),系北京大学新媒体研究院副教授、博士生导师。本文受到"北京大学专业学位研究生案例教学示范课程"(项目号:6200200752)课题资助。

们的生产生活[1]。通过新技术重构零售业"人""货""场"三大核心要素，形成线上线下一体化生产、销售、流通和消费的新零售业态正成为新时代数智经济与实体经济深度融合的典范行业[2]。盒马鲜生、小象超市、叮咚买菜等企业正发展壮大，但也有一批生鲜新零售企业因陷入"高成本—高价格—少顾客—规模不经济"的恶性循环而退出市场[3]，留存下的企业普遍面临提升产品服务质量与控制成本的两难窘境。而提升顾客购买单价和复购率，正是新零售商们摊薄供应链费用、配送费用和营销费用，形成"规模经济"的关键。进而，如何塑造更好的品牌形象、提升复购率，成为生鲜新零售企业亟待解决的问题。

在传统的零售行业中，开发自有品牌商品是零售商塑造差异化品牌形象[4]、提高消费者忠诚度[5]的关键举措之一，而品牌联合也是常见的提升品牌影响力的策略[6]。在数智时代，数据信息成为企业的新型生产要素和重要资产[7][8]，那么品牌联合是否仍然必要、数智技术在其中扮演何种角色，仍然是一项长期的、复杂的品牌传播实践问题，也是学术界亟待研究的新课题。

基于已有研究的理论不足和生鲜新零售企业转型创新的现实紧迫性，本文结合自有品牌理论和品牌联合理论，对盒马鲜生（简称"盒马"）在2018～2023年的产品创新与品牌传播展开纵向单案例研究。本文以"数智驱动的品牌联合实践"为逻辑主线，旨在回答在数智经济背景下：（1）企业为什么进行品牌联合？（2）对哪些商品进行品牌联合？（3）如何进行品牌联合？（4）如何对品牌联合进行创新传播？本文通过理论分析和案例实践梳理、验证、总结企业在数智时代进行品牌联合的驱动因素、路径和机理，以期拓展传统的品牌联合理论，并为企业的创新发展和营销传播决策提供实践启示。

一　理论基础与文献综述

（一）零售商自有品牌与品牌联合

自有品牌（Private Brand）是由零售商所拥有、控制和销售的品牌[9]，区别于制造商品牌。零售商发展自有品牌可以减少来自制造商的风险[10]，传递独特的品牌形象并提升消费者忠诚度[11]，同时增强零售商与上游制造商谈判时的话语权[12]。对于互联网电商平台而言，发展自有品牌具有提升消费者黏性、降低经营成本的战略优势[13]。在产品开发中，零售商的优势是直面消费者，拥有更加全面和丰富的消费数据，相对制造商更易获取市场信息、更方便了解消费者的需求，从而及时、准确地生产产品。但传统零售商不掌握"生产—供应链"资源，在生产流程复杂、技术密集的产品类别上不如制造商品牌，在这些类别中，消费者往往更青睐制造商品牌[14]。

品牌联合是两个或以上的独立品牌通过联合或组合开发新产品或建立新品牌[15]。传统的品牌联合强调符号价值，认为联合可以将消费者对一个品牌良好的联想和情感转移到另一个品牌上[16]，帮助企业应对多变的消费者需求、增强竞争力[17]，因而常被用于新市场开拓、新品发布等场景。部分研究显示品牌联合存在一定风险：两个差距过大的品牌联合中，竞争效应使得较为强势的品牌可能会蚕食较为弱势的品牌的影响力[18]；当联合品牌中的一方出现危机或战略变动时也将对合作品牌带来株连效应[19]。

近年来，在品牌和产品层面关联性或互补性较弱甚至不明确的品牌联合开发案例在业界实践时常出现，激发了部分学者对"品牌跨界联合开发"的研讨[20]，有研究发现联盟伙伴之间产品及品牌形象的差异能够激发消费者灵感，进而增添品牌的特质和个性[21]；在品牌联合的管理过程中，企业需要关注自身发展阶段、当下需求以及合作伙伴的属性匹配问题[22]。

（二）数智驱动的品牌传播与新零售

人工智能、物联网、虚拟现实等技术正在描绘一个算法驱动、人机协同、精准传播的智媒时代[23]，也为品牌传播领域带来深刻影响[24]。

既有研究在品牌理念、创意生产、营销推广和用户消费等链条上考察了数智技术如何驱动品牌传播的变革。有研究重新思考了数智时代品牌的内涵，认为强大数据流和计算能力能够实现供需两端的即时匹配与动态调适，使品牌本质由消费领域的神话符号演变为连接生产力与消费力的智能系统[25]。品牌或将成为未来社会经济运行的总枢纽[26]。同时，数智技术正推动着各行各业从受众思维到用户思维的转变、从传统发行方式到新内容分发系统的转变[27]。数据在品牌传播中具有基础性作用。在实证研究方面，有研究证实基于消费者画像、产品信息和语言模型的智能广告文案效果显著优于传统广告文案[28]；新兴的生成式人工智能能够在降低广告设计成本的同时提升传播质量[29]；也有研究以服装设计[30]、奢侈品[31] 等行业为研究对象，考察消费者对 AI 生成广告的不同反应。

基于数智技术实现线上线下一体化的新零售模式与数智品牌传播具有天然的契合性。新零售企业借助数智技术敏锐地洞察用户需求，从而向"需求引导"的生产与销售模式转型[32]；用户画像的细化、丰富和完善使得数智营销的场景化成为现实[33]。一方面，企业通过改变用户的关注、互动、购买及推荐意愿，提升用户的感知价值，增加用户的品牌资产[34]；另一方面，企业通过数据采集与分析，挖掘用户需求，优化企业运营，提升效率并降低成本[35]。

既有文献从定义、联合类型、联合效应及其影响因素等方面探究了品牌联合的规律，取得了丰富的研究成果，但也存在理论建构时间较早、数智技术在其中的作用机理并未得到诠释的问题；国内的数智品牌传播文献多是价值探讨和展望式的理论研究，以及侧重效果研究的实证研究，缺乏对业界实践的案例研究。因此，基于品牌传播学视角，本文将媒介技术变化纳入行业变迁，利用案例方法归纳、提炼、验证数智时代的品牌联合实践规律，以期更新、拓展已有的品牌联合理论，亦为企业的数智传播实践提供启示。

二　研究方法

（一）案例选择

本文采用单案例研究方法，基于以下原因：（1）回答"为什么进行品牌联合""对哪些商品进行品牌联合""如何进行品牌联合""如何对品牌联合进行创新传播"四个问题，这些属于回答"为什么"（Why）和"怎么办"（How）的范畴，适用归纳式的案例研究方法[36]4；（2）本文探讨的问题处于探索性阶段，案例研究适合新的或现有研究不充分的领域，适用于解释性和探索性的研究问题[37]；（3）研究问题具有复杂性和动态性，单案例研究能追踪品牌联合实践的变化，加强对案例细节的详细分析，灵活处理不同层次数据，以挖掘理论规律，实现从"好故事"到"好理论"的升华[38]。

依据典型性和理论抽样原则[39]，本文选取盒马作为研究样本。盒马覆盖全国 30 余座城市 400 余家门店，是新零售的典型代表。此外，兼顾理论目标与案例对象的一致性原则[40]，盒马将独有商品作为差异化营销的重点，其利用数智技术进行"品牌联合"商品开发的过程，与本文研究问题具有高度的契合性。

（二）数据收集与分析

遵循"三角验证"原则，本文通过多渠道收集资料，共整理出约 20.2 万字的原始资料。在一手资料方面，本文利用半结构访谈法，于 2022 年至 2023 年间对 3 名盒马的营销管理人员、3 名其他生鲜平台人员和 16 名消费者展开访谈，在征得同意后对访谈过程进行录音，并对照录音进行记录和编码。

此外，本文还通过以下途径收集二手资料：（1）通过盒马官方网站收集企业动态、广告宣传等文本资料；（2）通过中国知网等收集盒马营销传播、战略管理相关的文献资料；（3）通过媒体报道、数据库、公司财报等公开信息收集材料。

本文采用归纳式主题分析方法进行资料分析，并使用 Gioia 等学者在 2013 年提出的编码方法来实现[41]。本文的资料来源及编码分类如表 1 所示。

表 1 本文数据来源与编码分类

数据类型	数据来源	编码
第一手数据	企业内部人员半结构化访谈（3 人）	A1
	行业从业人员访谈（3 人）、消费者访谈（16 人）	A2
	现场观察	A3
公开数据	企业官网、企业内容文件	B1
	论文、案例数据库	B2
	媒体报道、网页新闻	B3

首先，研究者对原始资料进行编码，形成一阶构念（First-order term）。这一阶段主要采取行动式和描述式编码方法，基于盒马企业的视角梳理其利用数智技术进行品牌联合、营造"商品力"的过程，包括外部环境识别、战略确立和品牌联合执行，并对这些关键事件和信息进行开放式编码，在比较编码的异同之后，将其合并为28个一阶构念，其数量处于Gioia等推荐的25~30这一合理范围内，如"生鲜消费需求变化""进行市场细分""将数据作为联合要素"等。其次，在一阶构念基础上进行理论的意义诠释，形成二阶主题（Second-order theme），即按照相同的表达内涵，把原本分散的一阶构念归纳为一个主题，并命名。如"竞争形势改变""生鲜消费需求变化""同业紧跟技术潮流"等，这些本质上是新零售行业层面的外部环境变化，故将其归纳为"生鲜零售行业竞争环境的变化"，作为二阶主题。按照此方法归纳，共得到11个二阶主题。最后，进一步将二阶主题聚合为理论维度，以挖掘描述性"表面结构"下的解释性"深层结构"，并探索构念如何丰富理论，例如，将"数据作为品牌联合要素""选择高匹配度的品牌联合对象""选择合适的联合时机"归纳到"数智技术驱动品牌联合决策与开发"这一理论维度。通过此阶段数据编码，共得到4个理论维度。

三　案例分析

基于案例资料，本文共归纳得到识别外部环境与消费者需求变化、明确市场定位、制定"差异化"营销战略、数智技术助力品牌联合决策与产品开发、数智技术驱动品牌联合的传播手段创新5个理论维度，下文分别对其提炼过程及理论内涵进行阐释。

（一）识别外部环境与消费者需求变化

盒马通过识别政策、技术等宏观环境变化，以及行业竞争、消费者需求变化等市场机遇，以明确品牌定位，明确后续战略制定、产品研发和营销传播的方向。

1. 宏观环境变化

盒马创立以来，面临的环境因素主要包括政策引导、技术发展和经济发展。近年来，国家大力扶持现代农业发展，连续多年中央一号文件强调发展"互联网+农业"，鼓励应用现代信息技术实现农业全产业链改造升级[42]；此外，国家支持"冷链物流"发展，2021年国务院印发了《"十四五"冷链物流发展规划》[43]，为以盒马在内的生鲜电商平台整合供应链、打造自有品牌提供了良好的政策环境。而大数据、人工智能、冷链物流等技术的发展为盒马进行产品创新、经营管理、消费者洞察等提供强有力支撑。我国宏观经济高质量转型、居民可支配收入持续提升[44]，为盒马等新零售商的创新发展带来机遇。

2. 生鲜零售行业竞争变化

目前生鲜零售行业处于菜市场、数字化转型的传统商超、新兴生鲜电商等多种模式并存，竞争异常激烈的时代。

消费者对生鲜产品需求的变化也加剧了生鲜零售行业的竞争。一方面，消费者的线上生鲜需求更加旺盛；另一方面，消费者对产品的个性化需求不断提升，相对于价格，一、二线城市消费者更加看重品牌与品质[45]。多数消费者具有同时使用多家生鲜电商平台的习惯。在参与访谈的16位消费者中，有8位消费者使用不止1家生鲜电商平台，消费者对某一品牌的忠诚度并不高。

在电商渠道不断发展的情况下，零售企业提供的"物理货架"价值下滑，需要从"卖渠道"转向"卖商品"；因而，大力发展自有品牌，构建"商品力"，提升消费者忠诚度，成为众多零售商转型的选择[46]。

（二）明确市场定位

营销战略的核心可以被定义为市场细分（Segment）、选择目标市场（Targeting）和市场定位（Positioning）三个过程。[47]14

市场细分是指企业依据消费者需求、购买行为和购买习惯等方面的差异，将市场整体划分为若干消费群；选择目标市场，即明确企业应为哪一消费群服务和提供产品。在发展之初，盒马从居住城市、年龄、家庭结构、收入4个维度对消费者进行划分，并选择"一线城市、80后90后、核心家庭/独居、中高收入"这一目标群体。后期，随着品牌影响力的扩大，盒马也逐渐将目标市场扩大至"一、二线城市"的"中产家庭"。

市场定位阶段，企业针对潜在消费者的特征进行营销设计，创立品牌在其心目中的某种形象或某种个性特征，从而取得竞争优势。在创立之初，盒马借助大数据、机器学习等技术洞察目标群体的消费行为与偏好，立足于"吃"这一场景，进行模式创新、产品开发和营销传播[48]。以模式创新为例，盒马创造性地打造了"超市+餐厅"场景，为城市忙碌的年轻人提供"加工食堂"。

表 2　盒马鲜生识别外部环境与消费者变化代表性证据示例

二阶主题	一阶构念	典型证据示例	证据数	编码来源
宏观环境变化	政策支持	近年来，国家大力扶持"互联网+农业"发展，2016 年中央一号文件指出"大力推进'互联网+现代农业'，应用物联网、云计算等现代信息技术推动农业全产业链改造升级"	4	A1、B3
	技术发展	冷链物流快速发展。2020 年，我国冷库库容近 1.8 亿立方米，冷藏车保有量约 28.7 万辆	5	A1、A2、B3
		大数据、人工智能等互联网技术在生鲜产品供应链管理和物流配送方面得到应用		
	经济发展	宏观经济稳中向好，居民可支配收入持续提升	5	B2、B3
行业竞争环境	竞争形势改变	巨头企业纷纷入局生鲜零售，加剧行业竞争。阿里巴巴集团旗下有淘鲜达、饿了么新零售和盒马鲜生。京东除自营的京东生鲜外，还布局了京东到家和店仓一体化模式的七鲜超市	6	A1、A2、B2、B3
	同业紧跟技术潮流	山姆会员店、Costco 会员店等竞争对手在自有品牌方面充分发力；新竞争对手崛起，需要打造自有品牌	4	A1、A2、B3
	生鲜消费需求变化	80 后、90 后逐渐成为消费的中坚力量，生鲜的线上消费需求愈加旺盛；年轻消费者的消费观念变化	4	A1、A2、B3
明确市场定位	市场细分	盒马鲜生在创业之初，对消费者进行了居住地、收入、年龄、家庭结构四个方面的细分	5	A1、B3

续表

二阶主题	一阶构念	典型证据示例	证据数	编码来源
明确市场定位	选定目标市场	包括80后、90后、00后的白领人群，核心家庭，使用年轻消费者认可和喜欢的营销手段、方式	3	A1、A3
	市场定位	树立差异化的品牌形象，盒马鲜生立足于"吃"这一场景推进营销传播，帮助消费者吃的更好、更健康	2	A1、A3、B3

（三）制定差异化的营销战略

面对行业竞争和消费需求变化，盒马确立"商品力"是其目前唯一的核心竞争力，将"差异化"作为营销战略。在此战略目标下，利用"品牌联合"来开发自有品牌商品，并通过严密的品类规划明确需要重点开发的产品类目。

1. 借助品牌联合实现战略目标

打造差异化的品牌形象是盒马的营销目标。坚持"用科技和创新引领万千家庭的'鲜美生活'"的品牌理念，通过门店中奔驰的"悬挂链"[49]、只售一日的"日日鲜"自有品牌蔬菜等，来突出盒马"科技""鲜美"的品牌特质。

但零售商开发自有商品往往会受到供应链资源的限制，在一些复杂度高的品类上，难以与制造商品牌相抗衡。基于此，品牌联合成为盒马实现战略目标的重要举措。一方面，品牌联合面向年轻消费者传递出品牌的活力和趣味性，如与"OATLY"的联名雪糕、与"天线宝宝"的联名点心；另一方面，联合可以突破自有品牌开发的资源限制，利用制造商资源强化与生产厂商的联系，为产品开发提供多样化的选择。

2. 规划产品的不同功能

在资源约束的情况下，盒马将商品规划为"民生商品"和"引流商品"两大类别，"民生商品"满足消费者日常生鲜需求，以蔬菜水果、肉禽蛋和米面粮油为主。"引流商品"则是盒马重点打造的"爆款"商品，其功能不仅是赢利，而且要吸引消费者进店消费其他商品，实现"引流""带货"。盒马在细分品类分别推出盒马日日鲜、盒马工坊等自有品牌，涵盖生鲜、休闲零食、熟食、烘焙、鲜花、酒水、生活日用等多个品类，这些也是盒马进行品牌联合的重点品类。受访对象表示："资源有限，不能所有产品都自己开发。每个品类中会有 1~5 款爆品，通过经营数据复盘决定重点推哪些品类，这些爆品在盒马 SKU 数量总占比不到 3%，但销售额达到了 12% 左右，并且靠它们吸引顾客来店里，再买其他商品。"

表3　盒马鲜生制定差异化营销战略代表性证据示例

二阶主题	一阶构念	典型证据示例	证据数	编码来源
借助品牌联合实现战略目标	品牌宣言，突出"科技""鲜美"	2017 年，盒马鲜生在上海推出自有品牌"日日鲜"系列蔬菜产品，囊括了上海当地人日常食用的十余种绿叶蔬菜，宣传所有产品"只售一日"	5	A1、A2、A3、B1、B2
	开发差异化产品	与 OATLY 的联名雪糕、与天线宝宝的联名甜点	3	A1、A3
规划产品的不同功能	民生产品/常规产品	面点类，顾客购买概率较高的基础商品，例如米面粮油等	1	A1
	引流产品	每个大品类中会有 1~5 款爆品，承担引流作用，具备"人无我有"、"人有我优"或"价格实惠"的吸引力	4	A1、A3
		在烘焙品类，每个门店商品不多，引流商品（盒马商品 SKU 约 1 万）占比不到 5%，但销售额占比远远超过 SKU 占比		

（四）数智技术助力品牌联合决策与产品开发

盒马借助数智技术，调动内外部信息资源、选择合适的联合对象与时机，将消费大数据传导至供给侧，以数据指导联合产品的设计、生产、销售和汰换，最终完成企业层面的"商品力"战略目标。

1. 将数据作为品牌联合要素

在品牌联合中，合作双方共享特定的资源实现优势互补。在数据成为重要生产要素的背景下，盒马利用零售商直接面对消费需求、精细化库存管理等数据优势，与供应商的生产资源形成资源交换、优势互补，联合打

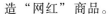

造"网红"商品。

数据体量积累。盒马通过各类触点与用户进行交互，持续更新和沉淀用户数据。门店为用户提供消费和体验场景，通过支付宝付款和线上应用将顾客引流至线上，实现消费数据沉淀。

完善用户画像。盒马通过数字化会员体系，将用户与其账户绑定，以提升消费体验为核心，对用户进行全生命周期的管理，从而精准识别出用户的场景化和多样化需求。

整合外部信息资源。盒马实时关注抖音、小红书等社交平台的信息，结合自身数据中台，以挖掘新消费需求，为共同产品研发奠定基础、规划方向。盒马设置"热点趋势库"，追踪研究报告、消费报告中的行业热点，以及抖音等社媒中的消费热点，紧跟市场变化。例如，盒马紧随年轻人养生热潮，结合消费数据，与苏州的中华老字号"李良济"合作研发冲泡茶包，首批上线的桂花金橘茶、洛神蜜桃茶等茶包受到消费者广泛好评。受访消费者表示："我想养生的时候，发现盒马也有好多不同口味的养生茶，盒马好像比我还懂我自己。"盒马与燕京啤酒展开合作，推出"新鲜每日达"原浆啤酒，在这一合作中，盒马提供了精细化的库存管理经验和消费者画像，燕京啤酒则提供了原浆啤酒的精酿技术和供应链。

2. 选择高匹配度的品牌联合对象

成功的品牌联合需要合作品牌间存在逻辑上的契合，即联合匹配度。联合匹配度包括合作品牌产品类别和品牌形象的匹配。企业需要结合自身品牌特性，关注合作品牌间产品类别、属性、功能的相似性与关联性[50]。内外部数据信息的沉淀与整合则有助于盒马准确理解消费者需求。

盒马在选择品牌联合的合作方时，一方面选择产品高度匹配的合作方，如与传统餐饮的合作；另一方面选择品牌属性高度匹配的合作方，如与同样定位新潮流的"喜茶"联名，共同设计生产出独具特色而且只在盒马销售的联合产品，以巩固、提升品牌价值。对此，受访对象表示："通过追踪消费者的行为数据，我们可以发现和一些品牌之间共享特定的消费群，他们都是潜在用户，这便于我们选择联合对象。"

传统时代的生产——供应链：

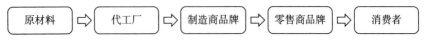

数智时代的生产——供应链：

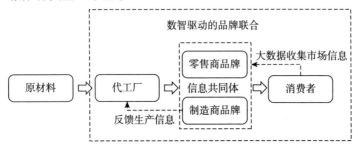

图1 数智驱动的品牌联合对原有产品供应链流程的改进

3. 选择联合时机

盒马从创立之初就着力打造"鲜美生活"的品牌形象，立足于"吃"这一场景，盒马与合作方进行联合产品的设计与生产时，也注重联合产品在时间与空间上的差异化，从而形成"时令"和"地域"的特色。

"时令"即"季节"，盒马利用气候和节气的变迁，满足消费者不同时节的需要。如盒马春季上新与喜茶的联名商品"青团"。

在地域方面，盒马利用数字化供应链技术在全国建立了1000个直采基地和100多个供应链中心仓，实现企业品牌与"地理品牌"的强强联合；盒马利用大数据"热点趋势库"挖掘各地特色，创建"盒马工坊传承手艺人计划"，专门寻找当地的老字号门店，邀请各地"手艺人"与盒马联合打造产品，将地方美味、传统手艺推向全国市场。实现与手艺人"个人品牌"的强强联合。如盒马与苏州当地手艺人推出的"严阿姨"八宝饭。

表4 盒马鲜生确立自有品牌开发战略代表性数据示例

二阶主题	一阶构念	典型证据示例	证据数	编码来源
数据作为联合要素	数据体量积累	盒马通过会员数字化绑定账户，以不断提升消费体验为原则，对用户进行全生命周期管理	5	A1、A2、B1
	完善用户画像	在用户数据积累的基础上，识别出场景化、多元化的用户需求	6	A1、A2、B1

续表

二阶主题	一阶构念	典型证据示例	证据数	编码来源
数据作为联合要素	整合内外部信息资源	盒马从数据中台以及 B 站、小红书等其他社交平台中获取的信息，挖掘新消费需求，通过共同研发和品牌联名，赋予传统商品新消费元素，例如与光明联手推出流心奶黄八宝饭，与新雅粤菜馆共同打造网红爆款青团等	3	A1、A2、B2
选择合作对象	产品匹配度	突破商品开发的原有界限，例如盒马与传统餐饮的联合	6	A1、A3、B2、B3
	品牌匹配度	与同样定位新潮流的"喜茶"联名，共同设计生产出独具特色而且只在盒马销售的联合产品	7	A1、A2、A3、B2、B3
选择联合时机	选择时令商品	盒马针对复杂多样的国内消费市场，打造时间和空间上的特色，从而形成了盒马特有的"时令"产品营销策略。而在生鲜电商领域，盒马鲜生利用气候和节气的变迁，在"吃的人时"这件事上占领消费者心智；营造节日氛围	10	A1、A2、B1、B2、B3
	挖掘地域特色	产地直采。在云南、贵州、新疆等生鲜原产地实行"盒马村"模式	4	A1、A2、B1

（五）数智技术驱动品牌联合的传播手段创新

借助智能创意生产、个性化推荐、大数据等数智技术，盒马能够优化联合商品的传播效率，并持续收集、学习和理解消费者对联合商品的反馈，通过内部经营复盘和产品更新汰换，规避联合风险。

1. 数智技术优化营销传播效率

品牌联合丰富的营销内容意味着更多的人员和工具成本，盒马也面临日益增长的内容诉求与高成本之间的矛盾。2019 年，盒马自研智能创意生产平台"盒创设"，实现广告文本、图片、音频、视频等各种形式的内容智能生产。经过多年持续学习和发展，"盒创设"支持不同风格、场景和角度的内容生成，覆盖生鲜零售行业通用的时令节气、节日、生活等场景，满足大部分品牌联合营销活动的广告需求，从而极大降低了联合产品的营销成本。

借助数字技术，商品能够实现基于用户个性化需求的精准触达。根据案例实践，盒马基于不断完善的阿里淘系数据和自身沉淀的用户数据优化算法模型，助力联合产品开发和预测，并通过个性化营销来实现商品精准触达。

2. 大数据追踪品牌联合反馈

被错误实施的品牌联合可能带来品牌个性的不和谐，稀释原品牌的价值。在消费者尤其看重质量的生鲜行业，盒马利用大数据技术追踪社交媒体上关于联合商品的反馈，从商品的传播效果、"带销量"能力和"是否好吃"的商品力等3个维度评估联合活动的质量。

持续学习、反馈和理解市场需求。智能算法具有自动学习、智能决策、迭代优化等特征，即在大规模数据的训练下，机器学习算法能够做出更加精准的预测和评估[51]，并利用反馈结果持续学习、迭代和优化，实现对联名活动的持续追踪和评估。受访对象说："联名意味着营销资源的投入，做营销大多数时候都能提升销量，但我们需要大数据分析明确哪些回报是砸资源换来的，哪些是真正能够提升品牌形象的，消费者和市场的反馈将直接决定合作关系是否能继续。"

3. 品牌联合风险规避

品牌联合也有可能为企业带来风险。在消费者层面，存在消费者将其对某一品牌的厌恶传递给其他合作品牌的风险；在品牌层面，联合品牌中的一方出现危机或变动也将对合作品牌带来株连效应。

有限的合作次数。面对品牌联合可能的风险，盒马也注意"爱惜羽毛"，品牌联合推出的产品占盒马全线产品数量不超过10%，每月合作企业不超过3家。

表5 盒马鲜生 2022 年进行品牌联合的商品统计

年/月	联名品牌	联名商品	年/月	联名品牌	联名商品
2022/12	小红书	红薯叶鲜肉水饺	2022/08	广莲申	酒酿水麻薯
2022/12	北京同仁堂	汤料包系列	2022/08	OATLY	冷萃燕麦拿铁
2022/12	葡刻	氛围感红酒包	2022/07	WAT	微醺美味零食系列

续表

年/月	联名品牌	联名商品	年/月	联名品牌	联名商品
2022/11	WiMo	热红酒料包组合	2022/05	和平精英	端午限定粽子礼盒
2022/10	小浣熊	手摇系列吮指鸡架/桥头排骨	2022/03	每日黑巧	每日黑巧团子
2022/10	就是泰	泰式椰浆咖喱面包	2022/03	花知晓	腮红团子
2022/10	梅见	话梅柠檬熟醉大闸蟹	2022/03	RE调香室	下午茶套餐
2022/10	永璞	咖啡糯叽叽串串	2022/03	KAKAO	屁桃团子
2022/08	中国美术馆文创中心	齐白石墨韵月饼	2022/01	谭鸭血	鸭血魔芋包
2022/08	领头羊	缸子肉	2022/01	东发道	渥奶华八宝饭
2022/08	小黄人/都乐	萌萌蕉	2022/01	迪士尼影业	魔法花园主题花束

产品更新汰换。除时令新品之外，盒马利用销售大数据辅助经营分析，对销售额占比不高、发展慢、损耗高的联合商品进行汰换，并在研发上保持平均 30~45 天上市的速度，平均每个月汰换 10% 的商品。

表 6　数智技术驱动品牌联合的传播手段创新代表性数据示例

二阶主题	一阶构念	典型证据示例	证据数	编码来源
数智技术优化营销传播效率	降低营销传播成本	AI 设计营销物料的生成平台	7	A1、A2、B1、B2、B3
	科技手段占领消费者心智	AI 智能收银机；AI 电子秤等	4	A1、A2、A3、B1
	商品精准触达	盒马主要通过数据选品和预测，以及个性化营销来实现商品精准触达。盒马基于不断完善的阿里淘系数据和自身沉淀的用户数据优化算法模型，做到商品选品、预测和个性化营销的精准化	3	A1、A2、B2
大数据收集品牌联合反馈	品牌与消费者互动，加强反馈	盒马利用大数据技术追踪盒马 App 和其他社交媒体上关于联合商品的反馈，从商品的传播力、带销量能力和"是否好吃"的商品力等 3 个维度评估联合活动的质量	2	A1

续表

二阶主题	一阶构念	典型证据示例	证据数	编码来源
大数据收集 品牌联合反馈	持续学习与反馈	在大规模数据的训练下，机器学习算法能够做出更加精准的预测，实现基于数据智能的快速决策，并利用反馈结果持续学习、迭代和优化，以满足海量用户的个性化需求	7	A1、A2、A3、B2、B3
规避品牌 联合风险	适宜的联合形式	盒马在各地门店所在的当地寻找生产供应商，将生产配方交予供应商，并与其签订严格的保密协议，确保这些商品只提供给盒马	2	A1、A3
	有限的合作次数	品牌联合推出的产品占盒马全线产品数量不超过 10%，每月合作企业不超过 3 家	4	A1、A2、B3
	产品更新汰换	在研发上保持平均 30~45 天上市的速度，平均每个月汰换 10% 左右的商品	6	A1、A3、B3

结　语

本文通过对盒马鲜生在数智经济背景下利用品牌联合来实现差异化的营销战略进行了纵向单案例研究，验证、总结了企业进行品牌联合的驱动因素、路径和机理，探讨了数智时代品牌联合的规律。主要得出以下结论：（1）政策、技术和社会经济等宏观环境为新零售企业的发展带来机遇和挑战，而消费者个性化需求增强、行业竞争日趋激烈、渠道变化要求零售企业打造差异化的商品力，这是其进行品牌联合最直接的动力；（2）零售企业通过积累数据体量、完善用户画像，以数据作为生产要素进行品牌联合，将消费大数据传导至供给侧，指导联合产品的决策、设计和生产；（3）智能广告、个性化推荐等数智技术，可优化联合商品的品牌传播、销售和汰换，并规避联合风险。

本文立足于新零售实践和数智技术，拓展了现有的品牌联合理论。本文发现，数智技术能够从外部环境识别、营销战略制定、联合产品开发与传播的全生命周期赋能品牌联合；在此基础上，数智技术极大地拓展了品

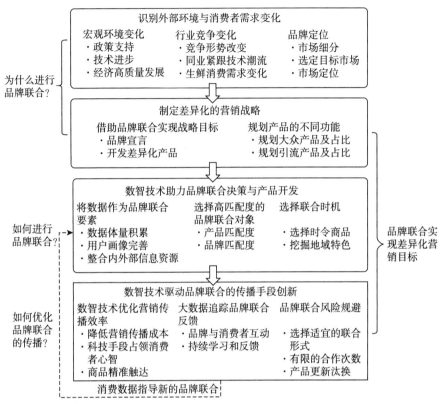

图 2　生鲜新零售商利用品牌联合进行自有品牌开发的机理模型

牌联合的内涵，传统的品牌联合局限于品牌间合作的营销活动，而数智时代的品牌联合本质上是零售商以数据为生产要素，通过需求端不断积累的用户数据指引供给侧企业的生产优化，以实现供需间的更高效匹配、更好满足消费需求。需要强调的是，仅有数智技术并不一定能达到品牌联合的正面效果，企业还需要充分发挥实体业务积累的供应链资源、门店与库存管理能力、以顾客为中心的服务等优势，整合内外资源与禀赋，由此实现品牌联合的良好传播效果。本文亦有助于我们理解数智经济背景下的零—供关系。当互联网消解了市场信息的结构、规则和秩序，电商和物流消解了"物理货架"，零售商与供应商通过数据资源共享、联合开发，共同满足消费需求，推动市场信息的透明化和去中心化，实现价值共创[52]。本文对新零售企业的自有品牌开发也具有实践启示意义。

　　本文通过单案例研究法对盒马的品牌联合过程进行分析，未来研究可进行跨行业的多案例研究或定量研究检验本文成果，还可以结合组织传播、营销管理等视角深入剖析企业内部结构、业务环节，以弥补本文不足。

参考文献

[1] 戚聿东、沈天洋：《人工智能赋能新质生产力：逻辑、模式及路径》，《经济与管理研究》2024 年第 7 期，第 3-17 页。

[2] 荆兵、李梦军：《盒马鲜生：阿里新零售业态》，《清华管理评论》2018 年第 3 期，第 78-84+86 页。

[3] 但斌、江小玲、王烽权：《生鲜电商流通模式演化与服务价值创造——盒马鲜生和京东生鲜的双案例研究》，《商业经济与管理》2024 年第 1 期，第 20-36 页。

[4] Ailawadi, & K. L. Keller, "Understanding Retail Branding: Conceptual Insights and Research Priorities," *Journal of Retailing*, Vol. 80, No. 4, 2004, pp. 331-342.

[5] S. Seenivasan, K. Sudhir, & D. Talukdar, "Do Store Brands Aid Store Loyalty?", *Management Science*, Vol. 62, No. 3, 2016, pp. 802-816.

[6] T. Blackett & B. Boad "Co-branding: The Science of Alliance," *Journal of Brand Management*, Vol. 7, No. 3, 2000, pp. 161-170.

[7] 谢康、夏正豪、肖静华：《大数据成为现实生产要素的企业实现机制：产品创新视角》，《中国工业经济》2020 年第 5 期，第 42-60 页。

[8] 解季非、马露露、杨勇：《数智技术赋能可持续制造和循环经济的效应研究》，《管理评论》2024 年第 7 期，第 82-95 页。

[9] P. Ghosh, *Retail Management*, The Dryden Press, 1990.

[10] Paul S. Richardson, Arun K. Jain, Alan Dick, "Household Store Brand Proneness: A Framework," *Journal of Retailing*, Vol. 72, No. 2, 1996, pp. 159-185.

[11] M. Corstjens, R. Lal, "Building Store Loyalty through Store Brands," *Journal of Marketing Research*, Vol. 37, No. 3, 2000, pp. 281-291.

[12] P. K. Chintagunta, A. Bonfrer, I. Song, "Investigating the Effects of Store-brand Introduction on Retailer Demand and Pricing Behavior," *Management Science*,

Vol. 48, No. 10, 2002, pp. 1242-1267.

[13] 刘文纲:《网络零售商与传统零售商自有品牌战略及成长路径比较研究》,《商业经济与管理》2016 年第 1 期, 第 9 页。

[14] D. Del Vecchio "Consumer Perceptions of Private Label Quality: The Role of Product Category Characteristics and Consumer Use of Heuristics," *Journal of Retailing and Consumer Services*, Vol. 8, No. 5, 2001, pp. 239-249.

[15] B. L. Simonin, & J. A. Ruth "Is a Company Known by the Company It Keeps? Assessing the Spillover Effects of Brand Alliances on Consumer Brand Attitudes," *Journal of Marketing Research*, Vol. 35, No. 1, 1998, pp. 30-42.

[16] A. R. Rao, L. Qu, & R. W. Ruekert "Signaling Unobservable Product Quality through a Brand Ally," *Journal of Marketing Research*, Vol. 36, No. 5, 1999, pp. 258-268.

[17] J. H. Washburn, B. D. Till, R. Priluck, "Brand Alliance and Customer-based Brand-equity Effects," *Psychology and Marketing*, Vol. 21, No. 7, 2004, pp. 487-508.

[18] C. Marcus, M. R. Forehand, & J. W. Angle, "Riding Coattails: When Co-branding Helps versus Hurts Less-Known Brands," *Journal of Consumer Research*, Vol. 5, 2015, pp. 1284-1300.

[19] 项志明、陈文长:《品牌联合理论综述》,《市场周刊（理论研究）》2008 年第 2 期, 第 50-52 页。

[20] 王德胜、李婷婷、韩杰:《老字号品牌跨界对年轻消费者品牌态度的影响研究》,《管理评论》2022 年第 34 卷第 2 期, 第 203-214+227 页。

[21] 简予繁、朱丽雅、周志民:《品牌跨界联合态度的生成机制:基于消费者灵感理论视角》,《南开管理评论》2021 年第 2 期, 第 25-38 页。

[22] 李杨、刘莹莹、丁玲 等:《消费升级下知识产权衍生品品牌联合动态管理模型的双案例研究》,《管理学报》2021 年第 8 期, 第 1130-1138 页。

[23] 罗自文、熊庚彤、马娅萌:《智能媒体的概念、特征、发展阶段与未来走向:一种媒介分析的视角》,《新闻与传播研究》2021 年第 28 期, 第 59-75 页。

[24] 李诗:《智媒时代的广告传播:具身、情境与体验》,《广告大观（理论版）》2020 年第 3 期, 第 42-47 页。

［25］ 周翔、仲建琴：《计算转向：智媒体时代品牌理念嬗变及传播创新》，《新闻爱好者》2020 年第 11 期，第 30-33 页。

［26］ 廖秉宜：《优化与重构：中国智能广告产业发展研究》，《当代传播》2017 年第 4 期，第 97-101 页。

［27］ 张琛：《重新定义智媒时代：内容 2.0 的变革趋势及创新要素》，《出版广角》2019 年第 9 期，第 36-39 页。

［28］ 秦雪冰、郭博：《智能广告文案的消费者参与度研究——基于汽车之家 App 的实证检验》，《新闻与传播研究》2022 年第 6 期，第 56-72 页。

［29］ M. Reisenbichler, T. Reutterer, D. A. Schweidel, et al., "Frontiers：Supporting Content Marketing with Natural Language Generation," *Marketing Science*, 2022, Vol. 41, pp. 441-452.

［30］ Garim Lee, Hye-Young Kim, "Human vs. AI：The Battle for Authenticity in Fashion Design and Consumer Response," *Journal of Retailing and Consumer Services*, Vol. 77, 2024.

［31］ L. Xu, R. Mehta, "Technology Devalues Luxury? Exploring Consumer Responses to AI-designed Luxury Products," *Journal of the Academy of Marketing Science*, 2022, Vol. 50, pp. 1135-1152.

［32］ 崔嘉：《新零售时代下的数据智能营销战略——零售行业如何利用 AI 技术创造价值》，《清华管理评论》2019 年第 4 期，第 20-23 页。

［33］ 谢莉娟、庄逸群：《互联网和数字化情境中的零售新机制——马克思流通理论启示与案例分析》，《财贸经济》2019 年第 40 期，第 3 期，第 84-100 页。

［34］ 江积海、阮文强：《新零售企业商业模式场景化创新能创造价值倍增吗?》，《科学学研究》，2020 年第 2 期，第 346-356 页。

［35］ 王烽权、江积海、蔡春花：《相得益彰：数据驱动新零售商业模式闭环的构建机理——盒马案例研究》，《南开管理评论》2024 年第 1 期，第 01 期，第 4-17 页。

［36］ R. K. Yin, *Case Study Research：Design and Methods*, London：Sage Publications, 2013, p. 4.

［37］ 井润田、孙璇：《实证主义 vs. 诠释主义：两种经典案例研究范式的比较与启示》，《管理世界》2021 年第 3 期，第 198-216+13 页。

［38］ 黄江明、李亮、王伟：《案例研究：从好的故事到好的理论——中国企业管理案例与理论构建研究论坛（2010）综述》，《管理世界》2011 年第 2 期，第 118-126 页。

［39］ K. M. Eisenhardt，M. E. Graebner，"Theory Building from Cases：Opportunities and Challenges," *Academy of Management Journal*，Vol. 50，No. 1，2007，pp. 25-32.

［40］ B. Glaser，A. Strauss，"Applying Grounded Theory," *The Grounded Theory Review*，Vol. 13，No. 1，2014，pp. 46-50.

［41］ D. A. Gioia，K. G. Corley，A. L. Hamilton，"Seeking Qualitative Rigor in Inductive Research：Notes on the Gioia Methodology," *Organizational Research Methods*，Vol. 16，No. 1，2013，pp. 15-31.

［42］ 《中共中央 国务院关于落实发展新理念加快农业现代化实现全面小康目标的若干意见》，2015 年 12 月 31 日，https：//www. gov. cn/gongbao/content/2016/content_5045927. htm，2023 年 7 月 3 日访问。

［43］ 《"十四五"冷链物流发展规划》，2021 年 11 月 26 日，https：//www. gov. cn/gongbao/content/2022/content_5667300. htm，最后访问日期：2023 年 7 月 3 日。

［44］ 《中华人民共和国 2023 年国民经济与社会发展统计公报》，2024 年 2 月 29 日，https：//www. gov. cn/lianbo/bumen/202402/content_6934935. htm，最后访问日期：2024 年 5 月 3 日。

［45］ 刘朝霞：《第四消费时代的现代性反叛与田园想象——以李子柒海外走红为案例的分析》，《现代传播（中国传媒大学学报）》2020 年第 9 期，第 60-67 页。

［46］ 刘文纲、王明坤：《零售企业自有品牌战略实施现状研究——以北京市为例》，《商业经济研究》2019 年第 23 期，第 3 页。

［47］ 〔美〕菲利普·科特勒：《营销管理》（第 13 版），王永贵、何佳讯、陈荣、于洪彦译，上海人民出版社 2009 年版，第 14 页。

［48］ 杨坚争、齐鹏程、王婷婷：《"新零售"背景下我国传统零售企业转型升级研究》，《当代经济管理》2018 年第 9 期，第 24-31 页。

［49］ 王锐、冯羽：《盒马鲜生："中国式"的新零售范本》，《营销科学学报》2019 年第 1 期，第 106-121 页。

［50］孙国辉、刘培：《基于品牌联合类型的解释策略选择对消费者评价新产品影响机理研究》，《中央财经大学学报》2021 年第 4 期，第 93-100 页。

［51］D. Sjödin, V. Parida, et al., "How AI Capabilities Enable Business Model In-novation: Scaling AI through Co-evolutionary Processes and Feedback Loops," *Journal of Business Research*, Vol. 134, No. 1, 2021, pp. 574-587.

［52］谢康、吴瑶、肖静华：《基于大数据合作资产的适应性创新——数字经济的创新逻辑（二）》，《北京交通大学学报（社会科学版）》2020 年第 2 期，第 26-38 页。

内地香港青年双文化认同整合（BII）的影响因素和优化路径研究

何国平 秦梓漪[*]

摘 要 随着作为国家战略的粤港澳大湾区建设的推进与配套利好政策的落地，越来越多的香港青年赴内地工作学习。在此过程中他们感受和体验内地文化和香港文化的碰撞和交锋，认识到做好双重文化认同调适的重要性。本研究以在内地学习工作三个月以上的香港青年为问卷对象，实证考察媒介使用、社会文化适应、社会支持对其双文化认同整合（BII）的影响。研究发现：内地香港青年具有明显的双文化特性；他们的内地媒介使用利于社会文化适应，进而促进 BII；社会支持提升利于 BII 水平提升，正式支持作用更显著；内地香港青年社会文化适应对 BII 有显著正向影响。基于以上发现，研究提出给予内地香港青年更多情感支持、洞察他们的媒介偏好和使用习惯、重视价值观引导等优化路径。

关键词 内地香港青年；双文化认同整合；媒介使用；社会支持；社会文化适应

引 言

随着《深化粤港澳合作 推进大湾区建设框架协议》（2017 年 7 月 1 日）

———————

* 何国平，系东莞理工学院文学与传媒学院教授，广州城市舆情治理与国际形象传播研究中心研究员；秦梓漪，系广东外语外贸大学新闻与传播学院硕士研究生。本文系广东外语外贸大学师生共研项目"粤港澳大湾区背景下增强港澳青少年的国家认同、民族认同和文化认同研究"（项目编号：21SS06）的研究成果，国家社会科学基金重大项目"健全重大突发事件舆论引导机制与提升中国国际话语权研究"（项目编号：20&ZD320）的阶段性成果。

的签署，粤港澳大湾区建设正式进入实施阶段。大湾区建设是推动形成全面开放新格局的新尝试和"一国两制"事业发展的新实践，为顺利推进建设，国家持续对粤港澳地区实行政策加持。2019 年国家出台的《粤港澳大湾区发展规划纲要》（以下简称《纲要》）从就业创业、教育等方面为港澳青年提供支持，特别是为港澳青年提供就业创业服务，将港澳青年全面纳入公共就业人才服务体系以提供政策支持[1]。作为中华人民共和国第一个青年发展规划，中共中央、国务院 2017 年印发的《中长期青年发展规划（2016—2025 年）》（以下简称《青年规划》）指出：积极为港澳台青年提供内地创新创业平台[2]。2020 年发布的《关于金融支持粤港澳大湾区建设的意见》从促进粤港澳大湾区跨境贸易和投融资便利化等多个方面提供政策支持，为香港青年参与大湾区建设提供金融支持[3]。2021 年，《全面深化前海深港现代服务业合作区改革开放方案》（以下简称《前海方案》）进一步支持香港青年在深圳前海发展创业，并提供良好的环境[4]。从国家顶层设计层面，这些制度文件所转化的社会支持为港澳青年更好地融入粤港澳大湾区提供了政策依据。

香港文化虽然源于中华文化，但在长达 156 年（1841 年至 1997 年）的英国统治中，深受西方文化影响，与中华文化相互碰撞、激荡。这段历史塑造了香港社会多元的文化风貌，香港人成为双文化甚至多元文化身份的拥有者和认同者。多元文化成为香港社会的显著特征，中西合璧、中西交融成为香港文化主要特性的共识性表述[5][6]。因此，香港居民具有典型的内地文化和香港文化互嵌的双文化群体特征。随着"一国两制"政策的推进和粤港澳大湾区建设的实施，越来越多的香港青年到内地接受教育和创业就业，香港文化和内地文化在交流中产生的文化碰撞给作为双文化个体的香港青年造成一定程度的心理困惑和交往障碍。来内地工作学习的香港青年群体面临如何处理社会文化适应和双重文化认同等现实难题。

然而，在沟通交往和社会文化层面，哪些因素影响内地香港青年群体对香港文化和内地文化的认同和调适水平呢？基于这一现实关切，本文以双文化认同整合（BII）为被解释变量，以媒介使用、社会支持和社会文化适应为解释变量或中介变量，对内地香港青年双文化认同整合的影响因素展开实证分析。

一 文献回顾

（一）媒介使用、社会支持和 BII

2002 年，蓓内特-马丁内斯（Benet-Martínez）等提出的双文化认同整合（Bicultural Identity Integration，以下简称 BII）可预测个体心理和文化适应方面的行为[7]。这种整合体现个体差异，即双文化个体对两种文化身份"兼容"与"对立"的感知程度；识别 BII 的大五（Big Five）人格和文化适应（文化适应压力、文化适应态度、双文化能力）的预测因子[8]。媒介与认同研究发现，媒介使用可以促进个体接触当地文化习俗，满足双文化个体的文化适应需求，有利于个体建构 BII。双文化个体的文化认同被媒介使用行为影响，出现双语性和多元性等双文化特征。作为双文化个体，来华留学生的媒介使用与对中国文化认同具有一定的相关性[9]。在以美籍华人本科生、研究生、访问学者和他们的配偶为样本的研究中，BII 高的个体的社交网络包括更多主流文化的朋友，他们与主流文化和族群文化的朋友联系比 BII 水平低的个体更加密切[10]，这说明，BII 水平的变化与认知复杂性和社交行为有关，而媒介使用可以促进社交行为，有助于双文化个体对接触的两种文化进行省思与整合。

媒介使用影响社会支持的研究多集中在健康传播和跨文化适应领域。随着微信使用强度的增加，社会比较带来的孤独感可以被主动的定向交流及其带来的情感支持所抵消，青少年群体应积极主动地利用社交媒体开展高质量的社会交往活动，这有助于维持健康的亲密关系，也有利于摆脱自我异化的"社交孤独"状态。[11]；网络使用影响上海大学生的社会支持感，从而增强幸福感[12]。青少年通过媒介使用增强人际关系的交流[13] 以获取对支持的感知。社交网站帮助学生拓展社会资本和社会支持网络，与熟人群体保持高效便捷的联系，促进他们融入大学生活[14]。同时，媒介使用行为对文化适应具有预测性，留学生通过媒介接触行为可以获取情感上和信息上的帮助，从而提高社会支持水平[15]。

社会支持属于促进 BII 的外部因素。来自父母的支持影响孩子在多元文化环境中的文化认同整合[16]，同时来源于父母和同伴的社会支持则可以提高个体的文化认同[17]。进城农民工社会支持的获取直接影响 BII 水平，减少他们的城市不良适应感[18]。综上，本研究提出如下假设。

H1：内地香港青年媒介使用对 BII 产生显著正向影响。

H2：内地香港青年媒介使用对社会支持水平产生显著正向影响。

H3：内地香港青年媒介使用通过社会支持影响 BII。

H3a：媒介使用通过正式支持影响 BII。

H3b：内地香港青年媒介使用通过非正式支持影响 BII。

（二）社会文化适应与 BII

媒介使用在社会文化适应中发挥重要作用。社会文化适应指当两种社会文化存在异质性时，个体在两种社会之间往来会对两种不同的社会文化做出情感与认识上的调节与改变。一项关于在美中国留学生的网络媒介使用如何影响双文化认同整合的实证研究发现，对两国网络媒介的使用均有助于提升双文化认同整合水平，其中，中国网络媒介使用显著提升"文化距离"的接近性感知[19]；对在英留学的中国学生的跨文化适应研究发现，对英国社交媒体的使用可以帮助个体同时提升社会文化适应和心理适应[20]；媒介使用可以帮助青少年加强合作，增加与群体的联系，建立广泛的社会关系网络，帮助青少年提升社会交往能力[21]，促使青少年增强适应能力；留学生的微信使用行为对其社会文化适应多维度均有促进作用，有利于留学生群体接触当地语言，提升语言技能，更便捷地了解当地文化，从心理层面认可中国文化[22]。采取整合策略的个体的社会文化适应状况比采取其他文化适应策略的个体更好[23]。

基于越南裔—美国双文化个体的研究发现，价值观的文化适应与文化和谐有关，即只认可一种文化价值观的个体比认可两种文化价值观的人更能感受到文化间的和谐。对于具有两种文化的越南裔美国人来说，文化融合与行为的文化适应有关，而文化和谐与价值观的文化适应有关[24]。对中国双文化个体的研究也支持价值观与 BII 中文化和谐—冲突维度之间的联系。语言一直是 BII 影响因素研究的关注重点[25]。对内地和香港双文化个体的研究发现，普通话和粤语的能力与使用对 BII 水平有显著影响，掌握双语能力能增强双文化个体的沟通能力，使之产生更强的归属感。对粤港学生的文化适应状况调查发现生活适应是重要维度，因为香港和广东地域相近，天气、饮食习惯相似[26]，所以生活适应成为考察香港青年对内地服务模式、生活模式、物价水平等的适应程度的指标。综上，本研究提出如下假设。

H4：内地香港青年媒介使用对社会文化适应产生显著正向影响。

H5：内地香港青年媒介使用通过社会文化适应影响 BII。

（三）社会支持、社会文化适应和 BII

社会支持是影响社会文化适应的因素。社会支持使双文化群体实现跨文化适应和身份整合[27][28]，减少文化适应压力，但来自同胞的社会支持会妨碍个体对当地文化的融入，在某种程度上不利于文化适应。社会支持是影响文化适应的重要外部因素[29]。内地藏族班学生获得的社会支持越多，文化适应越好；在流动儿童的文化适应中，社会支持起中介作用[30]。

社会支持有利于促进个体的适应状况。如果个体获取更多的社会支持，那么社会适应状况会更好。留学生的社会支持与社会文化适应呈显著正相关，社会支持促进留学生的社会适应[31]；大学生在微信使用中可以获取社会支持，通过社会支持中介可以提升大学生的社会适应状况[32]；来自朋友和其他人际关系的支持对留学生的社会文化适应的多个维度产生正向显著作用。Ward 在社会文化适应量表中提出文化移情维度，发现来自家人的支持有助于正向预测文化移情[33]。台湾学生在大陆的社会适应性是大陆优惠政策影响台生就业创业意愿的完全中介变量。[34]。综上，本研究提出如下假设。

H6：社会支持、社会文化适应在内地香港青年媒介使用和 BII 间发挥链式中介作用。

H6a：正式支持、社会文化适应在内地香港青年媒介使用和 BII 间发挥链式中介作用。

H6b：非正式支持、社会文化适应在内地香港青年媒介使用和 BII 间发挥链式中介作用。

二 研究设计

（一）研究对象及样本构成

根据《青年规划》（2017），本研究确定内地香港青年群体为年龄为 14～35 周岁、拥有香港永久居民权、在内地生活 3 个月以上的群体。基于问卷调查的实证研究方法，本文调查实施时间从 2022 年 10 月至 2023 年 3 月，采用滚雪球式调查在线上线下发放问卷。线上问卷通过问卷星平台推送，主要面向暨南大学国际班、广州南沙民心港人子弟学校的港生群体；线下问卷在广州市番禺区的祈福新村、天河区港澳青年之家以及委托在港的内地交换生前往香港理工大学、香港科技大学等对曾来内地交换学习的学生定向发放问卷。共回收问卷 361 份，剔除 8 份无效问卷，通过筛选题项剔除不符合要求的对象，共收集有效问卷 286 份。

有效问卷中男性占比 47.90%，女性占比 52.10%。从年龄上来说，14～18 岁占比 11.89%，19～25 岁占比 33.57%，26～30 岁占比 29.02%，31 岁及以上占比 25.52%。在教育水平方面，高中以下学历者占比 9.09%，高中及中专学历者为 41.61%，本科/大专学历者占比 40.56%，硕士及以上占比 8.74%。在内地居住时长方面，6 个月以下的占比 26.57%，6～18 个月占比 38.11%，18 个月以上占比 35.31%（表 1）。

表 1 人口学变量统计

名称	选项	频数	百分比（%）
年龄	14～18 岁	34	11.89
	19～25 岁	96	33.57
	26～30 岁	83	29.02
	31 岁及以上	73	25.52
性别	男性	137	47.90
	女性	149	52.10
学历	高中以下	26	9.09
	高中及中专	119	41.61

续表

名称	选项	频数	百分比（%）
学历	大学本科及大专	116	40.56
	硕士及以上	25	8.74
内地居住时长	6个月以下	76	26.57
	6~18个月	109	38.11
	18个月以上	101	35.31

（二）变量测量

1. 双文化认同整合

BII 是因变量，本研究采用 Bicultural Identity Integration Scale - version1（简称 BII-1）进行测量。2005 年由蓓内特·马丁内斯编制的 BII-1 有两个维度：和谐—冲突维度和混合—区分维度，包括 8 个题项，每个维度各有两道反向测量题项。根据研究对象的实际情况，本文将双文化操作化为"内地文化"（含岭南文化）和"香港文化"。参考 Chen 对来自内地在香港生活的双文化个体的研究[35]，调整了量表语句、词语，采用李克特量表 7 点计分，选项从"非常不符合"到"非常符合"分别赋值 1 至 7 分，得分越高，表示两种文化整合越好。

2. 媒介使用

媒介使用是自变量，本研究通过题项"在内地生活期间，您对以下内地主流媒体的使用频率是?"测量香港青年在内地时不同媒介的使用情况，采用李克特量表 7 点计分，得分越高，表示香港青年在内地的媒介使用情况越好。

3. 社会文化适应

社会文化适应是中介变量，采用 Ward 编制的社会文化适应问卷（SCAS），问卷根据实际考察对象和背景修改原题项。参考香港青年文化适应的相关文献，并结合对五名在内地生活学习的香港青年的深度访谈，本研究在 SCAS 量表的基础上构建社会文化适应的五个维度：价值观适应、语言适应、人际交往适应、生活适应和学业工作适应，随后参考 SCAS 量表初步编制问卷，采用李克特量表 7 点计分，得分越高，表示香港青年的文化适应状况越好。

4. 社会支持

社会支持是中介变量，社会支持的测量主要采用 Winefield 等编制的社会支持量表[36]，并就香港青年的实际情况进行适配性修改，分为正式支持和非正式支持两个维度，题项涉及情感性支持、工具性支持和信息性支持三个方面的支持因素。采用李克特量表 7 点计分，得分越高，表示社会支持的情况越好。因子分析得出 KMO 值为 0.915，经最大方差法旋转得到"非正式支持"（IFS）和"正式支持"（FS）两个因子（表 2）。非正式支持操作化定义为来自家庭的亲缘支持和朋友、同学等人际支持，正式社会支持指政府提供的香港青年在粤政策优惠和保障措施，以及其他非政府团体组织的帮助。

表 2　社会支持旋转后的成分矩阵

变量	成分 1	成分 2
IFS1	.056	.795
IFS2	−.079	.825
IFS3	−.053	.731
IFS4	−.042	.829
IFS5	−.028	.853
IFS6	.001	.843
IFS7	.138	.830
IFS8	.076	.827
IFS9	.125	.763
FS1	.837	.048
FS2	.857	.053
FS3	.840	.046
FS4	.861	−.045
FS5	.854	.055
FS6	.825	.071
FS7	.792	−.013
FS8	.802	−.012
FS9	.775	−.013
KMO 取样适切性量数	0.915	
巴特利特球形度检验近似卡方	4078.669	

三 数据分析结果

基于社会支持维度的因子分析，得到正式支持和非正式支持两个成分，分别将社会文化适应、正式支持、非正式支持代入 SPSS 26.0 Process 链式中介模型，进行路径分析和中介效应检验，以验证假设。

（一）以社会支持、社会文化适应为链式中介

Model 1 以媒介使用（MU）为自变量，以社会支持（SS）、社会文化适应（SC）为中介变量，BII 为因变量，构建链式中介模型。采用 SPSS 26.0 Process 宏插件分析，路径分析结果（图 1）显示，媒介使用能够预测 BII（β=.403，SE=.045，P<.001），能够预测社会支持（β=.194，SE=.031，P<.001），能够预测社会文化适应（β=.111，SE=.033，P<.001），故 H1、H2、H4 成立。

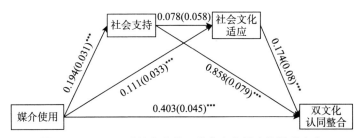

图 1　Model 1：以社会支持、社会文化适应为链式中介

社会支持、社会文化适应的中介效应通过 bootstrap 法进行 2000 次自助抽样进行检验。结果显示（表 3），总效应对应的效应量为 .591，95% 的置信区间为 ［.493，.689］，0 不存在于该置信区间，说明中介效应成立。直接效应的效应量为 .403，对应的置信区间为 ［.314，.492］，95% 置信区间不包含 0，说明直接效应成立，占总效应的 68.14%。社会支持在媒介使用和 BII 中的中介效应（Ind1：MU→SS→BII）的效应量为 .166，对应的置信区间为 ［.106，.228］，95% 置信区间不包含 0，证明中介效应成立，占总效应的 28.15%，故 H3 成立；社会文化适应在媒介使用和 BII 中的中介效应（Ind2：MU→SC→BII）的效应量为 .019，对应的置信区间为 ［.002，

.041]，0 不存在于该 95% 置信区间，证明中介效应成立，占总效应的 3.27%，故假设 H5 成立；社会支持与社会文化（Ind3：MU→SS→SC→BII）在媒介使用影响 BII 上的链式中介作用不显著，其 95% 的置信区间为 [-.001，.009]，置信区间包含 0，说明链式中介效应不成立，假设 H6 不成立。总中介效应（Total indirect effect）的效应量为 .188，95% 的置信区间是 [.124，.254]，置信区间不包含 0，说明 Model 1 的总体中介效应成立，占总效应的 31.86%。

表3 Model 1 中介效应检验

效应类型	Beta	SE	95% percentile		Effect proportion
			LLCI	ULCI	
直接效应	0.403	0.045	0.314	0.492	68.14%
Ind1	0.166	0.031	0.106	0.228	28.15%
Ind2	0.019	0.010	0.002	0.041	3.27%
Ind3	0.003	0.003	-0.001	0.009	0.44%
总中介效应	0.188	0.033	0.124	0.254	31.86%
总效应	0.591	0.050	0.493	0.689	

ind1：MU→SS→BII ind2：MU→SC→BII ind3：MU→SS→SC→BII
总中介=Ind1+Ind2+Ind3
总效应=总体非直接+总体直接

（二）以正式支持、社会文化适应为链式中介

Model 2 以媒介使用（MU）为自变量，以正式支持（FS）、社会文化适应（SC）为中介变量，BII 为因变量，构建链式中介模型。路径分析结果（图2）显示：媒介使用能够预测正式支持（β=.305，SE=.040，P<.001），能够预测社会文化适应（β=.121，SE=.034，P<.001），能够预测 BII（β=.306，SE=.041，P<.001）；而正式支持不能够预测社会文化适应（β=.019，SE.046，P>.050），但能够预测 BII（β=.845，SE=.055，P<.001）；社会文化适应能够预测 BII（β=.217，SE=.070，P<.001）。从路径系数来看，正式支持在媒介使用影响 BII 中的中介效应显著，社会文化适应在媒介使用影响 BII 中的中介效应显著。

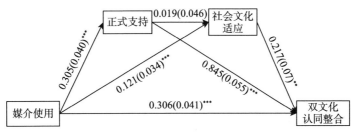

图 2　Model 2：以正式支持、社会文化适应为链式中介

中介效应检验结果（表 4）显示，总效应对应的效应量为 .591，95%的置信区间为 [.493，.689]，0 不存在于该置信区间，说明存在中介效应。直接效应分析显示，Model 2 的直接效应量为 .306，对应置信区间为 [.226，.387]，95%置信区间不包含 0，说明直接效应成立，占总效应的 51.80%。正式支持在媒介使用和 BII 中的中介效应（Ind1：MU→FS→BII）效应量为 .258，对应的置信区间为 [.181，.334]，95%置信区间不包含 0，证明中介效应成立，占总效应的 43.56%，故 H3a 成立；正式支持、社会文化适应在媒介使用影响 BII 中起链式中介作用（Ind3：MU→FS→SC→BII）不显著，95%的置信区间为 [-.006，.008]，置信区间包含 0，说明链式中介效应不成立，故 H6a 不成立。总中介效应为 .285，95%的置信区间为 [.206，.365]，置信区间不包含 0，说明 Model 2 总体中介效应成立，占总效应的 48.22%。

表 4　Model 2 中介效应检验

效应类型	Beta	SE	95% percentile		Effect proportion
			LLCI	ULCI	
直接效应	0.306	0.041	0.226	0.387	51.80%
Ind1	0.258	0.039	0.181	0.334	43.56%
Ind2	0.026	0.011	0.008	0.049	4.43%
Ind3	0.001	0.003	-0.006	0.008	0.22%
总中介效应	0.285	0.041	0.206	0.365	48.22%
总效应	0.591	0.050	0.493	0.689	

ind1：MU→FS→BII ind2：MU→SC→BII ind3：MU→FS→SC→BII

（三）以非正式支持、社会文化适应为链式中介

Model 3 以媒介使用（MU）为自变量，以非正式支持（IFS）、社会文化适应（SC）为中介变量，BII 为因变量，构建链式中介 Model 3 模型。路径分析结果（图 3）显示：媒介使用不能够预测非正式支持（β = .305，SE = .045，P > .001），但能够预测社会文化适应（β = .121，SE = .031，P > .001），不能预测 BII（β = .548，SE = .050，P = .050）；而非正式支持不能够预测社会文化适应（β = .063，SE = .041，P > .050），但能够预测 BII（β = .184，SE = .065，P < .050）；社会文化适应能够预测 BII（β = .219，SE = .094，P < .050）。从路径系数看，非正式支持在媒介使用和 BII 中的中介作用不成立，社会文化适应在媒介使用和 BII 中充当部分中介。

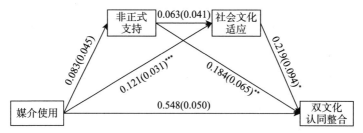

图 3　Model 3：以非正式支持、社会文化适应为链式中介

中介效应检验结果（表 5）显示，总效应的效应量为 .591，95% 的置信区间为 ［.493，.689］，0 不在该置信区间内，说明 Model 3 的中介效应成立。直接效应分析显示，Model 3 的效应量为 .548，置信区间是 ［.449，.647］，0 不属于该 95% 置信区间，表明直接效应成立，占总效应的 92.73%。非正式支持在媒介使用和 BII 中的中介效应（Ind1：MU→IFS→BII）效应量为 .015，对应的置信区间为 ［-.001，.037］，95% 置信区间包含 0，中介效应不成立，故 H3b 不成立；非正式支持与社会文化适应（Ind3：MU→IFS→SC→BII）在媒介使用影响 BII 中的链式中介不显著，95% 的置信区间范围是 ［.000，.004］，0 属于该置信区间，该链式中介效应不成立，故 H6b 不成立。总中介效应为 .043，95% 的置信区间为 ［.011，.082］，置信区间不包含 0，因此 Model 3 总体中介效应成立，占总效应的 7.27%。

表5 Model 3 中介效应检验

效应类型	Beta	SE	95% percentile		Effect proportion
			LLCI	ULCI	
直接效应	0.548	0.050	0.449	0.647	92.73%
Ind1	0.015	0.010	-0.001	0.037	2.59%
Ind2	0.027	0.014	0.004	0.057	4.50%
Ind3	0.001	0.001	0.000	0.004	0.19%
总中介效应	0.043	0.018	0.011	0.082	7.27%
总效应	0.591	0.050	0.493	0.689	

ind1：MU→IFS→BII ind2：MU→SC→BII ind3：MU→IFS→SC→BII

四 结论与讨论

（一）内地媒介使用对内地香港青年群体的正式支持产生显著正向影响，社会支持有利于 BII 水平提升，正式支持作用更强

香港青年的媒介使用对正式支持具有显著正向作用，对非正式支持不存在显著影响。表明香港青年在内地的媒介使用，更有可能接触政府发布的政策信息，更容易搜寻到面向内地港澳青年等组织机构的有利信息，从而获取正式支持。而媒介使用对香港青年的非正式支持没有显著影响，非正式支持来自家庭、亲友，而为香港青年提供的非正式支持的人际网络可能更多来自香港，香港青年虽身处内地但内地朋友圈较小，在内地的人际关系网络不充分、不密切，更可能通过来自香港的媒介使用获取非正式支持。

社会支持分析显示，内地香港青年获得的正式支持水平越高，越能促进 BII 水平。近年中央政府针对香港陆续制定出台系列利好政策、提供优惠措施和便利条件，内地香港青年是这些正式支持的主要受惠群体。但数据显示，他们获取的非正式支持水平高于正式支持水平，说明香港青年在内地获取的社会支持更多或者更倾向于非正式支持。社会支持是个体 BII 的关键条件，香港青年离开熟悉的环境到内地学习工作生活，需要社会支持来完成对新环境的认知和融入。在内地香港青年的社会支持系统中，正式支

持与非正式支持都促进 BII，正式支持的效果更显著，但他们获取的正式支持水平低。说明香港青年即使身处内地，也与亲缘关系、地缘关系联系密切。他们在内地生活时双文化差异带来社会文化不适应，如产生焦虑和社交距离，需要情感支持来缓解。而来自政府的正式支持更多采取政策支持和物质支持，帮助他们更快地适应内地生活，提升内地生活的便利性；亲友的非正式支持主要匹配情感支持，帮助其减轻心理压力。

为提高香港青年在内地的社会文化适应和 BII，需要注重以下几个方面。①在情感支持层面提供更多理解、关怀，在精神上切实关心他们的社会文化适应；②完善对内地香港青年的信息支持体系，搭建粤港澳青年信息交流平台，加大香港青年在内地的政策与福利的传播力度，为他们快速融入内地生活提供便利化服务；③了解香港青年在内地的实际困难，提供精准社会支持，帮助内地香港青年搭建人际社交网络，形成内地"生活圈"，组建港澳青年专业咨询团队，加强他们对社会正式支持的感知。

（二）内地媒介使用利于社会文化适应，促进 BII

内地香港青年媒介使用对社会文化适应有显著正向影响。该题项调查香港青年在内地对内地媒介的使用情况，这一发现体现媒介的"两栖性"，即双文化个体的媒介使用除了对母文化的理解外，还能增进对异质性区域的文化习俗、习惯和价值观的认知[37]。香港青年的社会文化适应在媒介使用对 BII 的正向显著作用中充当部分中介。内地香港青年的 BII 水平高低与媒介使用情况密切相关，内地媒介使用有利于获取社会支持，对社会文化适应和 BII 有促进作用，因此，了解香港青年的媒介使用情况，通过媒介使用偏好促进 BII 具有重要意义。通过媒介使用，内地香港青年可以增加对简体字和普通话的接触机会，在激发自身文化归属感的同时增进文化认同；内地香港青年通过内地媒介使用既可以构建良好的人际关系，结识更多的朋友，又能增加对内地文化、生活习俗习惯了解的机会；媒介使用利于缓解内地香港青年学习或工作中的压力。这表明，内地媒介使用能够使内地香港青年具备更多媒介两栖性和文化混杂性，有利于理解多元文化，建构双文化认同。

为此需要采取以下应对策略。①优化影响 BII 的媒介路径。洞察香港青年的媒介偏好和使用习惯，分析信息在内地香港青年群体中的传播样态；构建立体传播载体。建立传播矩阵，搭建信息交流立交桥，为香港青年群体内部和群体间交流提供便利。②创新传播形式。香港影视文化是香港文化的重要元素，承载了香港青年的记忆与认同，针对香港青年的传播内容应嵌入香港文化符号，以香港电影叙事范式进行推广，激发双文化认同。③优化传播内容。发现内地香港青年深层文化需求，加大和优化定向媒介内容供给。

（三）社会文化适应正向影响 BII 水平

内地香港青年的社会文化适应对 BII 具有显著正向影响，说明对社会文化适应越好的香港青年越能有效整合内地文化和香港文化。在本研究建构的社会文化适应五个维度中，增强社会文化适应，需要强化价值观适应。价值观是文化认同的核心，当价值观适应度提升时，内地香港青年 BII 水平随之提高。需要加强语言适应，因为语言能力是 BII 的重要预测因子。需要增进人际交往适应，因为密切的人际关系可以帮助香港青年融入内地生活。需要提升生活、学习和工作的适应性，生活习惯、天气和生活设施等方面的适应可以提升香港青年对内地文化的亲切感和认同感。

尽管内地香港青年的社会文化适应状况良好（社会文化适应的五个维度的七级量表均值在4.9及以上），但各维度仍有提升空间。首先，要重视对内地香港青年价值观的引导。一方面，在多元文化交流激荡中实现价值观的有效沟通。文化是价值观的载体，鉴于中华文明多元一体格局的根本特征，当内地香港青年表现出认同"香港文化"时，不应排斥或孤立他们，而应倡导多元文化认同，特别是在"一体格局"前提下，尊重"多元"底色，尊重香港社会的多元文化历史，强调中华文化的多样性和地域性，维系多元文化和谐共生、长期并存的社会现实。另一方面，以文化共通促价值沟通。香港社会的一些风俗能体现中华传统文化观念，因此，针对内地香港青年群体需要建构有效的价值观筛选机制，揭示作为中华文化重要组成部分的岭南文化与香港文化的共通性，展现内地与香港共享的现代性与传统性气质，以文化共通促气质共鸣，以气质共鸣促价值沟通，铸牢中华民族共同体意识。

其次，要优化香港青年在内地就业创业的环境。《纲要》指出各级政府要创新港澳青年在内地就业创业政策的体制制度。2022 年 6 月 14 日，国务院印发的《广州南沙深化面向世界的粤港澳全面合作总体方案》指出，鼓励现有各类创业孵化基地、众创空间等开辟拓展专门面向港澳青年的创新创业空间。在提升实习就业保障水平方面，方案提出支持香港特别行政区政府实施"大湾区青年就业计划"，为在南沙就业的香港大学生提供津贴，通过穗港双向奔赴，携手协同推进青年创新创业。就业创业制度的完善和创新有助于香港青年更快融入内地生活，促进香港青年的文化认同。在教育环境上，优化内地教育资源和配套设施对香港青年群体的配置；强化联通，实施专才计划，加速香港学生与内地学生的双向流动。

最后，要依托粤港澳大湾区的地缘、文缘和人缘关系，充分利用岭南文化与香港文化的文化接近性，以广东省作为香港青年 BII 的重要过渡区。粤港两地毗邻，文化根脉一体，人员往来密切，粤语是两地共同使用的语言媒介，因此，香港青年在广东表现出良好的语言适应性。但问卷题项"能拼写简体中文或进行写作"的调查显示，部分受访者简体中文的书写能力不足，因此有必要针对内地香港青年开展简体中文运用技能提升活动。

参考文献

[1]《中共中央 国务院印发〈粤港澳大湾区发展规划纲要〉》，《人民日报》2019 年 2 月 19 日，第 1 版。

[2]《中共中央 国务院印发〈中长期青年发展规划（2016-2025 年）〉》，《人民日报》2017 年 4 月 14 日，第 1 版。

[3] 吴秋余：《金融支持粤港澳大湾区建设》，《人民日报》2020 年 5 月 15 日，第 7 版。

[4]《中共中央 国务院印发〈全面深化前海深港现代服务业合作区改革开放方案〉》，《人民日报》2021 年 9 月 7 日，第 1 版。

[5] 周毅之：《从香港文化的发展历程看香港文化与内地文化的关系》，《广东社会科学》1997 年第 2 期，第 20-24 页。

[6] 曹德春：《我国内地与香港的文化差异及其信仰渊源——基于霍夫斯泰德理论的实证分析》，《河南社会科学》2010 年第 6 期，第 149-151 页。

［7］ Verónica Benet-Martínez, Janxin Leu, Fiona Lee, et al., "Negotiating Bicul-turalism: Cultural Frame Switching in Biculturals with Oppositional versus Com-patible Cultural Identities," *Journal of Cross - Cultural Psychology*, Vol. 33, No. 5, 2002, pp. 492-516.

［8］ Verónica Benet Martínez, Jana Haritatos, "Bicultural Identity Integration (BII): Components and Psychosocial Antecedents," *Journal of Personality*, Vol. 73, No. 4, 2005, pp. 1015-1049.

［9］ 任迪、姚君喜：《外籍留学生媒介使用与中国文化认同的实证研究》，《西南民族大学学报（人文社会科学版）》2019年第9期，第147-153页。

［10］ Aurelia Mok, Michael W. Morris, Verónica Benet-Martínez, et al., "Embra-cing American Culture: Structures of Social Identity and Social Networks among First-Generation Biculturals," *Journal of Cross-Cultural Psychology*, Vol. 38, No. 5, 2007, pp. 629-635.

［11］ 杨逐原、郝春梅：《微信使用中的孤独感研究——基于多重中介比较模型的视角》，《新闻与传播评论》，2022年第5期，第37-51页。

［12］ 申琦、廖圣清、秦悦：《网络使用、社会支持与主观幸福感：以大学生为研究对象》，《新闻与传播研究》2014年第6期，第99-113、128页。

［13］ J. Alison Bryant, Ashley Sanders-Jackson, Amber M. K. Smallwood, "Text Messaging, and Adolescent Social Networks," *Journal of Computer - Mediated Communication*, Vol. 11, No. 2, 2006, pp. 577-592.

［14］ Cliff Lampe, Nicole Ellison, Charles Steinfield, "A Familiar Face (Book) Profile Elements as Signals in an Online Social Network," *Proceedings of the SIGCHI Conference on Human Factors in Computing Systems*, San Jose, Califor-nia, USA, April 28-May 3, 2007.

［15］ 安然、陈文超：《移动社交媒介对留学生的社会支持研究》，《新疆师范大学学报（哲学社会科学版）》2017年第1期，第131-137页。

［16］ Colleen Ward, Stephen Bochner, Adrian Furnham, *The Psychology of Culture Shock*, London: Routledge, 2001.

［17］ 董莉、李庆安、林崇德：《心理学视野中的文化认同》，《教育文化论坛》2014年第6期，第134页。

［18］ Kang Tinghu, "Who Am I? Migrant Workers' Bicultural Identity Integration,

Social Support, and Social Maladjustment," *Social Behavior and Personality*: *an international journal*, Vol. 46, No. 7, 2016, pp. 1111-1122.

[19] 莫莉、卢咏珊：《文化间性与回归：在美中国留学生的网络媒介使用、双文化认同整合与跨文化传播意愿》，《新闻大学》2023 年第 6 期，第 18-31 页。

[20] Qionglei Yu, Dorothy A. Yen, Benedetta Cappellini, et al., "From West to East: British Sojourners' Acculturation in China," *International Marketing Review*, Vol. 38, No. 4, 2019, pp. 671-689.

[21] 詹恂、严星：《微信使用对人际传播的影响研究》，《现代传播（中国传媒大学学报）》2013 年第 12 期，第 112-117 页。

[22] 匡文波、武晓立：《基于微信公众号的健康传播效果评价指标体系研究》，《国际新闻界》2019 年第 1 期，第 153-176 页。

[23] Colleen Ward, Antony Kennedy, "The Measurement of Sociocultural Adaptation," *International Journal of Intercultural Relations*, Vol. 23, No. 4, 1999, pp. 659-677.

[24] Que-Lam Huynh, "Variations in Biculturalism: Measurement, Validity, Mental and Physical Health Correlates, and Group dDfferences," Ph. D. Dissertation, University of California Riverside, 2009.

[25] Verónica Benet-Martínez, Jana Haritatos, "Bicultural Identity Integration (BII): Components and Psychosocial Antecedents," *Journal of Personality*, Vol. 73, No. 4, 2005, pp. 1015-1049.

[26] 余芬、唐芯雅、张玮：《在粤港澳生的文化适应状况调查》，《当代港澳研究》2014 年第 4 期，第 98-115 页。

[27] Sarla Devil, Dr. Jyotsana, "Identity Formation: Role of Social Support and Self Esteem among Indian Adolescents," *The International Journal of Indian Psychology*, Vol. 3, NO. 4, 2016, pp. 114-124.

[28] Moin Syed, Kate C. McLean, "Understanding Identity Integration: Theoretical, Methodological, and Applied Issues," *Journal of Adolescence*, Vol. 47, 2016, pp. 109-118.

[29] 陈慧等：《跨文化适应影响因素研究述评》，《心理科学进展》2003 年第 6 期，第 704-710 页。

[30] 范兴华等：《流动儿童歧视知觉与社会文化适应：社会支持和社会认同的作用》，《心理学报》2012 年第 5 期，第 647－663 页。

[31] V. I. Chirkov, S. Safdar, J. de Guzman, et al. , "Playford K. Further Examining the Role Motivation to Study abroad Plays in the Adaptation of International Students in Canada," *International Journal of Intercultural Relations*, Vol. 32, No. 5, 2008, pp. 427－440.

[32] 谢笑春、晏璐、雷霂：《自我认同与青少年手机使用的关系》，"第二十一届全国心理学学术会议"论文，中国人民大学，2018 年 11 月 2 日至 4 日，第 829－830 页。

[33] Colleen Ward, Antony Kennedy, "The Measurement of Sociocultural Adaptation," *International Journal of Intercultural Relations*, Vol. 23, No. 4, 1999, pp. 659－677.

[34] 赵子龙、罗鼎钧、黄斯嫄：《政府优惠政策、社会适应性与台生就业创业意愿——基于调查问卷的实证分析》，《台湾研究》2019 年第 3 期，第 53－61 页。

[35] Sylvia Xiaohua Chen, Verónica Benet－Martínez, and Michael Harris Bond, "Bicultural Identity, Bilingualism, and Psychological Adjustment in Multicultural Societies：Immigration－based and Globalization－based Acculturation," *Journal of Personality*, Vol. 76, NO. 4, 2008, pp. 803－838.

[36] H. R. Winefield, A. H. Winefield, M. Tiggemann, "Social Support and Psychological Well-being in Young Adults：The Multi-Dimensional Support Scale," *Journal of Personality Assessment*, Vol. 58, No. 1, 1992, pp. 198－210.

[37] Flora Keshishian, "Acculturation, Communication, and the US Mass Media：The Experience of an Iranian Immigrant," *Howard Journal of Communications*, Vol. 11, No. 2, 2000, pp. 93－106.

数智时代媒介变革：从"社会能量""心媒"向"全球心智联结"的认知进化

师曾志*

摘　要　数智时代媒介的急剧变革成为驱动社会演进的核心力量，网络传播场域中显现出"社会能量"、"心媒"及"全球心智联结"等关键要素以及它们之间的深度互构。社会能量聚焦于人之间的认知和情感，成为弥合社会分歧的关键，促使人们回溯生命交往和互动的本质根源。心媒作为心灵延伸，打破传统交往局限，激活社会本能与公共心理整合，重塑个体社会角色，注重社会有机互动方式。全球心智联结借助先进技术架构与网络传播体系，于碎片化与浅层次传播表象之下，实现全球认知和情感的复杂交织、分化及协同进化，有力推动全球认知和情感共同体的构建。上述三者在动态生成中相互渗透、协同增效，全方位且深层次地重塑当代社会的认知架构、情感模式与交往体系，推动人类在新媒介语境中不断反思、调适社会发展的新趋势与新挑战。

关键词　媒介变革；社会能量；心媒；全球心智联结；认知进化

引　言

媒介变革在 AI 技术蓬勃发展中让社会已然进入一个高度复杂且异质化的崭新时代，万物皆媒正在变成现实。网络传播恰似一张无垠的因陀罗网，人类的各种认知和情感于此纵横交错、相互映照，其中既有肤浅、感性、焦虑等情绪的肆意展演，也孕育着深刻、理性、静谧等意义生成。它们皆

---

*　师曾志，系北京大学新闻与传播学院教授。

为网上彼此交织、闪烁的节点，深刻映射出人类心智在技术与社会的交互进程中，全球认知和情感正突破个体与局部的束缚，不断进行聚合与分化。如同因陀罗网的光影变幻，它不仅紧密关联着人之间关系的重塑以及人与社会互动范式的变革，更是触及人类持续进化的核心本质，深度融入认知进化、情感升华与文化交融的内在肌理，在思维的碰撞与心灵的共鸣间，悄然变革着社会，成为推动时代向前的隐秘却关键的动力源泉。

联合国教科文组织所设立的"世界哲学日"，始终致力于汇聚全球哲学爱好者的洞察和智慧。2024 年，"社会能量"这一关键概念在结合当下变动不居现实表现中应运而生。它强调了人与人之间认知和情感联结在缓和社会矛盾、填补社会鸿沟过程中的核心支柱作用，有力地引导人们回溯社会交往的本源性问题，探寻化解社会困境的有效路径。哈佛大学 CAMLab 围绕"心媒"精心组织的学术研讨活动，汇聚了学界与艺术界的多元智慧，深度挖掘心灵与媒介之间的内在辩证关系，为跨学科研究开辟了全新的方向。互联网与社交平台的迅猛发展，为全球范围内的认知、情感与意识交流搭建起了便捷高效的桥梁，使这些认知、情感和意识跨越时空的重重障碍，实现了深度的交融与互构，"全球心智联结"已成为一股不可阻挡的时代潮流。

身处不同历史时期的每一代人，都会依据当时的社会情境与自身的认知视野，对所处时代的政治格局、经济态势、自由之内涵、公平之尺度以及正义之标准做出独特的理解与诠释。然而，时代在变迁，不同时代的人在感觉、知觉、情感等人类基础感受和体验层面却展现出惊人的一致性，这种全球心灵联结在万物皆媒的实现中愈发成为推动社会发展的力量。鉴于此背景，深入探究社会能量、心媒与全球心智联结之间的内在关联与作用机制，成为理解当代社会演变的关键所在，这对于在持续的技术变革中构建和谐共生、包容多元、智慧发展的社会生态系统而言，无论是在理论的深度拓展上，还是在实践的有效指引中，都具备不可忽视的重要价值与深远意义。

一 "世界哲学日"：主旨与"社会能量"的共生

2002 年联合国教科文组织（UNESCO）启动了"世界哲学日"，日期定为每年 11 月的第三个星期四。"世界哲学日"的核心在于，其属于世界上身处任何地方、喜欢思考哲学的任何人。自此，联合国教科文组织都会在这天举办哲学日庆祝活动。2024 年的主题为"哲学：弥合社会差距"（Philosophy：bridging social gaps），此主题不仅强调哲学在修复社会结构以及培育更具凝聚力的社会方面所发挥的关键作用，还体现出社会通过广泛的交流互动，能激发不同的思想观念碰撞与融合。哲学作为认知与思维方式的关键引导，以其深刻的洞察和理性的思辨，在人之间交流互动的催化下，有着弥合社会差距、凝聚社会共识的巨大潜力，为不同身份、异质群体提供了交流互动的基础，使人们打破观念壁垒，消解误解与偏见，通过换位思考增进相互理解与包容。

2024 年，在法国巴黎的联合国教科文组织总部举办的"世界哲学日"研讨会邀请了当代德国社会学家哈特穆特·罗萨（Hartmut Rosa）做主旨演讲。罗萨在社会加速与共鸣理论方面是一位很有影响力的学者，于 2013 年出版了《社会加速：现代性的一个新理论》。他在书中关注到技术加速、日常生活节奏加速以及社会变迁加速，注意到人们在社会加速中所遇到的各种压力和危机，迫近与探究人与自我、人与他者、人与世界存在的本源性问题。2016 年罗萨在其出版的《共鸣：世界关系社会学》中提出了共鸣理论，强调人与环境间的意义连接。他认为，共鸣是人与自身、他者、世界之间的相互呼应，在现代传播技术万物皆媒实现的可能性中，它使人们在保持自我的同时，也在无时无处地将自我与世界建立起深层次的、有生命力的联系。这种联结对于个体的幸福感与认同感至关重要。他主张，现代社会应创造条件以促进这种认知和情感共鸣的发生，激发出人与人之间联结的巨大能量，而不是单纯追求物质和技术的发展。

罗萨在主旨发言中提出了"社会能量"的重要概念，强调在快速变化的现代社会中人与人之间认知和情感联结的重要性。网络传播中激发出各种社会矛盾，除了制度性原因外，人们认知与思维方式上的差异也是造成社会分化与割裂的重要原因。他提出人与人之间的交谈、交往关系蕴藏着巨大的社会能量，弥合这种差异需要获得人们在感觉、知觉、情感中的认同与信任，通过公共空间以及社区活动和多样的文化交流等方式，注意到共同感觉与共同知觉在增强人与人之间关系的重要性，进一步回到人类本源性上进行追问。

人们日益认识到，人工智能等技术的快速发展在推动社会进步的同时，也在加剧社会不平等，如技术应用导致的就业结构失衡、数字鸿沟等问题愈发显著。哲学思考在此情境下作用愈发凸显，它引导人们反思认知与思维方式，促使个体树立共同目标意识，增强协作意愿，进而凝聚社会合力，有效降低社会分化的程度，助力社会资源实现优化配置与共享，推动社会向稳定、团结且可持续的方向发展。在此过程中，个体能依据哲学指引明确自身于社会中的价值定位，拓展发展空间，达成与社会的良性互动与协同发展。

二 "心媒"：媒介作为心灵的延伸

当下媒介变革的关键意义并非仅仅体现在媒介内容的丰富多样上，更为核心的是体现在媒介形式的持续更迭上，这对人们的认知与思维模式产生了直接且关键的影响。当下人们思考问题的情境正如麦克卢汉所描述的"鱼到了岸上才知道水的存在"那般发生了深刻变化。此处，"水"象征着从各个维度向人们生存空间不断扭曲、迫近的社会环境，它处于持续变动状态，独立于人的主观意志，打破既有的社会关系、制度以及结构，作为一种媒介形式环绕并作用于人的认知与思维过程；"鱼"则代表依托媒介形式而存在的媒介内容。人们在传统社会里关注点主要集中于媒介内容，凭借线性的认知与思维路径来指导思想和行为，人际的交往活动也是在既定的社会关系总体框架内有序开展。然而，当下的媒介形式已经成为影响社会结构变迁的重要因素，非线性的认知与思维方式促使思想与行动同时卷入，进而突出了人际交往中认知与情感联结能力的关键价值与显著作用，这种变化深刻地重塑了人们的社会交往形态以及整个社会的运行逻辑。

哈佛大学中国艺术实验室简称 CAMLab，其中 "C" 既是中国（Chinese），又代表认知（Cognition）；"A" 不仅代表东亚文化、艺术（Art），而且也是美学（Aesthetics）；"M" 即是媒体（Media）和多媒介故事体验（Multimedia Storyliving）。该实验室隶属于哈佛大学文理学院（Harvard Faculty of Arts and Sciences），是整合尖端学术研究与多媒体艺术创意的国际平台，是开启艺术想象的跨界实验地。实验室旨在将艺术体验与前沿学术研究并举，以艺术家实践催化激活问题研究，是集艺术与学术为一体的创意园和孵化器。实验室从跨学科的角度组织了一系列的学术活动，注重思想与行动的结合，并将其以可视化的方式呈现出来。

2024 年 3 月 CAMLab 组织了以"心媒"（Medium of Mind）为主题的学术研讨会，旨在探索心灵何以表达，是否有足以触达心灵的媒介，在科学理论和技术的统摄下，东亚思想家与艺术家们是如何设想出全新的方法来可视化、利用、驾驭及模拟以心灵和意识为首的那些无形之力与能量，力图体现出艺术、科学和精神境界之间的张力。通过关注心灵与媒介之间的辩证关系，组织者希望为 20 世纪艺术、视觉文化、媒介、哲学、宗教和思想史研究提出新的方向。

心媒概念的提出者与提出时间已难以确切考证，然而在古代哲学的发展进程中，诸多思想体系始终着重于"心"的存在价值及潜力。儒家力倡正心诚意，借由内心的涵养来匡正外在的行止；道家秉持守心致虚，依凭内心的澄澈安谧去参透自然的真谛，恰似庄子的"心斋"之论，倡导以心灵的澄净空明之态去感应天地万物；佛家讲求明心见性，凭借内心的彻悟来洞悉尘世的本真。这些古老智慧传承中对"心"的深度解析与反复强调为人们领会心媒的内在意蕴与重要价值提供了本土性的学理滋养根基。

艺术家往往具备敏锐的感知力，能够精准捕捉到"心灵作为媒介"这一独特现象，我们暂且将其命名为"心媒"。所谓心媒，是那些可以直接作用于个体心智，进而改变其认知状态、思维过程以及情感起伏的媒介，诸如社交媒体以及虚拟现实和增强现实等技术，它们皆是心灵智慧在现代社会的延伸体现。心媒绝非仅仅充当信息传递的简单工具，其关键意义在于以心灵为核心媒介，深度激荡出人们内心的欲望与情感，从而催生出一种莫逆于心、彼此认同且相互信任的心理状态。从更宏观的视角来看，心媒于无形之中使得跨越地域与文化的全球心智联结成为可能，让人类的心智在虚拟与现实交织的空间中紧密相连，为全球范围内的思想交流、情感共鸣搭建内在的沟通桥梁，深刻引发人类认知的进化，进而影响到社会互动模式。

AI 等前沿技术作为新兴媒介，深刻重塑着人们的感知模式与心理认知架构，致使人们深陷于一种隐匿无形、看似无序且碎片化的环境情境之中。加拿大媒介研究者埃里克·麦克卢汉曾犀利地指出："在过去3500年里，西方世界的社会观察家对媒介的影响始终都忽视了，无论是言语、文字、印刷术、摄影术、广播还是电视，都忽视了"[1]360。在他看来这是因为"一切媒介都是人的延伸，它们对人及其环境都产生了深刻而持久的影响。这样的延伸是器官、感官或曰功能的强化和放大"[1]360。这种延伸首要的是发生在人的中枢神经系统中的，人的中枢神经系统会释放出一种信息，即人受到影响的区域会"实行自我保护的麻木机制，把它隔绝起来，使它麻醉，使它不知道正在发生的东西"。麦克卢汉将这种独特的自我催眠方式称为"自恋式麻木"，其作用的结果是"人把新技术的心理和社会影响维持在无意识的水平，就像鱼对水的存在浑然不觉一样"[1]360。这些洞见助力人们觉察当下AI等技术媒介对人类认知心理施加的隐性力量，敏锐洞察到遮蔽在现实背后的真实问题。

每次新技术革命都会给人们带来认知心理上的剧烈冲击和自我麻木，对个人和社会造成巨大的精神震荡与创伤，这是因为"原来分割的视觉文化和新型整合的电子文化造成了身份认同的危机，造成了自我的空心化。这就产生了可怕的暴力——这种暴力只不过是一种身份求索"[1]376。人们处于自我本能需要与服从社会规范之间失衡的关系状态中，这是导向深刻身份危机的原因。印刷术发明所带来的视觉发达将人的认知和行为分离开来，线性思维主导下的专业分工和机械化成为组织社会的重要方式，让人难以全身心参与社会互动，而这恰恰是以献出个体以及日常生活作为创造的活水源泉为代价的。

AI时代检验了麦克卢汉针对口语时代、印刷时代以及电力时代所提出的"媒介即讯息"思想的生命力，这一思想依然为传播学研究指明了方向。历史总是在不断循环，人们已经感受到与麦克卢汉所描述的电力时代相似的感知变化。AI如电子媒介一样，深刻改变着人类所处环境的性质，它"构成了文化、价值和态度的全局的、几乎是刹那间发生的转换。这种巨变产生巨（剧）痛和身份的迷失"[1]363。人们正是缺乏对技术作为媒介已在不知不觉中打破人们感知平衡的了解，时代变成了焦虑的时代。然而，吊诡的是，这种焦虑如幽灵一般，反而让混乱和冷漠"具有治疗性的反作用"。

这是因为"尽管有了自我保护的逃避机制，但是受到电子媒介威胁的整体场意识，仍然使我们——实际上是强迫我们——去探索对无意识的了解，去认识媒介是我们身体的延伸"[1]361。现代传播与反馈速度的加快，促使人们在焦虑、失衡的同时，也释放出感知能力，使"我们有机会去了解、预测和影响塑造我们的环境力量。因而，我们有机会夺回自己命运的控制权"[1]363。事实上，从古到今，许多思想家与艺术家不为时代所束缚，他们试图从历史发展规律中寻找人类本源性的推动力。他们注意到无论社会形态如何变化，人与人之间的心灵感应和跨时空的通感效应从未改变和间断。

三 媒介变革："社会本能"再现的催化剂

在时代的剧烈变迁中，开展对媒介变革的研究，不仅有助于人们更好地适应环境，而且能让人们认识并理解人类生存方式的内在逻辑。心媒作为技术与人类心理延伸的产物，将人类的感觉、情感、思想和行为嵌入全球信息网络系统中，人们在该系统中不仅能快速共享信息，而且能促进认知和情感反应。它超越了传统地理的时空边界，推动了在心理联结基础上的信任与认同的建构，反映了人类如何通过媒介变革延伸人之间的心灵和智慧，重塑了个体与群体在社会互动和文化生产与再生产中的位置。媒介变革借助演化以及技术嵌入手段，将个体与世界的连接逐步引入深层次交互网络。由网络认知和情感系统营造的动态变化环境，逐渐汇聚成一股超越时空限制的生命之流，这也成为实现诸如发现、表达乃至行动等社会有机互动的核心要素所在。

法国社会学家米歇尔·马费索利在其"新部落主义"理论框架中提出"社会本能"的思想，以便回答现代社会中个体如何在情感和共同体的基础上形成新的社会联系。他认为以人的生存为中心的社会内生力量是由人之本性推动的，人之间总是通过共享情感进行连接，并以情感为中心组成社群和集体认同的。[2] 马费索利提到共在是社会生活的基本形式，个体通过与他人的互动来定义自我，强调了"我们"而非单纯的"我"的重要性。这种共在不仅仅是物理上的接近，更是认知和情感上的连接。马费索利深刻指出当代社会的人们越来越倾向于寻找能够提供情感支持和归属感的情感共同体，这些共同体可以是基于兴趣、经历或其他共同爱好组成的。社会本能也包括对历史和文化记忆的认同，其构建的集体记忆是基于个体自我认知情感的，它让这种与他人连接与联结的关系变得更加即时化、易变化。

媒介变革中的心智延伸为社会本能的聚合与分化提供了思想与行动的基础。网络传播中个人内在感知与情感的重要性正逐渐从整体世界中显现，往昔那种大一统的整体性已无力遮蔽社会本能的存在，彰显出生命所蕴含的强大内生动力。它总是能够突破形形色色的媒介形式施加于生命中的种种束缚，并持续不断地催生出全新的媒介形式。媒介变革从根本上来说是生命本能与其物化形式的反复博弈与转化。媒介变革触及人之间认知和情感的互动，已潜移默化地内化于个人的心理和行为模式中，凸显出社会本能的作用，打破了传统公共空间与交往关系的固有模式和壁垒，增强了社会的有机互动。

新旧媒介更迭往往会引发人际交流模式、社交范围、亲疏程度等的改变，而人际关系的变化反过来也会促使媒介变革并不断进化以服务于人类交流与交往需要。媒介变革深刻影响到社会环境的改变，进而引发社会权力与社会制度的变迁。美国传播学著名的开创者查尔斯·霍顿·库利认为社会互动正是在人与社会间展开与生成的。他在1902年出版的《人类本性与社会秩序》中阐述了"镜中自我"的思想。他主张社会互动是个体之间的互动，个体自我意识的形成与他人看法和所激发的反应密切相关，这里揭示出自我认知与他者互动中形成自我的想象、反馈以及身份。库利认为，个体对自己的行为进行自我评价一般会经历三个阶段：想象阶段、判断阶段、情感阶段。库利探讨了情感以反馈的方式在个体与社会创造性活动中的重要性，提出人类的社会生命通过语言和交流得以实现，强调了传播在个体和集体生活中的核心地位。因此，自我本身是由自我意识结构的，自我在与历史、文化传承以及对环境的综合反应中建构。

当下媒介变革中心智在媒介多样化形式中不断延伸，打破了长久以来由传统、风俗、习惯与信仰所建构的社会互动模式，使得社会向着麦克卢汉所言的"重返部落化"的方向发展。心媒在此进程中犹如强大的催化剂，促使个人的想象空间得以拓展、判断力得以深化、情感需求得以彰显。从本质上来说，人作为社会性动物，其认知和情感在社会交互中不断进行着聚合和分化，激发出社会本能的力量。人们对情感依存感的渴望愈发让自我融入群体或共同体中，人之间交往交流中的心灵共鸣和认知进化也让这种回归成为可能。社会本能强调的是人之间而不仅仅是个体本身，它揭示出人具身性的情感体验和认知进化也是一种社会发展的动力所在。

四 心媒：激活社会心理公共整合的中枢

不同文化和语言背景的人，通过多种媒介共享异质情感与生活片段，形成认知和情感共鸣网络，它深刻改变着人类的心理结构与行为模式。心媒作为人类心智延伸的体现，将感知、认知和情感迅速且广泛地传播，凸显了个体具身性体验在现代生活中的重要性。虽然心媒使人们对外部世界的体验和理解显现出浅薄、碎片化的特征，但它也促使人们透过表象形成独特的心智模式。

麦克卢汉"媒介即讯息"的观点在此得到了进一步的诠释，即媒介不仅是传递内容的载体，而且能塑造与联结人类心智。这种心媒的作用使个体具身性感受和体验逐渐在人之间的交流交往中内化，形成新的情感反应模式和社会行为。心媒具身性交互体验深刻改变了人们看待自我、理解他人以及与世界关系的方式。媒介变革中心智也在改变着社会认知和情感，由看似深层次的交流演变为以快节奏、短暂满足为导向的互动、交融、互构形式，导致社会深度情感和意义建构表现为更为表层和即时化的媒介化状态，形成了"情感快餐"式的文化模式。

现代传播中的即时性、碎片化和高情绪密度的特性，重新定义了人们的心理依赖和情感需求，凸显出个体自我认知、情感以及选择、判断的能力。随着视触觉传播速度的加快，社交平台上的各类短视频和短剧逐渐涌现出一种被称为"情感加油站"的现象，即人们在短剧的快情节、快节奏、快反转中找到情感慰藉并沉迷其中。这种观看为人们提供了"情感缠绵药剂"，让很多人欲罢不能。短视频与短剧作为一种媒介形式，不仅仅传递情感"快餐"，也成为现代版的"精神杀猪盘"。这些精心设计的短视频通过编排情节、塑造人物和制造情感高峰，精准击中观众的心理。它们以感官刺激和情感渲染为手段，在快节奏中使得观众不断寻求下一波情绪刺激点，陷入了由算法精确调控的沉迷循环中。然而，短剧和短视频提供即时的情绪补给和共情的同时，也反映出深刻的情感沉迷和与他者建立深厚情感联系的社会矛盾。

在当代文化消费情境中，短剧消费呈现出情感慰藉与"精神迷障"并存的复杂样态，这一现象深度映射了人工智能等技术飞速发展的背景下社会结构的隐性变迁轨迹。在此过程中，传统公共交往空间和对话式交流模式渐趋萎缩，而社会加速的步伐促使人之间在情感体验与身份认同的双重维度上被不断重塑，它为"人们在虚拟世界与自我沉浸中寻求心理安宁的同时，也可能超越现实社会中的规范和期望的束缚，在自由表达中探索自我"[3] 提供了可能性。作为一种潜在人际连接维度的心灵感应，在技术冲击下，其原有的神秘性与私人性正逐渐被纳入新的社交互动框架之中，尽管尚未被完全清晰地界定和阐释，但已在人们对亲密关系、群体共鸣等情感诉求中若隐若现地浮现出来，与其他显在的交流模式相互交织。

个体内在的心理易变与价值恒常之间的张力、人之间显在与潜在的冲突摩擦，通过短剧消费的浮夸表征显现，折射出现代人在精神维度上的茫然无措、孤独疏离以及恐惧焦虑等深度混融状态。这一状态不仅揭示了个体在技术时代的精神困境，亦凸显了社会关系在技术迭代中的复杂嬗变，进而迫切要求在技术理性中重新校准人文价值坐标，以恢复人深度交流与情感通约的能力，重构社会关系的良性生态与精神秩序的稳固架构，从而在技术与心灵的双重变奏中找寻到和谐共生的平衡支点。

《花花公子》访谈中谈到电力时代的"部落人"时，麦克卢汉自信地说出电力世界中词语已不再是大众传播中唯一的媒介，那时已然发展为"电力可能会使人的意识放大到全球的规模，根本就不需要说话什么的，而且是在不久的将来"。麦克卢汉的思想底色是"部落人紧紧地封闭在一个不可分割的意识中，这种意识超越了常规的时空界限。这样的部落社会将产生一种神秘的整合"，而且"这是一个与昔日的部落共鸣箱相似的共鸣的世界"，其魔力在于"一个超感官知觉的世界。年轻人当前对占星术、千里眼和秘学的兴趣并不是巧合"[1]394。当访谈进行到这里时，采访人诺顿冷不丁地向麦克卢汉抛出这样一个问题"你说的是全球的心灵感应吗？"麦克卢汉给出了肯定的回答。

接着，麦克卢汉指出："电脑预示了这样一个前景：技术产生的普世理解和同一，对宇宙理性的浓厚兴趣。这种状况可以把人类大家庭结为一体，开创永恒的和谐与和平。这是电脑真正合适的运用"，电脑的存在是"用来加速发现的过程，用来协调地球——最终还要加上星系——的环境和能量"。麦克卢汉将其思想与但丁预见的"意识普世性"（the Universality of Consciousness）联系在一起，即"人结为一体，形成统一的、无所不包的意识之前，始终是支离破碎的"[1]394。麦克卢汉还在联想到法国哲学家亨利·柏格森"集体无意识"思想的基础上提出了"宇宙无意识"（Cosmic Unconsciousness），他最终想要说的是"电子媒介的发展终于使心理上的公共整合成为可能"[1]394。在当今全球化进程加速与科技飞速发展的时代背景下，信息传播领域历经了深刻变革，全球心智联结的趋势愈发显著，而这一进程与麦克卢汉的理论有着紧密的内在联系。麦克卢汉在借鉴柏格森"集体无意识"思想的基础上提出的"宇宙无意识"概念，为理解当下的传播现象提供了深邃的理论视角。

柏格森的"集体无意识"着眼于人类群体内部潜藏的、深层的精神共性，它在人类历史演进、文化传承及社会互动中逐渐沉淀，深刻影响着人们的行为、价值观与情感模式，以一种超越个体意识的力量塑造着群体特质。麦克卢汉由此延伸出的"宇宙无意识"，将视野拓展至整个宇宙秩序，暗示着宇宙中存在着广泛而隐秘的精神关联与信息网络，人类作为宇宙的一部分也被纳入其中，而电子媒介的发展则成为揭示这种无意识力量的关键因素。麦克卢汉洞察到电子媒介凭借其强大的传播效能，突破了地理与时间的双重限制，实现了信息在全球的即时传播。全球各地的文化、事件与问题得以迅速呈现在人们面前，引发广泛共鸣与探讨，从而促使不同地域、文化背景的人们形成共同的情感体验、认知关注点与价值取向，在心理层面逐步构建起全球性的公共意识。比如，在公共利益捍卫、环保倡议、公共参与、人道主义救援等活动中，电子媒介将全球民众的热情与行动汇聚，强化了彼此间的联系与共同责任意识，推动全球心智在这些领域的初步整合，朝着"宇宙无意识"所蕴含的人类精神共同体愿景迈进。

当今互联网传播在电子媒介发展的基础上呈现出全新的面貌，社交平台等在建立"地球村"的过程中，超越时空的网络化社会，使人类全球认知体系得以在分化中聚合，在聚合中分化。这种联结进一步体现出人之间的心智水平、认知能力、情感深化的互构与进化。AI 技术赋能下的传播具有高度智能化、个性化与精准化的特点。智能算法能够根据用户的兴趣、行为模式等数据，精准推送符合其偏好的信息，这在极大程度上提高了信息传播的效率和针对性，使得个体能够更快速地获取与自身相关或自身感兴趣的全球资讯，加速了个体与全球信息的深度链接。同时，AI 驱动的语言翻译技术、图像识别技术等打破了语言与文化的部分障碍，让不同文化背景的人们在信息交流与理解上更加顺畅，进一步促进了全球范围内的文化交融与心智碰撞，让麦克卢汉所设想的全球心理整合在 AI 时代展现出更为丰富和多元的发展态势，为人类在全球范围内实现更深层次的精神融合与和谐共生开辟了新的路径。

五 全球心智联结：认知情感的聚合与分化

我们在洞察到网络化社会能量的聚合与分化以及心媒思想对人们认知和情感深刻影响基础上提出"全球心智联结"（Global Mental Connectivity）的概念。它指的是在全球传播范围内认知、思维、情感、情绪、意识甚至行为通过技术连接、网络传播以及集体互动所互构的一种全球互联互通的心智状态，它代表了全球认知和智慧的集体化、动态化以及生成化。全球范围内人之间感觉、认知、情感、思想、意识的互构促进了心理、意识、思想、文化的快速传播，推动了全球认知共同体的形成，使得不同地区、背景和文化的个体能够在共享的认知空间中互相影响和共同塑造全球认知模式。

具体来说，全球心智联结包括以下几个核心要素。①认知互动性：个体和集体的思维方式在全球范围内互相影响和塑造，形成了一个复杂的认知网络。②认知和情感的数字化与网络化：技术，尤其是互联网和社交媒体，作为连接与联结认知的桥梁，打破了时空的限制，使得人类的思想和知识可以迅速跨越国界并进行实时互动。③集体智慧：全球心智联结也体现在集体智慧的形成上，个体之间通过合作与互动共享知识，形成超越单个个体能力的集体认知和情感，推动全球领域知识创新进程，促使应对策略应运而生。④文化与意识形态呈现出认知和情感上的相通性：随着全球心智联结的加深，不同文化之间的认知与价值观念发生碰撞、融合与重构，全球共同体的文化与社会认同得以不断重新定义。

高科技发展不仅扩大了人类心智的边界，还重塑了人类与外界互动的深层次结构。心媒通过数字技术和网络传播，使得人类认知和情感的交织变得无处不在，形成了无所不包的全球认知系统，其中每个节点（个人或群体）都能与其他节点相互影响和作用。全球感觉、知觉、认知和情感等通过符号传播连接成了新的"集体智慧"，塑造着全球信息、数字平台等社会有机互动系统，这一系统也催生了新的全球认知模式和集体决策的方式。

与社会深度互动的媒介变革，逐渐演化为人类心智及系统结构的进化进程，有力地推动了人类认知与思维朝着网络化、集体化方向发展。在此，媒介的内涵与德国社会学家格奥尔格·西美尔所阐述的生命形式思想有着异曲同工之妙。西美尔着重指出，生命存在于持续的创造以及形式的转化之内；他强调作为人类创造与心智交互关键的生命形式，探究其如何通过接连不断且持续更新迭代的媒介，映射出个体与社会的互动在人心和道心上变得更为复杂、微妙。心媒作为生命形式的一种呈现方式，使得人类在借助媒介满足自身需求以及进行抗争的过程中，拓展着认知和情感的边界与深度、广度，持续重构着超越个体的群体乃至全球范围的认知情感体系。

六　全球认知和情感网络共同体：显现与作用

全球心智联结本质上可以被看作一个动态的、生成性的社会能量场域，其中信息和思想在全球范围内流动、交换和碰撞，在不断迭代技术的支撑下，这种流转包含了集体意识、情感能量和认知能力的交互。社会能量实际上是全球心智联结的一种体现，它关乎情感和思想相互激荡所引发的集体认知和情感的不断变化。心媒借由持续更新的媒介形式，呈现出生命的本源性力量并作用于个体的认知和情感，成为"社会活力"的源头，驱动着社会多元要素的交互融合，催化群体协作共进的态势，为社会的发展进程注入源源不断的动力，使之持续演进、革新并拓展生命的边界与可能。

心媒不仅是认知和情感能量流动的催化剂，也通过社交媒介和网络传播将个体的愤怒、喜悦、同情等情感能量迅速扩散并影响大规模群体，这种社会本能形成巨大的势力，进而推动政治、经济、文化、社会等意识形态的变化。

社会能量、心媒和全球心智联结这三个概念，看似彼此独立，实则存在着内在复杂的互构关系，人们需要从认知、情感、技术迭代、能量流动和社会互动等多维度来探讨和理解。在全球心智联结的背景下，心媒作为认知和情感传播的工具，赋予了个体与集体思想交流更高效、更广泛的途径。社会能量思想提供了一个认知与思维框架来理解信息、情感如何在社会互动中进行转化和流动，通过心媒，社会能量在全球范围内进行有效的交换和激活，从而形成了一个不断发展的全球认知和情感网络。

社会能量、心媒和全球心智联结思想三者交织在一起，共同塑造了当代社会中的认知、情感和社会景观。通过心媒，全球范围内的认知和情感能量得以在跨国界、跨文化的时空中流动。社会能量在全球心智联结的流动中变得更加快速和广泛，形成复杂流动的"认知情感文化"系统。全球心智联结不仅是思想和信息的互动，也是社会能量在全球范围内的交流和转化。个体和集体的思想、情感、认知状态等通过心媒的传播在全球范围内产生连锁反应。这种能量的流动，使得全球社会在认知和心理层面形成了更紧密的联系，同时也使得全球意识形态受到情感共鸣的显著影响。媒介作为生命形式的不断延绵正在撼动传统社会组织方式与权威结构，将事物的因果关系放置于更为深广的认知和情感网络中。心灵作为媒介，显现出人类内心的相互感应与全球心智联结的同时，也揭示出人类的感觉、知觉和情感已深度参与到观念形成和社会交往的各个方面。它们在挑战社会权威等的同时，彰显出宏大叙事中微小叙事已成为组织、变革社会的力量的事实，并重新定义着个体与社会的关系。

结　论

基于人类感官和认知延伸的全球心智联结已渗透到日常生活的每个角落，凸显出个体自我的差异性存在的同时，也在聚合着人们的认知和情感。

不可否认，全球集体智慧的运行会出现诸如信息过载、情感沉浸、认知偏差、文化冲突等问题，然而，它们更是将个体还权于个体的表征，这是因为心智中的认知和思维无论是增强还是削弱都对个人提出更高的要求。正如维柯所言，"人们起初只感触而不感觉，接着用一种迷惑而激动的精神去感觉，最后才以一颗清醒的心灵去反思"[4]127，需要承认的是"人们对与他们有关系的但还有疑义而不甚清楚的事物，自然而然地经常按照他们自己的某些自然本性以及由它们所引起的情欲和习俗来进行解释"[4]127。人们在全球情感共鸣中也在进行着反思，并不断变化着自我情感和身份认同，持续突破传统社会心理结构，从而改变着人们的思想观念、社会行为和互动模式。

毋庸置疑，现代传播中看似浅薄的认知荒诞和情感沉浸，实则蕴含着复杂的心理诉求与时代症候。在快节奏且信息过载的现代社会，人们于短视频、短剧等媒介所营造的滥情依附中获得短暂的情感释放，这或许是一种对现实压力的逃避，亦可能是在碎片化生活中寻求片刻心灵寄托的无奈之举。从社会文化角度剖析，其反映出大众文化在消费时代的快餐式倾向，以及深度情感交流机制在技术冲击下的渐趋式微。从个体心理层面洞察，这是内心孤独、焦虑情绪的隐匿性外化，也是在社交关系浮于表面的当下，人们渴望情感归属的隐晦表达，尽管其呈现形式看似轻浅，但在其背后潜藏着当代人精神世界亟待被关注与疗愈的深刻呼唤。

不妨沿用麦克卢汉式的风格概括全文。全球心智联结犹如电影《信条》中导演诺兰借演员之口道出的观影密匙——"不要试图去理解它，而要去感受它"，这种连接与联结强调的是一种直观的体验而非理性的解析。技术迭代发展，人类也在回应生命生生不息中迈开了海德格尔所言的"返回步伐"。事实上，人们真正领悟自身所处时代的方式，离不开人们基于生存的各种心理活动，这些心理活动凭借感官的敏锐反应与世界进行着超越时空的有机互动，而非仅仅仰仗于语言、图像、视觉等单一元素以及纯粹的逻辑推理和分析判断。借由这种心智纽带，人类得以跨越传统认知与思维的边界，进入更为繁杂且深邃的诗意时代。

参考文献

［1］〔加〕埃里克·麦克卢汉、弗兰克·秦格龙：《麦克卢汉精粹·绪论》，何道宽译，南京大学出版社 2000 年版。

［2］〔法〕米歇尔·马费索利：《部落时代：个体主义在后现代社会的衰落》，许轶冰译，上海人民出版社 2022 年版。

［3］师曾志：《"沉思之思"与"计算性思维"——数智时代网络社交用语的隐喻探究》，《台州学院学报》2024 年第 5 期，第 19—26 页。

［4］〔意〕詹巴蒂斯塔·维柯：《新科学》（上册），朱光潜译，商务印书馆 2018 年版。

成长的想象：叙事视角下的网络小说"成瘾"内涵研究

许霞霞　李　佳*

摘　要　随着互联网的发展，网络小说成瘾问题也逐渐凸显。本文基于叙事研究的范式，以三名网络小说成瘾者为研究对象，通过深度访谈和自传叙述，描述并剖析了小说爱好者与小说之间的生命故事。研究发现，网络小说的成瘾行为背后是读者对自身成长经历的深层关切与焦虑。成瘾者并非由于失去了其自主性而沉浸在网络小说的幻想中，反而是对成长环境和现实生活的高度重视令其在网络小说丰富的情景故事、人物形象和价值观中寻求经验补足和情感慰藉。网络小说的成瘾在本质上是一种关于成长的想象，只不过这种想象从成长现实的语境中脱离，在网络小说的虚拟语境中得到满足。

关键词　网络小说；生命故事；叙事研究；成瘾行为

随着互联网的普及与数字技术的飞速发展，网络逐渐成为文学创作和传播的重要平台。根据《第 52 次〈中国互联网络发展状况统计报告〉》，截至 2023 年 6 月，我国网络文学用户规模达 5.28 亿人，较 2022 年 12 月增长 3592 万人，占网民整体的 49.0%[1]。但无论是在内容、题材还是在呈现形式上，网络小说都与传统小说都有着显著区别。学者陈海燕指出，与传统文学相比，网络文学最大的不同在于虚构题材在其类型化中的主导地位[2]。且区别于其他呈现形式，网络小说以其丰富的题材、引人入胜的情节和鲜明的角色形象，为心理发展尚不完全且面临身份认同、情感探索、

---

* 许霞霞，系贵州民族大学传媒学院新闻传播学硕士研究生；李佳，系贵州民族大学传媒学院副教授、传播系主任、硕士生导师。

社会交往等多重需求的青少年提供了一个充满想象和创造的空间，对青少年具有极强的吸引力。蒋京恩等关于网络文学阅读的调查显示，"92.6%都看过网络作品""超过半数的被调查者对网络小说表示了极高的关注度"。[3]而伴随着网络文学的进一步发展，人们对网络小说是否会阅读成瘾，进而影响正常工作和生活的担忧也开始出现。

与其他网络成瘾相比，网络小说成瘾行为具有一定的隐蔽性，因此常常被人曲解并忽视。此外，根植于媒介技术的虚拟性和其对人类生活的高度介入，网络文学带来的还有复杂的社会伦理与认知挑战。在现有的著述中，"成瘾"一般被描述为三个特征：一是个体行为或情绪失控，对成瘾物依赖性增强并走向过度，无法自制；二是个体认为成瘾行为能带来快乐和满足，但这多是一种想象性的精神虚幻；三是当成瘾行为中止时，个体会出现一系列的戒断反应[4]。但对于许多从青少年时期便接触并一直保持高频率阅读的网络小说成瘾者来说，其与网络小说深度交互中的生命故事是什么样的？他们对于小说的选择是否如学者所描述的那样完全处于被动？网络小说在小说成瘾者成长过程中扮演的是什么样的角色？本文旨在深描"网络小说成瘾者"的生命故事，并分析其网络小说阅读背后的心理机制，以揭示网络小说成瘾这一问题的核心所在，唤起人们对这一庞大而又易被忽视群体的重新认识和关注，探索可能的保护与疗愈路径。

一　文献述评

关于"小说成瘾"，学术界大多将其作为网络成瘾或手机成瘾的一个子类别进行探讨。对于小说成瘾的具体界定，不同学者也各有侧重，主要是从小说成瘾的成因、具体表现或是影响结果出发对其界定。如学者周冰从小说成瘾的成因及表现出发，将小说成瘾界定为接受者因受到作品的吸引，沉浸于阅读所带来的高峰快感体验和幻象，产生了阅读依赖，不能有效控制阅读时间及次数，走向过度阅读，并出现一定戒断性反应的阅读行为[4]。学者夏镇则从小说成瘾的表现及影响结果出发，认为网络小说成瘾是指个体在阅读网络小说时无法通过主观的努力有效控制阅读时间和次数，并会伴随一定的戒断反应，因此导致了部分社会功能损伤的一种阅读行为[5]。

现阶段关于网络小说成瘾的研究主要聚焦于对其现状、影响结果、影响因素及心理形成机制等几个方面的描述或分析。关于网络小说成瘾的现状，学者们普遍认为，网络小说成瘾有一定的特殊性：一方面，阅读网络小说消耗大量的时间，读者容易沉溺于虚拟故事情节或者情绪状态中；另一方面，网络小说成瘾行为具有一定的隐蔽性[6]，网络小说阅读不像网络游戏一样需要花费大量金钱，其外显行为和活动范围较小[7]。关于网络小说成瘾的影响结果，不少学者普遍认同，网络小说成瘾严重影响着个体身心健康：一方面，长时间使用电子设备阅读小说会导致视力下降、肩膀疼痛和睡眠不足等身体问题[7]；另一方面，个体沉溺于小说情节中会导致其社会功能的部分缺失，更有可能伴随焦虑、抑郁等负面情绪体验[8]，且网络小说阅读甚至可能带来个体的孤独、自闭等倾向，不利于生活、工作、学习等[9],[10],[4]。此外，小说中的一些错误的观念（如"金钱至上"、极端个人英雄主义等）会对成瘾者的人生观、价值观与思想道德意识的形成造成损害[11],[12]，一些虚构类型的网络小说（如穿越小说）还会导致他们形成苛求完美的偏执心态，对个体心理健康产生负面影响[13]。

伴随着对网络小说成瘾外显行为及负面影响了解的深入，也有不少学者将注意力转向对网络小说成瘾的影响因素及心理形成机制的探讨，以期从网络成瘾问题症结出发，引导读者合理化阅读，在一定程度上减少甚至规避网络小说成瘾所带来的负面影响。关于网络小说成瘾的影响因素，部分学者通过对外显行为的描述归纳和对报告的分析发现，网络小说成瘾主要有以下四个方面的原因：性格特质；适应力、承受力差；个体压力感[14]；没有目标或盲目[15]。此外，还有部分学者通过问卷调查和实证分析发现，神经质人格[7]及基本心理需要的满足程度[16]与小说成瘾的形成具有一定的相关性。

总的来说，目前研究者多倾向于对网络小说成瘾的外显行为进行描述归纳，以及对心理形成机制、影响因素等进行报告分析。关于网络小说成瘾者，研究者大多将其视为缺乏主动性和审美评价的书"虫"，甚至认为其最终会对小说产业的发展造成阻碍甚至危害[4]；只有部分学者看到了网络文学这一形式的正向影响[17]：网络小说读者在阅读过程中的自我成长[18]和其对不同生存状态的向往和对生命价值的追问[19]。关于影响因素的报告分析，多是基于量化的研究方法，去探究诸如神经质人格和基本心理需要等因素与小说成瘾间的因果关系[7],[16]，而未从"小说成瘾者"的感受、体验和生命故事出发，对这一庞大群体进行深描，更未对其小说成瘾过程中的懵懂意识、主体性变化和网络小说阅读的深层原因进行探讨。关于网络小说成瘾解决策略的提出，研究者也只是将网络小说成瘾这一由现实问题引发的现象当作现实问题本身进行讨论，并基于此提出解决策略。因此，本文从小说成瘾者生活故事出发，考察小说成瘾者在小说阅读中的主体意识与心理机制，可为理解小说成瘾这一社会现象、探讨小说成瘾解决策略提供切实可靠的主体性视角。

二　成长的选择：小说阅读中的个体差异

如何对"小说成瘾者"群体的生命故事进行深描？艾米娅·利布里奇指出，人是制造意义的有机体，他们超越个人经验，从其共同文化里获取建筑材料，来建构自我认同和自我叙事。通过叙事研究，研究者不仅能够了解叙述者的自我认同及其意义系统，也可以进入他们的文化和社会世界[20]9-10。学者丁钢指出，叙事研究关心的是事件本身以及事件中所包含的那些"沉默的大多数"的生活状况与感受[21]。因此，本研究将采用叙事研究的范式，倾听"小说成瘾者"一直以来被遮蔽的声音、感受及经验，并呈现在其生命故事中小说所扮演角色的深刻内涵。

本文通过访谈法进行资料收集，并依据"目的性抽样"原则，以三名长期深入阅读网络小说的网络小说成瘾者作为访谈对象，对每一名访谈对象分别进行了平均两个小时的半结构式访谈。在访谈的同时，邀请三名访谈对象围绕研究主题进行访谈自述，对于其中一名访谈对象，尊重其意愿，并未对其成长经历进行过度访谈，而是基于"早期记忆"导向性问题对其进行访谈，以期侧面了解其成长故事。访谈对象的基本信息以及访谈和自传的编码方式如表1所示。

表 1　访谈对象基本信息

访谈对象（化名）	年龄（岁）	性别	受教育程度	书龄（年）	访谈编码
小丽	25	女	大学本科	11	小丽—L
小陈	20	男	大学本科	7	小陈—C
小吴	24	女	大学本科	12	小吴—W

阿尔弗雷德·阿德勒认为，个体记忆代表了"我的生活故事"[22]58。为了能通过小说成瘾者的成长故事还原或分离出关于其在小说阅读中的内心体验，并分析这一内心体验如何外化为现实社会行动，首先，本文对网络小说成瘾者访谈自述资料进行"整体—内容"维度的叙事分析，形成两名访谈对象自我的整体印象，并完善其与小说间生命故事的完整内容及脉络，以帮助我们从小说成瘾者自主意识出发，回答"网络小说在她们成长过程中扮演什么样的角色"这一问题。其次，对网络小说成瘾者的生活故事进行"整体—形式"维度的叙事分析，提炼出小说成瘾者生命故事的剧情发展与完整结构，以期在对其网络小说阅读经历进行描述的基础上，探讨网络小说成瘾问题的症结所在，并分离出不同阶段网络小说对成瘾读者扮演的角色。最后，在上述两部分分析的基础上，进一步说明网络小说如何作为一种成长的想象，嵌入网络小说成瘾者不同阶段的生活故事中。但受限于文章体例，在前两部分的具体呈现中，我们仅对其中两位进行详细叙述。

从"整体—内容"维度去看小丽与小吴的生活故事，它向我们呈现了两个处于关系网络中的积极的"自我"。其中，小丽的生活故事显示了两个主题：强关系网络与归属、对比与审视；小吴的生活故事则主要围绕独立与选择、自主与发展这两个主题进行。这些主题在两人生活故事的不同阶段都有重复出现，这不仅表明了她们生活故事的独一无二性，也可以被看作从整体上阅读其成长故事，以及讨论小说在成瘾读者中所扮演的角色的两种不同视角。此外，艾米娅·利布里奇等在阿德勒关于记忆的理论基础上进一步指出，人生的第一个记忆揭示了个体的基本人生观[20]96。因此，为了确保文中分析对小丽整体印象的整体诠释水平，笔者还通过对小丽早期记忆叙述进行分析对比，分析结果可相互解释。

（一）小丽：强关系网络与归属、对比与审视

1. 强关系网络与归属

小丽在成长故事中始终处于一个很强的关系网络中。如在小学阶段，她始终处于一个熟悉的关系网络中："比如我的老师基本都是我家周围认识的亲戚，然后同学也基本都是家周围的人。"① 初中时期寄住于姨妈家；高中时期母亲租房照看她；甚至到了大学阶段，去父母打工地过暑假也作为其一段印象深刻的记忆得到了叙述。这一主题也能从其小学到现在的社交模式中得到印证。此外，小丽在描述其生活故事时，经常用复数"我们"及"他们"："那时候我们在做早操"或者"初二的时候，我们要换教室"，且这一状态一直持续到大学阶段。从小学时期的学校、初中高中时期的班级，再到高中时期的寝室社交圈，一直都被作为其自我保护的圈层得到了叙述。"大一的时候，我觉得我有必要去建立一个寝室圈、班级圈。比如说，在一个班级，我总需要交几个朋友，这样在和不同班级一起上大课的时候我们能够坐在一起。这样的圈子可以不宽，但是得有。"②

2. 对比与审视

相较于第一个主题，第二个主题的存在则相对隐晦，但我们依然可以从其各个阶段的生活故事叙述中窥探这个主题并获得印证。描述生活故事时，小丽经常使用"他们"来描述自己以外的他者。从小学时期因为数学题做错被作为老师的亲戚揪了耳朵、经常被叫上台去抄写数学题，初中时期报名迟到，到高中时期因为数学成绩不好被老师提醒等，她都详细地提到记忆中的自己与他者的不同。此外，在大学阶段，其为避免孤立而有意识地在班级里建立起能归属的小团体，在疫情期间她实习时不耻下问，这些都验证了其在避免他人的审视所做的努力："与上学的时候相比，我实习的时候心态是有改变的。上学的时候觉得遇到不会的问题去问的话会害羞，但实习那段时间还好，尤其疫情期间还戴着口罩，所以压力不会太大。"③

---

① 摘自小丽—L访谈记录
② 摘自小丽—L访谈记录
③ 摘自小丽—L访谈记录

（二）小吴：独立与选择、自主与发展

1. 独立与选择

从小吴的自我叙述可看出，小吴的生活故事更为强调其在生活中的独立与自我的发展。换句话说，她的"我"在生活故事里占据了一个巨大的空间："影响最大的一个人，我觉得是我自己吧！"① 或者"我觉得驱使我自己去改变或者去成长的，都是我自己本身"。② 她的生活故事广泛地描绘了自己如何作为一个独立的人而存在，这可以被其在大学阶段便开始经济独立进一步验证。与此同时，与这一主题并行的，还有其作为一个独立的个体对生活中的事物不断进行选择的过程，这可在其对网络小说阅读的自我控制和选择中得到验证："对于我来说，我觉得小说要比电视电影丰富。而且我其实性格有点急，小说的话，我可以根据自己的节奏调节，就可以看得很快。"③ 此外，也能在其对社交方式的选择上得到验证："我不太爱社交，我喜欢（生活在）那种稳定、让我自己感到安全的范围内。这种状态会让我觉得放松和舒服。"④

2. 自主与发展

在小吴的生活故事中，与上述其作为一个独立与选择的个体并行的，是其作为一个自主的个体不断观照环境的发展过程。关于自主，可从其在三个阶段都将自己选为对自己影响最大的人，以及其对自己家庭教育方式的自述中得到验证："我父母不太插手我的学习，然后对我的教育也属于放养型的，会给我很大的自主空间。"⑤ 除此之外，在小吴的生活故事中，从高中阶段开始，其便常常以发展的价值尺度来衡量和评价小说在其生活故事中的地位与角色："这个时期（高中阶段）其实也慢慢意识到自己应该要好好学习，所以看小说就没有以前那么频繁。但是看的时候会代入自己的一些想法思考一下，比如用他们的生活经历来对比一下自己，然后也会反

---

① 摘自小吴—W 访谈记录
② 摘自小吴—W 访谈记录
③ 摘自小吴—W 访谈记录
④ 摘自小吴—W 访谈记录
⑤ 摘自小吴—W 访谈记录

思自己。"① 或者"高二时看的少了，因为那时候想着要高考了"。②

通过上述分析可发现，个体差异深刻地影响着不同小说成瘾者的小说接触。其中，小丽生活故事有两个重要主题，其一是强关系网络，其二是对比与审视。强关系网络在意味着较强的观照的同时也带来束缚与规制；对比与审视则规约着其难以立于人群之外向外探索，小说阅读的隐蔽性则为其提供了可能且可及的途径。因此，小丽对小说类型的选择一直基于新鲜性，而这也在某种程度上解释了小丽较强的小说类型接受度。而小吴的生活故事中充满了自主与发展的取向，其对小说的选择也是从满足发展需求的价值标准出发。这也可以解释为何在读书期间，小吴对小说类型的选择全为校园言情。而当其开始实习时甚至在上班之后，随着周围环境的改变，其对小说类型的偏好才逐渐发生改变，当然其中也不乏书荒的缘故。

三　成长的伴生：生活故事中的小说阅读

结构分析作为"整体—形式"维度叙事分析策略中的一种，与"整体—内容"维度的分析一样，都集中于把叙事作为一个整体来分析。艾米娅·利布里奇等指出，结构分析是通过运用叙事材料来获悉结构中的变化，并以此来揭示个体是如何建构自己的人生经历的[20]107。因此，要从网络小说成瘾者自我成长故事中还原或分离出其与小说之间的生命故事，便少不了对网络小说成瘾者个体自身和网络小说阅读的两个主题的故事进行区分。在这一部分，笔者将从小丽和小吴的人生阶段概览和生活故事资料出发，分别刻画她们在自身及网络小说阅读这两个主题上的轨迹，以更好地探究小说成瘾者在小说的选择中是否完全处于被动状态，以及小说成瘾者与小说阅读之间的相互关系如何。

（一）小丽的生活故事曲线及网络小说阅读经历

从二者的人生阶段划分，我们可以很明显地看出小丽与小吴的生活故事主要围绕学习这个中心轴发展。通过小丽与小吴生活故事曲线图，我们

---

① 摘自小吴—W 访谈记录
② 摘自小吴—W 访谈记录

可看出二者在两个时间点上都发生了急剧的下降。小丽的第一个下降点是初中时阑尾炎手术住院（见图1）："阑尾炎生病的那一次，我当时甚至觉得我要死了，都已经在想遗言了。""阑尾炎请假回到学校后期末考试，那是我成绩考得最差的一次，我很伤心。"① 第二个下降点则是从高二升到高三时，这时候数学成绩不好，并且面临高考的较大压力："高二升到高三的时候我们数学老师换了，新换的那个老师上课要沉闷一点，我那个时候数学成绩不好，再加上那个老师节奏也比较快，所以上他的课我一般就是睡觉。"②

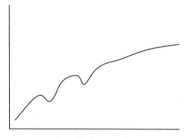

图1 小丽的生活故事曲线图

和生活故事曲线图不一样的是，小丽的网络小说阅读频率在成长过程中有着非常剧烈的起伏甚至断裂。小丽正式的网络小说阅读行为始于初二时期，从初二到初三的阅读频率保持在每天两到三个小时。而后进入高中阶段，其网络小说阅读频率在高一时由于恋爱、社交和环境变化发生了急剧下降，直到高二才开始回升。高三可以说是小丽网络小说阅读频率的峰值时期，这一时期学业繁重，小丽的网络小说阅读频率却保持在每天三四个小时。到了大一，小丽的网络小说阅读频率又再次因为新环境的适应和社交的需求而急剧下降，大一下学期网络小说阅读甚至处于断裂状态。直到大二暑假时，伴随着新小说类型的接触，其网络小说阅读频率又急剧恢复，并在接下来的大学阶段保持着每天平均四五个小时的频率。此后，随着实习、工作的到来，小丽的网络小说阅读频率才逐步下降至平稳，但不曾断裂。

---

① 摘自小丽—L访谈记录
② 摘自小丽—L访谈记录

（二）小吴的生活故事曲线及网络小说阅读经历

和小丽的生活故事曲线图类似，小吴的生活故事曲线图（见图2）也有着两个明显的下降点。第一个是其中考失利复读时："（初中这个阶段）我没有特别印象深刻的记忆，除了初三的时候没考好，重新读了初三。"① 第二个则是其高考失利复读时："我高三复读的时候其实压力很大，但是我缓解的方式就是放学回家一直看小说，然后第二天起来就接着去上学。"②

小吴的网络小说阅读频率变化与小丽相似。小吴的网络小说阅读从初一开始，且日均阅读五六个小时，投入程度较高。到了高中，由于学业和社交压力，阅读时间减至每日二至三个小时，高三时降至两个小时，这体现出了小说成瘾者在网络小说阅读中的自我控制。高三复读时，小吴的网络小说阅读频率又激增至每天六七个小时，这样的状态直到高三复读结束才得以缓和。到了大学阶段，在大一、大二时，受打游戏与做兼职影响，小吴的网络小说阅读频率降至每周两三个小时，后在大三、大四时回升至每周三个小时。最后是实习期间，由于书荒的原因，其网络小说阅读出现了半年的断裂，直到实习结束后正式工作，由于开始接触新类型的小说，其网络小说阅读又保持在每天三四个小时的状态。

图 2　小吴的生活故事曲线图

可以看出，两名典型的小说阅读"成瘾"者尽管在阅读频率和时间上或许远超一般的网络小说读者，但其阅读频率和阅读强度是与其个人的人生发展规划和成长经历高度相关的。且在三名访谈者的叙事结构中，个人

---

① 　摘自小吴—W 访谈记录
② 　摘自小吴—W 访谈记录

的成长始终占据着中心位置，而近乎狂热地喜爱和大量投入时间阅读网络小说只是这个成长主线下的一条伴生支线。在此，网络小说的"成瘾"并不是一种内在的"瘾"，而是外部成长经历和生活环境驱动的选择。

四　成长的想象：小说"成瘾"者与小说的前世今生

基于以上分析，我们可立足于不同成瘾读者的主体性差异，探讨不同阶段网络小说在成瘾读者生活中所扮演的角色。通过对三位访谈对象的生活故事资料进行分析我们发现，随着访谈对象对网络小说接触的不断深入，网络小说作为一种虚构性叙事，逐渐成为成瘾读者应对环境变化、成长困境及满足某些需求的重要想象空间。这一想象空间的构筑因小说成瘾者个体的差异而呈现明显的区别。

（一）初识：成长想象空间的初步探索

小说成瘾者与小说的因缘际会，除了与随着媒介技术发展而不断扩展的网文市场息息相关，也与小说成瘾者早期的生活故事紧密相关。小丽和小说的正式相识发生在其初二的时候，但她的小说接触可以溯源至小学六年级的时候。当时她的哥哥从学校带回家一本恐怖小说："小学六年级的时候，哥哥从学校带回一本纸质的小说。那个小说的内容我基本还能记得，全部是那种恐怖的类型，我感觉这给我之后看小说埋下了种子。"[①] 在小吴正式阅读小说之前的早期生活故事中也有小说的影子："我小时候都会看故事，像什么《伊索寓言》。"[②] 尽管基于有限的样本资料，我们尚无法确定三位访谈对象的正式小说阅读行为与该现象之间存在直接因果关系，但仍有必要对这一关联进行阐释。

值得注意的是，三名小说成瘾者与小说的正式接触都发生在自我概念懵懂的初中甚至小学时期。要么是随着小说市场发展而主动接触，要么是受同伴影响而间接接触。如小丽："我觉得我看小说可能部分地受到了周围

---

① 摘自小丽—L 访谈记录
② 摘自小吴—W 访谈记录

人的影响，因为他们都会看小说。"① 这样的选择虽然是无意识的，但其背后却是小说成瘾者对成长想象的满足。且与此同时，小说也在不断改变小说成瘾者的世界观念和自我意识。如小丽："深入接触之后，我发现这种小说是符合当时的一些少女情结的。还有，无意间看到的一本小说，会为你打开一个新世界的大门。最开始的时候我并不会有目的地找关于这个新世界的内容，但是随着后面接触得更多了，我就发现其他的一些小说也会通向这个新的世界；接触得更深之后，我才开始主动寻找，然后看着看着就逐渐入迷了。"②

（二）求索：成长想象空间的逐渐稳固

随着叙事剧情的不断推进，小说成瘾者的思维与认知也逐渐成熟。三名成瘾读者都在高中阶段展现出明显的自主意识并对小说阅读进行控制，甚至从发展的角度来选择小说，这些都可以印证这一点。如小吴："高中的时候，因为一直想学文科，就想着看点历史的吧，虽然觉得看小说没什么用，但是尽量找点有文化素养的。"③ 且值得注意的是，个体差异深刻影响着不同小说成瘾者想象空间的建构与稳固。如深受父母管控的小陈逐渐转向快意恩仇的武侠及玄幻小说："这段时间看小说的频率都比之前多了，而且我看小说也变成有目的地去看了。"④ 小丽逐渐固定为以新鲜性为指向的小说类型，自主性较强的小吴则以自身发展为指向进行小说阅读："我喜欢看校园的，就是那种青春期懵懂的一起努力的那种。"⑤ 由此，在小说阅读偏好稳固的背后，是小说成瘾读者对自身生活的无意识洞察与代偿。

而作为一种对生活无意识洞察后的代偿行为，小说成瘾者的现实处境也影响着小说成瘾者对这种想象空间的不断求索与建构。如小吴在其开始实习及上班之后，随着周围环境的改变，其对小说类型的偏好也逐渐发生了改变。所谓的小说成瘾表象，本质是小说成瘾者在面对成长困境时，对小说虚构叙事中想象的不断求索。如小丽："现在我选择小说，是在我的脑

---

① 摘自小丽—L 访谈记录
② 摘自小丽—L 访谈记录
③ 摘自小陈—C 访谈记录
④ 摘自小陈—C 访谈记录
⑤ 摘自小吴—W 访谈记录

海里已经有了想看小说的人设、框架，然后再根据这个人设、框架去寻找符合我想看内容的小说。①"

（三）惯习：成长想象空间的不断寻求

在小说成瘾者成长故事中有着一个独特的现象，那就是在小说阅读断裂之后重新拾起。随着小说成瘾者对过往小说偏好类型阅读的深入，现有小说逐渐无法满足其需求，小说成瘾者开始进入"书荒"的境地："到了（大学）开学，可能是因为新鲜事物比较多，我看小说的频率直线下降。那段时间我基本看完了言情小说这一类型，是处于稍微腻了的一个阶段。"②再加上环境适应、新兴趣爱好的培养和现实需求等一系列主客观原因，小说成瘾者与小说之间的接触逐渐开始断裂。

断裂后的重新接触和不断寻求，则是由于小说对成瘾读者生活介入程度不断加深。网络小说以其独特的呈现方式及为读者提供愉悦的审美体验，逐渐发展成为小说成瘾者应对环境变化、突破成长困境及满足某些需求的一种惯习。因此，虽然两位成瘾读者重新接触小说的经历不同，但两者在叙述中都提到，随着接触的不断深入，小说阅读已逐渐成为各自的生活习惯："继续看小说是因为习惯吧，看小说看久了就会养成习惯。"③ 因此，作为一种惯习、一种陪伴和一种代偿，在客观世界允许小说成瘾者发展其兴趣爱好的条件之下，其自然而然地与当下能够满足其主观需求的小说再会："它（看小说）对我来说就是一个习惯，可以让我放松，让我可以用另一种方式，看一看别人的另一种生活，也可以理解为稍微弥补一下这个世界缺憾。"④

五　结论与讨论

本研究基于网络小说成瘾者的生命体验，描述并剖析了网络小说是如

---

① 摘自小丽—L 访谈记录
② 摘自小丽—L 访谈记录
③ 摘自小吴—W 访谈记录
④ 摘自小丽—L 访谈记录

何参与她们的成长过程，并解析了她们在网络小说阅读中的内心体验、感受及小说所扮演的角色。首先，小说成瘾者对小说的接触主要是通过纸媒和电子媒介，而其与小说接触除了受到同辈的影响，还可从早期的生活故事中得到溯源。其次，通过对小说成瘾者的叙述进行分析我们发现，出于客观现实和主观需求，其在小说阅读中展现出明显的自主性和自我控制，这表明网络小说"成瘾"并不是一种内在的"瘾"，而是其对自身成长环境、生活的深层关切与焦虑，这种关切与焦虑推动着她们在小说阅读这一成长的想象中不断求索，并成为一种从外部看来深深沉迷于网络小说虚拟世界而不能自拔的上瘾表象。最后，随着接触的不断深入，网络小说阅读这一兴趣爱好会逐渐成为这一群体生活中的惯习。这一惯习虽然可能会在书荒之后被逐渐摒弃，但也可能会由于个体阅读偏好的改变而在脱离书荒后被重新拾起。这种阅读偏好的转变和阅读类型的接触度因个体差异而表现出不同。

学者熊婕等指出，作为手机成瘾类别之一的小说成瘾，学界大多将其测量指标归结为三个方面，即戒断性、凸显行为以及难以控制或强迫性[23]。但小说成瘾具有一定的隐蔽性[6]，因此，戒断性及自我控制便成为讨论小说成瘾问题的关键。在戒断性方面，由于研究对象在成长故事中缺乏强制性戒断的相关经验，故我们尚缺乏相关讨论的依据。但通过小说成瘾者的小说接触我们可以看出，在自我控制方面，小说成瘾者的小说接触表现出明显的自主性和控制性，只有在其成长的低谷期才呈现失控状态。这一现象可部分说明，小说成瘾问题的核心在于现实生活中的挫折所导致的对娱乐需求或对现实逃避需求的激增。而在小说读者现实受挫之前，其小说接触行为并不是与自我失控和戒断等成瘾测量的关键性指标同行的。因此，对于小说成瘾问题解决策略的讨论，应从现实世界对小说成瘾者的压力来源着手。

综上所述，所谓小说"成瘾"并不是一种让人丧失自我、沉迷其中而无法自拔的上瘾行为。成瘾者的内心其实充满了丰富的选择判断和理性思考。网络小说是对成长的一种想象性代替与满足。和其他具有娱乐功能的文化产品一样，网络小说折射出的是读者对自身生活和环境的动态理解与互动。青年读者对于自身成长的方向和主题以及成长重要性的认知并不能时刻跟上其成长经历的发展和变化，往往会出现迷茫、回避、狭隘、偏激等情感或状态。网络小说中丰富的故事情节和人物形象以及价值观在无形之中成为这些成瘾读者观察自身、理解成长和接纳迷茫的媒介。网络小说作为一种选择上的参照和情感上的慰藉，以对想象投射的方式进入这些读者的成长经历中，最终造成这些读者深深沉迷于网络小说的虚拟世界而不能自拔的上瘾表象。

参考文献

[1] 中国互联网络信息中心：《第 52 次〈中国互联网络发展状况统计报告〉》，2023 年 8 月 28 日，https://www.cnnic.net.cn/n4/2023/0828/c88-10829.html，2024 年 3 月 15 日访问。

[2] 陈海燕：《从虚构到写实——论网络文学的题材转向》，《广西师范学院学报（哲学社会科学版）》2018 年第 4 期，第 14-19 页。

[3] 蒋京恩、桑盼盼、郭静：《关于大学生网络文学阅读状况的调查报告》，《长春教育学院学报》2013 年第 13 期，第 2 页。

[4] 周冰：《网络小说阅读成瘾的症候与挑战》，《当代文坛》2017 年第 1 期，第 153-157 页。

[5] 夏镇：《大学生时间洞察力和网络小说成瘾的关系》，长江大学教育学硕士学位论文，2020 年。

[6] 张杏杏、东方蔚龙、赵玉婷：《网络小说成瘾研究综述》，《商丘职业技术学院学报》2012 年第 11 卷第 6 期，第 28-29 页。

[7] 张冬静、周宗奎、雷玉菊等：《神经质人格与大学生网络小说成瘾关系：叙事传输和沉浸感的中介作用》，《心理科学》2017 年第 5 期，第 1154-1160 页。

[8] 洪何苗、程瑞：《网络阅读方式对大学生心理问题影响的调查研究》，《湖北经济学院学报（人文社会科学版）》2014 年第 8 期，第 149-151 页。

[9] Janne Grønli, Kristiansen Ida Byrkjedal, et al., "Reading from an iPad or from a Book in Bed：The Impact on Human Sleep. A Randomized Controlled Crossover Trial," *Sleep Medicine*, No. 21, 2016, p. 17.

[10] Mari Hysing, Stale Pallesen, et al., "Sleep and Use of Electronic Devices in

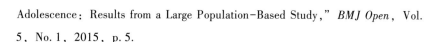

Adolescence：Results from a Large Population-Based Study，" *BMJ Open* ，Vol. 5，No. 1，2015，p. 5.

[11] 李彩虹：《网络文学对大学生核心价值观培育的影响及对策研究》，《教育发展研究》2017 年第 S1 期，第 49-51 页。

[12] 付伶莉、周冰：《网络文学消费对大学生核心价值观培育的影响及对策》，《西南科技大学学报（哲学社会科学版）》2018 年第 3 期，第 91-94 页。

[13] 涂绪谋：《论网络穿越小说对青少年心理健康的影响》，《西南石油大学学报（社会科学版）》2011 年第 4 期，第 38-42 页。

[14] 吴雅清：《父母介入、亲子依恋对青少年网络小说成瘾的影响》，福建师范大学硕士学位论文，2023 年 5 月。

[15] 赵小羽、宫文展：《对大学生看"书"成瘾的思考》，《学理论》2009 年第 16 期，第 260-261 页。

[16] 何玲、胡洁、何会宁：《大学生心理需要与网络小说成瘾的关系：自我概念清晰性的中介作用》，《宜宾学院学报》2023 年第 23 卷第 7 期，第 47-53 页。

[17] 刘笑明、罗洋、曾才容等：《网络文学作品对大学生出游意愿的影响——基于情节叙述、人物形象、作品类型的分析》，《西安石油大学学报（社会科学版）》2024 年第 3 期，第 58-65 页。

[18] 周兴杰：《网络小说阅读的"代入感"：心理机制、配置系统》，《湖南科技大学学报（社会科学版）》2019 年第 2 期，第 138-146 页。

[19] 朱皓月：《网络言情小说中"重生"背后的生命体验》，《中原文学》2024 年第 38 期，第 3-5 页。

[20] 〔以〕艾米娅·利布里奇等：《叙事研究：阅读、分析和诠释》，王红艳译，重庆大学出版社 2019 年版。

[21] 丁钢：《教育研究的叙事转向》，《现代大学教育》2008 年第 1 期，第 14 页。

[22] 〔奥地利〕阿尔弗雷德·阿德勒：《生命对你意味着什么》，周朗译，国际文化出版公司 2007 年版。

[23] 熊婕、周宗奎、陈武等：《大学生手机成瘾倾向量表的编制》，《中国心理卫生杂志》2012 年第 3 期，第 4 页。

象征性自治：一个小区微信群的"电梯"述行传播故事

任韵灵*

摘　要　以小区微信群为代表的社区媒介是观察基层群众表达与治理主体性的重要窗口。基于"述行"这一文学概念，本文立足于重庆一个独栋小区业主微信群，围绕"电梯"所展开的协商传播的经验实践，探讨媒介化基层议事的展演逻辑。依循对在线社群文本的主题分析，研究发现，小区微信群中围绕电梯的居民议事采取了三种述行策略：关系型述行、修辞型述行和场域型述行。这种指向媒介化述行的微信群所呈现的数字化市民社会，是一种交织着地缘、身份与关系意涵的"象征性自治"结构。

关键词　社区自治；微信群议事；述行理论

一　研究缘起

近年来，民生基础设施升级与改造的浪潮注入中国基层社会。以补齐城市发展短板为宗旨，各城市对小区进行"有机更新"，包括翻新老旧电梯，增添休闲广场、停车场，安装监控、智能门禁等。作为维系公共服务与社会运转的基础设施，"社区"从人们习焉不察的生活角落，走向社会、政治与学术领域的讨论之中。在互联网不断转化与拓展社区空间边界之际，一个传播学悖论不可避免地摆在我们面前：一方面，我们不断确证技术和

---

* 任韵灵，系华中科技大学新闻与信息传播学院博士研究生。本文系国家社科基金重点项目"后疫时代邻里空间媒介化研究"（项目编号：22AXW006）、中央高校基本科研业务费专项资金（项目编号：YCJJ20252334）阶段性成果。

虚拟社群隔离邻里、取代人际交往的诸多可能；另一方面，我们却又发现当下的社会生产依旧离不开居民的具身传播实践与社区参与。在基层社会的翻新中，人们的社会关系与交往方式在传播技术的重构下究竟有何新布展？

媒介与社区的关系并非局限于前者的物理特性，而是反映在"做实践"的物质性中[1]，以及透过日常器物使用的实践经验形成主体性的转换过程中。微信群提供了一种"宏观问题的微观视角"，并且营构一个归属于居民的行动空间。述行是一种言语行为，与物质、结构是相互建构的关系[2]2。本文源自对重庆市一个独栋小区（W）业主微信群文本的在线观察与主题分析。通过将微信群内多元行动者的"电梯"议事视作"以言行事"的述行实践，揭示了媒介化述行中居民主体性的最终指向及其与社区系统、社会结构的关系。

二　文献回顾

（一）理论基础：述行研究

作为一种分析性工具，"述行性"（performativity）在跨学科的"理论旅行"中彰显出丰富的诠释潜力。英国语言哲学家奥斯汀（John Austin）描绘过一组语言的类型学区分：一是"述愿的"（constative），指描述某种事物或状态的语言；二是"述行的"（performative），指基于现实情境创造出的、先前并不存在的行为和状态的语言[3]6-7。在此基础上，奥斯汀提出"以言施事"理论，认为言说本身即是有习俗性力量的行动过程[4]，比如"我很抱歉"的说法并非仅对感到抱歉状态的简单描述，同时也在进行着道歉的行为。述行语言根植于日常语境的生活话语，有赖于对惯例、礼节等俗定程序的重复和引用[5]12。这是述行作为一种"规范"的话语效果区别于一般性话语实践之处。把握言语实施者有主有次的意图，才能解决人际交往中繁芜的现实问题[6]204。语言学与哲学在思想交锋中奠定了理论基础，然而，由于近乎先验的抽象性构想，能否跨越文本界限，用"述行"概念来观照社会现实，一直颇受争议。

进入 21 世纪以来性别研究对"述行性"的理论征用，将这一形而上的概念下沉到现实语境中。在奥斯汀"言语即行动"的基础上，女性主义学者巴特勒（Judith Butler）提出"性别述行"（gender performativity）概念[7]，奠定了述行置于权力抗争或社会运动语境中被探讨的学术传统。巴特勒主张性别身份建构是社会规范自我书写、引用和互文的结果，为语言与象征资源的重复运作所巩固[8]。通过"述行"，即持续言语并"说出自己"，"重新意指"关于女性的符码和意义，女性才能获得主体性的抗争资源[9]200。述行在性别议题的展开让我们看到其伦理与政治维度的丰富意涵，这一分析视角直面文本背后的关系生产、社会机制与权力交互，为数字环境中的述行实践及其背后的联结与冲突提供理论注脚。

（二）作为述行空间的社交媒体与中国情境

网络空间的述行实践离不开媒介技术的生产、中介与转化。依循功能主义范式，既有研究往往从两个问题展开。一是社交媒体的各项特性何以辅助用户述行。作为超文本述行的形式之一，平台的技术设计能够服务于语言主体的述行网络的自由架构与扩展[9]210-211。二是用户如何通过述行实践以驾驭社交平台。一项关于媒介话语生产的研究提出"算法八卦"的概念，这一概念指人们通过口头讨论与流通算法知识来提升平台可见性[10]。技术作为人的述行手段，或者述行作为支配平台的过程，将理论"述行"过程与参与者主体及其能动的实践相结合，弥补了"述行性"片面强调理论作用而对行动主体的视而不见。然而，既有研究也展现出鲜明的微观偏好，忽视了述行同时嵌套在更广阔的社会结构和文化系统中。即使是某一细微的情绪表达，也可"扩展为叙事或话语言说模式的一种"，并成为捕捉"隐含政治历史情境的、实践日常生活的方法或姿态"[11]71。

引导述行研究迈向公共领域成为一项重要课题。伴随媒介的基础设施化进程，媒介不再仅是承载信息的容器，还对标一个汇聚意义与关系的行动网络，并且将"社会置于媒介平台之上"[12]。平台内嵌的功能设计、算法机制、管理方式共同建构了一个支持言论、情绪表达的可供性空间[13]，其中，个人和作为集体的我们透过对同一件事件的空间共感，连接更大范围的群体[14]。

鲜有人质询源起西方平台语境的述行研究能否解释本土化述行实践，

不消说中国社会特有的情理关系、邻里结构与治理模式对媒介化述行的影响。作为中国人的"在世存有"，微信将使用者编织进重重关系网络，同时逼促人的言语、行动不断建构这些网络[15]。微信群即是这样一个聚集了人、关系与行动可能性的网络空间，其中的虚拟互动不可避免地扎根在人们的社会、文化与身体经验中[16]。作为公共事件之网络组织，它能折射群体间的信息共享、情绪动员与数字团结[17]。本文试图接续基于言说共同体和行动分析的脉络，将视角安放于一个小区居民微信群。当我们将社区微信群抽象化、复杂化为一个行动空间时，其中的言语传播也就成为行动与实践本身，进而揭示人们述行日常生活与社区基础设施的研究便有了重要价值。

（三）述行何以切近社区？——作为社区自治路径的媒介化议事

以基层社区为基本单位的治理进路，存在未曾被言明的隐忧。城市地理学的定居主义取向认为现代都市有着"污染、危险和不稳定"的治理隐患[18]20。如果预先接受一个"国家—基层代理人—民众"的工具理性模型，就意味着对其中社区的探讨将被置于一套社会病理学意义上的秩序维护框架中。这不仅难以避免化约与模糊"治理"，而且忽视了其中个体行动者的自主实践。地方的知识社会学视角肯定公众的"地方性""经验性""常识性"知识对公共服务的补充[19]，彰显出自下而上、多元主体协作的群众性自治话语体系的重要性。

数字传播技术何以对基层自治型的民主生活产生影响？当媒介化网络成为公共性的承载者时，离散化的居民在网络空间的公共参与中形成非制度化、协调性的自治规范，以及具有共同体整合功能的社会秩序[20]，建构社区参与的主体性。本文着眼于言说与传播层面的社区参与，包括社区议事、群众协商与表达。这是一种技术编制的柔性动员，即借助传播活动的媒介化形塑数字化的"微治理"模式[21]。围绕媒介与社区话语参与的研究大致分为两类：一是以深度媒介化逻辑来诠释基层议事或民主协商过程[22]；二是将特定社区情境下以话语为实践资源的社会性事件置于平台媒体语境中加以探讨[23]。作为群众议事或协商的一种形式，数字空间的述行自然承袭了基层传播的媒介逻辑；而特定情境中行动者的话语实践与社会背景、文化结构的勾连，也能置于述行的能动性与社会性的框架下加以探讨。因此，基于述行的诠释视角有效弥合了上述两种研究路径在侧重理论或个案时的偏向性。

"社区"这一现存的日常生活场域，反映了地缘联结的群体交往方式与社会关系的变迁。而媒介逻辑深度嵌入社区的话语与行动生产，演化成为一种反思社会文化结构的可能性视角——透过人类感知、改造社区环境的媒介话语实践，我们得以检视数字中国的基层社会中围绕家庭、邻里关系的社会机制与文化意义。在重新检视"述行"这一文学概念的基础之上，本文尝试从媒介逻辑的新视角切入，呈现"述行"在重庆某独栋小区业主微信群的"电梯"争议的展演逻辑与传播故事。具体研究问题为：小区微信群中围绕电梯的居民议事采取了何种述行策略？由理论层次/范式类型考量述行附着的社会和文化维度，这些媒介化述行与社区自治有何关系？

三　研究设计

重庆 W 小区位于老城区中心的主干道，毗邻重点中小学、医院和百货大楼等民生配套基础设施和零星行政部门。优越的地理位置一方面决定了该商住楼盘的高昂价格，暗示着购置者的经济实力与身份背景；另一方面限制了地产商在寸土寸金地段肆意开发的野心，体现为 4.8 亩的宗地面积只能承载一栋楼外加一个室外停车坝。该小区现有户籍户数 147 户，常住户数 126 户，常住人口 500 人，2016 年经全体居民投票选举成立了第一届业主委员会（主任 1 名，委员 8 名，以下简称"业委会"）。小区业主微信群创设于 2020 年 1 月，现有成员 228 人，采用"户数+实名"制。除业主外，群内还有居委会代表一名、社区网格员一名、社区门禁道闸和电梯供应商各一名、物业管理代表一名。

W 小区共有两部电梯，自 2013 年大规模入住以来便没有更换过。旧电梯质量不高，而居民出行需求量大且 10 年来鲜有检修，导致如今两部电梯的毛病愈发凸显。2023 年春节期间小区接连发生几起载人轿厢下坠、居民被困在站层等电梯事故，这便是业主微信群内的居民、基层代理人与市场之间"电梯"述行传播故事的导火索。W 小区业主微信群围绕电梯的述行实践始于 2023 年 3 月 24 日业委会主任在群里发布电梯更换意见征求通知，结束于次年 1 月 21 日两部新电梯最后一次调试，其间围绕电梯状态可划分为三个述行阶段：初期筹备期间对电梯更换资金的话语纠纷、中期施工与调试过程中对电梯安全与卫生的讨论、晚期电梯公司代表进群后围绕电梯资质产生的争议。研究者选取了上述时段与电梯相关的所有文本，既包括与电梯质量、更换过程、使用体验等直接关联的文本，也结合语境将没有直接出现"电梯""通行"等关键词，但与电梯述行间接相关的文本纳入考量。以文本为重要的分析路径，研究者运用 ATLAS.ti 质性分析软件对文本内容进行三级编码式主题分析。通过对经验材料的阅读、编译与拢合，本文最终得到述行文本的三种核心类属：关系型述行、修辞型述行、场域型述行。

四 研究发现

遵循言语研究中强调关系过程、主体与社会参与机制的学术传统[24]36，本文将数字空间中的传播文本视作一个动态的互文空间和权力交互界面，并使用媒介化述行的概念来反映居民的议事与言语本身即是带有意图、转化潜质与效能的行动。在电梯更新的三个阶段，在线社群行动者们的媒介话语生产分别对应三种媒介化述行策略。

（一）关系型述行：基于"电梯"的话语网络建构

述行力（performative power）是巴特勒思想的核心概念，即述行处在一张交织着律法、所有权、奖惩的黏置力（binding power）的关系网中[2]223。在关系社会学对中国式关系的探讨中，社会网络理论是有效的解释框架，指特定情境中人们会基于一系列关系和纽带来思考、说话和行事。电梯这一基础设施是撬动微信群述行内容、频次和情绪的本质所在。然而，初期微信群的电梯述行却溢出了对基础设施更换与翻新的基层议事框架，扩展为一个关涉社区经济与文化规范，以及个别重要的网络节点的复杂关系过程。

2023 年 3 月 24 日，业委会主任在微信群里发布了启动电梯更换的意见征求通知，在涉及电梯更换的资金来源处写道："相关部门告知小区地下停车场部分的大修基金尚未缴纳，须补齐后方可更换整部电梯。而补缴该部分大修基金涉及多方主体、多种情况，短期内难以实现，导致电梯更换程序遇阻。但电梯更换'不等人'……拟先以业委会代管的业主资金垫付补齐小区地下停车场部分欠缴的大修基金，推进并完成电梯更换，之后再依法依规向欠缴主体追讨该垫付费用。"该通知随即引发众声喧哗。居民参与这场讨论的初衷是弄清本该为小区基础设施建设的大修基金为何欠缴以及欠缴多少，但讨论的内容很快就发酵为小区停车规章、物业管理规范等治理问题。

外来车辆对这一地处城区中心的小区有大量停车需求，因此，一些业主私下将购买的停车位出售或转租出去。车位所有者和实际使用者的错位，让大修基金的缴纳成为灰色地带，小区停车规范便成为微信群内居民们述行的第一个关系节点。相关文本充满着对外来车主的强烈震惊、不解，以及对邻居不妥当交易车位而导致住宅公共设备更新资金紧缺的指责。16-4GY 直接公开了拒办产权证、拒交大修基金的某位外来车主的职业、交易经历，让一头雾水的业主充分获取资金垫付的事实信息。他还反复强调"外人不在意楼栋安全""外人损害我们的利益"。"我们"与"他者"关系性述行包含对照性的话语结构，渗透着集体意识和群体性情感。其余业主频频使用"扯皮""流氓"等表达愤怒情绪的词来形容阻碍电梯更换进度的"外人"便是一种典型反应。

由于难以生成即时、有效的经济连带效应，关于让外来车辆补缴大修基金的提议，在当下迫切更换电梯的论述框架内展开并没有出路。因此，尽管业主们抱怨后期补缴、追讨难，但也都同意暂用业主资金垫付电梯的办法。之后，他们采用了一种转换象征性话语资源的述行策略，即允许车牌号未经系统录入的外来车辆进入小区停车场导致电梯筹备资金的漏洞，本质是物业管理不到位。因此，小区物业方成为电梯述行网络的又一关系节点。在这场启动电梯更换的微信群议事中，居民们频频提及"物业未能实施小区车辆准入的智能化管理""没有及时跟进开发商落实车库产权证""门卫不尽责放入外来车辆"。

微信群内追究小区停车规范与指责物业管理水平欠佳的论述，在脱离语境的层面上，确实与筹备电梯更新资金这一议题不相干。然而，关系型述行的视角让我们看到，在早期的数字民主议事中，停车位、产权证、物业管理等基础设施规范、公共空间使用的正义性，建筑与开发遗留的历史问题，共同参与建构了电梯述行的关系网络。

（二）修辞型述行：语用叙事、视觉联结与情感规范

经过业委会多次民主协商后，W 小区最终选定三菱牌电梯，并由厂家派遣施工队于 8 月 7 日起正式开始更换，一个月后进入试用期。如果说关系型述行体现为微信群内以筹备电梯资金为核心节点所勾勒的话语网络，那么，修辞型述行则是在电梯更换与调试的中期阶段，居民采用象征手法表达主体意图的媒介化文本实践，确保群内的言说在更高层次上交互和更为自由地舒展。

一是语用修辞。新电梯调试期间，居民们频频遭遇被困在层站之间、轿厢发生坠落、电梯无故停运、层站按钮失灵等事故，并将这些困境用带有比喻、夸张等修辞形式的叙述方式发布至微信群。正如 10 月 12 日 23 点 22-2DHH 所述，"刚刚突然失重，（电梯）从 13 楼掉到 12 楼，一直不能开门，落到 9 楼（我）才跑出来……真刺激，这下把今年的过山车指标都用完了"。还有一些居民在面对"坠落"时说"魂也跟着落了"，面对"停运而不得不爬楼梯"则笑称"今年的运动量达标"。这类带有幽默、自嘲的口吻开辟出可供传播的、更加醒目的语用空间，本质是数字传播环境中对现实风险困境的共享，以及对提升公共设施改建效率的心照不宣。

二是影像修辞。8 月新电梯施工期间，施工队工人进电梯不掐烟、随地乱扔垃圾的行为引发轩然大波，每天都会有居民将电梯内或楼栋走廊的垃圾拍照/录制下来发布至微信群。除了具有电视媒介的现场直播特征，能集纳不在现场的群成员一同观看以外，传播技术支持与维持的影像还具有可供拼贴、戏仿与再创造的可能，让私人化的文本变为流动的述行空间。15-5LLD 喜欢将邻居发的图片和视频转制成动态表情包，贴上"看看这些脏东西""美好的家园去哪了"等应景文字，再转发到群里供大家传阅、收藏。居民自制表情包接续了"视觉要素作为创造、表征和传递意义的重要手段"[25] 的文化形态，赋予了小区民生问题更直观的可见性。

修辞型述行是一种情感先行的话语方式，深刻影响着数字空间的共同

体意识。正如 21-5TR 所说："能买得起这个地段的房子，想必也不是低素质的人。外面的人（施工队）太不讲究了！物业也不及时清理！"对中期述行文本（含表情）的情绪性词语的词频分析显示，居民对电梯的安全、卫生表达出了"担心"（34%）、"失望"（27%）、"着急"（19%）、"愤怒"（12%）、"恶心"（8%）五类主要情感类型。语言、图像和符号系统改变了数字空间的情感流通过程，即通过"为网络化的和情感的公众提供纹理、音调、话语权和叙事模式"[26]，建立统一的情感规范，引导、规制居民的述行话语焦点。修辞型述行是结合了主体意志并"重新意指"的表达，通过将个体叙事与特定的生活情境结合成一个具有正当性、创造性的"言说共同体"，最终连接、整合成对民生基础设施有着共同自治诉求的集体。

（三）场域型述行：多元行动者的话语协商、主流生产与国家再现

业主微信群的早期和中期述行，尽管存在关系联结的利益冲突以及图文修饰的情感喧哗，但述行主体、内容都局限于小区内部。当试用期过后两部电梯的质量问题在小区民主议事的框架内依旧没能得到有效解决，微信群便转变为一个融合经济、法律等多元冲突的场域。"场域"是指无数个体的有机构成，其中行动者利用各种策略来争夺和维护位置与空间，维持或变更着场域内多元力量的传播型构。小区居民的述行实践渗透着自下而上的对抗型策略，同时在一定程度上又依赖、复制并再造了国家话语。

在业主们多次反映与请求下，10 月 12 日物业管理代表将电梯公司负责人拉入微信群，随即业委会主任留言："前段时间大家遇到的问题及时反馈给电梯公司冉经理，他会一一解答并对症下药！"电梯公司代表加入媒介化述行实践，意味着市场经济向着数字基层社会渗透，并以代理人的形式在邻里场域中再现。电梯公司代表掌握专业技术知识，能与厂家、施工队直接沟通，意味着他们在决策、支配小区基础设施改建方面占有文化资本。然而，场域型述行语境下的电梯公司逐渐成为一个依附型的服务类组织，这是基层数字空间会对市场话语加以微妙扭曲与反抗的结果。比如，电梯公司代表对"电梯不停靠层站"的解释是"平层信号干扰"①，无关电梯质

---

① 电梯通过接收平层按钮产生的信号来确定运行方向和到达的目标楼层，其产生和接收过程依赖电梯控制系统和相关设备的协同作用。

量，而居民则坚持认为是电梯下坠，质询同为"信号"为何手机信号不会受到干扰，并且数次要求施工队返回现场质检。为了提高微信群的沟通效率，电梯公司代表的知识生产与传播会避免抽象、有专业壁垒的话语体系，转而采用"熄火""卡壳"等带有民间性、通俗性的解释，从而型构出一个以草根话语为主流的述行场域。

10月19日，在业委会与电梯厂家技术团队首次面对面沟通的前夕，微信群内出现了"看不见"的行动者在基层社会的重建。为了获取电梯的投标文件、厂家营业执照和检验报告，"国家"被居民们自动引入述行中："（居委会）毛毛书记也在群里，她能给我们做主（指与厂家谈判一事）！""现在不都讲幸福小区、智慧小区？如果厂家这点要求都不能满足，还谈什么老百姓的幸福生活？"作为国家的基层政权代理人，居委会（代表）在述行中成为一种操演性、象征国家意志、提供合法入场和实践依据的意义符码。具体表现为他们加入微信群，使微信群成为贯彻与落实国家政策的重要平台，在维系社区运转、激活公共生活、提升居住幸福感方面形成新的权威的话语建构方式。居民们敏锐抓住了"基层社会安稳"这个至关重要的民生话题，极力塑造出一个备受出行困扰、安全威胁而又颇具行动资源的小区集体形象来对有关部门施加压力，并且赋予小区基础设施问题以广泛代表意义的合法性。

五 小结：指向象征性自治的述行微信群

培育城市居民民主意识的独立商品房小区，是解读改革开放以来中国社会变迁的重要窗口。面对出行通道受阻这一迟迟未能解决的集体性民生困境，居民们通过关系型、修辞型与场域型述行实践，将业主微信群建构为地方公共事务改革的媒介空间。所有细碎的言语及其所施为的行动，基本可以囊括在独栋小区居民的总体性"自治"诉求中。

业主微信群内的述行实践所折射的自治，并非仅仅是一个地域层面的治理概念，更带有三类象征意义。从地缘象征的维度看，W小区延续了二战以来单一独栋家庭的"避风港"住宅模式，镌刻着由居住者完全掌控、维系特有仪式的家务工作场所的痕迹[27]75-76。地处城市中心、独栋而栖的封闭式空间姿态，与高额的房产投资、利益关联共同打造出的"自我管理、独立发展"的地缘政治，使得居民倾向于投身代理基层治理人的角色，包括独立决策、全程介入小区公共物的使用与更新等过程。从身份象征的维度看，参与"电梯"述行活动本质是一种身份标记。首先，长期难以正常运行的电梯属于一种"例外"状态，因此，在线述行活动在某种程度承接了居民本该在单位或政治领域释放的身份职能，甚至呈现出"用在线社区办社会"的景观；其次，透过对社区公共事务的媒介化述行，我们可以看到居民对可见性、表达权的追求，其重点在于在日常生活中建立恰当的自我概念和邻里认同。从关系象征的维度看，个体的"电梯"述行实践深度镶嵌在其社会身份联结的关系网络中。"高端"一词经常被引用在居民的叙事中，反映出居住成员自身具有较为密集的文化和社会关系网络，因此他们也会积极调度、使用"策略性支配的资本"，服务于述行目的之达成并直面微信群内多元述行行动者之间的利益冲突。

指向自治的述行微信社群是一个数字化市民社会（digital civil society）。改革开放以来的商品房小区就被学者们概括为"市民社会的先声"[28]，呼应着黑格尔关于"各个成员作为独立的单个人的联合……通过维护成员特殊利益和公共利益的外部秩序而建立起来"[29]25 的构想。微信群所折射的媒介化自治能力对在地社区的穿透与重建具有必然性。在媒介空间中积极争取保证自身与家人的民生权益与品质生活的过程，既展现了居民、商业市场与行政之间直接的情感互动、团结，也让自我有了现身说法的渠道与认同的正当性。从这一角度来说，W 小区居民在微信群围绕"电梯"的述行实践中所展现出的各种姿态，亦是对新的利益共同体的自主与集体寻求。最终成功翻新电梯的述行结果，也体现出贯彻自治的微信群，作为一个介于家庭和国家之间的社会范畴，对治理现代化转型中城市面貌"新陈代谢"的能动回应。

参考文献

[1] Doreen Piano, "Resisting Subjects: DIY Feminism and the Politics of Style in Subcultural Production," in David Muggleton, Rupert Weinzierl, eds., *The*

Post-Subcultures Reader，Oxford，UK：Berg Publishers，2003.

［2］〔美〕朱迪斯·巴特勒：《身体之重：论"性别"的话语界限》，李钧鹏译，上海三联书店 2011 年版。

［3］John L. Austin，*How to Do Things with Words*，London，UK：Oxford University Press，1962.

［4］Emile Benveniste，"Subjectivity in Language，" in Emile Benveniste，ed.，*Problems in General Linguistics*（Mary Elizabeth Meek Trans.），Miami：University of Miami Press，1971.

［5］Jacques Derrida，*Limited Inc*，Evanston：Northwestern University Press，1988.

［6］〔德〕于尔根·哈贝马斯：《现代性的哲学话语》，译林出版社 2004 年版。

［7］Judith Butler，*Gender Trouble*：*Feminism and the Subversion of Identity*，New York：Routledge，1990.

［8］孙婷婷：《身体的解构与重构——迪斯·巴特勒〈身体之重〉的身体述行解读》，《妇女研究论丛》2012 年第 3 期，第 86 页。

［9］黄月琴、黄瑶：《"述行性连结"与数字女性主义行动：基于中国 MeToo 运动的探讨》，《传播与社会学刊》2021 第 57 期，第 191-224 页。

［10］Sophie Bishop，"Managing Visibility on YouTube through Algorithmic Gossip，" *New Media & Society*，Vol. 21，No. 11-12，2019，pp. 2589-2606.

［11］王德威：《抒情传统与中国现代性：在北大的八堂课》，生活·读书·新知三联书店 2010 年版。

［12］Anna Lauren Hoffmann，Nicholas Proferes，et al.，"'Making the World More Open and Connected'：Mark Zuckerberg and the Discursive Construction of Facebook and its Users，" *New Media & Society*，Vol. 20，No. 1，2018，p. 214.

［13］陈启涵：《平台可供性视角下网络对立情绪的流量政治》，《新闻界》2023 年第 1 期，第 78-87+96 页。

［14］Alessandra Renzi，Ganaele Langlois，"Data Activism，" in Ganaele Langlois，Joanna Redden，et al.，eds.，*Compromised Data*：*From Social Media to Big Data*. London，UK：Bloomsbury，2015.

［15］孙玮：《微信：中国人的"在世存有"》，《学术月刊》2015 年第 12 期，第 12 页。

［16］Michael Hardey，"Life Beyond the Screen：Embodiment and Identity through the Internet," *Sociological Review*, Vol. 50, No. 4, 2002, pp. 570-585.

［17］郑满宁：《公共事件在微信社群的传播场域与话语空间研究》，《国际新闻界》2018 年第 4 期，第 76-96 页。

［18］Tim Cresswell, *On the Move*：*Mobility in the Modern Western World*, London, UK：Routledge, 2006.

［19］许凌飞、杨嵘均：《多元主体参与社区自治的知识社会学诠释——以上海市 P 区 NQ 休闲广场改造项目为例》，《江苏大学学报（社会科学版）》2023 年第 2 期，第 114 页。

［20］牛耀红：《社区再造：微信群与乡村秩序建构——基于公共传播分析框架》，《新闻大学》2018 年第 5 期，第 92 页。

［21］吴义东：《微治理：城市社区营造中的社交媒体实践——一项媒介人类学研究》，《新闻与传播评论》2022 年第 1 期，第 110-111 页。

［22］牛耀红：《媒介化协商共治：一种成长中的全过程人民民主实践路径》，《新闻与传播研究》2023 年第 11 期，第 5-22+126 页。

［23］何志武、吴丹：《"我的地盘我做主"：社区、行动者与空间争夺——一个关于武汉 H 小区拟建临终关怀医院的抗争传播故事》，《新闻与传播研究》2018 年第 2 期，第 115-125+128 页。

［24］〔法〕茱莉亚·克里斯蒂娃主编：《主体·互文·精神分析：克里斯蒂娃复旦大学演讲集》，祝克懿、黄蓓译，生活·读书·新知三联书店 2016 年版。

［25］周宪：《重建阅读文化》，《学术月刊》2007 年第 5 期，第 5 页。

［26］Zizi Papacharissi, "Affective Publics and Structures of Storytelling：Sentiment, Events and Mediality," *Information*, *Communication & Society*, Vol. 19, No. 3, 2015, pp. 307-324.

［27］Dolores Hayden, *Redesigning the American Dream*：*The Future of Housing*, *Work*, *and Family Life*, New York：W. W. Norton, 1984.

［28］夏建中：《中国公民社会的先声——以业主委员会为例》，《文史哲》2003 年第 3 期，第 115-121 页。

［29］〔德〕格奥尔格·黑格尔：《法哲学原理》，范扬、张企泰译，商务印书馆 1961 年版。

短视频平台情感共鸣形成机理研究[*]

——基于媒介可供性的视角

刘懿璇　宋金波[**]

摘　要　短视频平台的情感属性在社会、经济和文化领域发挥着日益重要的作用。本文以媒介可供性理论为视角，运用扎根理论探究短视频平台情感共鸣的形成机理。研究发现，短视频平台的生产可供性通过制造短小精悍、高度加工的情感胶囊，激发用户的自我投射和感知真实，从而引发情感共鸣；社交可供性则在可见性的调节作用下，通过互动行为实现用户的强弱关系转化，形成流动的情感共同体；传播可供性则以算法机制为主导，通过个性化推荐，不断强化用户的情感共鸣和个性化、圈层化特征。研究揭示了短视频情感生成对人与社会的关系产生着想象的自由与实际的剥削、虚拟的亲密与现实的疏远、表面的统一与深层的分歧等矛盾作用。研究结果对于理解短视频平台的社会文化影响具有重要意义。

关键词　短视频平台；情感共鸣；媒介可供性；算法推荐；形成机理

一　研究背景

数据显示，2023 年我国短视频用户规模已达到 10.26 亿人，用户使用

---

[*]　本文系重庆市哲学社会科学规划项目"数字化生存下青年社交媒体多维呈现与网络社会心态的关系及引导策略研究"（项目编号：2023BS077）；2024 年山东省艺术科学重点课题"数字技术视域下移动短视频消费审美流变研究"（项目编号：24QA20015665）；重庆市教育科学规划课题青年课题"数字化视阈下重庆大学生积极社会心态与情感能力全员育人机制研究"（项目编号：K24YY2070044）的阶段性成果。

[**]　刘懿璇，系重庆交通大学旅游与传媒学院讲师、硕士生导师；宋金波，系英国利兹大学研究员、烟台科技学院管理学院专任教师。

率高达 95.2%[1]。随着用户规模的迅速扩大，短视频已然成为一项全民化应用。不同社会背景的受众借由短视频的情感属性实现理解沟通和关系联结，产生情感共鸣[2]。回望近两年刷屏爆火的短视频，有相当一部分短视频的成功来源于其彰显和调动的情感因素。比如 10 天涨粉 100 万的短视频博主于文亮，再如以一首《诺言》火遍全网的郭有才，都以展现普通人的生活境遇引发了海量评论和广泛共鸣。事实上，短视频中日益凸显的情感属性正发挥着越来越不容忽视的经济、社会和文化价值。于商业价值而言，"情感经济"的风潮席卷全网，短视频是品牌营销的助推器，是电商带货的引流池，是平台资本的吸睛术，产销者、广告方、平台方等多方角色投身于"情感劳动"的游戏之中，以求分得一杯羹；于社会价值而言，有学者总结短视频具有情感凝聚、情感赋权、情感纾困的三重价值[3]，更进一步而言，短视频具有极强的动员价值和治理效能，乃至作为舆论宣传主力军的主流媒体在短视频生产时都积极采用混合情感传播模式[4]。

　　然而，"情感介入"短视频也带来不小的困境与隐忧。由资本和权力操纵，人们将情感推至众星捧月的位置，致使情绪泛化和群体极化的现象更为严重。当前的中国社会还存在一些问题，这些问题容易引发人们的非理性和情绪化反应，导致负面情绪在网络上被放大并迅速蔓延，进而引发情感极化和网络暴力现象。综上，探究短视频背后隐藏的情感机制和互动关系，从而充分发挥其经济、社会、文化价值，规避其带来的情感泛化和群体极化现象变得尤为重要。回顾既往文献，当前聚焦"情感共鸣"的研究比较缺乏，且多将情感共鸣视作附带的媒介效果，鲜有揭示其背后完整的作用机制。在传播学中，可供性理论是一个剖析互联网平台和用户复杂互动关系的有效工具[5]。有学者指出要理解媒介共情，关键在于把握媒介与人的交互关系，而媒介可供性恰恰提供了一个在特定媒介语境下审视媒介逻辑的合理视角[6]。由于媒介可供性理论的包容性和适用性，本研究选择这一理论，结合深度访谈和参与式观察的质化研究方法，探析短视频平台情感共鸣生成背后的作用机制。

二 文献综述

（一）媒介可供性理论

"可供性"的概念最初由生态心理学学者詹姆斯·吉布森提出，指"生物（或行为主体）在物理环境中潜在的各种行动的可能性"[7]。随后可供性又被引入设计学领域以评估设计效果，并进一步扩展到传播学领域，衍生出媒介可供性这一理论，旨在关注传播技术所提供的人们开展行动的可能性，从而理解人与媒介技术之间的交互关系[8]。在传播学界，潘忠党教授于2017年首次将"媒介可供性"引入传播学研究，并将其分为生产可供性（Production Affordances）——可编辑、可审阅、可复制、可伸缩、可关联；社交可供性（Social Affordances）——可致意、可传情、可协调、可连接；移动可供性（Mobile Affordances）——可携带、可获取、可定位、可兼容[9]。值得注意的是，这一理论框架并不是一成不变的，有学者将短视频社交平台这一新媒介环境下的媒介可供性调整为内容可供性、传播可供性和社群可供性，其中的传播可供性超越了原有框架中只能体现软硬件属性的移动可供性，意在揭示算法技术如何对平台上的各类传播实践活动产生影响[10]。有研究参考调整后的媒介可供性理论，将生产可供性、社交可供性、传播可供性这三要素应用于微博平台粉丝社区的情感表达研究[11]，本研究也将继续沿用这一修正后的理论框架。

（二）媒介可供性与短视频平台研究

现有研究中，有一部分学者已经将可供性理论应用到短视频平台的相关研究之中，但其中涉及短视频情感议题的研究寥寥无几。研究者们在将可供性应用到短视频平台时，大多会采纳潘忠党教授提出的媒介可供性框架。有的研究从这三个可供性的维度探寻短视频生产的文化价值提升路径，其中社交可供性与短视频的情感价值紧密相连[12]。有的研究利用这一框架来分析微信视频号上的个人展示和身份重塑，目的是更深入地把握网络环境中的人际互动和用户感知[13]。也有研究将原有框架进行修改以适应短视频媒介，分析平台上的短视频电商实践，强调其虚实结合的媒介情境中精神消费与物质消费归一化的社会实践特点[10]。值得注意的是，有研究由媒介可供性分析延伸到媒介可见性研究。比如有研究对城市青年流动群体的短视频生产进行可供性分析时，将研究重心转移到可供性触发的个体可见的权力关系[14]。可见性作为媒介可供性讨论中的伴生性词语，也将在本研究中被使用。关于二者的关系，一方面可见性是可供性产生的基础[15]，另一方面可见性本身就是一种可供性[8]。有学者将可见性定义为新媒体时代的公众权利，包括"被看见的权利、以自己的定义被看见的权利、让他人被看见的权利"[16]。于社会意义而言，可见性被视作"公共性"的象征，整合了"言说"与"展演"让个体实现自我赋权[17]。于权力关系而言，可见性作为一种生产性资源，在网络空间里实现了新型控制和权力再造[19]。

（三）短视频平台的情感共鸣研究

回顾有关短视频情感分析的现有文章，从研究方法来说，多采用案例、文本分析、内容分析的方法，而针对受众本身的参与式观察和深度访谈运用的并不多。目前关于短视频情感分析的研究内容比较丰富，有的选定某类视频文本例如情感类短视频[19]，有的聚焦于某种传播形态例如政治传播[20]，也有的针对舆情热点事件[21]。在众多关于情感分析的文章里，既有研究者重点关注的是"情感动员""情感逻辑""情感结构"等关键词，聚焦"情感共鸣"的研究比较少。当前，已有少量研究开始聚焦技术平台视角下的短视频情感共鸣这一议题。有研究指出平台的内容生产和互动效果，构建了集娱乐、生产和消费于一体的媒介社交场景，从而触发新的情感认同[22]。更有研究者指出情动是一个技术引发的情感过程，短视频技术装置形成了一种漂泊的情动体验，最终形成流动的情感共同体[23]。

综上所述，在现有的关于短视频平台的研究当中，情感议题虽然已经得到了很多学者的关注，但是对于情感共鸣这一普遍现象，既有研究多将情感共鸣视作附带的媒介效果，而非"人—技术"互动实践中的重要过程。短视频平台作为一种媒介技术平台，发生在这一平台上的情感共鸣及其连带行为无法脱离人与技术的互动关系，而可供性理论有利于厘清作为环境的平台和各类产消者之间的复杂关系。因此，本文基于短视频平台这一媒介环境，采用深度访谈和参与式观察的质化研究方法，借助媒介可供性理论开展情感共鸣机制研究，探究以下问题：情感共鸣在短视频平台上是如何形成的，存在怎样的影响因素？媒介可供性如何影响情感共鸣的效果？这种影响如何作用于人们的认知、态度与行为？

三 研究设计与研究方法

本文致力于研究的情感共鸣难以量化和具象化，且现无理论对情感共鸣机制进行准确描述，故选择能够进行理论建构的扎根理论研究方法，对这一多元、复杂行为做出普遍解释。本研究根据目的性抽样的方式累计抽取了30名短视频长期用户进行半结构化访谈，访谈对象集中于中青年群体，这一年龄层次对短视频平台的使用率高且操作性强，其职业遍布学生、公司员工、政府职员、传媒从业者等标志性群体。每次访谈时长为30~50分钟，整理完毕后随机选取25份访谈资料进行编码分析，另外5份资料留作理论饱和度检验。受访者基本信息见表1。同时，笔者以短视频App用户的身份，观看视频、发表评论、上传作品，访谈时间从2023年2月到2024年2月，经过一年多的深度参与，深刻地了解了短视频平台情感共鸣和用户互动的全过程，使本次研究更具说服力。

表 1 受访者基本信息

编号	性别	年龄（岁）	职业	平台
M1	男	35	工厂职工	抖音
M2	男	21	学生	抖音
F1	女	27	学生	抖音、小红书、微信视频号
M3	男	21	学生	抖音、皮皮虾
F2	女	37	宣传部科员	抖音、今日头条
F3	女	52	退休职工	抖音
M4	男	21	学生	抖音
F4	女	31	大学老师	抖音、小红书
F5	女	27	学生	抖音、微博、小红书
M5	男	36	新闻网站负责人	抖音、微信视频号

续表

编号	性别	年龄（岁）	职业	平台
M6	男	51	项目工程师	西瓜视频、抖音
F6	女	39	大学老师	微信视频号、微博、抖音
F7	女	53	退休职员	抖音、微信视频号
F8	女	32	高校行政	抖音
F9	女	32	抖音带货	抖音、小红书
M7	男	50	大学老师	抖音
F10	女	44	国企员工	今日头条
M8	男	38	前 MCN 老板	B 站、抖音
F11	女	23	学生	抖音
F12	女	33	保险主管	抖音
M9	男	57	心理咨询师	西瓜视频、抖音、快手、今日头条
F13	女	35	团委书记	小红书
F14	女	28	护士	抖音、微博
M10	男	21	学生	抖音
M11	男	25	学生	抖音、小红书

在开放式编码的过程中，剔除了重复频次低和前后矛盾的初始概念，累计形成 38 个初始概念，并聚类形成了感知真实、自我投射、时空距离、短小精悍、高度加工、算法机制、认可支持、分享连接、交流参与、瞬时化、个性化、圈层化、自我呈现 13 个子范畴。在主轴式编码的过程中，对开放式编码过程中获得的 13 个子范畴进行聚敛收缩，所得到的主范畴能够回应潘忠党教授提出的媒介可供性的三个方面，即生产可供性、社交可供性和移动可供性，以及后来学者将移动可供性修正为的传播可供性，最终得出有关短视频情感共鸣逻辑的五个主范畴（见表 2）。在选择性编码的过程中，笔者进一步探索得出生产可供性、传播可供性、社交可供性、情感共鸣、可见性这五个主范畴之间的关系，由此构建出短视频平台情感共鸣机制模型（见图 1）。本研究使用剩余 5 份访谈资料进行理论饱和度检验，通过三级编码后进行比对，未出现新概念和范畴，故该模型达到了理论饱和。

表2　情感共鸣的三级编码体系

原始语句示例	初始概念	初始范畴	主范畴
有些东西只是被修饰放大了	修饰放大	感知真实	生产可供性
真实的会很让我共鸣	真实性		
网上很多作秀的成分	作秀成分		
跟真实中的有一定偏差	现实偏差		
跟自己的亲身经历有关	相同经历	自我投射	
自己得不到，但是从短视频上可以看到别人正在经历这些，就会比较喜欢	求而不得		
博主会说出自己曾经想要说出来的话	替代表达		
自己家的狗死了，会带入自己家的狗	代入感		
网络上毕竟隔着一层屏幕	隔着屏幕	时空距离	
视频里的有一定距离	一定距离		
短视频追求一种快速	快速	短小精悍	
追求最高光最爽的，快餐式的	精华		
这个就是一个瞬间打动人	瞬间打动		
很多细节打动我	细节打动		
配乐、剪辑的作用	音乐剪辑	高度加工	
镜头烘托出的一种效果	烘托效果		
做视频你拍好多遍才能拍出最后呈现的几秒钟	反复拍摄		
让我快乐的视频占90%，对我的偏好很精准的	精准推送	算法机制	传播可供性
信息茧房，人总是困在自己喜欢看的内容里	信息茧房		
越热烈，看的人越多，平台认为内容越有价值，越往上推送	流量规则		
平台给每个人显示的评论不一样，让每个人都能看到自己产生共鸣的观点	评论差异化显示		
共鸣所以就点赞	视频点赞	认可支持	社交可供性
就会给评论点赞	评论点赞		
把我的心声讲出来了，我就会点赞一下	讲出心声点赞		
搞笑的视频给朋友分享	分享搞笑视频	分享连接	
有情绪起伏才会想转发给别人看	转发视频		
看到很愤怒的可能会冲上去骂人	发布评论	交流参与	
看评论是在寻找共鸣	寻找共鸣评论		
看到好玩的评论会@一些朋友一块来看	评论区@好友		

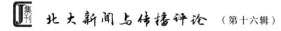

续表

原始语句示例	初始概念	初始范畴	主范畴
短视频我一会就忘了	很快忘记	瞬时化	情感共鸣
网上情绪比较短暂	情绪短暂		
上一个悲伤下一个高兴	时喜时悲		
自己是很有情绪共鸣的，在别人看来不一定	个体差异	个性化	
是一种个性化、差异化的东西	个性化差异化		
陌生人也凑成群了	陌生人成群	圈层化	
对于一个视频，下面形成一个个小部落，不同的圈层	形成圈层		
有些东西我不方便互动，我自己本身是政协委员还是慈善总会的秘书长	社会角色期待	自我呈现	可见性
我关注的就是一些特别搞笑、特别沙雕的一些东西，并不想让别人知道我是这样的人	线下社交形象		

四 研究发现

通过上述扎根分析，借由短视频平台的生产可供性，我们可以看到，短视频内容引发了用户的情感共鸣，使其具有瞬时化、个性化、圈层化的明显特点。短视频情感共鸣会进一步引发用户对社交可供性的使用，包括认可支持、分享连接和交流参与各种社交互动，且这一过程明显受到以自我呈现为代表的可见性的调节作用，这些交往行为也会进一步增强用户的情感共鸣程度。同时，用户的交往互动行为数据影响以算法机制为代表的传播可供性，在算法调整下进一步增强用户情感共鸣程度。下文将对媒介可供性视角下的短视频平台情感共鸣形成机理做具体阐释。

（一）生产可供性：制造以人内传播为基础的情感胶囊

根据访谈者的资料整理得出，短视频平台信息生产的可供性是用户情感共鸣的重要原因和有效前提。一方面，在信息编辑生产中，视频文本所传达的感知真实和自我投射是用户实现情感共鸣的心理诱因，"真实的东西会引起大家心理的共情，虚假的不可能"（F2）。另一方面，视频内容创作的便利性为大众赋权，在生产能动性极大增强的情况下，海量的内容创作

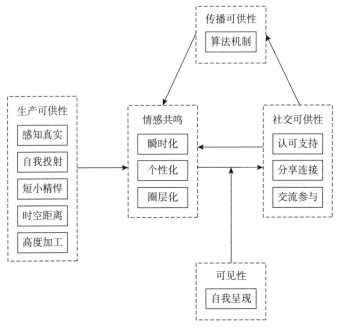

图1 短视频平台情感共鸣机制过程

者的自我投射与受众的自我投射达成一致时，情感共鸣就会发生。这种自我投射的场景主要有三种：一是用户与视频内容有相似经历和经验结构，从而具备了较强的代入感，能够很容易实现情感共鸣，"比如我失业了，我看到社会上的东西会更加感同身受"（M8）；二是自己曾经的观点和看法被视频创作者表达出来从而引起了认同与共鸣；三是呈现了用户在现实生活中缺乏而又追求的事物也会引起普遍共鸣，比如美好的爱情、家人的团圆、自由的生活，正如受访者 F1 所言，"自己得不到，但是从短视频上可以看到别人正在经历这些，就会比较喜欢"。因此，基于自我投射的情感共鸣其实质是一种自我互动式的人内传播。这一动因导致短视频情感共鸣具有强烈的个性化和圈层化的特点。一方面，不同的用户情感共鸣内容是有所区别的，"这个点可能戳我不戳你，是一种个性化差异化的东西"（F14）。另一方面，情感共鸣又有明显的圈层化特征，围绕某一方面的内容很容易形成团体，"因为看视频三观一致，兴趣爱好一致，陌生人也凑成群了"（M7）。

平台生产的短视频文本具有短小精悍和高度加工的特点，且通过短视频看到的内容与亲眼所见的内容相比时空距离感更强，这三个生产可供性要素促进了情感共鸣的生成。虽然短视频作为传播中介极大地延伸了身体的时空范围，但这一目标的达成是以身体离场作为代价的，与之伴随的副作用就是临场感和沉浸感的减弱甚至消失[24]。用户无法具身在场，即使创作者具有高超的视频制作技巧，运用音乐和剪辑烘托氛围，其共情效果与身临其境都有明显差距。正如受访者 M11 所说，"真正置身的话情感会被调动的更多，不仅听觉和视觉，所有感觉都会影响"。非身体在场不仅使情感共鸣的强度被削弱，还使情感作用的深度变浅、时间变短，导致情感共鸣具有瞬时化的特点。很多受访者表示短视频"刷完之后马上就忘掉"（F7）。平台制造的短视频就像一枚枚颜色各异的浓缩情感胶囊，接连不断地投喂至各个受众用户端。这种情感共鸣的媒介化导致了一定程度上的情感失真，"刷短视频带来的瞬时快感不容易形成持久的、回荡的精神力量，甚至只能起到一种瞬时麻醉的作用，这在某种程度上进一步加重了当代人的情感危机"[25]。

（二）社交可供性：构建以人际传播为内核的强弱关系联结

从受访者的访谈资料中可知，产生情感共鸣的用户会进行人际或群体间的社交互动，比如关注点赞、转发视频、参与评论、私聊私信等。此外，经过参与式观察，我们发现除了受访者提到的上述行为，还有内容共创、话题参与、付费打赏等多种形式的互动。总的来说，短视频平台上的社交可供性可以分为认可支持、分享连接和参与交流三个维度，这些多维互动共同构成了用户在短视频平台上的完整体验，也是反过来进一步强化或减弱情感共鸣的重要途径。比如受访者 M4 表示："评论里群情激昂，会让我更激动……看完后再提升一下。"反之，如果遭遇负面体验或缺乏互动，情感共鸣可能会减弱。比如受访者 F14 表示："我有一次评论结果被网暴了，心里挺不是滋味的，后来我就把这条评论删了。"与微信这种正式社交平台相比，抖音等短视频平台的社交可供性更加非正式和娱乐化。例如，转发分享视频给好友是平台上非常普遍的社交手段，尤其是搞笑类短视频能够迅速拉近好友之间的距离，成为一种巩固熟人关系的工具，也已然成为一种"新型社交货币"。此外，与微信面向私域流量不同，以抖音为代表的短视频平台面向的是公域流量，视频创作者以及评论区和粉丝群里的用户基于情感共鸣进行互动交往，为将弱关系转化为强关系提供了诸多机会，但是实际情况中这种转化并不多见。

从访谈中我们发现，即使观看短视频产生了情感共鸣，部分用户也会有意识地不进行互动行为。情感共鸣在多大程度上促进用户社交可供性的使用，其中一个重要的调节因子就是以自我呈现为表征的可见性。用户的可见性倾向强，进行社交互动的程度就高，反之用户可见性倾向弱，就会减少或规避社交互动，这与社交过程中的监控行为和隐私管理息息相关。无论是用户与他人之间直接进行的分享和交流，还是平台规则为了促进好友社交而设置的"朋友喜欢""朋友推荐"等信息推送，都使用户在他人的监视下实现了自我呈现。一方面，很多用户认为情感共鸣所展示的自我形象比较私密，有时并不想让身边的熟人知道自己的这一面。如受访者F13所言，"我关注的就是一些特别低俗的东西，并不想让别人知道我是这样的人"。这种可见性管理是一种社交策略调整，使现实交往中的强关系转化为数字交往中的弱关系。另一方面，社会角色期待也会影响这种可见性的放弃与争夺，比如自媒体从业者和体制内的受访者在短视频平台的自我呈现行为完全不同。由此可见，在情感共鸣引发的不同情境下，短视频平台的社交可供性让用户之间存在着强弱关系的随时转化，这也彰显了互联网法则中人与人在连接与反连接之间的摇摆[26]。

（三）传播可供性：实现以智能传播为主导的液态监视

短视频平台算法机制通过个性化推荐强化用户情感共鸣与圈层化特点，依托先进的算法技术，能够实时捕捉并分析用户的观看习惯、社交互动及偏好数据。这些算法在无形中构建了一个全方位、无死角的数据监控网络。通过持续的数据收集与分析，平台得以精准描绘用户画像，进而实现更为精细化的内容推荐与广告投放，这构成了液态监视体系的技术支撑。用户在这一过程中往往会看到与自己观点相符的信息，从而强化自我认知的固化和同质化群体的交往，形成情感共同体。人们沉浸在算法引导与操控下的情感共鸣舒适圈，体会到了莫大的归属感和认同感，其背后逻辑实际上是自我心理潜意识与数据化算法机制的无声合谋。面对算法机制的影响，用户在短视频平台的情感共鸣实践中展现出了一定的能动性。虽然无法完全摆脱算法的控制，但用户在自己的能动范围内采取了有限调整和适度抵抗的策略。正如受访者F5所说，"让我快乐的视频占90%，对我的偏好很精准的"。面对引发负面情绪的短视频，受访者F14表示："这种视频越刷越多，心里会难受，所以我尽量不看。"算法技术的这种应用也实现了液态监视的数据宰制。用户在享受短视频带来的情感连接与心理抚慰的同时，也在无形中加深了对平台的情感依赖。以看不见的算法机制为代表的传播可供性成为整个情感共鸣机制中的永动机，不断循环往复地以数据形式优化和巩固算法机制对用户的情感监视与习惯规训。这一现象反映了用户对短视频平台规则的动态适应过程。

"数字化社会的核心特征在于它使个体与数据建立连接、依附和互动，并以连续、超时空、跨地域的方式渗入社会各个场域，进而催生出新型的液态监视体系。"[27] 短视频平台作为商业实体，其根本目的在于赢利。为了吸引更多流量、保持用户活跃度并取得尽可能多的广告收入，平台必须不断优化用户体验，而个性化推荐正是实现这一目标的关键。在这一过程中，平台通过算法不断试错与调整，以更高效地满足用户需求，同时也加强了对用户行为的监视与分析，形成了液态监视体系与商业利益之间的正向循环，正如受访者F5所表示的，"短视频对我像是电子甜食，使用时会高兴、放松"。同时，几乎所有的受访者都表示了对短视频平台强烈的情感依赖，受访者M11表示："无聊或者不开心的时候，就想打开抖音。"由此可见，用户在享受短视频带来的娱乐与社交体验时，会不自觉地留下大量行为数据，如观看时长、点赞、评论、分享等。这些数据为算法提供了丰富的素材，使其能够更准确地预测用户偏好，进而推送更贴合用户需求的内容。用户的每一次互动，都在无形中加固了液态监视体系的根基。

五　总结讨论

（一）制造、联结与计算：短视频平台情感共鸣生成的表层驱动

短视频平台依托其生产可供性、社交可供性和传播可供性打造了集制造、联结、计算为一体的情感共鸣机制，通过这一机制短视频平台与用户产生互动，塑造了用户行动的可能性。本研究特别关注了在短视频平台上

所构建的情感互动空间和社会矛盾下的情感动员，用户进行社会交往互动，在点赞、转发、评论、私聊等互动过程中实现共情扩散和二次创作，也是在这一过程中用户进化为产消者，更积极全面地投入到情感共鸣实践当中，其情感共鸣的强度也会进一步增强，在情绪感染理论看来用户在这一过程中通过模仿和内化他人情感表达产生共鸣。此外，研究考察了数字交往过程中个体自我呈现的可调节性，揭示了个体基于参与动机和互动目标调节自身的共情反应，用户基于社会角色期待和线下社交形象的考量会在社交互动过程中进行表演、伪装甚至藏匿，人与人之间的社交关系在强关系与弱关系之间反复摇摆，充满了不安全感和不确定性。通过分析情感共鸣生成的表层驱动，本研究进一步揭示了由短视频所缔造的社会性情感在整合社会分歧、凝聚社会力量中的作用。情感共鸣机制的本质，是现代社会消费意识形态和资本合谋产生的情感资本主义[28]。有学者认为："情感被当作提升资本主义生产力的资源遭到滥用，制造情感的工业化成为一种新资本主义形态。"[29] 本研究在一定程度上推动了情感研究的跨学科整合，强调了在快速内容消费时代寻找深层次情感联结的重要性，以全面理解当代社会情感生成的复杂性及其重要表现。

（二）技术、资本与情感：短视频平台情感共鸣生成的深层内核

在短视频平台情感共鸣生成的深层内核中，技术提供了情感交流的工具，平台的算法推荐系统使用户更易于接触到触发共鸣的内容。资本的介入则为内容的生产和分发注入动力，将情感共鸣转化为一种价值创造的资源，形成了新型情感经济的模式。情感共鸣不仅仅是个体间的情感共享，而是成为社会文化现象的映射，反映了社会文化的交流和融合。当我们反思以技术、资本与情感为底层逻辑的短视频情感共鸣机制时，发现其对人与社会的关系存在三种具有矛盾的作用张力：想象的自由与实际的剥削、虚拟的亲密与现实的疏远、表面的统一与深层的分歧。

1. 想象的自由与实际的剥削

生产可供性为短视频用户进行技术赋能，鼓励其将日常情感体验在网络空间进行自由表达和真实抒发。在现代社会高压内卷的普遍性焦虑下，人们迫不及待地投身于短视频影像世界之中，将自己最真实隐秘的情感需求和心理活动倾注其间以求得一份理解、自由与休憩。然而在这种看似解放情感的自由张扬背后，资本联袂数字技术借由情感劳动的方式对短视频平台用户进行了情感剥削，这种剥削的可怖之处在于其隐蔽性，短视频用户坚信其生产与消费是基于内心对自由解放的渴望，殊不知这正是其自我剥削的动力源泉。

2. 虚拟的亲密与现实的疏远

社交可供性促使用户借助认可、分享与交流聚合情感共鸣进行广泛交往，形成一种新型数字交往关系即流动的情感共同体[28]。正如鲍曼在《流动的现代性》中关于"液态社会"的论述，流动的情感共同体一方面能够在短时间内汇集庞大情感能量，聚焦舆论热点事件，另一方面也因为其松散性、非理性行为和不可控性，难以进行有机组织动员，真正作用于社会现实。用户在短视频平台相遇又离开，绝大部分人都只是擦肩而过。人们沉溺于共同体中转瞬即逝的虚假亲密，基于可见性管理隐藏或表演自我，但忘却了现实社会中切身实在的真实交往，最终愈发体会到孤独、疏远与不安。

3. 表面的统一与深层的分歧

传播可供性根据用户偏好和行为数据调整个性化推荐算法，使用户加强情感共鸣、耽于情感茧房、实现情感依赖。在算法机制的液态监视之下，情感资本主义的剥削进一步加重。"数字技术成为出卖人的情感信息的资本的'帮凶'，成为资本剥削个体情感和生命力的重要凭借，失去了本有的解放人类情感的'手段'意义。"[37] 人们看似能够轻而易举地寻求社会支持和达成共识，但这种群体团结是脆弱不堪和浅薄片面的，实质上每个人都陷于自我认知的封闭和情感极化的一端，难以在行为上发展弥合分歧的理性对话。

（三）理论贡献与现实意义

当前，关于短视频情感议题的文章多将情感共鸣作为媒介效果进行简单阐述，缺乏揭示其背后完整作用机制的研究。为尝试填补这一空缺，本文构建了短视频平台情感共鸣机制模型，揭示了情感共鸣是如何在人与技术的互动实践中产生、扩散和强化的。此外，本文以修正后的媒介可供性理论为框架工具，一方面将此西方引进理论进行中国本土化适应和推广，应用至较少使用可供性理论的短视频情感研究领域；另一方面引入可见性概念，探讨可见性调节下人与社会关系的连接或断裂，丰富可供性理论内部的想象力。于现实意义而言，本研究有助于理解短视频平台情感共鸣实践如何影响人、社会、技术三者之间的关系，同时深切呼唤人类自由意志和现实情感的回归，让技术更多地作为联结彼此的工具，启发人们投身现实生活，经营和感受真正深入持久的美好情感。

参考文献

[1] 中国互联网络信息中心：《第 52 次〈中国互联网络发展状况统计报告〉》，2023 年 8 月 28 日，https://www.cnnic.cn/n4/2023/0828/c88-10829.html，2024 年 6 月 3 日访问。

[2] 喻国明、陈雪娇：《理性逻辑与感性逻辑的交互与协同：媒介内容生产的新范式》，《湖南师范大学社会科学学报》2021 年第 2 期，第 119-125 页。

[3] 姬德强、张超义：《短视频跨文化传播中的情感机制与价值创造》，《中华文化与传播研究》2022 年第 2 期，第 47-56 页。

[4] 张志安、彭璐：《混合情感传播模式：主流媒体短视频内容生产研究——以人民日报抖音号为例》，《新闻与写作》2019 年第 7 期，第 57-66 页。

[5] 张志安、黄桔琳：《传播学视角下互联网平台可供性研究及启示》，《新闻与写作》2020 年第 10 期，第 87-95 页。

[6] 蒋俏蕾、陈宗海、张雅迪：《当我们谈论媒介共情时，我们在谈论什么——基于可供性视角的探索与思考》，《新闻与写作》2022 年第 6 期，第 71-85 页。

[7] James Jerome Gibson, *The Ecological Approach to Visual Perception*, Hillsdale: Lawrence Erlbaum, 1986, pp. 17-24.

[8] Sandra K. Evans, et al, "Explicating Affordances: A Conceptual Framework for Understanding Affordances in Communication Research," *Journal of Computer-Mediated Communication*, Vol. 22, No. 1, 2017, pp. 35-52.

[9] 喻国明、赵睿：《媒体可供性视角下"四全媒体"产业格局与增长空间》，《学术界》2019 年第 7 期，第 37-44 页。

[10] 黄淼、黄佩：《媒介可供性视角下短视频电商的实践特征》，《编辑之友》2021 年第 9 期，第 47-53 页。

[11] 匡文波、邓颖：《媒介可供性：社交平台赋权粉丝社群的情感表达》，《江西社会科学》2022 年第 7 期，第 168-176 页。

[12] 何志武、李晓川：《短视频生产的价值追寻与价值共享》，《中国编辑》2024 年第 1 期，第 78-84 页。

[13] 陈瑶：《微信视频号中的自我呈现与身份重构——基于平台可供性视角的分析》，《青年记者》2021 年第 16 期，第 108-109 页。

[14] 秦朝森、梁淑莹：《多棱角的可见：城市青年流动群体的短视频生产影响研究》，《现代传播（中国传媒大学学报）》2021 年第 5 期，第 85-90 页。

[15] Jeffrey W. Treem, et al, "Computermediated Communication in the Age of Communication Visibility," *Journal of Computer-mediated Communication*, Vol. 25, No. 1, 2020, pp. 45-46.

[16] Daniel Dayan, "Conquering Visibility, Conferring Visibility：Visibility Seekers and Media Performance," *International Journal of Communication*, Vol. 7, No. 17, 2013, pp. 137-153.

[17] 孙玮、李梦颖：《"可见性"：社会化媒体与公共领域——以占海特"异地高考"事件为例》，《西北师大学报（社会科学版）》2014 年第 2 期，第 37-44 页。

[18] 姜红、龙晓旭：《在"可见"与"不可见"之间：微信运动中的个体生活与数字交往》，《现代出版》2022 第 3 期，第 11-20 页。

[19] 许行明、申渝：《情感类短视频景观中的苦情叙事与消费异化》，《中国电视》2021 年第 6 期，第 72-76 页。

[20] 赵雅文、李世强：《媒体融合背景下短视频平台政治传播与情感动员研究》，《天津师范大学学报（社会科学版）》2022 年第 2 期，第 95-101 页。

[21] 何飞、汪宴卿：《后真相时代热点舆情事件中短视频的情感传播研究》，《当代传播》2023 年第 4 期，第 96-100 页。

[22] 林磊、阮亦南：《"平台化"的生产与消费：短视频作为一种"情动"媒介》，《现代传播（中国传媒大学学报）》2024 年第 3 期，第 148-160 页。

［23］揭其涛：《漂泊的情动：短视频的观看体验研究》，《中国电视》2024年第2期，第84-87页。

［24］曾琼：《在场、离场与再在场：传播演进的身体逻辑与传播的身体递归》，《现代传播（中国传媒大学学报）》2023年第11期，第154-161页。

［25］刘俊、马慧珍：《现实的再现与异形：数字时代短视频文化的五个特质》，《学习与探索》2024年第5期，第154-160+2页。

［26］彭兰：《连接与反连接：互联网法则的摇摆》，《国际新闻界》2019年第2期，第20-37页。

［27］郭小安、赵海明：《观看的无奈与正义：数据社会液态监视的弥散性与能动性》，《新闻与传播研究》2022年第10期，第34-46+126-127页。

［28］林滨、邓琼云：《情感资本主义的审视：消费主义逻辑与情感何以日益纠缠》，《东南大学学报（哲学社会科学版）》2020年第2期，第18-25页。

［29］吴大娟：《数智时代情感资本主义的生发机理及其本质澄明》，《湖北社会科学》2024年第2期，第38-46页。

"道说"滇越铁路之生命传播：交谈、自我与 AIGC

张祺祺　唐　倩　李　堃*

摘　要　2024 年 8 月，北京大学研究生院举办的"行走的人"暑期跨学科论坛在云南成功举办。来自北京大学、中国科学技术大学等多所高校的师生，以滇越铁路和西南联大为研究对象，借助行走的身体技术和交谈的研究方法，共同探讨生命传播与"交谈—自我—AIGC"这一双向塑造模式的互动网络，以及三要素间的交互关系。研讨会上，学者们观照过去、现在与未来，拆解数智时代生命传播的生成、更迭与绵延路径，从"人—物"的复合维度提出问题，反思未来行动的方法论。

关键词　滇越铁路；生命传播；交谈；生成式人工智能技术；自我

为实现学术本土化与在地化，将学术论坛回归到"天坛"与"地坛"之间，把论文写在祖国大地上，2024 年北京大学研究生院"研究生教育创新计划"·北京大学新闻与传播学院"行走的人"暑期跨学科论坛于 7 月 31 日至 8 月 6 日在云南举办。其间，8 月 3 日，由北京大学研究生院、北京大学新闻与传播学院主办，北京大学公共传播与社会发展研究中心承办的"道说滇越铁路之生命传播：交谈、自我与 AIGC"学术会议在碧色寨顺利召开。北京大学新闻与传播学院教授、博士生导师，北京大学公共传播与社会发展研究中心主任师曾志，北京大学物理学院教授胡晓东，北京大学党委政策研究室副主任潘聪平，北京大学新闻与传播学院院长助理王玮，北京大学党委政策研究室干部杨婕，西藏拉萨市达孜区经信局、商务局党组书记、局长仁增卓玛，北京第二外国语学院文化与传播学院副教授温志

---

*　张祺祺，系北京大学新闻与传播学院 2022 级本科生；唐倩，系北京大学新闻与传播学院博士研究生；李堃，系东北财经大学人文与传播学院副教授。

宏，云南大学民族学与社会学院社会工作研究所所长、副教授向荣，昆明学院美术与艺术设计学院副教授司马倩等来自国内 10 多所高校、科研院所、社会组织的 20 余位专家学者出席会议并发表演讲。会议由师曾志教授召集并主持。

师曾志教授指出，现代社会，技术迭代高歌猛进，渗透日常生活，"人的退场"在传统权力结构与社会连接关系的解构与重构中悄然生成，置构出"我在场"之于实践调研与学术研究的意义语境。师教授说，通过这种形式的跨学科论坛，行进于道路上的个体以坚定的姿态持续轮转于各自时空的"在场"，借助行走与交谈，切近历史，用生命体验，与天地沟通，在与"物"打交道的过程中，贴近海德格尔对"物"的追问，找寻交谈中"自我"的基础。同时，通过自我与他者、铁路、历史多维一体的连接、链接与联结，个体在数智时代中虚实共生，感知情感穿透空间、技术流变下时间又创造空间、无限连续的时间打破空间的生命跳动。借助行走与创造，大家叩问当下，走向未来。基于此，本次会议聚焦"交谈"、"自我"与"AIGC"三个关键词，"道说"滇越铁路与生命传播的回响、塑造与融汇。铁路之"道"既指向产生一切道路的道路，亦为"道说"提供历史与现实交汇的具体场域。在"道场"之中，伴随技术与人文的交相辉映，"行走的人"将自我、在场作为媒介，对知识进行助产；交谈与行走存在于 AIGC 加速创新、迭代，赋能与反赋能并存的虚实共生中。时间对空间的消磨在人的行走与"行走的人"中得到具象化展现，带来传播叙事与主体本位的生命阐译，显露出自我从无知、卷入到理解的具身与反身序列，隐喻生命传播面向当下与未来的复合方法论。

一 "行走的人"

行走为"道说"提供生长原野，人于滇越铁路的行走则成为交谈、自我觉察、认知、内省与 AIGC 实际运用的生成原点。师曾志教授认为，在行走创造的交谈媒介与空间里，个体能够逐渐理解超越简单的"人—物"二元关系的认识论，拥抱敞开式"人—物"交织生成的纠缠关系。

（一）行走镜像：生成与认知自我

师曾志教授指出，个体在行走中，通过外在环境镜像的微妙反射与内在心理机制的精密互动，展开一场关于自我生成性进程与自我认知深度融合的生命探索。就此语境，发言人对其中的路径机制展开多层次的探讨。

东北财经大学人文与传播学院副教授李堃基于对滇越铁路的缜密考察与深度剖析，从生成、交谈与自我三个维度提出审视洞见。她指出，滇越铁路的重要性在于其开创性的生成特质。该特质并非遵循渐进式量变的逻辑轨迹，而是实现了质变的飞跃，即从 0 至 1 的突变。交谈在一定程度上可理解为一种充满不确定性的自我塑造机制。个体在每一步的行进中，敏锐地捕捉环境机制的反馈，在心灵深处进行一场深刻的自我对话与认知重构，以实现自我认知的深化与拓展。李堃认为，斯诺于《马帮旅行》一书中所细腻描绘的互动实例也为理解提供了极具启发性的范例。她表示，个体经验与地方性知识相互织就的生命叙事，具有自然禀赋的感染力与说服力，滇越铁路与个体形成深刻而持久的联结，促使在场者共同参与历史遗产与生命互动的当代诠释与重构。

根据李堃的论述，师曾志教授进一步提出情感、情绪与个体对事物的感知紧密相连。传播学研究特别关注主体间的分离与聚集，这一行动的发生深刻体现着人元、结缘、"人—物"场域的复杂矛盾关系。

云南大学民族学与社会学院社会工作研究所所长向荣表示，行走与交谈蕴含的"连接""反思""开放""真实"等关键词构成个人理解生命交互关系的递进维度，为生命活动提供内在逻辑与执行落实的进阶价值。借助"在场"媒介的能量效益，个体于他人镜像中照见自我，不断寻求情感共鸣的同频，实现对自我身份、能力、情感以及价值观的全面审视与深刻理解，拥抱流动生成的无限可能。

从具身在场到步履流动，实践行走与天地对谈提供了一种超越传统认知框架的哲学启示。北京大学新闻与传播学院博士研究生肖键结合阿兰·巴迪欧的哲学省思，从"二"的视角探索自我世界、技术物与真理的生命交融。他认为铁路双轨在平行层面"既是又不是"的悖论性存在超越了单一、平行的"一"认知模式，引入差异性维度，使得同一性与差异性在行走中得以对立统一，引导此间的行者突破自身视域的桎梏，从差异性出发与周围互动联结。面向生命传播，深度参与沿途传播活动，肖键提出技术物交谈与人际交谈存在本质差异，沉默作为二者共享的交流策略，具有主动性与延续性休止的程度区别。无限迭代的技术物指向无限衍意的符码，蕴藏元语言与元技术的奥秘。

在行走中，个体物理位移所引发的空间体验变迁，深入到一种传播学、心理学与社会学的深层维度。就个体与周遭环境等的交互，北京体育大学硕士研究生蔡九琦基于自我认同塑造与重构的向内发展框架进行分析。他表示，行走本身为行动之表象，深层则为心境未臻宁静的反映；通过身份故土与所踏之地的对比反思，借助内观自我探生命哲理的滥觞，个体能够获取超越地域身份的感知，体验一种更为宏大与连续的日常存在状态，汲取铁路环境浸润产生的教育智慧与感化启迪。

针对蔡九琦阐述的自我生命教育成果，师曾志教授从三个维度做出了点评。首先，蔡九琦的自我觉察与感化体现了其身心从"分裂"到"合一"的裂变过程；其次，他跳出了"城市孤岛"的狭隘，能够感受生命、生活的飘逸；最后，其论述体现了海德格尔对"物"的追问，同时带有美好之于个体生命启迪的显化。

师曾志教授总结表示，鲜活而灵动的个体在每一次出发中，经由不断的经历累积、情感体验与自主反思，将外在经验与感知转化为内在探寻资源的技术手段，实现自我认知的深化与嵌套生成的完善，进而为自我觉察的复杂性与动态性提供新的理论视角与探究路径。

（二）生命传播：无知与自我卷入

行走与交谈共构思想宇宙，揭示无知、未知与新知的逻辑勾连，生成与传播的理解漩涡。中国科学技术大学科技传播系硕士研究生李月月挖掘了生命传播理论内核的认知，提炼了认知建构与行动导向的方法论体系。她倡导以流动与变迁的视域审视个体存在，借鉴铁路轨道延展不息、勇往直前的象征意义，秉持持续的好奇心与流动的生命态度，拓展个人潜能的无限维度，实现一种"行走式"与"交谈式"的自我卷入、超越与进化，以此打开负面情绪状态的桎梏，将无知作为认知开放性的起点，接纳边界拓展的未知交叠，从而积极、开放、乐观地拥抱未来。

进入历史风云时空，与生命体验沟通，中国科学技术大学科技传播系硕士研究生徐晨阳对滇越铁路营造的环境之于自我探索价值进行了具体阐述。她将根植于战乱频仍的往昔岁月、绵延于公众记忆与历史叙述的实物遗迹理解为联结过去、现实与未来的文化桥梁与独特符号，其为自我生命教育实践提供着经验沉淀的范式与框架，也为现代人工智能科技的创新赋能运用提供了广阔的实验田地。通过情景化的实地考察与超时空的交谈叙述，她的研究能动性与认同自觉得到了连续性的强调与深化。

对于中国科学技术大学同学的发言与实践参与，师曾志教授认为，他们为此次跨学科论坛提供了崭新的理论视角，注入了创意生产的持续能量，并通过技术层面的实际运用，促进了理论理解的深化。

北京大学新闻与传播学院本科生张祺祺以"在生命交谈中邂逅自我"为题，论述行走与交谈中的生命传播路径，阐析借助言说与在场，历史记忆、技术赋能之于"个体—集体"双重身份的自我重构。她认为，行走与交谈作为动态的、体验性的时空穿梭方式，使个体能够深入历史现场，与过去的记忆、情感及文化进行对话与互动。个体自身不仅是在物理上移动，更是在心灵上与历史、与乡土、与民族根源进行深刻的连接。这种连接促使个体在生命传播的实践中，不断与鲜活的存在、生动的境遇及生命本体展开对话，从而实现个体理解的解构、建构与持续抵达。

师曾志教授总结提出，生命传播特别强调自我卷入，强调持续性地生成、创造与行动。在传播叙述表达的过程中，具体的个体在行走中生成反思，与无知和解，拥抱觉察、内省与改变，逐步形成一套动态演变的自我认知框架与观照体系。

二 "道说"在场

师曾志教授谈及，行走的个体于"道说"的道场中在场，在多元主体本位的探讨中，切近时空秩序与近代化议题的反思，借助自我、交谈与技术关系的重叠网络，不断深化价值意义与"具身—反身"复合助产的解读。

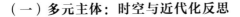

（一）多元主体：时空与近代化反思

师曾志教授指出，时间是无限的连接，空间则是一种分离、隔离与不连续的状态，在传播学研究中，时空带来创意的无尽迸发与灵感的瞬时捕捉。回到历史文脉与精神的"根"与"魂"，望向鲜活与生动的生命体验、生命经验、生命叙事，发言者就主体、时空、近代化等议题展开自我实践折射的思考讨论。

北京大学党委政策研究室干部杨婕从人文地理视角，拆解铁路修建与废弃对区域近代化的塑造与反塑造作用。她指出，铁路的建设丰富了城镇乡野的生命故事，构建新的时空秩序；废弃则引发秩序的逆向流动，形成枢纽与孤岛的对置转化。将视野变焦至西南联大的史实语境，杨婕认为历史上的学术迁徙过程可视为一次大型田野调查，这与当下正在发生的行走实践相交叠合，共同构建在场交谈的情景场域，而将自我浸入其中，基于传播主体跨学科的碰撞与交流，时空隐喻与近代化迷思的遮蔽逐渐被揭开、显化。

主体的多元性不仅体现在建弃过程的多要素参与，也链接于共时与历时的二元结构。北京外国语大学国际新闻与传播学院助理教授刘欣以碧色寨墙面镌刻的于坚诗句为例，从共时性与历时性两个维度阐述自我认知的即时卷入。从共时性的哲学视角出发，偶然性的触发机制揭示出自我在特定的时空交会点与周遭世界建立的一种动态的、非线性的关联。这种关联超越了传统的主客体二元对立，进入了一种更为复杂、多维且充满变奏的相互作用域。与此同时，从历时性的角度回溯，历史传奇、过往创作以及在场者即刻的共鸣与回响等共同编织了一个跨越时空的叙事网络。这一网络不仅展现了时间对于自我认知与历史记忆的深刻雕琢，更预示了未来自我认知可能的发展方向与形态。此外，刘欣引入"技术关系论"的视角，她强调技术作为关系性而非纯粹物质性的本质，具有超越主客支配的多元主体互动力。多位一体基于各自的生命目的与行动逻辑，在具体的情势下，不断校准个体行动，帮助其调整策略、付诸实践。

就刘欣的发言，师曾志教授对"真实"与时空的关系进行了进一步阐述。她认为，真实就是创造，即在无限连续的时间里不断打破空间。历史上，哲学家研究真实往往借助喜剧和悲剧。研究早期，人们崇拜英雄，对真理、正义与民族持有固化的认识，线性认为其逻辑是悲剧性的发展。但走出该认知闭环，人们开始反思喜剧，发现贯穿时间的恰恰是喜剧。因此，我们应当将目光聚焦当下，重新审视虚实与时空的互动，在技术迭代背景下，虚实共生拥有无限的空间韧性与时间选择。

北京大学前沿交叉学科研究院博士研究生廖元植围绕滇越铁路核心议题，深入剖析其作为近代化进程重要标志的多维度内涵及其主体性构成，揭示其超越物质层面的历史、文化价值。他将近代化的核心特质界定为"时间对空间的征服"及"数据精确性的追求"，此二者共同构成了铁路技术推动近代化的理论基础。廖元植强调，近代化的本质不限于物质层面的革新，更在于表象背后所蕴含的理性主义与规范体系对社会结构与文化心理的深远影响。就主体性构成而言，他指出滇越铁路是多重主体交织互动的产物，一方面体现殖民权力在地理与文化空间中的扩张与渗透，另一方面承载物理形态背后复杂社会关系运作的智慧与经验。

师曾志教授对廖元植的发言表示肯定，认为其回到了学术本体的意义价值范畴，是从现象到本质、从历史到当下的反思回归。她指出，在马克思所言的"时间消灭空间"的近代化进程中，残忍与希望共存，数据、效率、效益追逐的残酷，反向孕育着技术关系向前、人类社会向上的动力与机遇。回到现实时空，AIGC蓬勃生发，"时间顽强地消灭空间"仍然具有存在的合理性，与此同时，"时间创造空间"同步生成。

师曾志教授总结指出，在滇越铁路语境下，多元主体超时空在场，各自拥有独特的利益诉求、价值观念与行动逻辑，在相互博弈间共同构成人类社会发展与时空秩序建立的多元动力。

（二）理解交谈：价值与具身助产

交谈在行走中在场，于"道说"中生成，北京大学新闻与传播学院党支部书记王玮表示，交谈是思维碰撞与情感交流的桥梁，通过具身在场中的语言互动，个体获取他人的观点与经验，进一步拓宽认知边界。在系列自我内化与动态交互的过程中，个体与个体基于其独特的经历、背景与价值观，进行自我意识输出模式的交换，开辟信息获取与自我表达的全新途径。

通过观照伽达默尔、哈贝马斯、海德格尔、塔尔德等学者的观点，北京大学新闻与传播学院博士研究生唐倩立足田野调查实践，对交谈在 AIGC 时代语境下的内涵边界与表现形式进行了梳理论述。她指出，交谈是人类进行社会互动和理解世界的重要方式，在历史演进与个体发展的不同阶段，其承担"既有知识体系引出—揭示事物本质、促进理解—解决现代性危机"的递进功能。就交谈的形式维度，唐倩认为交谈是语言在社会实践中的体现，也是语言与意义共同构建的过程。置身在场研究，"行走的人"深入以滇越铁路为样本的互动模式，将自我与他者关系植根于具身性交谈，既依循既定语言交锋思想，又超越语言形式，寓于日常互动，促使语言在"道说"中显本质，言说者在其"言说"中在场。此外，借助技术知识助产，个体整合已有知识体系，实现高效快捷输出，反作用于交谈深化的促进，提升人类交流的本质维度。

师曾志教授对唐倩的发言进行进一步拓展，指出个体都生活在由话语权决定的意义网络之中，时常受到话语种类的遮蔽，但跳出视野局限，回归交谈本身，又能时时邂逅事物发生的偶然性。偶然性与命运性耦合，贯穿生命发展历程，指向传播主体性的命题探讨。交谈的内涵、价值与实现在不同情景下承载着信息的传递、情感的交流、观念的碰撞与知识的进化，对其分阶段、多角度的内化理解，有助于个体在其意义解构中实现意义彼岸的抵达。

（三）在场意义：思想与反身推动

师曾志教授表示，回归意义曲线，在场的反身推动具有从物到人、从人到物的双向递进。就此，发言人根据其中的实现路径进行各自观点的梳理分析。

北京第二外国语学院副教授温志宏以"作为反身性力量的思想与行走"为题，深度剖析铁路之"物"与主体角色共同编就的人造技术体系。她认为"物—人"二元一体的互动构件生成了鲜活的、流动的文化与社会线索，同时指向技术与人类关系的复杂面向，隐喻技术潜在问题引发人自主性与创造性削弱的危机风险。滇越铁路既表征出技术崇高和生命叙事的叠合，也生成技术变迁中"在场"意义与实现方式的反思动力。从西蒙东提出的人与世界整体性关系的视角出发，温志宏指出，"我在场"不仅是一种状态，更是"我需要在场"的反身性的一种意愿，指向了人的主体性问题及其可能性。

师曾志教授对温志宏的发言表示肯定，对其援引的海德格尔诗句"当思的勇气来自那在的吩咐，命运的言辞将一片绚烂"，表达了实践证实的深意认同。此外，师曾志教授认为，在当今时代，个体需要以在场、融入、参与的姿态，连接无知与认知，保持心灵的敞开，去表达，更要去行动与改变。

北京外国语大学高级翻译学院博士研究生祝婕以"什么是生命?"为题，提出生命的本质是多维的，其既体现在个体的生理存在，也体现在个体与环境的互动。这一互动不仅融合了"离身性"和"具身性"，还打破了现实与虚拟的界限。综合荀子"形具而神生"观点，她认为，"在场"的个体在天坛与地坛之间相互交谈，在身体与周遭的交互中，产生对时间与世界的认知，形成自我对生命的感悟。就铁路向度而言，祝婕指出，铁路作为一种在场的存在，承载着空间媒介的技术内涵，赋予行走在场者超越身份范畴的权力视界与反思场域。

综合祝婕的发言及其参与的调研设计，师曾志教授总结提出，在生命视域下，"物—人"网络、人与环境的互动是在场表述的具象体现，通过具身性参与，生命在思辨中经历反身性过程的循环，完成超越与深化的逻辑闭环。

三 技术人文

师曾志教授认为，"越是数智的，越是人文的"。在二者的彼此映衬中，媒介技术生成式敞开，缝合当下与未来行动的方法纹理。

（一）媒介链接：连接与自我技术

昆明学院美术与艺术设计学院副教授司马倩以其深厚的纪录片创作实践为背景，提出自我技术之于纪录片创作者个人使命的深刻阐述。她认为，个体通过自身广泛的体验、积极的行动与深度的参与，实现个体与社会、文化之间的紧密联系与互动，建立创作者与拍摄对象、观众与作品之间共振和鸣的意蕴时空。她特别提及，云南文化内涵以其多元性与包容性，展现了中华民族多元一体格局的丰富性与复杂性，其内嵌的自然与人文底蕴，为技术迭代创新孕育了实验赋能的沃土。

行走于传统与近现代交叠的景观间，技术对人类生活环境与生存状态的影响从不同侧面展开。北京大学新闻与传播学院博士研究生付砾乐认为"交谈"和"行走"作为一种媒介，关联起了"自我"与技术的两端，对语言的应用，表达形式、表达习惯，都浸透着"自我"的影子。新技术不仅改变着人存在的状态、也潜移默化"自我"的认知，形塑着新的"自我"。与此同时，她指出，"交谈"和"行走"也是一种自我技术，是连接自我与自己、自我与他者、自我与环境的方式。

总结付砾乐的发言，师曾志教授回忆实地考察情景，提出在行走与交谈共同构成的现实生活中，自我想象的戏剧性与实际境况的平淡性矛盾共生。将技术与自我同时作为媒介，二者在彼此联结中，创造生成各自迭代的链接，促进持续演化的深入。

（二）技术赋能：AIGC 与传播叙事

AIGC 技术的应用，在传播叙事的不同方面提供危与机并存的空白。中国社会科学院新闻与传播研究所助理研究员李丁一聚焦国际传播研究的听觉传播维度，指出滇越铁路沿线各地的音乐、语言、自然声音和日常生活喧嚣，共同构成了当地独特的"声音景观"，在无形中塑造和传递着沿线区域的文化特质。她表示，个体和群体通过听觉传播不断重构自我认知，形成更为复杂的文化身份，而基于数智时代涌现的 AIGC 技术，听觉传播的理解边沿与形式手段得到进一步拓展，技术赋能机遇的同时引发人们对问题与挑战的审视。

师曾志教授对李丁一提出的听觉传播视角表示赞许，认为其开放性的思维辩证论述了 AIGC 与生命互动的双面性，对如何面向技术、拥抱未来具有有益的启发。

中国科学技术大学科技传播系硕士研究生邱鲁东以"生成式人工智能

时代的叙事转型与人的主体性维护"为题，指出生成式人工智能技术降低了内容生产门槛，使得个体创作能够以便捷、高效的方式得到保存与传播。缘于技术本身内在道德价值倾向的缺失，在智能技术时代下，事实与多元观点的重要性凸显。将二者纳入技术逻辑，在快速、批量、定制化的内容生产与分发中，创作与传播主体应以人的需求为技术驱动的核心应用，顶置人的审美和创意。

昆明城市学院本科生邱佳阳以"AIGC 的修正作用"为题，提出 AIGC 技术实践对自我塑造的想象的影响以及对传播叙事的修正作用。他表示，生成式人工智能技术为创作传播主体与创意内容生产同时提供增效与弥补的手段和方式，从价值观念传递源头与链条路径机制两个维度，提供影像表达生成的全新途径。

拓展技术运用的现实维度，深入探究技术对传播叙事的改变与塑造。北京大学新闻与传播学院硕士研究生梁晨结合巴黎奥运实时热点，指出实况体育转播哲学正在发生从传统的以画面质量、镜头公正、叙事完整等要素为核心的价值观，到由生产哲学、技术、观众三者共构的动态体系的转向；她还提出了 AI 技术实际运用困境以及未来技术对大众体育直播观看体验提升的期待。

对于梁晨身在巴黎的跨空间发言，师曾志教授认为其恰是技术带来新变化的实证，技术的运用实现了超越物理限制的对话空间的创造。从传播全链条来看，AIGC 技术深度参与各环节要素，深刻作用于传播叙事的完整流程机制。

（三）面向未来：当下与行动方法论

追溯历史，立足当下，面向未来。针对人类社会应对技术更迭、拓展与异变的策略，多位发言人结合实践调研与自身研究经历，提出了多学科融合的方法论。

基于此次跨学科论坛实践，北京大学物理学院教授胡晓东认为传媒不仅是信息的传播媒介，更是文化传承的载体、社会变迁的见证者与未来愿景的塑造者。该领域参与者应坚守伦理底线，秉持客观、公正、真实的原则，以正确的价值导向引领公众舆论正向发展，构建一个更加开放、包容、理性的社会生态，为社会的持续进步与文化的繁荣发展贡献智慧与力量。

《道德经》提及"反者，道之动；弱者，道之用。天下万物生于有，有生于无"。基于创新创造活动的逻辑真谛，拉萨市达孜区经信局、商务局党组书记、局长仁增卓玛认为滇越铁路的诞生与发展历程，是对"有生于无"哲学命题的生动诠释。在AIGC加速变革时代背景下，她表示，个体需以更加审慎的态度，审视历史惯性对创新思维的潜在制约；需要介入事件与道路延伸的世界中，敞开自我，拥抱未知，以前瞻性的思维与视野，为研究实践提供更为深刻的洞见与更为广阔的思路。

云南连心社区基金会专家、副教授陆德泉以社会底层群体的数智运用现实为切口，指出铁路沿线普通群体面临着数码鸿沟问题。AIGC大数据模型与算法的介入，虽为人们理解普通民众的生活提供了新视角，却也引发了关于表述平衡性与"异化"风险的深刻反思。未来研究需进一步挖掘普通群体的真实需求，以制定更为精准有效的政策与措施，促进区域社会的均衡与和谐发展。

山西师范大学教育出版集团语文报社副编审张瑄以其个人专业抉择及职业生涯的丰富履历为基点，深刻剖析了当代出版行业在技术进步洪流中所经历的转型与嬗变。她认为，面对人工智能带来的行业变革，个人不能仅仅停留于理论层面的构想与探讨，而应积极投身于实践，通过实地调研与经验积累，验证并优化既有认知。

综合上述发言，师曾志教授对多位发言者从不同维度面向未来、理解未来、拥抱未来的构想思考表示肯定，并总结提出：无论时代如何变化，人都应持续地行走和创造。

总 结

天坛与地坛作为历史与自然的交汇点，为交谈提供了独特的背景与氛围。用生命传播生命，用生命教育生命，将跨学科论坛设于滇越铁路的具体语境，让行走实践成为过去、现在与未来，本土、地区与全球连接的创新范本，是本次跨学科论坛的核心意义所在。

师曾志教授在对此次学术会议的总结中说道，在"自我—交谈—AIGC"

交合组成的研究关系网络中，个体在行走与思考中深入内心世界，与生命体验对话，穿梭于虚拟与现实之间，实现从无知到理解、从具身到反身的深刻转变。在认知、技术、传播、反馈加速变革与无限流变的数智时代，人应坚持行走，敞开创造，同时也要学会回归日常生活，在生命的跃迁中，别忘记生活。

"道说"滇越铁路：埃德加·斯诺
对当代国际传播的启示

梁　晨　付砾乐*

摘　要　本文主要基于 2024 年北京大学新闻与传播学院"行走的人"暑期跨学科论坛，探讨了美国记者埃德加·斯诺在国际传播领域的贡献及其对中国现代传播实践的启示。通过重走滇越铁路，调研团成员深入研究埃德加·斯诺的精神及其对当代国际传播的影响，分析斯诺如何通过深入中国社会，与各界人士展开广泛交流，从而实现了自我生命的突破与超越。研讨会上，学者们从国际传播、交流对话、生命传播等角度，探讨了斯诺的国际传播智慧。他们认为，斯诺的实践展现了脚踏实地的传播方式，以及在交谈中开放包容的态度。此外，文章还讨论了技术尤其是人工智能在媒介发展中的作用。

关键词　国际传播；埃德加·斯诺；生命传播；媒介技术

引　言

2024 年北京大学研究生院"研究生教育创新计划"·北京大学新闻与传播学院"行走的人"暑期跨学科论坛于 7 月 31 日至 8 月 6 日在云南举办，并开展为期一周的暑期社会实践调研。调研团队前往昆明、开远、蒙自、屏边、河口等地，以"我在场"的状态和"道说"的实践形式，传承北大新闻学教育传统、弘扬斯诺精神；通过重走滇越铁路、倾听西南联大往事，

---

*　梁晨，系北京大学新闻与传播学院硕士研究生；付砾乐，系北京大学新闻与传播学院博士研究生。

深入了解当地人文风貌、深刻触摸并重新挖掘历史，以回应当下智能技术迅猛迭代中，人与技术、与自我、与日常生活的关系。8月6日，由北京大学研究生院、北京大学新闻与传播学院主办，北京大学公共传播与社会发展研究中心承办的"道说滇越铁路之生命传播：与埃德加·斯诺对话——现代国际传播的启示暨总结会"于河口国际公寓会议室举行。参与本次会议的主要嘉宾有北京大学新闻与传播学院院长陈刚，北京大学新闻与传播学院教授师曾志，北京大学物理学院教授胡晓东，北京大学党委政策研究室副主任潘聪平，北京大学党委政策研究室干部杨婕，西藏拉萨市达孜区经信局、商务局党组书记、局长仁增卓玛等。会议由北京第二外国语学院文化与传播学院副教授温志宏主持并做出点评。

美国记者埃德加·斯诺是中国近代史和新闻史上重要的历史人物。20世纪30年代中期，中国国内局势大变，他冒险进入陕甘宁地区展开采访，随后创作的《红星照耀中国》不仅在当时为世界提供了客观观察和理解中国的全新视角，也成为跨文化传播视角下讲述中国故事的经典范例。他还在1934年受聘于燕京大学新闻系，与燕大师生及中国知识界建立了深厚友谊。

斯诺对中国的深入洞察、与各界展开的社会交往，以及后来对这个东方国度所抱有的近乎故土般的热爱，很大程度上正是得益于滇越铁路。1930年冬，他带着一个西方青年人的冒险热情和对神秘东方的好奇，从越南海防坐火车北上，以行走的姿态进入中国。滇越铁路不仅是一种交通路径，更构成了一个"阈限"性的媒介空间，各色人等在这里短暂地相遇、观看、交谈、告别，东方与西方、传统与现代"荒诞而绝望地混杂在一起"[1]40。时局巨变之下，那些模糊不清的、流动不定的、衰败的、失序的、充满了噪音的错落场景让他深受震撼，由此激发出继续探究中国现实的深切热情，也让斯诺个人实现了自我生命的突破与超越。

研讨会上，北京大学新闻与传播学院院长陈刚从新闻传播实践的角度，结合本次"道说滇越铁路"调研实践做会前发言。陈刚院长表示，通过行走，大家得以将理论和实践进行对话，在此过程中探索出更多有针对性的专业问题，从而不断加深对于中国社会的切实观察。陈刚院长希望大家能够从调研中产生更多新的发现，在行走的基础上进一步深入思考埃德加·

斯诺在云南的实践为中国经济发展创造的价值、为国际传播发挥的作用。

陈刚院长认为，本次调研以"行走"为主题，不仅提高了参与调研的所有师生对活动本身的认识，也对本学科的教学实践具有重要启发意义。对师曾志教授提出并顺利落实了本次调研活动，陈院长表示了由衷的感谢。在实践中，老师和同学们通过每日行走积累经验，将所见所闻与专业理论相结合，为学院未来深化课程创新与学科发展提供了宝贵的经验。

会议上，多位学者围绕本次滇越铁路调研之行，重思埃德加·斯诺九十年前在此地的文化历险，以此来回应在人工智能时代如何深入交流以及在国际传播中需要什么样的行动智慧等现实问题。

一　以人为本：埃德加·斯诺的国际传播智慧

北京第二外国语学院文化与传播学院副教授温志宏首先为大家介绍了埃德加·斯诺与中国云南的渊源。作为广受赞誉的《红星照耀中国》一书的作者，埃德加·斯诺与中国的初次相识与滇越铁路紧密相关。斯诺曾沿着滇越铁路从越南进入中国，之后跟随云南马帮的脚步穿行至缅甸。完成这一历险后，他将自己的所见所闻集结撰写成《马帮旅行》。这本知名度远逊于《红星照耀中国》的旅行日志代表了埃德加·斯诺对于中国社会的早期思考和认识。从这段旅程中，读者得以一窥他之后深入革命根据地，并将在陕北的所见所闻传向国际社会的源头。随后，温志宏副教授简短回顾了本次调研经历：调研团师生从昆明循着滇越铁路一路行至河口，在行走中展开学习、调研、思考和传播，这既是对斯诺精神的回望与践行，也将激励更多后来者继续探索和讲述真实而生动的中国故事。

（一）脚踏实地的国际传播

北京大学党委政策研究室副主任潘聪平这样看待埃德加·斯诺的滇西之行和陕北之行：这趟旅程是 20 世纪二三十年代一个富有创造性和冒险精神的美国青年的一场行走。"行走"自始至终是斯诺的行动核心。粗粝的、富有生命力的、不加修饰或遮掩的行走，使得斯诺在马帮旅行中从迷茫，到沉着，再到洒脱率真。在行走中，斯诺不断认识和发现自我，也逐渐认识和理解了当时的中国。他从同理心和情感出发，以外来者的视角，清晰地告诉了世界——红星如何照耀中国，打开了西方了解真实的中国和中国共产党的窗口。

拉萨市达孜区经信局、商务局党组书记、局长仁增卓玛以"回到以人为本的国际传播"为题，并结合自己的工作与大家进行了分享。她说，在云南边境，中国和越南两个国家的边界仅依靠一座界碑或一条河进行区隔。南溪河两岸居民是"进一步出国，退一步回家"这句话的最佳写照。山水相依，一衣带水，他们之间交往、交流、交融的故事丰富多彩而生动鲜活。活的生命故事，才是国际传播最好的故事。当下，很多国际传播停留在宏大的、概念的层面。就如《金刚经》里所说"佛说世界、是名世界、而非世界"，如今我们常深陷于、纠结于"名"世界而不能自拔，反而忘记、忽略了"真实"的世界。而真实世界，或者说人的生动世界，才是做好国际传播的源头活水。

（二）开放包容的国际传播

东北财经大学人文与传播学院副教授李堃从哲学角度对"噪声"这一概念进行了阐释，分析其内涵的包容性在多元对话中的重要地位。首先，李堃教授认为噪声是一种隐喻，其显现出差异性的意见和非线性的连接，是人们在既有规则下对非规则的否定。定义噪声的过程即是权力显现的过程。无论是在日常交流还是在国际传播中，以往被我们视为噪声的不正确的、不和谐的、不规则的、不恰当的或者不确定的声音，都可能让更鲜活的个体、更生动的交谈机会和更多元、更可爱的国家与民族显现出来。正如有人曾认为斯诺的马帮旅行不是一项"头脑清醒、有益的行动"[1]53，此次行走也不是一次通俗意义上"聪明"的选择，而是一次否定、肯定、再否定的过程。在内容和渠道如此丰富和多元的今天，实地行走仍有不可替代的价值。这也是调研团仍关注滇越铁路、仍去寻求与斯诺对话之可能的重要原因。

温志宏副教授也对"噪声"一词的传播意义给出进一步解释。"噪声"同样可以隐喻传播过程中的未知或差异。无论国际传播还是对外传播，现实和想象间的断裂是人们始终面临的问题。斯诺能够完成勾连东西方世界的壮举，关键在于他当年从美国走了出去，又从滇越铁路走了进来。他跨越了想象和现实的距离，通过西方的媒体向西方世界传递东方中国的实景，打破了他们常规的认知与想象，从而产生了如此巨大的传播效果。

二 对话陌生：如埃德加·斯诺般敞开交谈

古希腊哲学家苏格拉底曾通过交谈与对话的方式进行教学，"交谈"既是揭示真理的方式，也是联结人、技术、世界的传播形式。在会上，多位学者分享了自己关于交谈的思考。

（一）交谈的方法

中国科技大学科技传播系硕士生徐晨阳对"如何交谈"这一问题给出了自己的回答。在调研旅程中，她最大的收获是两个词：团结与真诚。她认为，这两个词也是交谈的关键所在。无论是当地居民、学者还是国际友人，都在用自己的方式讲述着滇越铁路的故事，都对自己的故事有发自内心的热爱。不同个体的叙述汇聚了各种不同的视角，共同勾勒出滇越铁路丰富而复杂的面貌。每一次交谈，都是人们以语言为媒介去连接心和心的过程。当不同的人愿意在交谈中真诚分享自己所经历的滇越铁路时，滇越铁路本身才变得更加完整。而交谈的真诚，正如埃德加·斯诺所展现的跨越文化界限的真诚。在历史上，斯诺发起的真诚的对话曾搭建起东西方文化之间的桥梁。在当下，真诚交流也将搭建起历史与未来的桥梁。

温志宏副教授认为虽然徐晨阳在发言中未提及"尊重"二字，但尊重内涵于她的分享中。尊重是有效交谈的前提条件。对交谈的对象怀有尊重才能使共情发生，人与人之间的彼此尊重将带来团结和真诚。

（二）交谈中的矛盾

北京体育大学硕士生蔡九琦对交谈之中矛盾的发生进行了解释。首先，人与人交谈中矛盾的发生是交谈双方对自我的思考，因此矛与盾都没有绝对的对与错。其次，人与人之间的交谈是对各自道说的分享，个体差异的显现也是彼此追寻相处和谐之道的过程。最后，正视差异并且理解差异即是人将自己从半圆变成阴阳图的过程。差异性、多面性广泛存在于事物之中。因此，对滇越铁路的研究并不局限于愤怒的、悲惨的、殖民的历史，而是坦然地去感受铁路的景色并倾听它的声音。

（三）交谈与留白

北京外国语大学高级翻译学院博士生祝婕将近百年前斯诺行走在马帮之路上的交谈与当下调研团"行走"的意义联系在一起，从"有哪些交谈？"和"交谈的意义是什么？"两个问题展开，致敬滇越铁路沿线每一位平凡的工作者，回忆调研团一路走来收获的感动。随后，她从多元身份的角度出发，谈到斯诺的双重身份——译者和记者——为其带来的视角转变和跨文化意识。作为一位异乡来客，埃德加·斯诺实现了和中国人民的精神共鸣，将自己变为中国人民的同路人，成功在作品中书写了"活的中国"。最后，她指出交谈的三点意义在于发现真实、得到开放和收获感动。交谈的载体不一定是语言。行走正是一种交谈和留白的实践。铁路是静态的，行走的人则是动态的，两种互补的状态恰好弥补了相互交流之中的空白。可以说，留白是一种生命智慧。在交谈与留白中，"生命激发生命，生命传播生命"，这也是斯诺所体现的"生命传播"精神。

温志宏教授认为祝捷细腻的讲述，一方面细致描绘了调研路上的动人细节，另一方面很好地展现了多元主体转化在观察和交谈中的重要性。无论是何种传播，只有变换视角，做到主体间的互通，才能弥补交谈中"言所未尽"的那个部分。

三 卷入未知：践行埃德加·斯诺的生命叙事

如果说从埃德加·斯诺的马帮之行中探索交谈的方法是对于"术"的探索，从作品中无拘无束、充满想象力和在地化的表达则能窥见斯诺生命传播的哲学之"道"。埃德加·斯诺在中国云南的旅程奠定了他后期坚定地与中国工农红军站在一起面向世界的选择。

（一）行动中的生命传播

北京大学前沿交叉学科研究院博士生廖元植从埃德加·斯诺的生命传

播视角出发，认为重走斯诺之路，是思考生命传播的一次努力与尝试。在这片劳工、军人、农民共在的土地上，斯诺作为一个外来的旅人，应当怎样与本土的生命产生关系？斯诺的行动启发着生命传播的三个面向的问题：谁的生命？谁的传播？生命与传播如何联系起来？"马帮旅行"中的斯诺，将自己的生命沉入云南的土地，不仅用文字、图片记录了与路线上各个行动者生命的持续互动，更以自己诚实的态度与其他生命间形成了传播关系；而最后，行动将生命与传播相连，在行走和交谈的行动之中，生命互相影响、持续生成。

温志宏副教授赞同廖元植对于斯诺生命传播视角的探讨，认为这一思考深刻地反映传播不仅是信息的传递，更是生命与生命之间的相互渗透、互相影响的过程，在其发言中还蕴含了反身性的思考。生命传播并非抽象的概念，而是通过具体的行动与场景来体现。一开始，作为一名美国媒体记者，埃德加·斯诺跟从未知的内心召唤来到中国。他对讲述中国并没有太多复杂的预期，并没有预想马帮旅行应该是如何绚丽的冒险，而是作为一个单纯的、富有好奇心的年轻人进入这个东方世界。交谈的主体是差异化的，埃德加·斯诺的身份决定了他与云南人民沟通时的巨大鸿沟。在交谈的过程当中，如何去面对他者，如何去面对他者面前的自己，始终是局限历史上的其他西方来客真实地书写中国的难题。而斯诺在交谈和传播的过程当中放下了原先的立场，超越了自己，用一种诚恳的态度与中国大地交谈，最终突破鸿沟，完成了自我实现。正是基于这样的状态，斯诺得以创作出打动世人的《红星照耀中国》。

（二）自在的、游荡的生命态度

北京大学新闻与传播学院博士研究生肖键以游荡为主题，理解埃德加·斯诺在中国云南的生命状态。他将时间线聚焦于 1928 年 7 月到 1931 年 7 月，即斯诺在中国游荡的三年时间。斯诺他传《彩云之南》的作者罗伯特·法斯沃斯（Robert M. Farmsworth）曾说，斯诺刚到中国，并不知道如何把自己的想法、具体的经历和历史结合在一起来展开叙述，如何让文字接地气、有厚度，如何将自己投入历史和实践之中。他不知道上述问题的答案，于是游荡，无所事事。爱因斯坦曾言，人总是会浪费时间和无所事事的。埃德加·斯诺在自传中提到自己从斯里兰卡出发，取道新加坡，回到上海，认为"回到中国后，我再也不是一个旅行者了"。肖键认为，或许正是在无所事事中，在三年的游荡中，斯诺才找到了自己的核心价值，自如地融入历史洪流。斯诺的语言是诗意的，他的身份却是多变的。因此在变换中，斯诺突破了文字和身份的既定框架，找到了属于自己的叙事方式。

温志宏副教授认为，肖键同样通过反身性的思考为大家提供了一个多维的理解视角。通过对斯诺"游荡"状态的解读，肖键不仅展现了斯诺在中国的个人经历与身份转变，更通过这一过程揭示出"游荡"作为一种主动的思想探索和自我定位方式的内在力量。

北京大学新闻与传播学院博士生付砾乐以"时间"为关键线索，论述不同的时间状态的差异性和生命时间的重要意义。她指出，在调研中，每日的行程安排都遵循着"钟表时间"，偶尔打破钟表时间的意外成为记忆点；调研结束后，我们还要继续自己既定的人生轨道，受到"社会时间"的规训与影响。但斯诺在《马帮旅行》中写道，"马帮旅行从来没有预定的时间表"[1]51，时间的流逝反而构成了感受生命最直观的状态。生命时间是我们真正经历的时间。我们行走在铁路上时，铁路似乎走不完。这种具身的体验正如齐美尔所言，是"更多的生命和比生命更多"[2]。肉体生命与精神生命的融合形成了生命时间，在历史与当下的连接中绵延了"生命"。生命时间的流逝和蔓延不断向外，与历史、他者、未来交汇。而当生命与道路相交之时，表达、行动与改变才有了广延的可能。

温志宏副教授认为，付砾乐为研讨带来时间哲学视角的启发。时间的问题恰恰是激发埃德加·斯诺创作的关键点。斯诺从西方状态当中抽离，那是一个可能更为规则、更为有序、更为先进发达的时间表。而他从滇越铁路，从云南马帮之路来到中国后，感受到一个相对于西方的现代社会而言自由散漫、复杂多元的环境。差异化的时间体验和视角就是一种"非是"，它意味着永恒的变化。在变化的生命时间中，埃德加·斯诺用文字记录了这一时间体验的复杂性。正是在这种生命与时间的交融中，历史的广延性得以真正实现。

（三）"在场"的身份与自我的回归

中国科技大学科技传播系硕士生李月月对斯诺在滇越铁路历险时所表

现出的"在场"状态进行了分析。交谈环境的营造不仅离不开情感去打破时间和空间的界限，也离不开一种自我卷入其中的热情。埃德加·斯诺对待未知没有以先入为主的视角去做判断，而是通过不断的交谈与在场的观察忠实地记录，真正体现了"用生命传播生命的故事"的理念。虽然也具有猎奇、历险的心理，但他对云南普通民众怀有人道主义情怀，凭着勇气和坚持的毅力走完了旅行。尽管他在未知中出发，但他成功度过了未知的状态，在艰难的环境中生发出卷入的热情。更重要的是，斯诺不仅记录和传播在云南的所见所闻，增进了西方各国人民对中国的了解，还在记录和传播的基础上促成了行动，最终去往陕北，撰写了《红星照耀中国》，真正融入中国革命的历史洪流中。

温志宏副教授据此继续分析斯诺能够成为当时第一个向西方世界传递出真实中国的外国的记者的深层原因。她指出，斯诺来到中国，和中国人民深切互动之前，已有大量外国人通过各种方式进入中国，他们却未能完成深入的观察。这反映出，偶然性存在于诸多必然性之中——大量外国人进入了当时的中国，但能感受并深刻反映那个中国的外国人，寥寥。斯诺最开始并没有强烈的目的性，但是他在行走和行动当中不断地生发出新的感受和思考。从云南到陕北，斯诺经过了初到中国、深入中国、融入中国的不同阶段。正因为他接触了云南边境各个阶层的中国平民，因此他在去往陕北后更能感受到革命根据地人们奋发向上的精神状态，更能理解为何中国共产党领导的红军将成为由历史所选择的、改变中国人命运的关键。

中国社会科学院新闻与传播研究所博士后李丁一认为本次实践是一次反思自己、对话自己、超越自己的旅程。文化的传播不只依赖技术的加持，更依赖具体的生命行动。无论是受到斯诺还是受到西南联大的感召，调研团成员都是生命传播的实践者、受益者。斯诺通过马帮旅行，理解了为什么中国共产党可以领导中国；在重走斯诺之旅的过程中，通过生命传播生命、生命感召生命、生命激发生命，成员们也理解了北大精神得以长存的原因，理解了生命传播存在的必要性与重要性。有效的传播和交流总是存在于日常生活中。在仰望星空关注学术前沿的同时，作为研究者的我们，更要脚踏实地关切这片土地上的具体的、鲜活的生命。

温志宏副教授指出李丁一的发言中蕴藏了"回归自我"这一主题。在认识到埃德加·斯诺对于现代中国的重要意义的同时，必须认识到反之亦然。埃德加·斯诺在晚年的自传中写道："为什么中国对我来说是重要的？"我们能够从中看见他从向外界探索到最终反身性自我回溯的转变。可以说，自我视角是生命传播实践中恒定的主题。

北京大学新闻与传播学院博士生唐倩首先从身份的角度谈起，回溯本次实践的心路历程。她将自己视为一名游荡者、异乡人，此次尝试踏上滇越铁路，也是她自己的一次寻根之旅。作为一名游荡者，她在文字中体会到与埃德加·斯诺相似的无根状态。现实中的无根性广泛存在于现代社会的生命中，解决无根性的有效方式之一就是交谈。一方面，在不断与他者交谈的过程中，人的差异性显现。这也是交谈的结果：并非认同差异，而是看到差异。另一方面，历史性不是空洞的，真实却流变的地理坐标将抽象的命题置于具体的空间，追寻真实的过程就是撕开伪装、无限靠近却无法企及真实本身的过程。忠诚于自我、诚实地表达，必须常怀真实的历史性，通过具体的内容，重新建立我与土地的联结。行走在大地上时，游荡者将感受踏实。

温志宏副教授认为唐倩所讨论的游荡状态与交谈之间的联系，恰如埃德加·斯诺曾经在中国寻求真实，而不断与各路人士交流的处境。自信和真诚，代表了我们和他者交谈的根基。

四　无边技术：多维交汇的媒介空间

媒介空间随着科技发展不断变化。在《马帮旅行》中，铁路、车站、列车无疑是一种媒介空间。在当下，人工智能技术的突飞猛进又给人们带来了一种重新的想象和可能性。万物皆媒的时代，传播将在技术的加持下完成历史与未来的链接。

（一）融合时间与空间的差异

来自中国科技大学科技传播系硕士生邱鲁东在 AIGC 中看到了技术将历史带入现代的可能性，她结合人工智能前沿技术的学术研究与实际应用进行分享。斯诺等游历者通过亲身经历将他们所看到的中国风貌以文字和图片的形式记录与保存下来。而生成式人工智能技术能够再现历史，"复活"生命，将静态的史实资料与前人的深刻洞察以更加生动、沉浸式的方式呈现在当下的参观者面前，使其能够深刻地感受历史的厚重，与历史中的人物产生情感勾连。未来，人们要加强 AI 技术在历史再现和文化传承中的研究和实践，更好地保护与传承人类文化遗产。需要注意的是，在创作变得更加自动化和便捷的时代，创意和人工智能素养就成为人类重点发展的领域。

温志宏副教授认为，邱鲁东的研究深入探索了历史和当下的关系。当我们处在今天的社会现实当中，考量斯诺和滇越铁路的历史，就需要重思当下的人和遗产的关系问题：怎样跨越历史遗产的时空距离，与当时的生命产生新的对话和关联？作为代表性新技术的 AIGC 正逐渐与当下社会生活融为一体，是活化历史、使人参与创造性新实践的重要切口。AIGC 也将生命哲学带入一个崭新的领域。

北京大学新闻与传播学院硕士生梁晨结合自己在法国巴黎奥运会期间搭乘公共轨道交通的经历，解释了交通技术的存在、消失和重现与文化运行的重叠之处。公共交通系统是异乡人融入城市的场所，轨道技术将道路简化为站点，而站点又成为城市文化的代码。交通技术的存在、消失和重现使得"Paris"与"Paris 2024"相互交融。为了迎接奥运会，公共交通站点出现了阶段性的停运、封站，这些短暂消失的交通技术导致一定程度的出行不畅，却也将整座城市带入了"奥运时间"。经过装饰的站点和列车是运动赛道的附属品，无休止地为城市居民传递奥运气息，也为巴黎奥运会的正常运行奠定了交通技术基础。

（二）打破有形与无形的边界

北京大学新闻与传播学院本科生张祺祺解析了媒介的传播力究竟来自何处，并进一步讨论了埃德加·斯诺的创作能感染读者的原因。她认为，在生命传播视阈下，以生命为媒介，创作主体与创作作品存在一定程度上的复合性，并基于此塑造了受众感知的在场感。镜头语言、肢体语言与文学语言的统一，影像、行走与词语的相交，卷入视点与人称的相似，空间与时间的融合与相离……如此种种所形成的生命传播，嫁接起了文学作品与影像纪实超时空的虚实永生。无论是《马帮旅行》，还是《红星照耀中国》，斯诺采用的第一人称叙事始终带给读者一种亲近和可信的感觉。这是因为他将自己的生命体验细节加入文字中，因此，斯诺所创作的带有镜头感的文字真正实现了与时间、空间的融合。

温志宏副教授认为张祺祺从视频视角切入和解读埃德加·斯诺的作品十分值得学习。正是因为她将自己的视频实践经验融入了对斯诺文学的鉴赏，才能够结合影视的语言挖掘出斯诺作品传播中的生命力。温志宏副教授指出，张祺祺通过视频媒介的视角，揭示了斯诺文字中镜头感和叙事方式的深刻联系，展现了文学语言和影像语言在传播上的相通之处。斯诺的作品，不仅仅是静止的文字，更像是一部用文字拍摄的纪录片，能够让读者通过文字感受到一种动态的、具象化的生命流动。

昆明城市学院艺术学院本科生邱佳阳分享了自己有关影像拍摄的思考。他认为在传播中，影像的生命力显现在镜头前那些镌刻在物品上的痕迹里，比如滇越铁路沿线由石头堆砌的房屋中，以及铁路桥上施工的标记，它们或存在于城市化水平不高的村落聚集处，或出现在深山绿林，却留存至今，令人震撼。这些痕迹的背后，正沉淀着一幕幕并不如烟的历史往事。可以说，影像的生命力从来不是影像本身所赋予的，是这种来自人与物交互的力量，让影像的传播更具生命力。

温志宏副教授认为邱佳阳很好地触及了影像力量的实质，即传播不能局限于物的本身，更重要的是物所代表的历史以及物和人的关联。只有做到将物与人、历史与当下有机结合，影像的生命力才能真正展现出来。影像本身只是一个介质，只有通过拍摄者的视角与感知，物体与场景背后的生命故事才能被激活，进而在传播中产生持久的感染力。

总　结

会议最后，北京大学新闻与传播学院教授师曾志对此次调研活动进行总结。师曾志教授首先对调研团队的工作表示高度肯定。她说，新闻传播学中有一句话"镜头就是权力"，意指台前幕后权力的有机结合。此次调研和实践得以顺利进行，与团队每个人的参与紧密相关。在这个过程当中，大家能够感受到，在一个团队中和每次行走中，没有什么东西是理所当然的。所有可见的都来源于不可见的。因此，我们应当感恩行走中的每次交谈及其所显现的差异，这些经历让我们的生命更加开阔。

师曾志教授强调，当下从事传播学研究可谓恰逢其时。传播学就像时间一样连续而一往无前。时间尤其强调差异、分裂和冲突，从哲学层面理解，时间强调的是一种非线性与难以理解。就像我们讨论技术的突飞猛进，它实际上连接的正是人的差异性，从而获得某种同一性。越是时间性和历史性的东西，就越能够在差异性与同一性中找到彼此，而历史的轮回就是一个不断升腾、变化的过程。生命传播特别讲究自我卷入，在这个过程中，富有好奇心、冒险心的我们，是开放的、敞开的。在感受文明的同时，我们也发现着不文明和非文明。所谓的英雄主义与乐观主义，形成于"一代过去，一代又来"的生命历史长河中，二者各有其缘、各有其分、各有其命、各有其运。

最后，师曾志教授表示，希望这次生命传播、生命教育之旅可以推动并实现生存美学与生命美学，也希望每个人都能够在 AIGC 时代临危受命，一力担当。

参考文献

［1］〔美〕埃德加·斯诺：《马帮旅行》，李希文等译，云南人民出版社 2002 年版。

［2］G. Simmel，"The Fragmentary Character of Life"，*Theory*，*Culture & Society*，Vol. 29，No. 7，2012，pp. 237-24.

Journalism and Communication Review (PKU)

Issue 16
May, 2025

Table of Contents & Abstracts

Abstract: Cyberspace governance is a process in which the global governance system is isomorphic to the national governance system. Cyberspace governance activities have nested, hierarchical, and practical characteristics, while also possessing inherent openness and exclusivity. Based on these five attributes, the overall framework of the epistemology of cyberspace governance, which includes "Dual Scope, Layered Architecture, Issue Orientation, Multiple Subjects, and Two Models," has been extracted, forming the multiple pillars of cyberspace governance analysis. One possibility to bridge global conflicts in cyberspace and curb internal separatist trends is to advocate for Neo-publicity Governance based on justice as its value foundation to establish a reasonable and effective inclusive cyberspace governance system with the core of accommodating multiple governance proposals.

Keywords: Internet; Cyberspace Governance; National Governance; Global Governance; Publicity

Abstract: Algorithm resistance emerges as a prominent consequence of the widespread deployment of algorithms within the digital news domain, characterizing the proactive practices of users attempting to understand and alter algorithmic logic. Drawing on theories of so-cio-technical systems, innovation resistance, and protection motivation, this study delves into how technology attributes (perceived opacity, information irrelevance), social atmos-pheres (image barrier, social influence), and individual traits (inertia, privacy concerns) collectively influence algorithmic anxiety and distrust, thereby triggering users' algorithm re-sistance intention and behavior. Utilizing a stratified sampling method, the research gathered a sample of 6303 users with experience of using recommendation algorithm news platforms and empirically tested the relationships through a partial least squares – structural equation model (PLS-SEM) approach. The results reveal that perceived opacity, information irrele-vance, image barrier, social influence and privacy concern are significant predictors to algo-rithmic anxiety and distrust, which in turn strengthen users' algorithm resistance intention and behavior. Thus, this study provides a reflective understanding of algorithm as a core structure in the digital news ecosystem from the perspective of user behavior.

Keywords: Algorithm Resistance; Algorithmic Anxiety; Algorithmic Distrust; Infor-mation Irrelevance; Digital News Users

A Community with a Shared Future in Cyberspace: Chinese Wisdom and Chinese Power in Global Internet Governance

Gao Jingping, Wang Zhuo / 41

Abstract: Cyberspace is an important virtual living space for people and plays an im-portant role in daily life. Nowadays, problems such as Internet resource inequality, cyber hegemony and security have emerged, making global internet governance more urgent than ever. Internet governance is closely tied to the defense of cyberspace sovereignty and discur-sive power. However, challenges such as the digital divide caused by the unequal distribution of core technologies and divergent governance philosophies stemming from different ideologies have made cyberspace governance increasingly difficult. The concept of "community with a shared future in cyberspace" has contributed China's wisdom and strength to global Internet governance. Its construction should proceed along four key dimensions: shared benefits through the Digital Silk Road, technological trust via the development of blockchain, multi-stakeholder participation by international organizations and internet enterprises to break plat-form monopolies, and the balanced regulation of technological empowerment to steer innovation toward the common good. Together, these efforts aim to advance the vision of a shared future in cyberspace.

Keywords: A Community with a Shared Future in Cyberspace; Global Internet Governance ; Technological Empowerment

Current State of Research and Transmutation Trends in National Information Security Based on Citespace Visual Analysis

Ma Pengcheng / 54

Abstract: This study retrieved 1,711 relevant articles with the theme of "information security" from the CNKI core database and conducted a bibliometric analysis using CiteSpace software, focusing on keyword co-occurrence, clustering, and dynamic changes in major research topics. The aim is to comprehensively map the landscape of information security research in China from 2009 to 2024. Through a review and critique of studies across disciplines, this paper outlines the current state of information security research in China. It reveals that national information security research in the big data era is closely intertwined with technological advancements, demonstrating limited interdisciplinary integration and a trend towards further vertical segmentation. Future research should emphasize a national-oriented shift in perspective to address citizen information security challenges in the big data era.

Keywords: National Information; Information Security; Visualization Analysis

Social Structure Revolution in Tang Dynasty and the Birth of A New Medium

Wang Jingyu, Chen Zhaolu, Zhao Difei / 68

Abstract: The An-shi Rebellion reshaped the national and social structure in Tang Dynasty, leading to profound changes in its administrative structure, military and financial powers, and central-local relations, with the social information communication structure also undergoing transformation. The expansion of regional military governor's power, combined with the demand for information from both local and central authorities, jointly prompted the emergence of the Jin Zou Yuan Zhuang. This paper starts from the transformation of Tang Dynasty society and information communication structure to explore the formation background, social functions, media characteristics, and its relationship with later ancient newspapers of the Jin Zou Yuan Zhuang, revealing its historical significance in the system of ancient Chinese newspapers.

Keywords: Jin Zou Yuan Zhuang; the An-Shi Rebellion; the Separatist Rule of Military Governorship; New Media

The Changing Political Landscape of the Republic and Its Impact on the Newspaper Industry: An Examination Focused on the *Beiping Morning Post* (1930-1937)

Abstract: From 1930 to 1937, the *Beiping Morning Post* experienced significant changes in power dynamics and the news environment, leading to a shift in its editorial stance. By analyzing the political context, reporting strategies, and editorial positions during its operation, this study outlines the proactive adjustments and forced reorganizations of the newspaper amid political upheaval. It reveals the strategies and survival tactics employed by the *Beiping Morning Post* within a complex political landscape, contributing to a deeper understanding of the interactions between political power and the media during the Republic era. This research also offers important perspectives for the study of modern Chinese journalism.

Keywords: Beiping Morning Post; Power Transition; Evolution of Public Opinion; Republican-era Journalists

Body Masking and Subject Ethics in the Age of Artificial Intelligence Technology

Abstract: Artificial intelligence technology has been deeply embedded in the human body to achieve the masking of the body. However, the technological masking of artificial intelligence implies the risk of functionalizing, materializing, and unifying the body, causing the human body to lose its ability as a symbolic subject. In the construction of artificial intelligence order, sufficient reflection should be maintained on the ethical risks of this subject, thinking about the boundaries of the "body technology" relationship, and exploring the value norms of symbolic ethics construction in the era of artificial intelligence technology. In the era of artificial intelligence technology, it is not only necessary to restore the symbol perception and expressive ability of human subjects, but also to rebuild the "co existence subjectivity" with "otherness" and "responsibility" as ethical norms. From the perspective of body ontology, subject symbol ethics presents unique aesthetic connotations and poetic expressions of the body.

Keywords: Artificial Intelligence; Technical Masking; Symbolic Ethics; Body Aesthetics

Disciplinarity and Interdisciplinarity: a New Cognitive and Restart of Interdisciplinary Research in Journalism and Communication

Zhang Zhenting, Wang Min / 109

Abstract: The proposal and continuous advancement of "New Liberal Arts" is timely for journalism and communication studies, which are facing passive adjustments due to the challenges of media convergence. The basic concept of interdisciplinary integration in this field offers considerable inspiration for re-examining and initiating interdisciplinary research in journalism and communication studies. For journalism and communication, disciplinary crossing is not only an internal and external necessary, but also an approach to meet challenges. Journalism and communication, which is based on the academic tradition of interdisciplinary integration, has encountered new challenges today. For example, the interdisciplinary degree is not high in the whole humanities and social sciences. Although the interdisciplinary degree is enhanced with the prosperity of network communication research, the span is limited. Researchers have a single discipline background and a low degree of cooperation, which is insufficient to carry out in-depth cross-research. It is not difficult to find that the construction of interdisciplinary research is the main line reviewing the course and result of interdisciplinary research on journalism and communication in China. This kind of research not only has its special mission and contribution in the history of discipline development, but also has its discipline. Standing on the new stage of "conspicuous learning" and "supporting discipline", journalism and communication should have a new recognition of its disciplinarity and interdisciplinarity. It is problem-oriented and start again from interdisciplinary construction to interdisciplinary research that contribute unique discipline wisdom to complex multi-object interdisciplinary research. At the same time, we should innovate the academic structure in the aspects of organization arrangement and academic evaluation to create conditions for interdisciplinary research of journalism and communication.

Keywords: Journalism and Communication; The New Liberal Arts; Media Convergence; Disciplinarity; Interdisciplinarity

The Influence Factors of "Three Rural" Short Video Fans' Continuous Attention Intention—The Finding Based On Grounded Theory

He Xuecong, Zhou Yifang / 125

Abstract: The development of "three rural" short videos has entered a heated phase, with fans having new perceptions and demands. Analyzing fan needs and maintaining their attraction are of significant importance for the continued development of "three rural" short videos. This study focuses on the "Rural Guardian" certified by the Douyin platform, examining fan engagement intentions using grounded theory, and proposing sustainable development pathways for "three rural" short videos. The research identifies key factors influencing fans' continuous attention, including authenticity, repetitive perception, present intensity, character expectations, effectiveness judgments, and regional characteristics. Based on this, this paper argues that the creation of agricultural short videos should undergo the following transformations: a narrative shift from "rural cuisine" to "cultural roots," an outcome shift from "individual wealth" to "social effectiveness," and a logical shift from "individual production" to "storytelling".

Keywords: "Three Rural" Short Video; Continuous Attention Intention; Grounded Theory

Strategic Transformation of Sports Media and the Reconstruction of Platform Ecology in the Era of Digital Intelligence

Yang Baoda / 140

Abstract: Amid the digital economy, sports media is experiencing a strategic shift toward platform ecosystems. This paper applies platform ecosystem theory to examine how sports media moves beyond traditional one-way communication, building a collaborative user ecosystem through resource integration. The study proposes shifting from single-content production to multi-level user engagement to enhance platform adaptability, offering a framework for sustainable growth. This research provides theoretical foundations and strategic guidance for sports media innovation amid technological advancement and market evolution.

Keywords: Digital Intelligence Era; Platform Ecology; Sports Media; Strategic Transformation

A Study on Depressive Patients' Perception of the Negative Social Impact of Health Information on Social Media

Li Ying, Shen Rui / 155

Abstract: This study conducted semi-structured interviews with 20 patients with depression to explore their perceptions of the social impact of depression-related information on social media, and attempted to construct a process model of "Media Content Evaluation → Perceived Media Influence → Cognitive and Emotional Response → Medical Decision-Making" to describe social media's effect on patients. The study found that the inferences made by patients about the effects of depression-related content on social media influenced their perception of other people's attitude and subsequently affected their medical decision-making. Specifically, patients with depression speculated that health information on social media would have a negative impact on the general population and other individuals with depression, a perception that intensifies their stigma and hinders their intention to seek medical help. This study offers insights into the impact of social media health information among patients with depression, and its findings also have practical implications for enhancing the communication effectiveness of health information regarding depression.

Keywords: Depression; Perception of Media Bias; Perceived Media Influence; Stigma; Attitude towards Seeking Medical Help

The "Terroir" and "Human Connections" in Museum Travel

Qin Ying, Fan Jiaqi / 172

Abstract: This article explores the theoretical potential of the relationship between visitors and museum space through the lens of "authenticity", with a specific focus on the connection between the authentic order of museums and the behavioral patterns and characteristics of visitors. The article begins by elaborating on the theory of "authenticity", highlighting the characteristics of "terroir" and the characteristics of relations. Based on this foundation, we employ semi-structured interviews to examine the behavioral characteristics of visitors in the authentic order and the resulting "human connections". The study has found that on the basis of the authentic order, museum travel develops two main modes of "terroir" and "human connections", representing the original authenticity and constructive authenticity. These modes are conveyed through vision, etiquette, symbols, sociality, and emotion. The exploration of the concept of "authenticity" in museums prompt us to further consider the correlation between the evolution of social spaces and the preservation of cultural heritage.

Keywords: Authenticity; Museum; Cultural and Tourism Consumption

The Practice of Co-Branding Driven by Digital Intelligence Technology: A Case Study of Freshippo (Hema)

Guo Lang, Xu Jincan / 189

Abstract: The integration of digital technologies into retail is reshaping the core elements of "people," "goods," and "place," creating a seamless online-offline "new retail" ecosystem. In response to new consumer demands and marketing challenges, retailers are striving to build differentiated brand images and enhance consumer loyalty. This paper adopts a brand communication perspective and combines private brand and co-branding theories to conduct a longitudinal single-case study of Freshippo's product innovation and communication strategies from 2018 to 2023. It deeply examines the drivers, pathways, and mechanisms of co-branding in the digital intelligence era. The study finds that digital intelligence technologies support the full lifecycle of co-branding—from identifying external environments and formulating marketing strategies to joint-product innovation and promoting. Moreover, digital intelligence significantly broadens the scope of co-branding, where retailers leverage data as a production factor to form partnerships, feeding demand-side consumer data back to the supply side and thereby achieving more efficient matching between supply and demand.

Keywords: Co-Branding; New Retail; Brand Communication; Digital Intelligence Economy

Research on the Impact Factors and Optimization Approaches of Bicultural Identity Integration (BII) among Hong Kong Youth in the Chinese Mainland

He Guoping, Qin Ziyi / 211

Abstract: With the development of the Guangdong – Hong Kong – Macao Greater Bay Area as a national strategy and the implementation of supporting favorable policies, more and more young people from Hong Kong are going to work and study in the Chinese mainland. In this process, they feel and experience the collision and confrontation between mainland culture and Hong Kong culture, so it is of great significance to do a good job in the adjustment of dual cultural identity. This study investigated the effects of media use, sociocultural adaptation, and social support on Bicultural Identity Integration (BII) among Hong Kong youth who studied and worked in the Mainland for more than three months. The results show that mainland Hong Kong youth have obvious bicultural characteristics. Their use of mainland media is conducive to social and cultural adaptation, thus promoting BII; the improvement of social support is conducive to the improvement of BII level, and the effect of formal support is more significant. The social and cultural adaptation of Hong Kong youth in the mainland had a significant positive effect on BII. Based on the findings of the study, this paper proposed optimization approaches such as giving more emotional support to mainland Hong Kong youth, insight into their media preferences and usage habits, and attaching importance to values guidance.

Keywords: Hong Kong Youth in the Chinese Mainland; Bicultural Identity Integration; Media Usage; Social Support; Social and Cultural Adaptation

Media Transformation in the Digital and Intelligent Era: Cognitive Evolution from "Social Energy" and "Medium of Mind" to "Global Mental Connection"

Shi Zengzhi / 230

Abstract: In the digital and intelligent era, the drastic transformation of media has become the core driving force for social evolution. Key elements such as "social energy", "medium of mind" and "global mental connection", as well as their in-depth mutual construction, have emerged in the field of network communication. Social energy focuses on the cognition and emotions among people, which serves as the key to bridging social differences and prompts people to trace back to the essential roots of life communication and interaction. As an extension of the mind, medium of mind breaks the limitations of traditional communication, activates the integration of social instincts and public psychology, reshapes the social roles of individuals, and emphasizes the organic ways of social interaction. With the aid of advanced technological frameworks and network communication systems, global mental connection realizes the complex interweaving, differentiation and collaborative evolution of global cognition and emotions beneath the fragmented and superficial manifestations of communication, and vigorously promotes the construction of a global cognitive and emotional community. The above three elements permeate each other and work together in a dynamic generation process, comprehensively and deeply reshaping the cognitive framework, emotional patterns and communication systems of contemporary society, and urging human beings to constantly reflect on, adjust to and adapt to the new trends and challenges of social development in the context of new media.

Keywords: Media Transformation; Social Energy; Medium of Mind; Global Mental Connection; Cognitive Evolution

Imagination of Growth: A Study on the Connotation of Network Novel "Addiction" from the Narrative Perspective

Xu Xiaxia, Li Jia / 246

Abstract: With the development of the Internet, the addiction problem of network novels is also gradually prominent. Based on the research paradigm of narrative research, this paper studies two addicted readers of online novels, and describes and analyzes the growth story between novel lovers and novels through in-depth interviews and autobiographical narration. The study found that behind the addictive behavior of online novels is the readers' deep concern and anxiety about their own growth experience. Addiction are not immersed in the fantasy of network novels due to the loss of their autonomy, but attach great importance to the growing environment and real life, which make them seek experience and emotional comfort in the rich scene stories, characters and values of network novels. The addiction of network novels is essentially a kind of imagination about growing up, but this imagination is divorced from the context of growing up reality, and is satisfied in the virtual context of network novels.

Keywords: Network Novel; Life Stories; Narrative Research; Addictive Behavior

Symbolic Autonomy: A Story of Performative Communication on Elevators in a Single-detached Neighborhood WeChat Group

Ren Yunling / 262

Abstract: Community media, such as WeChat groups of neighborhood owners, have become a key platform for the subjectivity of expression and governance at the grassroots level. Based on the literary concept of "performativity", this study explores the logic of mediatized grassroots deliberation on the basis of the empirical practice of negotiation and communication around "elevators" in a WeChat group of owners of a single-detached neighborhood in W District, Chongqing, China. Utilizing thematic analysis of online community discourse, the study identifies three types of performative strategies employed by residents: relational, rhetorical, and field performativity. The findings suggest that the digital civil society manifested in the WeChat group – characterized by mediatized performativity – constitutes a structure of symbolic autonomy shaped by geography, identity, and interpersonal relationships.

Keywords: Community Autonomy; WeChat Deliberation; Performativity

A Study on the Formation Mechanism of Emotional Resonance in Short Video Platforms from the Perspective of Media Availability

Liu Yixuan, Song Jinbo / 275

Abstract: The emotional attributes of short video platforms are playing an increasingly important role in the social, economic and cultural fields. From the perspective of media availability theory, this paper uses grounded theory to explore the formation mechanism of emotional resonance in short video platforms. It is found that the production affordances of short video platforms trigger emotional resonance by creating short, concise, and highly processed emotional capsules that stimulate users' self-projection and perceived reality; social affordances are moderated by visibility, which facilitate interactive behaviors that lead to the transformation of users' strong and weak relationships, and ultimately to the formation of fluid emotional communities; and dissemination affordances are dominated by an algorithmic mechanism through personalized recommendations to continuously strengthen the emotional resonance of users and their personalized and circled characteristics. The study reveals that short-video emotion generation has a contradictory effect on the relationship between people and society, such as imagined freedom and actual exploitation, virtual intimacy and real estrangement, surface unity and deep-seated disagreement. The findings are significant for understanding the socio-cultural impact of short video platforms and call for an in-depth rethinking of the relationship between technology and emotion in order to promote healthy practices of emotional empathy.

Keywords: Short Video Platform; Emotional Resonance; Media Affordance; Algorithmic Recommendation; Formation Mechanism

The Track-talk of the Yunnan-Vietnam Railwayfor Being Communication: Communication, Self and AIGC

Abstract: In August 2024, the Interdisciplinary Research Summer Forum "Walking" organized by Peking University Graduate School was successfully held in Yunnan. Teachers and students from various universities, including Peking University and the University of Science and Technology of China, used the Yunnan-Vietnam Railway and the National Southwestern Associated University as research subjects, employing the body technology of walking and the research method of conversation to jointly explore the interactive network of being communication and "conversation-self-AIGC", which is a two-way shaping model, as well as the interactive relationships among the three elements. During the seminar, scholars focused on the past, present, and future, deconstructing the generation, renewal, and extension paths of being communication in the digital age, posing questions from the perspective of the "human-object", and reflecting on the methodology of future actions.

Keywords: the Yunnan-Vietnam Railway; Being Communication; Communication; AIGC; Self

The Track-talk of the Yunnan-Vietnam Railway: Edgar Snow's Insights into Modern International Communication

Abstract: This article, based on the 2024 interdisciplinary summer forum "People on the Way" hosted by the Graduate School of Peking University, explores American journalist Edgar Snow's contributions to the field of international communication and the insights they provide for modern Chinese media practices. Through a retracing of the Yunnan – Vietnam Railway, the research team delved into Snow's spirit and his influence on contemporary international communication. The study analyzes how Snow, by immersing himself in Chinese society and engaging with people from diverse backgrounds, achieved a profound personal and professional transformation. At the forum, scholars examined Snow's communication wisdom from perspectives of international communication, dialogue, and "life communication." They observed that Snow's approach demonstrated a grounded method of engagement and a welcoming openness during exchanges. The article further discusses the impact of technological advancements, particularly the role of artificial intelligence in media development.

Keywords: International Communication; Edgar Snow; Life Communication; Media Technology

稿　约

一　征稿启事

《北大新闻与传播评论》现以"数字文明与全球传播新秩序"为主题，向海内外专家、学者诚邀佳作，旨在通过聚焦大数据、人工智能、平台社会等具象化的社会事实，以跨学科的方式直面数智时代人文技术与全球传播中所面临的机遇与挑战。具体议题包括（不限于）：

（一）新闻传播学科建设与发展

1. 新闻传播学科自主知识体系建构的再思考

2. 中国特色新闻传播学理论与影响力提升

3. 跨学科研究的意义与路径探索

4. 新文科建设与新闻传播专业教育改革

5. 出版业高质量发展的理论与实践

（二）生成式人工智能与虚实共生

1. 生成式人工智能的应用前景与伦理风险

2. 生成式人工智能技术范式下的社会平等与社会信任

3. 元宇宙、区块链与虚拟现实发展

4. 数字基础设施建设与中国式现代化发展

5. 平台社会中的劳动、资本与经济

（三）国际传播与跨文化对话

1. 数智文明中的中国、世界与人类文明

2. 跨文化交流中的差异性与同一性

3. 国家形象建构与媒体角色

4. 国际传播视阈下的权力博弈与数字伦理

5. 中国话语中国叙事体系构建与中华文明的传播力影响力

（四）全球命运共同体与全球治理

1. 网络空间全球治理基础理论创新

2. 网络空间规则与互联网治理体系建构

3. 数字合作新机制与数字主权发展

4. 数字文明与网络命运共同体建设

（五）数智时代的传播研究新范式

1. 传播研究本土化的历史溯源与媒介史观

2. 传播研究的观念转换与理论创新

3. 传播效果评价指标体系的建立与应用

4. 媒介重构中的叙事策略与传播机制革新

（六）数字化传播、营销与广告

1. 大数据、计算广告与产业趋势

2. 数字化广告的传播实践与行业经验

3. 整合营销传播理论创新与案例分析

4. 中国互联网企业的海外形象塑造

（七）生命传播与跨媒介叙事

1. 重返部落化与共情传播

2. 交谈、真实、创造与数字生命

3. 生命传播视阈下的跨媒介叙事

4. 多元数字平台与生命体验、生命叙事

二 来稿须知

（一）来稿应符合学术规范，具有创新性的视角与见解，使用较新文献资料，文章查重率不超过 15%，所投稿件应为作者未曾在其他刊物公开发表过的最新研究成果。请作者遵循学术规范和道德，不得抄袭、剽窃他人的研究成果。

（二）本刊对来稿一律采取双向匿名审稿，择优录用。**请勿一稿多投，请勿一次投递多篇稿件，如遇此类情况本刊编辑部作退稿处理**。来稿在截稿日期后 2 个月内未被采用，作者可自行处理。未刊用稿件恕不退还，请自留底稿。

（三）投稿论文字数（包含摘要、关键词、参考文献及注释）**10000-12000 字**，投稿者须按照本刊的论文格式规范写作（见后），**您的稿件格式及引文注释是否合规将直接影响您论文的编审进度，格式不符者做退稿处理。**

（四）来稿文责自负，本刊编辑部有权修改、编辑、加工文稿，如不同意删改者，请在来稿中注明。

（五）来稿请于**邮件正文**注明作者简介，包括姓名、单位、职称（在读研究生请规范注明"博士研究生"或"硕士研究生"；在站博士后请规范注明博士后流动站名称或所在二级学院和"在站博士后"）、研究方向、通信地址、邮编、电话及电子邮箱。若有多个作者，请用分号隔开。获得基金资助的项目，请注明项目名称及项目编号。

（六）有意投稿的作者，请于征稿截止日期前将稿件发至本刊投稿邮箱：**xwcbpl@ pku. edu. cn**，邮件请以"议题+标题+姓名+作者单位"命名，来稿附件请用 Word 文件。

三　《北大新闻与传播评论》标题及正文格式范例

（一）标题：主标题黑体小三号字，副标题（若有）黑体小四号字，居中，标题不宜超过 20 字。英文标题字号类同，字体为 Times New Roman。

（二）摘要和关键词：论文需提供中英文摘要和关键词。摘要应简明阐述研究目的及主要内容，具有相对独立性，以 150-300 字为宜。摘要后列出 3-5 个关键词，关键词之间用分号分隔。"摘要"二字和"关键词"三字为宋体小四号字，加粗；摘要的文句和关键词词语为宋体小四号字，不加粗；两端对齐并缩进两个字符。英文字号类同，字体为 Times New Roman。英文关键词实词首字母大写。

（三）正文：条理清晰，行文规范。1 级标题用"一、"标示，黑体四号字，居中；2 级标题用"（一）"标示，黑体小四号字，两端对齐并缩进两个字符；3 级标题用"1."标示，宋体小四号字、加粗，两端对齐并缩进两个字符。正文为宋体小四号字，每段两端对齐并缩进两个字符，1.5 倍行距。范例见附录 1。

（四）凡是在书中出现的外文姓名、专有名词（例如某机构的名称及其缩写、某协议或文件、条约名称等），请一律在文章首次出现时译成中文，并在其后以括号标注原文，第二次后出现采用中文译文或缩写即可。

（五）请仔细核查文章中的数据、图、表、公式、单位的正确性，避免出现计算、推导错误，核查图、表的标题和序号，保证图表及其排序的全书格式统一。

图片：不低于300像素、不低于3MB，图片均应以脚注注明版权所属与出处（格式参见参考文献要求）。

（六）参考文献：采用顺序编码制置于文末，在引文处按文献引用的顺序，以带方括号的阿拉伯数字连续编码，如"［1］"，用上标表示。具体格式见下页。

（七）注释：如对文章篇名、作者及某一特定内容做必要的解释或补充说明，可使用页下脚注，序号用带圆圈的阿拉伯数字的上标表示，如"①"，每页另起编码，宋体、五号字。

四　论文与参考文献格式

《北大新闻与传播评论》（主标题小三黑体）

张三　张三丰（小四宋体）①

作者信息与基金或项目信息以**脚注形式**置于论文第一页底端。

摘要（小四黑体）：《北大新闻与传播评论》创刊于2004年，曾为中文社会科学引文索引（CSSCI）来源集刊（2017－2018）。（小四宋体）

关键词（小四黑体）：新闻与传播；评论；学术期刊（小四宋体）

---

① 　XX，系XX大学XX学院XX系主任、教授、博士生导师；XX，系北京大学XX学院博士研究生/硕士研究生。本文系国家社科基金项目"XXXXXXXXXX研究"（项目编号：XXXXXX）的研究成果。（五号宋体）

Journalism and Communication Review（小三加粗）

Zhang San，Zhang San-feng（小四）

Abstract（小四加粗）：This research …….（小四）

Keywords（小四加粗）：Journalism；Communication（小四）

（注：英文均使用 Times New Roman 字体）

一、北大新闻与传播评论（四号黑体）

（一）北大新闻与传播评论（小四号黑体）

1. 北大新闻与传播评论（小四号宋体加粗）

《北大新闻与传播评论》作为一本学术研究期刊，自创办起便以学术质量为重，始终坚持"理论联系实际"[1]，不仅关注新闻传播学研究领域的前沿问题，也致力于推动跨学科的交流与合作。

参考文献（小四黑体，顶格）

［1］阎学通等：《中国崛起：国际环境评估》，天津人民出版社 1998 年版。

［2］吴承明：《论二元经济》，《历史研究》1994 年第 2 期，第 98 页。

（小四宋体）

注：文献同一文献如被反复引用，用同一序号标示，并在正文引文上角标序号后注明页码或章、节、篇名。如：[1]57。

参考文献范例

一、一般中文著作参考文献体例

（一）引用

一般中文著作的标注次序是：著者姓名（多名著者间用顿号隔开，编者姓名应附"编"字）、文献名、卷册序号、出版单位、出版时间。作者三人以上，可略写为XX（第一作者）等。

特别提醒："著"可以省略，"编著""编""主编"等要写上。

1. 专著

阎学通等：《中国崛起：国际环境评估》，天津人民出版社1998年版。

2. 编著

倪世雄主编：《冲突与合作：现代西方国际关系理论评介》，四川人民出版社1988年版。

3. 译著

〔美〕孔飞力：《叫魂》，陈兼、刘昶译，上海三联书店1999年版。

4. 期刊

邓剑：《日本游戏批评思想地图——兼论游戏批评的向度》，《日本学刊》2020年第2期，第58—75页。

5. 报纸

符福渊、周德武：《安理会通过科索沃问题决议》，《人民日报》1999年6月11日，第1版。

6. 通讯社消息

《和平、繁荣与民主》，美新署华盛顿1994年2月24日英文电。（写明电文题目、通讯社名称、发电地、发电日期和发电文种）

7. 政府出版物

中华人民共和国外交部研究室编：《中国外交：1998年版》，世界知识出版社1998年版。

8. 会议论文

任东来：《对国际体制和国际制度的理解和翻译》，提交给"全球化与亚太区域化国际研讨会"的论文，南开大学，2000年6月5日至16日，第2页。

9. 学位论文

孙学峰：《中国国际关系理论研究方法20年：1979—1999》，中国现代国际关系研究所硕士学位论文，2000年1月。

10. 互联网资料

国家统计局：《2018年国民经济和社会发展统计公报》，2019年2月28

日，http://www.stats.gov.cn/tjsj/zxfb/201902/t20190228_1651265.html，2019
年 9 月 3 日访问。

特别提醒：慎用互联网资料。如需引用，请选择权威网站，比如中国
政府网、人民网、新华网等；禁止引用百度百科、百度知道、维基百科、
知乎、贴吧、360 图书馆、道客巴巴、豆瓣、豆丁、微信公众号等的资料。
引用时，要写明作者（如无，则不写）、题目、发布日期、网址，最后注明
访问日期。

11. 未刊手稿、函电等

标明作者、文献标题、文献性质、收藏地点和收藏者、收藏编号。

陈云致王明信，1937 年 5 月 16 日，缩微胶卷，莫斯科俄罗斯当代文献
保管与研究中心藏，495/74/290。

（二）转引

将原始资料出处按上述要求注出，用句号结束。用"转引自"表明转
引，再注明载有转引资料的资料出处。

胡乔木：《胡乔木回忆毛泽东》，人民出版社 1992 年版，第 88—89 页。
转引自杨玉圣：《中国人的美国观——一个历史的考察》，复旦大学出版社
1996 年版。

二、英文参考文献体例

（一）引用

同中文一般著作注释一样，引用英文资料需将资料所在文献的作者姓
名、文献名、出版地、出版时间一并注出。

1. 专著（Monographs）

Kenneth Waltz, *Theory of International Politics*, Reading, Mass：Addison-
Wesley Publishing Company, Inc., 1979.（作者姓名按通常顺序排列，即名
在前，姓在后；姓名后用逗号与书名隔开；书名使用斜体字，手稿中用下
划线标出）

Hans J. Morgenthau, *Politics Among Nations：The Struggle for Power and
Peace*, 6th ed. New York：Alfred A. Knopf Inc., 1985.（主标题与副标题之间
用冒号相隔）

Robert Keohane and Joseph Nye, *Power and Interdependence*：*World Politics in Transition*, Boston：Little Brown Company, 1977. （作者为两人, 作者姓名之间用 and 连接；如为两人以上, 则在第一作者后面加 et al., 意思是 and others。）

2. 编著 （Compilations）

David Baldwin, ed., *Neorealism and Neoliberalism*：*The Contemporary Debate*, New York：Columbia University Press, 1993.

Klause Knorr and James N. Rosenau, eds., *Contending Approaches to International Politics*, Princeton, New Jersey：Princeton University Press, 1969. （如编者为多人, 须将 ed. 写成 eds.。）

3. 译著 （Translations）

Homer, *The Odyssey*, trans. Robert Fagles, New York, Viking, 1996.

4. 文集中的文章 （Articles from Corpus）

Robert Levaold, "Soveit Learning in the 1980s," in George W. Breslauer and Philip E. Tetlock, eds., *Learning in US and Soviet Foreign Policy*, Boulder, CO：Westview Press, 1991. （文章名用双引号引上, 不用斜体。）

5. 期刊中的文章 （Articles from Journals）

Stephen Van Evera, "Primed for Peace：Europe after the Cold War," *International Security*, Vol. 15, No. 3, 1990/1991. （期刊名用斜体, 15 表示卷号。）

Ivan T. Boskov, "Russian Foreign Policy Motivations," *MEMO*, No. 4, 1993, p. 27. （此例适用于没有卷号的期刊。）

Nayan Chanda, "Fear of Dragon," *Far Eastern Economics Review*, April 13, 1995, pp. 24-28.

6. 报纸 （Newpaper）

Clayton Jones, "Japanese Link Increased Acid Rain to Distant Coal Plants in China," *The Christian Science Monitor*, November 6, 1992, p. 4. （报纸名用斜体）

Rick Atkinson and Gary Lee, "Soviet Army Coming apart at the Seams," *Washington Post*, November 18, 1990, pp. A1, A28-29.

7. 通讯社消息（News）

"Beijing Media Urgeto Keep Taiwan by Force," Xinhua, July 19, 1995.

8. 政府出版物（Publications Issued by the Government）

Central Intelligence Agency, Directorate of Intelligence, *Handbook of Economic Statistics*, 1988, Washington, D. C.: US Government Printing Office, 1988.

9. 国际组织出版物（Publications of International Organization）

报告: *United Nation Register of Conventional Arms*, Report of the Secretary General, UN General Assembly Document A/48/344, October 11, 1993.

文件的注释应包括三项内容：报告题目、文件编号（包括发布机构）、发布日期；题目用斜体。

决议：UN Security Council Resolution 687, April 3, 1991.（决议的注释应当包括两项内容：发布机构和决议号、生效日期。）

10. 会议论文（Conference Papers）

Albina Tretyakava, "Fuel and Energy in the CIS," paper delivered to Ecology' 90 Conference, sponsored by the America Enterprise Institute for Public Policy Research, Airlie House, Virginia, April 19-22, 1990.

11. 学位论文（Dissertations）

Steven Flank, *Reconstructing Rockets: The Politics of Developing Military Technologies in Brazil, Indian and Israel*, Ph. D. dissertation, MIT, 1993.

12. 互联网资料（Online resources）

Astrid Forland, "Norway's Nuclear Odyssey," *The Nonproliferation Review*, Vol. 4, Winter 1997, http://cns. miis. edu/npr/forland. htm.

对于只在网上发布的资料，如果可能的话，也要把作者和题目注出来，并注明发布的日期或最后修改的日期。提供的网址要完整，并且在一段时间内能够保持稳定。

（二）转引（Quotations）

F. G. Bailey ed., *Gifts and Poisons: The Politics of Reputation*（Oxford: Basil Blackwell, 1971）, p. 4, inferred from Paul Ian Midford, Making the Best of A Bad Reputation: Japanese and Russian Grand Strategies in East Asia, Dissertation, UMI, No. 9998195, 2001.

图书在版编目（CIP）数据

北大新闻与传播评论. 第十六辑 / 师曾志主编 .
北京：社会科学文献出版社，2025.5. --ISBN 978-7
-5228-5540-0

Ⅰ. G2-53

中国国家版本馆 CIP 数据核字第 20252JK556 号

北大新闻与传播评论（第十六辑）

主　　编 / 师曾志

出 版 人 / 冀祥德
责任编辑 / 张建中
责任印制 / 岳　阳

出　　版 / 社会科学文献出版社 · 文化传媒分社（010）59367156
　　　　　　地址：北京市北三环中路甲 29 号院华龙大厦　邮编：100029
　　　　　　网址：www. ssap. com. cn
发　　行 / 社会科学文献出版社（010）59367028
印　　装 / 三河市龙林印务有限公司

规　　格 / 开　本：787mm × 1092mm　1/16
　　　　　　印　张：21.5　字　数：341 千字
版　　次 / 2025 年 5 月第 1 版　2025 年 5 月第 1 次印刷
书　　号 / ISBN 978-7-5228-5540-0
定　　价 / 99.00 元